Immobilien Komplettset: Das große 3 in 1 Buch

Intelligent investieren in Immobilien | Immobilien kaufen, vermieten und Geld verdienen | Immobilien ankaufen und mit Gewinn verkaufen

Bernd Ebersbach

Achtung, Gratis-Bonusheft!

Mit dem Kauf dieses Buches haben Sie ein kostenloses Bonusheft erworben. Dieses steht für eine begrenzte Zeit zum Download zur Verfügung.

Bei diesem Bonusheft handelt es sich um den Immobilien Schnellreport.

In diesem Heft erhalten Sie einen Kurzüberblick, in welchen 10 deutschen Städten sich im Moment ein Immobilienkauf besonders lohnen kann.

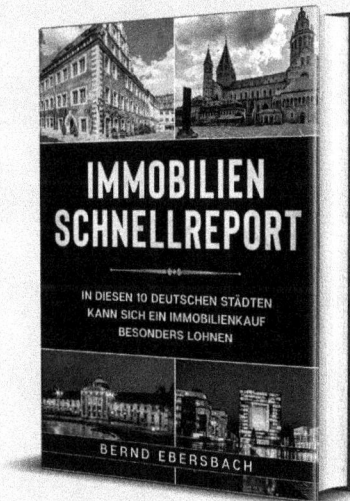

Alle Informationen, wie Sie sich schnell das Gratis-Bonusheft sichern können, finden Sie am Ende dieses Buches.

Inhaltsverzeichnis

Intelligent investieren in Immobilien

Die Schnellstart-Anleitung für Einsteiger.
Wie Sie Immobilien als Kapitalanlage
nutzen, um passives Einkommen
aufzubauen und Ihre
Altersvorsorge abzusichern

Bernd Ebersbach

Inhaltsverzeichnis

Vorteile und Nutzen der Immobilie als Kapitalanlage

Immobilien sind in aller Munde. Steigende Miet- sowie Kaufpreise, politische Debatten, öffentliche Auffassungen und Investitionsbereitschaften der Anleger sorgen dabei für zwiespältige Meinungen. Während Mieter und Politik darüber klagen, dass die Mieten in Großstädten eine zu starke Belastung seien, ist rein aus Sicht der Vermieter und Anleger klar: Immobilien bilden ein lukratives Investment zur Kapitalanlage ab. Mittlerweile schweift die Bedeutung der Immobilie in zahlreiche Richtungen aus und ist nicht nur ein Instrument zur Generierung von Vermögen, sondern ein Statussymbol oder für Personen mit einer voraussichtlich schwachen Rente eine Gelegenheit zur Optimierung der Rente. Dieses Kapitel thematisiert die Vorteile der Immobilie, wobei neben den wichtigen Renditeaussichten für Investoren über die Problematik der Rentenversicherung in Deutschland aufgeklärt wird. Denn letzteres ist ein wichtiger Grund für eine Person mit einem durchschnittlichen Einkommen, die Anlage des Geldes in Immobilien zu erwägen.

Grundlegende Bedeutung der Immobilie

Eine Immobilie zu haben, kann für jede Person eine andere Bedeutung aufweisen. Während die einen darin ihr Kapital anlegen, um Vermögen aufzubauen, sind die anderen bestrebt, sich durch eine oder mehrere Immobilien eine gute Altersrente zu sichern. Allem voran der letzte Punkt ist in Zeiten einer schwächelnden und perspektivlosen gesetzlichen Rentenversicherung für Anleger ein Motiv.

Als grundlegende Motive von Immobilien zur Kapitalanlage sind folgende Aspekte auszumachen:

♦ Statussymbol

♦ Kindern vererben

♦ Passives Einkommen

♦ Optimierung der Rente

Statussymbol

Eine Immobilie ist in vielfacher Hinsicht ein Statussymbol, das auch für Vermögen und Macht steht. Nicht umsonst ist die Assoziation mit dem jahrhundertelang begehrten Gold präsent, wenn von Immobilien als *Betongold* die Rede ist. Waren vor einigen Jahrhunderten Ländereien erschwinglich und das Eigentum von Gold eine Seltenheit, haben sich die Dinge grundlegend gewandelt: Immobilien genießen in zunehmenden Teilen der Bevölkerung ein größeres Ansehen, da sie durch den demografischen Wandel, Wohnungsknappheit, Mietanstieg und Wertsteigerung immer schwieriger zu finanzieren sind. Wer sich den finanziellen Kraftakt eines Immobilienkaufs leistet, wird als vermögend betrachtet. Dies sichert der Person einen Status, der andere Personen aufschauen lässt und diese zum Immobilienkauf animiert.

Doch Statussymbole sind nicht per se mit Hoffnungen auf gesellschaftliches Ansehen gleichzusetzen. Eine Immobilie ist auch ein Symbol für ein erfüllteres und entspannteres Leben. Denn wer sich durch den Besitz einer Immobilie die Miete erspart oder sich als Vermieter zusätzliches Einkommen sichert, darf davon ausgehen, in finanziellen Schieflagen mehr Sicherheit zu verspüren. Personen von außen mögen es dementsprechend so auffassen, dass Menschen mit Immobilienbesitz glücklicher sind. In der Tat legten Ergebnisse einer in der Zeitschrift WELT veröffentlichten Umfrage offen, dass 36 % der amtierenden und befragten Mieter glaubten, durch Wohneigentum glücklicher zu werden[1].

Kindern vererben

Zwar ist das Vererben von Immobilien in Einzelfällen ein rechtlicher und steuerlicher Drahtseilakt, aber unter Berücksichtigung der Gesetze profitieren Kinder von einer vererbten Immobilie:

- Zuwachs an Perspektiven im Leben
- Absicherung der Zukunft
- Geringere Lebenshaltungskosten

In der berechtigten Annahme, dass Eltern ihre Kinder lieben und in deren Interesse handeln, ist eine Kapitalanlage in Immobilien potenziell zahlreiche Generationen übergreifend vorteilhaft. Denn das angehäufte Vermögen können die Kinder reinvestieren und somit weitere Immobilien aufkaufen. Dies trägt zu einem größeren Kapital bei und sichert die Zukunft zuverlässig ab. Auch haben Kinder, falls sie die Immobilien verkaufen möchten, den Vorteil, dadurch Verkaufserlöse zu generieren, die ihnen mehr Perspektiven im Leben bieten: Vom Auslandsstudium über Investitionen in eigene Vorhaben bis hin zur finanziellen Sorgenfreiheit. Beziehen Kinder die Immobilie selbst, so verringern sich durch Wohneigentum die Lebenshaltungskosten, an denen die Miete ansonsten einen maßgeblichen Anteil hat.

Passives Einkommen

Legt man dem passiven Einkommen die offizielle Definition zugrunde, „dass das Einkommen langfristig und ohne unmittelbare(n) Aufwand/Zeitinvestition erzielt wird[2]", so fügt sich eine Kapitalanlage in Immobilien nur bedingt stimmig ins Gesamtbild ein. Denn

---

[1] Vgl. https://www.welt.de/finanzen/immobilien/article140709048/ Wohneigentum-macht-die-Deutschen-gluecklich.html

[2] Vgl. https://www.rechnungswesen-verstehen.de/lexikon/passives-ein-kommen.php

egal, ob die Immobilie marode gekauft, renoviert und wiederverkauft wird oder eine Vermietung erfolgt, ein gewisser Aufwand ist
nicht zu leugnen. Der Vermieter beispielsweise muss sich darum
kümmern, Mieter für die Wohnung zu finden. Sind diese da, muss
er für Rückfragen zur Verfügung stehen, sich bei aufkommenden
Problemen um die Mieter sowie die Immobilie kümmern und anderweitigen Verpflichtungen nachkommen. Stellt der Mieter jedoch
eine Hausverwaltung ein, so reduzieren sich seine Pflichten. Dementsprechend lässt sich unter bestimmten Bedingungen von einem
passiven Einkommen sprechen: Ist das Kapital einmal angelegt,
wird von diesem Zeitpunkt an Einkommen generiert, ohne dafür
arbeiten zu müssen. Durch den Besitz mehrerer Immobilien wird
die Möglichkeit geschaffen, überhaupt nicht mehr arbeiten zu müssen. Dies ist eine Aussicht, die die wenigsten Kapitalanlageformen
bieten.

Optimierung der Rente

Einst existierte das Drei-Säulensystem zur Altersvorsorge in
Deutschland. Dieses sah vor, auf drei Wegen für das Alter vorzusorgen:

♦ Gesetzliche Rentenversicherung

♦ Betriebliche Altersvorsorge

♦ Private Altersvorsorge

Die drei Säulen existieren heute nach wie vor. Doch die wenigsten
Personen sorgen auf allen drei Wegen für ihr Alter vor.

Zwar ist die gesetzliche Rentenversicherung existent, aber aufgrund des demografischen Wandels und der Einkommensmissver-
hältnisse sind die Perspektiven für die nächsten Jahrzehnte äußerst
negativ. Eine ausführliche Erörterung samt Begründung erfolgt im
nächsten Unterkapitel.

Der Anteil der Personen, die eine betriebliche Altersvorsorge in Anspruch nehmen, beläuft sich auf 17,4 Millionen[3] bei einer Bevölkerungsanzahl von knapp über 82 Millionen in Deutschland. Zwar hat sich in den letzten 20 Jahren der Anteil gesteigert, doch ist die Menge an Personen mit betrieblicher Altersvorsorge derart gering, dass nicht von einer landesweit adäquaten Säule die Rede sein kann. Des Weiteren birgt die betriebliche Altersvorsorge das Problem, dass sie für Personen, die nicht gesetzlich rentenversicherungspflichtig tätig oder selbstständig sind, nicht möglich ist. Außerdem beteiligt sich nicht jeder Arbeitgeber an den Kosten für eine betriebliche Altersvorsorge, was mit größeren finanziellen Einbußen für die Arbeitnehmer einhergeht.

Die private Altersvorsorge wiederum ist von Produkt zu Produkt separat zu bewerten. Hier gibt es jene Produkte, die nach dem Prinzip von Sparbüchern funktionieren und eine feste Verzinsung vorsehen. Das Problem: Die Niedrigzinsphase in Kombination mit der Inflation führt dazu, dass unterm Strich ein Verlust entsteht. Damit ist gemeint, dass das angelegte Geld in Zukunft einen geringeren Wert hat als zu dem Zeitpunkt, zu dem es angelegt wurde.

---

[3] Vgl. https://de.statista.com/themen/1127/betriebliche-altersversorgung/

Hinweis

Die Niedrigzinsphase ist eine Folge der Weltwirtschaftskrise aus dem Jahre 2007. Sie hat eine Senkung des Leitzinses durch die Zentralbanken zur Folge. Ist der Leitzins gering, sind Banken in der Lage, sich Geld zu geringen Zinsen – also günstig – zu besorgen. Dies wiederum führt dazu, dass die Banken ihrerseits die Zinsen für Kredite, Sparverträge und anderweitige Produkte senken. Hat dies für Unternehmen noch Vorteile, da durch die günstigeren Kreditzinsen die Investitionsbereitschaft und das Unternehmenswachstum steigen, liegt hierin für Sparer ein Problem. Aufgrund der gesunkenen Zinsen werfen die Sparbücher und Tagesgeldkonten kaum noch Rendite ab. Ein Vergleich der Banken zeigt, dass die Rendite zwischen 0 und 0,5 % liegt[4]. Dies allein würde noch nicht bedeuten, dass das Sparen ein Verlustgeschäft ist, da die Zinsen nicht negativ sind.

Aus diesem Grund ist es erforderlich, die zweite Komponente zu berücksichtigen: Die Inflation. Unter einer Inflation ist die Entwertung des Geldes zu verstehen, die aus einer Erhöhung des allgemeinen Preisniveaus resultiert[5]. Um die Inflation zu ermitteln, werden fiktive Warenkörbe mit realen Produkten erstellt, wobei in jedem Jahr kontrolliert wird, wie stark das Preisniveau angestiegen ist. In den letzten Jahren schwankten die jährlichen Inflationsraten, wobei sie jedoch stets über den Zinsen von Sparprodukten lagen. Auf diese Weise entsteht durch das Zusammenspiel von Niedrigzinsphase und Inflation ein Verlust durch die Kapitalanlage in Sparbücher und private Altersvorsorgeverträge, die auf dem Prinzip von Sparbüchern basieren.

Als Alternative existieren private Altersvorsorgeprodukte, die einen Markt aufgreifen, der Aussichten auf höhere Renditen bietet, aber im gleichen Zuge mehr Risiken beinhaltet: Den Aktienmarkt. Um das Risiko zu streuen, werden Aktienfonds oder ETFs gehandelt, die einen Zusammenschluss mehrerer verschiedener Wertpapiere darstellen. Macht der Kurs eines Wertpapiers einen Verlust, so fängt das restliche Portfolio dies auf. Nachteil allerdings

---

[4] Vgl. https://www.tagesgeldvergleich.net/tagesgeldvergleich/sparbuch.html
[5] Vgl. https://www.rechnungswesen-verstehen.de/bwl-vwl/vwl/Inflation.php

bei diesen Produkten der Altersvorsorge: An der Börse gibt es keinerlei Garantien; außer jene, dass es ein Risiko gibt, das Geld zu verlieren. Mehr dazu ist im letzten Kapitel des Buches über *Alternative Kapitalanlageformen* aufgeführt.

Als eine vierte Säule fügen sich in dieses Gesamtbild die Immobilien als Kapitalanlage ein. Zwar lässt sich keine Garantie aussprechen, dass es nicht zu einer platzenden Immobilienblase kommt, die einen Wertverlust der Immobilie zur Folge hat, aber die unleugbare Qualität der Immobilie ist, dass sie den Sachwerten angehört.

Sachwerte sind dahingehend vorteilhaft, dass sie Sicherheit verschaffen, die Geldwerte vermissen lassen:

♦ Inflationsschutz

♦ Sicherheiten bei Kreditaufnahmen

♦ Gebrauch möglich

Denken wir zurück an die Messung der Inflation, so stellen wir fest, dass diese an Sachen bzw. Waren gemessen wird. Somit bleiben Sachen von der Inflation unberührt. Sie eignen sich deswegen als Sicherheit bei Kreditaufnahmen. Banken beispielsweise stellen an Selbstständige hohe Anforderungen bei der Aufnahme von Krediten, was insbesondere Immobilienkredite betrifft. Doch wenn der Selbstständige bereits eine Immobilie besitzt, greift das Prinzip der *Immobiliensicherheit*. Eine Kreditaufnahme lässt sich realisieren, da die erste Immobilie die finanzierte Immobilie absichert. Zuletzt haben Sachwerte den Vorteil, dass deren Gebrauch möglich ist. Sollte im Alter also die Vermietung einer Immobilie nicht mehr gewollt sein, lässt sich diese selbst beziehen. Bezüglich der Immobilienblase darf eingebracht werden, dass diese sich nur dann langfristig schädigend bemerkbar macht, wenn in die falschen Immobilien investiert wird. Alle notwendigen Hinweise diesbezüglich warten in den Folgekapiteln.

Gesetzliche Rentenversicherung: Das Problem näher erläutert

Um das Problem und die vielfältige Kritik an der Gesetzlichen Rentenversicherung (GRV) in vollem Umfang zu verstehen, wird sie im Folgenden genauestens erklärt:

♦ Verfahren

♦ Rentenermittlung

♦ Prognose

Verfahren

Bei der Gesetzlichen Rentenversicherung findet kein Kapitaldeckungsverfahren Anwendung, sondern ein Umlageverfahren. Dies bedeutet, dass Personen, die aktuell arbeiten und Abgaben an die Gesetzliche Rentenversicherung entrichten, nicht für sich selbst in Zukunft einzahlen. Sie finanzieren mit den Abgaben die aktuellen Rentner. Im Gegenzug wird der Anspruch auf eine eigene Rente erworben. Diese wiederum wird von den kommenden Generationen der Beitragszahler finanziert.

Das Umlageverfahren setzt voraus, dass die Beitragszahler die Kosten für die Rentner stemmen. War dies früher noch der Fall, wobei 2014 ein minimaler Überschuss der Rentenkassen erwirtschaftet wurde[6], wandelt sich die Finanzierbarkeit zusehends. Dazu trägt einerseits der demografische Wandel bei, andererseits die gestiegene Lebenserwartung. Diese Problematik betrifft neben der Gesetzlichen Rentenversicherung ebenso die Gesetzliche Kranken- und Pflegeversicherung.

Rentenermittlung

Mit den folgende Ausführungen wird der Grundstein gelegt, um …

✓ … die eigene Rente zu errechnen.

---

[6] Vgl. http://www.bpb.de/politik/innenpolitik/rentenpolitik/223417/umlageverfahren-ruecklagen

✓ … das Problem der Altersarmut nachzuvollziehen.

✓ … die Dringlichkeit einer zusätzlichen Vorsorge zur Rente zu begreifen.

Die Ermittlung der künftigen Rente erfolgt über die vier Faktoren Entgeltpunkte, Zugangsfaktor, Rentenartfaktor und den aktuellen Rentenwert.

Entgeltpunkte

Ein Entgeltpunkt bzw. ein Rentenpunkt errechnet sich aus dem Jahresdurchschnittsverdienst (Brutto) in Deutschland. Dieses lag 2017 bei 46.560 €[7]. Somit erhalten Personen, die diese Summe verdient haben, einen Rentenpunkt für das Jahr. Personen, die mehr oder weniger verdient haben, werden dementsprechend mehr bzw. weniger Rentenpunkte zugeordnet. Insgesamt errechnen sich die eigenen Rentenpunkte mit folgender Formel:

Eigenes Jahresdurchschnittseinkommen (Brutto) :
Jahresdurchschnittseinkommen in Deutschland (Brutto)

Beispielrechnungen

1. 30.000 : 45.560 = 0,7 Rentenpunkte

2. 45.560 : 45.560 = 1 Rentenpunkt

3. 79.000 : 45.560 = 1,7 Rentenpunkte

Es ist allerdings eine Obergrenze von 2 Rentenpunkten festgelegt. Unabhängig von der Höhe des Gehalts sind also pro Jahr nicht mehr als 2 Rentenpunkte möglich.

---

[7] Vgl. https://de.statista.com/themen/293/durchschnittseinkommen/

Zugangsfaktor

Der Zugangsfaktor erweist sich in der Rechnung als komplizierter Posten. Er ermittelt die Konsequenzen dessen, wenn zu früh in Rente gegangen oder sogar über das Rentenalter hinaus gearbeitet wird. Ist keines von beidem der Fall – also wird direkt mit dem gesetzlichen Mindestrentenalter ausgestiegen – so beträgt der Zugangsfaktor 1,0 und ändert an den Entgeltpunkten nichts. Bei einem früheren Renteneintritt ist festgesetzt, dass für jeden Monat Rente eine Senkung des Zugangsfaktors um 0,3 % erfolgt. Wiederum jeder Monat Arbeit, der über das gesetzliche Mindestrentenalter hinausgeht, erhöht den Zugangsfaktor um 0,5 %[8]. Gehen wir von dem künftigen Renteneintrittsalter von 67 Jahren aus, welches seit 2012 durch eine schrittweise Anhebung in die Tat umgesetzt wird, ergibt ein Renteneintritt mit 67 Jahren den Zugangsfaktor 1,0.

Beispielrechnung:

1. Der Renteneintritt erfolgt mit 63 Jahren. Das ist vier Jahre, oder 48 Monate, früher als das gesetzliche Renteneintrittsalter.

2. Durch den früheren Renteneintritt senkt sich der Zugangsfaktor um 48 x 0,3 %; alternativ und leichter zum Rechnen um 48 x 0,003.

3. Zugangsfaktor = 1 - 48 x 0,003 = 1 - 0,144 = 0,856

Rentenartfaktor

Der Rentenfaktor ist ein fest definierter Bestandteil der Rentenformel, der sich aus der Art der Rente ableitet:

---

[8] Vgl. http://www.bpb.de/politik/innenpolitik/rentenpolitik/223009/die-rentenformel

Rentenart	Rentenfaktor
Renten wegen Alters	1,0
Renten wegen teilweiser Erwerbsminderung	0,5
Renten wegen voller Erwerbsminderung	1,0
Erziehungsrenten	1,0
Kleine Witwen- und kleine Witwerrenten	0,25 (Im Sterbevierteljahr: 1,0)
Große Witwen- und große Witwerrenten	0,55* (Im Sterbevierteljahr: 1,0)
Halbwaisenrenten	0,1
Vollwaisenrenten	0,2

*Unter einer der folgenden Voraussetzungen beträgt der Rentenfaktor 0,6:

♦ Ehepartner ist vor dem 1. Januar 2002 gestorben

♦ Ehe wurde vor dem 1. Januar 2002 geschlossen

♦ Mindestens ein Ehepartner wurde vor dem 2. Januar 1962 geboren

Quelle: Rente: So wird sie berechnet[9] (Deutsche Gesetzliche Rentenversicherung)

Aktueller Rentenwert

Der aktuelle Rentenwert unterliegt analog zur wirtschaftlichen Lage Anpassungen. Es ist ein fest definierter Wert, der aktuell in Ostdeutschland bei 31,89 € und in Westdeutschland bei 33,05 €[10] liegt. Wird zum regulären Renteneintrittsalter in die Rente eingetreten und dabei die Rente wegen Alters festgesetzt, dann muss der aktuelle Rentenwert lediglich mit den Rentenpunkten multipliziert werden, die sich über die Arbeitsjahre angesammelt haben, um die künftige Rente zu ermitteln.

---

[9] Vgl. https://www.deutsche-rentenversicherung.de/SharedDocs/Downloads/DE/Broschueren/national/rente_so_wird_sie_berechnet_alte_bundeslaender.pdf?__blob=publicationFile&v=6

[10] Vgl. https://www.deutsche-rentenversicherung.de/DRV/DE/Rente/Allgemeine-Informationen/Wie-wird-meine-Rente-berechnet/wie-wird-meine-rente-berechnet_node.html

Beispielrechnung:

Es wird ausgegangen von einer Person in Ostdeutschland, die 43 Jahre gearbeitet und mit einem Jahresbrutto von 30.000 € pro Jahr 0,7 Rentenpunkte gesammelt hat. Der Renteneintritt erfolgt mit 67 Jahre aus Altersgründen.

1. Rentenpunkte insgesamt = Rentenpunkte pro Jahr x Arbeitsjahre insgesamt = 0,7 x 43 = 30,1

2. Rente = Entgeltpunkte x Zugangsfaktor x Rentenfaktor x Aktueller Rentenwert = 30,1 x 1,0 x 1,0 x 31,89 € = 959,89 €

Was bleibt nach Abgaben übrig?

Bereits bis hierhin dürfte sich gezeigt haben, dass die Rente, die bei einer Person mit einem Bruttoverdienst von 30.000 € pro Jahr anfällt, äußerst gering ist. Gehen wir von den steigenden Mieten aus und beziehen zusätzlich die Lebenshaltungskosten mit ein, stellt sich die Frage, wie eine Person mit dieser Rente überhaupt überleben soll. Und diese Zustände herrschen bereits jetzt vor.

Doch der Trugschluss, dass der Rentner bzw. die Rentnerin sich mit dem dürftigen Betrag von 959,89 € zurückziehen könne, besteht darin, dass sogar noch Sozialabgaben auf die Rente erfolgen müssen. War die jeweilige Person in der zweiten Hälfte des Berufslebens über 90 % der Zeit gesetzlich krankenversichert, so wird sie Teil der Krankenversicherung der Rentner (KVdR)[11]. In diesem Fall muss der Rentner nur 7,3 % seiner Rente in die Gesetzliche Krankenversicherung einzahlen, andernfalls ist es der volle Satz von 14,6 %. Hinzu kommen Zusatzbeitrag und Pflegeversicherungskosten.

Seit 2005 gilt zudem das Alterseinkünftegesetz[12], welches vorsieht, dass ein festgelegter Anteil der Rente zu besteuern ist. Wurden also sämtliche abzugsfähigen Kosten (z. B. Sozialabgaben, Versicherungen) steuerlich geltend gemacht, so verbleibt ein Restbe-

---

[11] Vgl. https://www.krankenkassen.de/gesetzliche-krankenkassen/krankenkasse-beitrag/rentner/

[12] Vgl. https://www.lohnsteuer-kompakt.de/fag/2019/442/wie_wird_die_gesetzliche_rente_besteuert

trag. Liegt dieser Restbetrag oberhalb des Grundfreibetrags, der für 2019 bei 9.168 € liegt[13], so ist ein fest definierter Anteil der Rente zu besteuern. Ab 2040 werden auf die komplette steuerpflichtige Summe Steuern zu entrichten sein.

Würde man das Szenario aus der Beispielrechnung mit einer Rente von 959,89 € weiter durchrechnen, würden unter Umständen sogar Steuern auf die bereits um Sozialabgaben reduzierte Rente anfallen. Somit würde die Person, die metaphorisch schon bis aufs letzte Hemd ausgezogen wurde, zwischen Miete und Lebensmittelkosten sogar noch das Kleingeld für die Steuerlast zurücklegen müssen. Exakt das ist die Altersarmut, die thematisiert wird und medial Aufmerksamkeit erregt.

Dringlichkeit

Da die demografische Entwicklung und fundierte Prognosen auf einen Notstand aufmerksam machen, der das Potenzial hat, die Existenz der Gesetzlichen Rentenversicherung auf den Prüfstand zu stellen, werden Möglichkeiten gesucht, um einen Fortbestand der Gesetzlichen Rentenversicherung sowie die Finanzierbarkeit der künftigen Rentner sicherzustellen. Dabei gab und gibt es die folgenden Ansätze seitens der Regierung:

♦ Pflichtversicherung der Selbstständigen: Aktuell habe einige Gruppen von Selbstständigen noch die Wahl, ob sie in die Rentenkasse einzahlen. In diesem Lösungsansatz wären alle Selbstständigen pflichtversichert.

♦ Erhöhung des Renteneintrittsalters: Nach der Steigerung auf 67 Jahre sind nun 69 oder gar 71 Jahre vereinzelt in Überlegung.

♦ Zuzug junger Arbeitskräfte: Durch die Aufnahme junger Arbeitskräfte aus dem Ausland soll der Anteil der Einzahler in die Gesetzliche Rentenversicherung erhöht werden. So werden die nachfolgenden Generationen von Arbeitnehmern bei der Finanzierung der Rentner entlastet.

---

[13] Vgl. https://www.vlh.de/krankheit-vorsorge/altersbezuege/wann-muss-ich-als-rentner-steuern-zahlen-und-wie-viel.html

Ob es ein Selbstständiger mit einem hohen Einkommen und einer durch seine Unternehmensanteile gesicherten Altersvorsorge hinnehmen würde, plötzlich 18,7 % seines Einkommens in die Gesetzliche Rentenversicherung zu investieren, sei dahingestellt. Ebenso sei dahingestellt, ob eine Frau, die seit 40 Jahren in der Altenpflege Personen mit hohem Gewicht umlagert und bereits Knochenprobleme hat, dieser Arbeit auch mit über 70 Jahren noch nachgehen könnte. Dass der Zuzug junger qualifizierter Arbeitskräfte bereits das Problem gemindert hat, lässt sich ebenso wenig beobachten. Nur eines scheint gewiss: Die einzige Personengruppe, die künftig nicht in die Rentenversicherung einzahlen müssen wird, sind die Rentner selbst.

Doch all diese Lösungsvorschläge verbergen den Blick auf ein wichtiges Problem: Unabhängig davon, ob die Finanzierbarkeit der Gesetzlichen Rentenversicherung aufrecht erhalten bleibt, wird eine Vielzahl an Menschen aufgrund des Berechnungsverfahrens an Altersarmut leiden. Der Grund dafür liegt im Medianeinkommen.

Hinweis

Das Medianeinkommen ist exakt der Punkt, an dem sich zwei Hälften trennen: Die Hälfte, die am besten verdient, und jene Hälfte, die am wenigsten verdient. Es ist das Jahreseinkommen, an welchem die Grenze zwischen den ärmsten und reichsten 50 Prozent in Deutschland liegt.

Das Medianeinkommen hat einen anderen Wert als das für die Berechnung der Rente herangezogene durchschnittliche Bruttojahreseinkommen in Deutschland: Aus 45.560 € beim Durchschnittseinkommen im Jahr 2017 werden plötzlich um die 20.000 € im Jahr beim Medianeinkommen. Dies sind 10.000 € weniger als in dem durchgerechneten Beispiel zur Rente in den vorigen Abschnitten, welches bereits ein ernüchternd geringes Ergebnis zur Folge hatte.

Somit spielt es keine Rolle, ob die Gesetzliche Rentenversicherung aufrechterhalten wird und jeder Rentner in den folgenden Jahrzehnten noch finanziert werden kann. Auch ein zusätzlicher Altersvorsorgevertrag würde an dieser Stelle nicht ausreichend dazu beitragen, sich die künftige Lebenshaltung finanziell zu sichern. Der Erhalt der Lebensqualität funktioniert in den Regelfällen nur, wenn man wohlhabend ist oder das eigene Kapital in Immobilien anlegt. Deswegen ist es wichtig, sich nicht auf die Gesetzliche Rentenversicherung allein zu verlassen, sondern mit der Kapitalanlage in Immobilien sichere Lösungen zu erarbeiten.

Die Renditeaussichten für Immobilien

Für jene Personen, die nicht nach einer Optimierung der Rente streben, sondern sich eine Vermögenssteigerung erhoffen, sind die Renditeaussichten das schlagkräftigste Argument für eine Kapitalanlage in Immobilien. Diese werden an dieser Stelle anhand realer Beispiele abgebildet. Im Verlaufe des Buches wird noch eine genauere Auseinandersetzung mit dem Thema erfolgen, welche Aspekte Einfluss auf die Renditeaussichten nehmen und wie die Wahl der Immobilie zu erfolgen hat.

Im Vergleich der Mietspiegel in Deutschland erfolgt zunächst die Betrachtung des Mietspiegels für Berlin. Als eine der Großstädte mit den höchsten Mietpreisen macht Berlin in den Medien, der Politik und der Bevölkerung auf sich aufmerksam. Berlin verzeichnet eine durchschnittliche Steigerung der Mietpreise um 2,8 % pro Jahr seit der Jahrtausendwende. Dabei fällt auf, dass sogar in der Zeit der Weltwirtschaftskrise um 2007 herum die Mietpreise angestiegen sind. Bereits wenige Jahre später erfolgte mit einer vierprozentigen Steigerung sogar die zweithöchste Steigerung im untersuchten Zeitraum von 2000 bis 2019.[14]

---

[14] Vgl. https://www.morgenpost.de/berlin/article217337363/Mietspiegel-2019-Berlin-Miete-Wohnen-Vergleichsmiete-Mieterhoehung.html

Hinweis

Wer das Renditedreieck des DAX (Deutscher Aktienindex) kennt und leidenschaftlicher Befürworter der Kapitalanlage in Wertpapiere ist, wird die Meinung vertreten, dass der DAX im Schnitt ähnliche Renditen erzielt. Doch hierbei ist zu beachten, dass zusätzlich zu der Mietrendite der Immobilien die Immobilie selbst eine Wertsteigerung verzeichnet. Dies wiederum bedeutet, dass Anleger doppelt profitieren: Zum einen von der monatlich überwiesenen Miete, die ansteigt, und zum anderen durch die Wertsteigerung, die beim späteren Verkauf der Immobilie zu einem Gewinn führt. Darüber hinaus brach der DAX zu Zeiten der Weltwirtschaftskrise 2007 im Vergleich zum Vorjahr um ca. 40 % ein, während bei der Immobilie nur die Rendite kurzfristig sank. Dies unterstreicht die Sicherheit der Immobilie nochmals.

Nach einer ausführlichen Betrachtung der Situation in Berlin soll anhand einer kleineren Betrachtung der Trend in drei weiteren Städten zusammengetragen werden: Hannover, München und Hamburg. Es wird dabei von einer 60-Quadratmeter-Wohnung ausgegangen. Der Preis wird in € pro m² angegeben.

Stadt	Hannover	München	Hamburg
2011	6,01	11,95	8,69
2012	6,25	12,27	9,17
2013	6,59	13,06	9,61
2014	6,85	14,49	10,24
2015	7,54	14,84	10,59
2016	8,26	17,92	11,56
2017	8,17	18,71	11,27
2018	8,69	18,11	11,94

Quellen: wohnungsboerse.net[15], wohnungsboerse.net[16], wohnungsboerse.net[17]

15 Vgl. https://www.wohnungsboerse.net/mietspiegel-Hannover/4567
16 Vgl. https://www.wohnungsboerse.net/mietspiegel-Muenchen/2091
17 Vgl. https://www.wohnungsboerse.net/mietspiegel-Hamburg/3195

Die Tendenz zeigt nach oben. Wieso wurden diese drei Städte als Beispiele genommen? Weil sie sich allesamt in anderen Dimensionen von Mietpreisen befinden, aber bis auf jeweils ein Jahr Ausnahme einen kontinuierlichen Anstieg verzeichnen. Für Investoren und Kapitalanleger sind diese Städte mittlerweile weniger interessant, da sich in anderen Städten geringere Immobilienpreise abzeichnen und die Mieten erst am Anfang des Anstiegs stehen. In diesen Städten fällt auch die Rendite höher aus als in den Städten, die bereits hohe Preise verzeichnen. Nähere Informationen diesbezüglich vermittelt mein Buch „Immobilien kaufen, vermieten und Geld verdienen"

Die Kaufpreise im Vergleich

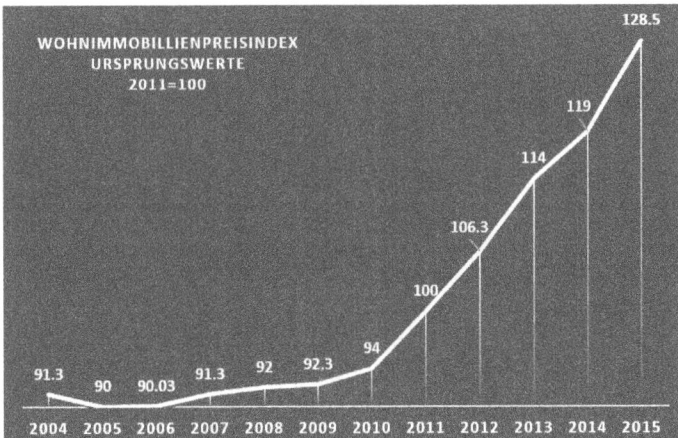

Quelle: hausgold.de[18]

Die Grafik veranschaulicht den Anstieg der Immobilienpreise anhand eines Indizes. Dies ist die neben der Mietrendite zweite wichtigste Komponente von Immobilien: Die Wertsteigerung der Immobilie selbst. Der Wohnimmobilienpreisindex der Deutschen Bundesbank bildet die Wertsteigerung von Immobilien für ganz Deutschland ab, wobei jedoch allem voran die Großstädte mit hohen Wertsteigerungen auf sich aufmerksam machen:

- ♦ Berlin
- ♦ Hamburg

---

[18] Vgl. https://www.hausgold.de/immobilienpreise/immobilienpreisentwicklung/

- ◆ Köln
- ◆ Stuttgart
- ◆ Frankfurt am Main
- ◆ München
- ◆ Düsseldorf

Ein genauerer Blick auf den Wertzuwachs in dreien der Städte – Berlin, München und Stuttgart – offenbart konkrete Zahlen.

Berlin

Art der Immobilie	Rendite im Zeitraum 2011-2018
30 qm Wohnung	2.903,79 €
60 qm Wohnung	2.587,05 €
100 qm Wohnung	2.594,19 €
100 qm Haus	1.781,45 €
150 qm Haus	1.313,78 €
200 qm Haus	1.399,71 €

Quelle: wohnungsboerse.net[19]

München

Art der Immobilie	Rendite im Zeitraum 2011-2018
30 qm Wohnung	4.605,00 €
60 qm Wohnung	4.050,75 €
100 qm Wohnung	3.603,98 €
100 qm Haus	4.051,96 €
150 qm Haus	3.093,00 €
200 qm Haus	3.586,87 €

Quelle: wohnungsboerse.net[20]

---

[19] Vgl. https://www.wohnungsboerse.net/Immobilienpreise/immobilien-Berlin-2825.pdf

[20] Vgl. https://www.wohnungsboerse.net/Immobilienpreise/immobilien-Muenchen-2091.pdf

Stuttgart

Art der Immobilie	Rendite im Zeitraum 2011-2018
30 qm Wohnung	2.954,76 €
60 qm Wohnung	2.287,58 €
100 qm Wohnung	2.707,10 €
100 qm Haus	1.968,71 €
150 qm Haus	2.147,83 €
200 qm Haus	1.558,63 €

Quelle: wohnungsboerse.net[21]

Der Bezug der Statistiken zueinander – Beispiel für eine zu erwartende Rendite

Um die Gesamtrendite der Immobilien in ihrer Rolle als Kapitalanlage nachzuvollziehen, wird an dieser Stelle in die Berechnung der Renditen von Immobilien eingeführt. Es handelt sich lediglich um ein rudimentäres Beispiel. Mein Buch „Immobilien kaufen, vermieten und Geld verdienen" befasst sich genauer mit diesen Rechnungen.

Zunächst sei die Mietrendite mit der Rechnung erläutert:

Jahreskaltmiete: Gesamtkosten des Kaufs = Mietrendite

Gehen wir von einer Wohnung aus, die in München liegt und 60 qm² aufweist. Hier setzen wir als Mietpreis pro Quadratmeter den heutigen Durchschnitt von 19,96 € pro m² an. In diesem Fall erhalten wir als Jahreskaltmiete 14.371,20 €. Auf Basis des durchschnittlichen Kaufpreises wird mit 520.000 € für eine solche Wohnung gerechnet, wobei die Nebenkosten des Kaufs zunächst nicht einkalkuliert werden:

14.371,20 €: 520.000 € = 0,03

---

[21] Vgl. https://www.wohnungsboerse.net/Immobilienpreise/immobilien-Stuttgart-972.pdf

Dies entspricht zunächst einer Rendite von 3 % zum Kaufpreis, die jährlich hinzukommt. Gehen wir nun von einer Wertsteigerung der Immobilie von 20 % in einem Zeitraum von zehn Jahren aus, hat die Immobilie einen Wert von 624.000 €. Bereits ohne Mietsteigerungen werden über den Zeitraum 143.712 € an Mieterträgen eingenommen. In Kombination mit der Wertsteigerung um 104.000 € ergibt sich somit ein Gewinn von 247.712 €. Dies entspricht insgesamt einer Rendite von ca. 47,6 % in einem Zehn-Jahres-Zeitraum.

Nun ist dieses Beispiel ehrlicherweise äußerst unvollständig. Zum einen wird eine Immobilie gewählt, die bereits im Stadtkern liegt und einen derart hohen Wert hat, dass eine Steigerung um 20 % unrealistisch wäre. Zum anderen wurden folgende Faktoren nicht berücksichtigt:

- ♦ Kaufnebenkosten
- ♦ Evtl. Finanzierung der Immobilie samt Zinsgebühren
- ♦ Kosten für Verwaltung
- ♦ Evtl. Mietausfälle
- ♦ Instandhaltungskosten

Eine Berücksichtigung dieser Aspekte hätte an dieser Stelle jedoch das Thema ausschweifen lassen, wozu noch wichtige Grundkenntnisse fehlen. Diese werden in meinem Buch „Immobilien kaufen, vermieten und Geld verdienen" vermittelt, sodass Sie in der Lage sein werden, eine solche Rechnung komplett korrekt durchzuführen. Allerdings rütteln diese Faktoren nicht derart stark an der Rendite, dass die Immobilie zu einem nicht lukrativen Investment werden würde. Alles in allem erweist sich die Kapitalanlage in Immobilien im Hinblick auf die Rendite als eines der stärksten existierenden Investments.

Zusammenfassung: Lösungen, Sicherheit und starke Renditeaussichten

Immobilien haben eine vielfache Bedeutung: Vom Statussymbol über die Vergrößerung des Vermögens bis hin zur Lösung für das Problem der maroden Altersvorsorge und Prävention von Altersarmut. Somit werden Immobilien nicht nur für wohlhabende Investoren und Kapitalanleger, sondern sogar für die Mittelschicht interessant. Die Mittelschicht profitiert dahingehend, dass sie die Immobilie durch eine Kreditaufnahme finanzieren kann. In jungem Alter begonnen, lässt sich ein regelrechter Sparplan aufstellen, mit Hilfe dessen die Anhäufung eines signifikanten Vermögens aus Immobilien ermöglicht wird. So wird nicht nur den im Durchschnitt schlechten Rentenaussichten entgegengewirkt, sondern ebenso Raum geschaffen, um passiv Geld zu verdienen und den Schritt in den Wohlstand zu schaffen. Gelingt ein solcher Schritt nicht, dann wird durch eine einzige Immobilie immerhin der finanzielle Mangel aufgrund der geringen Renten im Alter deutlich gemindert. Auch dies ist ein Zugewinn. Investoren sowie wohlhabende Personen wiederum profitieren davon, dass wesentlich mehr Spielräume im Ankauf und in den Arten der Kapitalanlage gegeben sind. Zu den verschiedenen Anlagestrategien informiert das Folgekapitel ausführlich. Letzten Endes punktet die Immobilie in allen Anlegergruppen – ob Klein- oder Großanleger – durch die Sicherheit des Investments: Der Sachwert ist inflationsgeschützt, die Nachfrage hoch und zudem ist die Immobilie zu Eigenzwecken nutzbar. Bei alledem sprechen die Entwicklungen der Miet- und Kaufpreise für ein Anhalten des positiven Trends. Aus all diesen Gründen ist die Kapitalanlage in Immobilien so vorteilhaft.

Finanzierungsmöglichkeiten und Anlagestrategien

Dieses Kapitel vermittelt Grundlagen zur Planung der Kapitalanlage in Immobilien. Dies beinhaltet zunächst einen Überblick über die Finanzierungsmöglichkeiten, unter die ein Kauf mit Eigenkapital sowie die Finanzierung fallen. Die Finanzierung ist auf eigene Initiative hin durch die Anfrage bei einer Bank möglich. Darüber hinaus existieren spezialisierte Unternehmen, die durch ausgefeilte Konzepte einen Kauf ohne Eigenkapital und mit besonderen Leistungen in Aussicht stellen. Neben der Finanzierung ist über die Strategie der Kapitalanlage nachzudenken. Grundsätzlich versteht sich die Kapitalanlage als ein passives Prinzip, bei dem der eigene Aufwand gering ist. Ebenso gibt es vielversprechende Anlagestrategien mit einem Eigenaufwand, die umso ertragreicher sind.

Eigenkapital, Kredite und Konzepte zum Immobilienerwerb

Ein Immobilienkauf ist über das Eigenkapital ebenso möglich wie durch Finanzierungen und besondere Finanzierungskonzepte. In jedem dieser Kaufverhalten sind die Nebenkosten des Kaufs zu berücksichtigen, wozu die folgenden Posten gehören:

- Notar & Grundbucheintragung
- Grunderwerbssteuer
- Maklerprovision

Darüber hinaus sind Immobiliengutachten und Modernisierungs-kosten zwei eventuelle Posten.

Die Kosten des Notars sind variabel, jedoch in einer Gebührenver-ordnung transparent festgelegt. Sie belaufen sich neben der Beur-kundung des Vertrags auf weitere Leistungen, wozu unter anderem Löschungen der Grundschulden des Verkäufers, Eintragungen von Wege- und Wohnrechten sowie eine Eintragung der Auflassungs-vormerkung in das Grundbuch[22] gehören. Es ist von knapp 1,5 % des Kaufpreises an Gebühren für den Notar und die Eintragung ins Grundbuch auszugehen.

Die Grunderwerbssteuer ist von Bundesland zu Bundesland ver-schieden. Seit dem 01. September 2006 ist es nämlich jedem Bun-desland erlaubt, die Höhe der Grunderwerbssteuer selbst festzule-gen. Der Hintergrundgedanke dieses Gesetzes (Art. 105, 2a, GG[23]) war die Schaffung der Möglichkeit für finanzschwache Bundes-länder, die Einnahmen zu erhöhen. Sämtliche Bundesländer – mit Ausnahme von Sachsen und Bayern – haben von dem neu erlasse-nen Gesetz Gebrauch gemacht, jüngst Mecklenburg-Vorpommern durch eine Erhöhung ab dem ersten Juli 2019 von 5 auf 6 %. Die folgende Tabelle bildet die neuen Steuersätze und die Höhe der Steuern anhand des beispielhaften Kaufpreises von 200.000 Euro ab:

Bundesland	Steuersatz	Steuerbelastung (200.000 € Kaufpreis)
Baden-Württemberg	5 %	10.000 €
Bayern	3,5 %	7.000 €
Berlin	6 %	12.000 €
Brandenburg	6,5 %	13.000 €
Bremen	5 %	10.000 €
Hamburg	4,5 %	9.000 €

[22] Vgl. https://www.immoverkauf24.de/immobilienverkauf/immobilien-verkauf-a-z/notarkosten-und-grundbuchkosten/
[23] Vgl. https://www.gesetze-im-internet.de/gg/art_105.html

Hessen	6 %	12.000 €
Mecklenburg-Vorpommern	6 %	10.000 €
Niedersachsen	5 %	10.000 €
Nordrhein-Westfalen	6,5 %	13.000 €
Rheinland-Pfalz	5 %	10.000 €
Saarland	6,5 %	13.000 €
Sachsen	3,5 %	7.000 €
Sachsen-Anhalt	5 %	10.000 €
Schleswig-Holstein	6,5 %	13.000 €
Thüringen	6,5 %	13.000 €

Quelle: immoverkauf24.de[24]

Neben der Grunderwerbssteuer fällt die Maklerprovision als letztes reguläres Glied der Kaufnebenkosten an. Diese variiert und wird in Einzelfällen von Verkäufer und Käufer gemeinsam getragen. Die in Deutschland für den Käufer möglichen Gebühren liegen zwischen 3,57 und 7,14 %[25]. Dabei stellt Niedersachsen eine Besonderheit dar, da hier sogar für die einzelnen Regionen verschiedene Provisionssätze vereinbart sind. Ist der Verkäufer ohne Makler tätig, so fallen für den Käufer keine Provisionszahlungen an.

---

[24] Vgl. https://www.immoverkauf24.de/immobilienverkauf/immobilien-verkauf-a-z/grunderwerbsteuer/
[25] Vgl. https://www.immoverkauf24.de/immobilienmakler/maklerprovision/#hausverkauf-check-3

Hinweis

Das Immobiliengutachten und die Modernisierungskosten sind nicht pauschal festzusetzen. Für das Immobiliengutachten lässt sich grundsätzlich zwischen 500 und 1.000 € angeben, was jedoch mit der Größe und dem Verkehrswert des Gebäudes ansteigen kann. Bei Finanzierungen über die Bank ist ein Immobiliengutachten nicht erforderlich, da die Bank dieses zur Sicherheit von sich aus durchführen lässt. Sollte der Käufer die Immobilie nämlich nicht abbezahlen können, so wird die Bank das Objekt übernehmen. Dabei ist das Ziel ein Verkauf ohne Verlust oder sogar mit einem Gewinn. Die Modernisierungskosten können bei einigen Tausend oder auch bei mehreren Tausend Euro liegen. Sind Modernisierung, Sanierung oder Renovierung in hohem Umfang erforderlich, sinkt dadurch jedoch der Kaufpreis einer Immobilie, was Käufern entgegenkommt.

Mit Eigenkapital kaufen: Sind genug Rücklagen vorhanden?

All diese Kosten gilt es für einen Immobilienkauf mit einzubeziehen. Insbesondere der Kauf komplett mit Eigenkapital ist ein gut zu kalkulierendes Unterfangen. Es genügt aber nicht, wie die Übersicht über die Nebenkosten gezeigt hat, allein den Kaufpreis der Immobilie an finanziellen Mitteln verfügbar zu haben. Stattdessen gilt es, folgende Fragen zu stellen:

♦ Habe ich ausreichend Eigenkapital für das Haus, sämtliche Nebenkosten, die Verwaltung und Versicherung?

♦ Bleibt ausreichend Eigenkapital übrig, um eventuell nach dem Kauf auftretende unvorhersehbare Schäden zu finanzieren?

♦ Sind ausreichend Rücklagen gegeben, sodass ich nach der Investition privat und beruflich nicht in Engpässe gerate?

♦ Für Selbstständige: Habe ich bereits die auf mich zukommende Steuerlast für das nächste Jahr berücksichtigt?

Sofern diese Fragen mit einem „Ja" beantwortet werden können, ist der Kauf einer Immobilie mit Eigenkapital eine Option. Allerdings gehen sogar Investoren und Unternehmer des Öfteren den Weg über die Finanzierung mit Banken. Hier erfolgt eine Anzahlung mit Eigenkapital, die die Zinsgebühren senkt. Der Restbetrag wird finanziert, da dieser Weg mit weniger Risiken behaftet ist. Außerdem wird das Geld so an anderer Stelle verfügbar oder es wird eine höhere Menge an gleichzeitig erworbenen Immobilien möglich, als sie bei einem Kauf ohne Finanzierung machbar wäre. Dementsprechend lohnt ein Blick auf die Finanzierungsmöglichkeiten durch Kredite und spezielle Konzepte.

Kreditaufnahme zur Immobilienfinanzierung

Eine Immobilienfinanzierung mittels Kredit hat Vorteile. Zum einen bietet die Immobilienfinanzierung den Vorzug der höheren Sicherheit. Sollte es zu Schäden an der Immobilie kommen, hat der Käufer mehr Eigenkapital zur Behebung der Schäden. Zum anderen sind durch die Immobilienfinanzierung mehrere Immobilien zur gleichen Zeit möglich, sofern Eigenkapital oder bereits vorhandene Immobilien als Sicherheit existieren. Die Mieter in den Immobilien sorgen dafür, dass der Kredit zum großen Anteil durch die Miete finanziert wird und Anleger auf diesem Wege nur einen geringen Eigenanteil haben. Nach einigen Jahren und einer Modernisierung ist die Miete höher und die Mieterträge finanzieren nicht nur den Kredit, sondern erwirtschaften gar einen Überschuss.

Nichtsdestotrotz existieren Auflagen seitens der Bank, um den Kauf einer Immobilie zur Realität werden zu lassen. Diese nehmen die finanzielle Lage des Antragstellers genau unter die Lupe, um sich gegen das eigene Risiko abzusichern:

- ♦ Letzte drei Gehaltsabrechnungen
- ♦ Mietvertrag/Mietfreibestätigung
- ♦ Kontoauszüge der letzten drei Monate
- ♦ Schufa-Abfrage
- ♦ Vermögensnachweise
- ♦ Aktuelle Renteninformation

◆ Kreditverträge

◆ Versicherungsdokumente

Es kommt also einiges an Papierkram auf Personen zu, die eine Immobilie finanzieren möchten. Letzten Endes sind es jedoch Dokumente, die ohnehin jederzeit in den eigenen vier Wänden liegen sollten. Diese werden bei der Bank zum gewünschten Termin abgegeben. Doch wieso sind diese Dokumente wichtig?

Mit den letzten drei Gehaltsabrechnungen verschafft sich die Bank einen Eindruck davon, was der Antragsteller verdient. Die Einkünfte – unter Berücksichtigung der Ausgaben – bilden dabei die Basis, auf der darüber befunden wird, ob eine Finanzierung risikofrei möglich ist.

Der Mietvertrag ist die in der Regel am meisten belastende persönliche Ausgabe. Diese wird von dem eigenen Einkommen subtrahiert, um sich dem verfügbaren Budget für die Finanzierung der Immobilie zu nähern. Sollte keine Miete gezahlt werden, weil der Antragsteller bei einer Person unentgeltlich wohnen darf, dann ist die Mietfreibestätigung ein erforderliches Dokument. Die Mietfreibestätigung wird von der beherbergenden Person ausgestellt und unterschrieben.

Die Kontoauszüge der letzten drei Monate verschaffen einen Überblick über das Zahlverhalten des Antragstellers und bestimmte Fixkosten, über die die Dokumente keinerlei Auskünfte geben. Dazu gehören beispielsweise Verträge fürs Fitnessstudio, Abonnements und anderweitige – meistens private – Faktoren. Vereinzelt kann es sogar sein, dass Abonnements einen derartigen Anteil des Restbudgets verbrauchen, dass die Immobilienfinanzierung daran scheitert.

Es erfolgt zudem eine Schufa-Abfrage, sofern der Antragsteller einwilligt. Diese klärt über Schulden des Antragstellers auf. Zudem gibt es in der Schufa Negativ-Einträge, sofern mehr als ein Girokonto genutzt wird. Auf Wunsch darf der Antragsteller die

Schufa-Abfrage durch die Bank nicht gestatten. Daran scheitert eine Finanzierung durch die Bank nicht, allerdings erhöht sie die Kosten der Finanzierung.

Vermögensnachweise geben der Bank Sicherheit. Hierbei handelt es sich um Vermögen aus Sparbüchern, Altersvorsorgeverträgen, Tagesgeldkonten, Wertpapieren und ähnlichen Produkten, die sich durch Verkauf in liquide Geldmittel umwandeln lassen. Besonders wirksam ist der Nachweis über einen Immobilienbesitz, sofern man über diesen verfügt. Denn hier greift das Prinzip der Immobiliensicherung: Die Richtlinien für eine Finanzierung lockern sich, da die Bank die Immobilie als Absicherung der Finanzierung heranzieht.

Die aktuelle Renteninformation erhält man in Deutschland erst ab dem 27. Lebensjahr. Diese gibt Auskunft über den Anspruch der Rente und ist für die Bank ein Messinstrument zur Ermittlung der Finanzierbarkeit der Immobilie im Alter. Da Finanzierungen üblicherweise auf eine Dauer von mehreren Jahrzehnten festgelegt werden, ist das künftige Renteneinkommen ein wichtiger Faktor.

Bereits bestehende Kredite sind Kostenfaktoren, die zur Ermittlung der laufenden Kosten des Antragstellers unerlässlich sind. Hier gilt es darauf zu achten, dass nicht mitten im Ablauf der Finanzierung Kredite aufgenommen werden. Beispiel: Ein Kunde bekam von der Bank die Finanzierung zugesagt und beauftragte sogar den Notar. Nun kaufte er im selben Zeitraum ein Auto auf Kredit – noch bevor das Angebot durch die Bank unterzeichnet war! Dieses wurde von der Bank zurückgezogen und so bekam der Kunde seine Finanzierung nicht. Er blieb ohne Immobilie auf den Notarkosten sitzen, die bei einigen Tausend Euro lagen.

Die Versicherungsdokumente machen auf der Seite der Kosten nach der Miete in der Regel den zweitgrößten Anteil aus. Hierzu zählt allem voran die Krankenversicherung. Die Kosten hierfür werden vom Lohn abgezogen und sind in der Gehaltsabrechnung aufgeführt. Nur bei privat Versicherten und bei Selbstständigen

müssen separate Dokumente für die Krankenversicherung eingereicht werden. Ebenso fallen Kfz-Versicherungen, Haftpflicht-
versicherungen, Rechtsschutzversicherungen und weitere in dieses
Segment.

Hinweis

Selbstständige bilden einen Sonderfall bei der Finanzierung von Immobilien. Bei Selbstständigen wird das Risiko von den Banken pauschal hoch eingeschätzt. Hier ist reichlich Eigenkapital unumgänglich,
wobei gilt: Je mehr, desto besser. Zudem werden Steuererklärungen
der letzten drei Jahre verlangt, in denen hohe Gewinne ausgewiesen
sind. Die Krux daran: Kaum ein Existenzgründer rechnet sich in den
ersten Jahren finanziell stark, sondern mindert das Einkommen durch
Investitionen ins Wachstum lieber, um eine geringe Steuerlast zu haben. Somit sind Finanzierungen bei Selbstständigen schwer realisier-
bar. Ausnahme bildet erneut die Immobiliensicherung, bei der bereits
vorhandener Immobilienbesitz des Selbstständigen der Bank die nötige Sicherheit verleiht.

Allerdings möchten die Banken ebenso von Angestellten eine gewisse Menge Eigenkapital sehen – und zwar genug, um die Kaufnebenkosten zu decken. Sollte dieses vorhanden sein, ein unbefris-
tetes Arbeitsverhältnis bestehen und das monatliche Einkommen
bei mindestens 1.800 bis 2.000 € netto liegen, ist eine Finanzierung durch die Bank realistisch.

Konzepte zum Immobilienerwerb

Vor einigen Jahrzehnten war in Deutschland nur die Finanzierung
einer Immobilie zur Eigennutzung in der Vorstellung der breiten
Massen präsent. Nur Investoren und Unternehmer oder andere Personen, die Immobilien besaßen oder direkt kaufen konnten,
vermieteten diese. Doch um die 90er Jahre herum fanden vermehrt
Konzepte in Deutschland Einzug, die die Finanzierung von Immobilien zur Vermietung attraktiv machten. Die Finanzierung einer

Immobilie zur eigenen Nutzung steht in einigen Situationen nämlich nicht zur Debatte. Dies ist allem voran dann der Fall, wenn die
Lage nicht passt oder die eigenen Vorstellungen sich nicht abdecken
lassen. Gehen wir beispielsweise davon aus, dass die eigenen finanziellen Mittel nicht zur Finanzierung eines großen Hauses für die
ganze Familie ausreichen, aber dafür für eine kleine Wohnung: In
diesem Fall wird das Haus weiterhin gemietet und stattdessen eine
Wohnung finanziert, um den Kredit durch Vermietung zu finanzieren. Dies hat den Vorteil, dass zumindest über eine Immobilie fürs
Alter vorgesorgt wird oder aber die Immobilie als Grundlage für die
Finanzierung eines Hauses dient.

Wie auch immer es ausgelegt wird, ist das Konzept der Finanzierung einer Immobilie zur Vermietung eines, welches seltener
von Personen selbst gewählt, stattdessen aber häufig von spezialisierten Unternehmen angeboten wird. Diese bringen nicht nur
dieses Konzept, sondern eine Reihe weiterer Vorteile mit sich. Das
Angebot variiert von Unternehmen zu Unternehmen, doch lassen
sich folgende Besonderheiten der Angebote feststellen:

- Strukturvertriebe
- Absicherung gegen Mietausfall
- Finanzierung ohne Eigenkapital

Strukturvertriebe

Der erste Aspekt wird vereinzelt kritisch gesehen und sorgt für eine
verzerrte Wahrnehmung von Immobilienvertrieben. Hier sind Anbieter nämlich nach dem Schema aufgebaut, dass sie eine Hierarchie
haben, in der Kunden durch das Werben von Neukunden selbst da-
zuverdienen können. In der Öffentlichkeit ist in diesem Fall vereinzelt von Schneeballsystemen die Rede; will meinen: Das System
lebt nur davon, dass neue Kunden an Land gezogen werden und das
Produkt in Wirklichkeit nicht existiert. Jedoch ist dies im Bereich
der Immobilien auszuschließen.

Bewertung

Da der Immobilienkauf über einen Notar erfolgt, eine Grundbucheintragung stattfindet und Steuern entrichtet werden, ist es unmöglich, dass das jeweilige Produkt nicht existiert. Somit sind Immobi-
lienvertriebe in dieser Hinsicht sicher. Vielmehr bieten sie Personen,
die sich eine Immobilie finanzieren lassen, durch die Akquise von
Neukunden sogar die Gelegenheit, Geld dazuzuverdienen.

Absicherung gegen Mietausfall

Eine Absicherung gegen den Mietausfall reicht wesentlich weiter als
die hierzulande bekannte Mietausfallversicherung. Die Mietausfallversicherung zahlt nämlich nicht die Miete weiter, während kein Vermieter gefunden wird, sondern zahlt nur bei nicht gezahlten Mieten sowie
Mietnebenkosten. Vereinzelt bieten die Strukturvertriebe deswegen
Sonderleistungen, wozu die Aufnahme in einen eigenen Miet-Pool gehören kann. Dieser optionale Miet-Pool sieht zwar monatlich geringe
Beiträge vor, hat jedoch den entscheidenden Vorzug, dass allen Mit-
gliedern des Pools durch die eingezahlten Beiträge zugesichert ist, die
Mieteinnahmen fortlaufend gezahlt zu bekommen.

Bewertung

Strukturvertriebe bieten durch die Aufnahme in ihre Konzepte die
Chance dazu, sich gegen Mietausfälle zu versichern. Dies ist in die-
sem Punkt weitaus effektiver als eine Mietausfallversicherung. Die
Kosten werden durch die Teilnehmer getragen, die Beiträge in fest
definierten Höhen einzahlen – also eine Versicherung, die durch die
Gemeinschaft erfolgt.

Finanzierung ohne Eigenkapital

Die Bank verlangt bei Finanzierungen von Arbeitnehmern zwar
nicht so viel Eigenkapital wie von Selbstständigen. Dennoch – so
wurde festgestellt – muss es ausreichen, um die Kaufnebenkosten auszulegen. Das Problem ist, dass nicht jede Person über das benötigte
Eigenkapital hierzu verfügt, da dieses durchaus im fünfstelligen Be-

reich liegen kann. An dieser Stelle greift ein Vorteil von Strukturvertrieben, da diese die Kaufnebenkosten „übernehmen". Übernehmen in Anführungszeichen, da der Vorgang folgendermaßen aussieht:

♦ Die Immobilie wird ausgesucht, ebenso die Finanzierung bei einer Bank.

♦ Nun würden die Nebenkosten für den Kauf anfallen. Für diese stellt die Bank keinen Kredit aus.

♦ Der Trick einiger Strukturvertriebe ist daher, dass sie die Kaufnebenkosten in den Immobilienpreis einberechnen.

♦ Wenn die Bank nun einen Kredit für die Immobilie vergibt, deckt dieser auch die Kaufnebenkosten ab.

♦ Der Strukturvertrieb überweist zuvor die Kaufnebenkosten an den Käufer, ohne dass die Bank davon wüsste.

♦ Diese werden dann an die erforderlichen Parteien überwiesen.

♦ Der Strukturvertrieb erhält mit der Überweisung der Kreditsumme, die die Bank zur Verfügung stellt, den eigentlichen Immobilienwert sowie zusätzlich die zuvor überwiesenen Kaufnebenkosten zurück.

♦ Der Käufer zahlt den Kredit bei der Bank ab und alles geht von nun an die gewohnten Wege.

Diese Vorgehensweise ermöglicht dank der Gewieftheit entsprechender Unternehmen die Finanzierung ohne Eigenkapital. Alle Parteien erhalten das, was sie brauchen, und dies obendrein zu den besten Konditionen.

Bewertung

In einzelnen Konzepten werden die Kaufnebenkosten „übernommen". Dies erfolgt unter Einbezug in den Wert der Immobilie, sodass die Banken die Kaufnebenkosten ohne Wissen mitfinanzieren. Sofern dies mit dem Eigentümer der Immobilie abgesprochen ist, ist dieses Konzept wasserdicht und ermöglicht eine Finanzierung ohne Eigenkapital.

Wo sind die Strukturvertriebe anzutreffen?

Im Grunde genommen haben sie in jeder Stadt ihre Niederlassungen. Viele Unternehmen nehmen das grundlegende Konzept – Immobilie finanzieren und direkt vermieten – und vermarkten es gezielt als Immobilien zur Kapitalanlage, Altersvorsorge oder zum Vermögensaufbau. Es lohnt sich, auf die Werbung einzugehen und sich telefonisch oder per E-Mail erste Informationen abzuholen. Zwar gibt es einige schwarze Schafe, doch wenn man eingeladen wird, sich das Konzept anhört und die Immobilie besichtigen kann und alles über den Notar abgewickelt wird, darf davon ausgegangen werden, dass alles seinen rechten Gang geht.

Anlagestrategien für Immobilien

Es existieren zahlreiche Anlagestrategien für Immobilien, worunter auch solche fallen, die äußerst fragwürdig erscheinen. Mit „fragwürdig" ist in diesem Kontext gemeint, dass rein auf eine Wertsteigerung spekuliert wird und benötigte Wohnräume genommen werden. Wiederum gibt es Anlagestrategien, bei denen Wohnungen oder Häuser in marodem Zustand aufgekauft und kernsaniert werden. Anschließend werden sie in verbessertem Zustand vermietet oder verkauft. Dies kann sogar zur Aufwertung ganzer Stadtteile führen, was unter dem Begriff *Gentrifizierung* geführt wird. Die folgende Übersicht stellt die verschiedenen Anlagestrategien vor und unterzieht diese einer Bewertung.

Wertsteigerungsstrategie: Kauf, Haltung und Wiederverkauf

Immobilien werden aufgekauft und für einige Jahre gehalten, um sie direkt wiederzuverkaufen – keine Vermietung, keine Instandhaltung, keine Modernisierungs- oder Renovierungsmaßnahmen. Es werden Immobilien in vielversprechenden Lagen gekauft, es wird auf eine Wertsteigerung spekuliert, die in der Regel in den Ballungsräumen von Großstädten und mittlerweile immer mehr Kleinstädten definitiv eintreten wird, und schließlich werden die Immobilien mit Gewinn verkauft. Eine solche Strategie funktioniert jedoch nur bei Immobilien in sehr guten Lagen, wo die Nachfrage hoch ist. Sie eignet sich für Personen, die Eigenkapital von mindestens einer Million Euro aufweisen. Nach wenigen Jahren erfolgt der Wiederverkauf mit einer Wertsteigerung im fünfstelligen Bereich – so zumindest die Annahme. Dass diese Wertsteigerung nicht immer aufgehen mag und nur auf die Big Cities zutrifft, macht diese Wertsteigerungsstrategie umso fragwürdiger. Der bittere Beigeschmack dieser Strategie ist, dass bedürftigen Personen dringend benötigter Wohnraum weggenommen wird und die Immobilie mehrere Jahre verwahrlost und ungenutzt in der Stadt steht. Hier stellt sich die Frage, ob Anleger dies mit ihrem Gewissen vereinbaren können.

Bewertung:

- Ausschließlich bei bereits hochpreisigen Immobilien in Lagen mit hoher Nachfrage nützlich
- Nur für Personen mit Eigenkapital ab knapp 500.000 €
- Nur sinnvoll, wenn keine Finanzierung nötig ist
- Eigentlich frei verfügbarer Wohnraum ist nicht beziehbar

Fixer-Upper-Strategie: Marodes Haus kaufen, sanieren und profitieren

Die Fernsehsendung *Fixer Upper* dürfte einigen Personen bekannt sein. Es handelt sich hierbei um eine Sendung, bei der Renovierungsprofis mit ihrem Team von Kameras dabei begleitet werden, wie sie Immobilien aufkaufen, die sich in einem maroden Zustand befinden. In der Sendung handelt es sich ausschließlich um Häuser, jedoch ist dasselbe Vorgehen auch bei Wohnungen möglich. Allerdings ist bei der Sanierung, Renovierung oder Modernisierung von Häusern der Wandel deutlicher zu sehen, da das gesamte Gebäude davon betroffen ist. Bei Wohnungen ist es nur ein Teil – es sei denn, man besitzt den ganzen Wohnblock. So oder so: Das Prinzip ist einleuchtend, da durch jedwede optische sowie funktionelle Aufwertung der Immobilie deren Wert steigt.

Diese Strategie setzt bei einer Durchführung im großen Rahmen allerdings eine Expertise voraus, die nur in der Branche erfahrene Personen einbringen können. Andernfalls müssen Architekten, Renovierungsprofis oder anderweitige Experten beauftragt werden, was die Kosten für die Maßnahme in die Höhe treibt, sodass der Wiederverkauf nach aufwertenden Maßnahmen kein lohnendes Unterfangen ist. Wird diese Strategie jedoch im kleinen Rahmen (z. B. neue Bodenbeläge, Fenster, neuer Anstrich) mit einzelnen Maßnahmen durchgeführt, so sind auch unerfahrene Investoren auf der Seite der Profiteure. Denn neben den höheren Mieterträgen und dem gestiegenen Kaufpreis profitieren die neuen Mieter oder Käufer von einem schöneren Zuhause. Sogar eine Aufwertung ganzer Stadtteile ist auf diesem Wege denkbar. Hier sorgen die Investoren bzw. Anleger mit ersten optischen Aufwertungen dafür, dass weitere Investoren nachziehen. Mehr dazu wird in den Folgekapiteln unter dem Punkt *Gentrifizierung* aufgeführt.

Ein weiterer Vorteil dieser Strategie ist darin gegeben, dass sie sowohl lang- als auch kurzfristig betrieben werden kann. Langfristig ist die Strategie, wenn Anleger die Immobilie vermieten, mittelfristig ist, wenn die Immobilie zehn Jahre vermietet und nach Ablauf der Spekulationsfrist steuerfrei verkauft wird, und kurzfristig ist die Anlagestrategie, wenn nach der Aufwertung der direkte Wiederverkauf der Immobilie erfolgt.

Bewertung:

♦ Beim Ankauf komplett maroder Gebäude nur für Profis mit Erfahrung geeignet

♦ Bei einzelnen Maßnahmen auch für Kleinanleger und Unerfahrene lukrativ

♦ Höhere Mieterträge

♦ Wertsteigerung der Immobilie

♦ Aufwertung der Umgebung/des Stadtteils mit Aussicht auf Zuzug weiterer Investoren

♦ Schöneres Zuhause für die Mieter bzw. Käufer

Immobiliensparplan: Mit Finanzierungen einen umfangreichen Immobilienbesitz aufbauen

Diese Strategie ist ein elementarer Schlüssel für Personen, die höhere Ambitionen haben, als ein oder zwei Immobilien im Leben zu kaufen. Sie lässt sich mit geringen monatlichen Eigenbeiträgen realisieren. Wesentlich präziser wird diese Strategie in meinem Buch „Immobilien kaufen, vermieten und Geld verdienen" erläutert. Hier wird die Strategie nur rudimentär durchgerechnet. Sie versteht sich als die sogenannte Immobilien-Rente und ist allem voran den Personen eine Hilfe, die als Arbeitnehmer und Kleinanleger starten und …

1. … ihre Rente aufbessern …

2. … ihr Kapital mit hohen Renditechancen anlegen …

3. … sich ein umfangreiches Immobilienvermögen aufbauen …
… möchten.

Gehen wir von einem Arbeitnehmer aus, der sein Leben lang ein Einkommen von 2.000 € pro Monat generiert. Wie sich im ersten Kapitel eingehend feststellen ließ, wird dieses Vermögen nicht genügen, um eine Rente zu erhalten, die ausreicht, um den bisherigen Lebensstandard zu halten. Gehen wir bestenfalls von einer Rente von 1.000 € im Monat aus. An dieser Stelle sollte man sich vor Augen führen, wie schwer es ist, den Lebensstandard urplötzlich von 2.000 € auf 1.000 € monatlich runterzufahren – kaum vorstellbar; es sei denn, man hat es selbst erlebt.

Es lohnt sich an dieser Stelle zu wissen, dass aus den 1.000 € im Monat 2.000 € werden können, sofern ein Immobiliensparplan verfolgt wird, der nur das Zurücklegen von höchstens 100 € pro Monat vorsieht. Es ist einfacher, das verfügbare Einkommen im jungen Alter von 2.000 € auf 1.900 € im Monat zu reduzieren, als zu Rentenzeiten von 2.000 € auf 1.000 €. Wie gelingt dieses Vorgehen? An dieser Stelle in Kürze:

♦ Zunächst wird eine Immobilie finanziert.

♦ Die Tilgung des Kredits wird durch die Mieteinnahmen sowie einen Eigenanteil von um die 100 € gestemmt.

- Nach den ersten Modernisierungsmaßnahmen und Mieterwechseln steigen die Mieterträge im 10. Jahr so an, dass es keinen Eigenanteil mehr beizutragen gibt.

- Ab dem 10. Jahr ist die Finanzierung einer zweiten Immobilie möglich, da die 100 € Eigenanteil von der ersten Immobilie frei verfügbar sind.

- Nach 20 Jahren ist es soweit, dass die erste Immobilie mit knapp 100 € im Plus ist und die zweite keinen Eigenanteil fordert. Dies erlaubt die Finanzierung zweier weiterer Immobilien. Die eine wird durch den Überschuss finanziert, während die andere durch den Eigenanteil von 100 € gestemmt wird.

- Nach 30 Jahren sind nach demselben Rechenmuster vier weitere Immobilien möglich.

- Parallel dazu haben die ersten Immobilien eine Wertsteigerung verzeichnet, die über 40 Jahre – einen Wertzuwachs von 20 % im Zeitraum von 10 Jahren zugrunde legend – eine ordentliche Rendite mit sich bringt.

- Nach 40 Jahren genügt der Verkauf zweier Immobilien aus der Anfangsphase des Immobiliensparplans, um alle ausstehenden Verbindlichkeiten aufzulösen.

- Am Ende stehen vier Immobilien, die monatliche Mieterträge in einer Höhe von knapp 2.000 € einbringen, und ein Immobilienvermögen, welches die halbe Million überschreitet. Alle Verbindlichkeiten sind getilgt, der Anleger schuldenfrei und vermögend.

Dieser Immobiliensparplan wird in meinem Buch „Immobilien kaufen, vermieten und Geld verdienen" komplett mit Zahlen aus der Vergangenheit durchgerechnet, die sowohl die Weltwirtschaftskrise von 2007 als auch andere Faktoren berücksichtigen. Diese werden mit Prognosen für die Zukunft kombiniert, um einen adäquaten Eindruck von den Spielräumen zu verschaffen. Darüber hinaus trägt das folgende Kapitel mit der Immo-Bilanz zu einem besseren Verständnis der Thematik bei.

> ## Bewertung:
> ♦ Sowohl für Klein- als auch Großanleger geeignet
> ♦ Sicherer Sparplan mit geringem finanziellen Aufwand und langfristigem Anlagehorizont
> ♦ Hohes Immobilienvermögen und monatlich hohe Mieteinnahmen als Resultat

Zerstückelungsstrategie: Wohnraum kaufen und an mehrere Personen vermieten

Mehrere Personen können höhere Kosten für denselben Wohnraum stemmen als eine einzelne Person. Auch ist die Zahlungsbereitschaft in diesem Fall ist höher. Dies können sich Anleger zum einen zunutze machen, indem sie eine Wohnung als WG vermieten. Zum anderen – und dies ist der mutmaßlich lukrativere Weg – ist die Vermietung eines Hauses an mehrere Personen möglich. Hat das Haus beispielsweise sieben Zimmer, lassen sich sechs Zimmer vermieten, während das verbliebene Zimmer als Gemeinschaftsraum genutzt wird. Küche und Badezimmer runden das Gesamtpaket ab. Der Vorteil davon ist, dass sich – je nach Lage – weitaus höhere Preise als bei der Vermietung an eine Familie erzielen lassen. Man rechne mit 1.200 € Mieteinnahmen bei einer Familie. Mit sechs Einzelpersonen zur Miete sind Preise um die 300 € pro Person nur allzu realistisch. Bei einer guten Lage lassen sich sogar 500 € pro Person erzielen – vieles ist in diesem Punkt reine Vermarktungsstrategie. Als Beispiel lässt sich ein Haus heranführen, dass zwar etwas abgelegen liegt, aber dafür eine Bushaltestelle förmlich direkt vor der Haustür hat, die es mit einer international renommierten Privat-Uni verbindet. In diesem Fall ließe sich das Haus als Studentenunterkunft vermieten. Aufgrund der abgelegenen Lage dürfte der Krach durch Partys den Nachbarn nichts ausmachen und es stünde am Ende eine außergewöhnliche Studenten-WG da. Weil die Studenten, die an einer international renommierten UNI studieren, dank ihrer Eltern tendenziell viel Geld mitbringen, dürfte die Vermietung einer Immobilie in einem solchen Stil kein Problem darstellen.

Nachteil dieser Strategie ist der hohe Aufwand, der sich dahinter verbirgt, die Personen adäquat zu betreuen. Zudem ist das Risiko eines weniger rücksichtsvollen Umgangs mit der Immobilie gegeben. Denn je mehr Personen eine Immobilie beziehen, umso wahrscheinlicher werden Mietausfälle, Mietnomaden und ähnliche Faktoren.

> ## Bewertung:
> ♦ Methode, um das meiste aus der Immobilienvermietung herauszuholen
>
> ♦ Hohe Mietrenditen möglich
>
> ♦ Aufwand und Risiken bei der Wahl und Betreuung der Mieter sind in der Regel groß

Weitere Strategien in der Übersicht

Neben den genannten Strategien gibt es weitere Optionen, die im Folgenden aufgrund des hohen Aufwands nur kurz angeschnitten werden:

♦ Ferienwohnung/Ferienhaus

♦ Drehort

♦ Sonnendach

Ferienwohnung, Ferienhaus und Unterkunft werden für kurze Zeiträume vermietet. Dabei muss keine idyllische Lage gegeben sein. Auch in Großstädten ist die Nachfrage nach solchen Unterkünften groß. Insbesondere in Messe-Zeiträumen lassen sich Erträge von bis zu 100 € pro Nacht für durchschnittliche Unterkünfte erzielen. Hier ist jedoch eine Anfangsinvestition in Mobiliar absolute Pflicht. Achtzugeben ist darauf, ob über die Vermietung hinausgehende Leistungen erbracht werden. Ein zur Verfügung gestelltes Frühstück oder beispielsweise ein Angebot für Touristenführungen würde aus der Vermietung eine gewerbliche Tätigkeit machen. Dies hätte eine Gewerbeanmeldung und aufwändigere Steuerregelungen zur Folge.

Die Vermietung der Immobilie als Drehort für Filme und das Fernsehen ist nach Anfrage bei Agenturen denkbar. Es garantiert allerdings keine festen Einkünfte. Da aber lukrative Einmalzahlungen möglich sind, ist dies ein Weg, der z. B. dann gegangen werden kann, wenn die Immobilie gerade nicht vermietet wird und leer steht.

Wesentlich realistischer und lukrativer ist die Vermietung des eigenen Daches als Sonnendach. In diesem Fall wird einem Investor, der Photovoltaikanlagen betreibt, gestattet, eine solche Anlage auf dem eigenen Dach zu installieren und zu betreiben. Die Zahlungen des Investors erfolgen in Form einer Pacht und werden als solche in der Steuererklärung angegeben. Die besten Voraussetzungen bietet die Immobilie dann, wenn das Dach gen Süden ausgerichtet ist und kein Schatten aufs Dach fällt. Zudem ist eine Kombination der Vermietung des Dachs und der Vermietung der Immobilie als Wohnraum möglich: Doppelter Profit für einen selbst und darüber hinaus Förderung erneuerbarer Energien.

Die Schritte vom Interesse bis zur Immobilie

Abschließend werfen wir mit all den Kenntnissen einen Blick auf den Ablauf eines Immobilienkaufs. Dieser beginnt mit dem Interesse an einer Immobilie. Der Gang zur Bank ist erst dann empfehlenswert, sobald durchgerechnet wurde, ob genug Sicherheiten gegeben sind und ein Einkommen von knapp 2.000 € im Monat als Arbeitnehmer verzeichnet wird. Sollte Schuldenfreiheit bestehen und sind nach den monatlichen Ausgaben einige Hundert Euro übrig, so ist die ideale Basis zur Finanzierung der Immobilie gegeben. Ist zudem genug Eigenkapital für die Kaufnebenkosten angespart, darf jeder Anleger optimistisch gestimmt zur Bank gehen. Alternativ arbeitet man mit einem Strukturvertrieb, der sogar den Kauf einer Immobilie ohne Eigenkapital ermöglicht.

Von nun an geht es wie folgt weiter:

1. Bankanfrage: Es wird bei der Bank der Wahl angefragt. Dabei zeigt sich, dass Banken in einem kleinen Rahmen Toleranz zeigen. Sollte beispielsweise die gewünschte Immobilie zu fünf Prozent oberhalb der gewährten Kreditsumme liegen, wird in der Regel dennoch ein passendes Angebot erstellt.

2. Vorstellung des Angebots und Kaufentscheidung: Die Bank stellt ein Angebot oder mehrere vor. Durch das Einbringen von Eigenkapital lassen sich die Zinskosten senken. Ebenso ist es möglich, die komplette Immobilie finanzieren zu lassen.

3. Notarvertrag: Es wird ein Notarvertrag erstellt, nachdem das Angebot der Bank akzeptiert worden ist. Der Notarvertrag muss, dem Gesetz § 17 Abs. 2a Satz 2 Nr. 2 BeurkG[26] nach, dem Käufer zwei Wochen lang vorliegen, ehe die Immobilie gekauft wird. So hat der Käufer ausreichend Zeit, um sich mit dem Inhalt des Vertrags zu befassen.

4. Bankunterlagen werden vervollständigt: Innerhalb dieser zwei Wochen werden die Bankunterlagen final zusammengetragen und das Angebot der Bank wird unterzeichnet.

5. Bank- und Notartermin zur Abwicklung: Zum Ende hin wird bei einem Banktermin die Finanzierung besiegelt und das Geld auf das Konto des Käufers überwiesen. Im anschließenden Notartermin wird der Kauf der Immobilie durch Unterschrift und Überweisung des Kaufvertrags an den Verkäufer abgewickelt.

In den Folgetagen werden die Kaufnebenkosten auf den Käufer zukommen. Sollte dieser wider Erwarten knapp bei Kasse sein, überweist er idealerweise zunächst die Gebühren für den Notar und die Grundbucheintragung sowie die Maklerprovision. Die

---

[26] Vgl. https://www.gesetze-im-internet.de/beurkg/__17.html

Festsetzung der Grunderwerbssteuer erfolgt in den nächsten Wochen. Hier kann man sich bis zu zwei Monate Zeit mit der Überweisung lassen, da der Staat sich diesbezüglich mit Mahnungen Zeit lässt.

Zusammenfassung: Finanzierung und Vermietung als starkes Konstrukt

Die Beispielrechnung mit dem Immobiliensparplan hat gezeigt, dass Finanzierung und Vermietung ein starkes Gesamtkonstrukt bilden. Durch den Beginn mit einer Immobilie, die durch einen geringen Eigenanteil und ansonsten durch die Mieteinnahmen finanziert wird, fällt das Risiko verschwindend gering aus. Im Laufe der ersten schätzungsweise zehn Jahre passiert nichts Besonderes mehr und es wird, während die Mieter zahlen, dem gewohnten Berufs- und Privatleben nachgegangen. Ist die erste Immobilie ohne Eigenanteil finanzierbar, ist der Kauf der zweiten Immobilie möglich. So geht es weiter, bis ein regelrechtes Konstrukt aus Immobilien und Finanzierungen entsteht. Dabei lassen sich die Finanzierungen nach einer gewissen Zeit durch das angehäufte Immobilienvermögen ablösen. Diese Strategie ist allem voran für Kleinanleger reizvoll, hat aber die Qualität, zugleich für Großanleger ein komfortabler Weg zu einer Vergrößerung des Vermögens zu sein. Alle weiteren Strategien sind lukrativ, sehen aber größeren Aufwand vor und sind dementsprechend nicht mehr als Kapitalanlage zu betrachten, sondern vielmehr als eine eigene Unternehmung. Eine Kapitalanlage in Immobilien ist somit idealerweise mit einem Minimum an Aufwand und einem Maximum an Sicherheit verbunden. Dabei ist der Weg zur Finanzierung über eine Bank durch ein Angestelltenverhältnis, welches unbefristet ist und schon mindestens drei Monate besteht, am einfachsten. Ist ausreichend Eigenkapital für die Deckung der Kaufnebenkosten gegeben, steht einer eigenen Immobilie nichts im Wege.

Vermietung mit Finanzierung: Die Immo-Bilanz

Die Immobilien-Bilanz wird bei einer Vermietung der Immobilie bei parallel laufender Finanzierung bei einer Bank zur Veranschaulichung der finanziellen Aufwendungen angewandt. Es wird davon ausgegangen, dass die Immobilie durch einen Bankkredit gekauft wird. Daraufhin werden durch die Tätigkeit als Vermieter Mieteinnahmen sowie Steuervorteile generiert. Diese Einnahmen führen dazu, dass die Finanzierung bereits zum Großteil abgedeckt ist. Der Rest der Kosten wird durch einen geringen Eigenanteil abgedeckt. Wer glaubt, dass eine eigene Immobilie mit einem monatlichen Eigenanteil von knapp 80 € nicht finanzierbar ist, wird bei der Immo-Bilanz eines Besseren belehrt. In diesem Kapitel und zugleich in diesem Buch wird die Immo-Bilanz nur rudimentär durchgegangen. Mein Buch „Immobilien kaufen, vermieten und Geld verdienen", welches die Immobilie als Kapitalanlage zur Vermietung betrachtet, geht in diesem Punkt in die Tiefe, indem es die Mechanismen und Möglichkeiten zur Steigerung der Mieterträge, die Steuerregularien samt Rechenbeispielen und präzisen Anleitungen sowie die weiteren Posten der Immo-Bilanz detailliert ausführt.

Immo-Bilanz auf einen Blick

aktiva	passiva
Mieteinnahmen 4 %	BANKKOSTEN 4,5 %
Steuervorteile 0,5 %	VERWALTUNGSKOSTEN 1 %
EIGENANTEIL 1 %	
Gesamt 5,5 %	GESAMT 5,5 %

Die Immo-Bilanz bezieht sich immer auf ein komplettes Jahr. Dies macht insofern Sinn, als die Steuervorteile immer in der jährlichen Einkommensteuererklärung geltend gemacht werden. Darüber hinaus bezieht sich unter den Bankkosten der effektive Jahreszins, der später näher erklärt wird, auf ein Jahr.

Es wird von einer Immobilie ausgegangen, die 100.000 € im Kaufpreis kostet, wobei die Kaufnebenkosten außen vorgelassen werden. Somit ergeben sich für alle Posten die folgenden Werte:

♦ Mieteinnahmen: 4.000 €

♦ Steuervorteile: 500 €

♦ Eigenanteil: 1.000 €

♦ Bankkosten: 4.500 €

♦ Verwaltungskosten: 1.000 €

Zugegebenermaßen handelt es sich sogar um eine pessimistische Einschätzung; pessimistisch dahingehend, dass der Vermieter für eine derartige Immobilie in den meisten Gegenden Deutschlands mehr als 4.000 € jährliche Miete einnehmen würde und geringere Bankkosten in der Niedrigzinsphase keine Seltenheit sind. Doch es ist besser, sich schlecht zu rechnen, als sich gut zu rechnen. Rechnet man sich nämlich schlecht, ist eine umso schönere Realität wahrscheinlich. Doch auch in diesem Beispiel ist die Realität bereits als schön zu bewerten. Denn wird der jährliche Eigenanteil von 1.000 € betrachtet, so ergibt sich monatlich ein Betrag von knapp 83 €.

Mieteinnahmen und Steuervorteile decken die Finanzierung ab

Werden die Mieteinnahmen und Steuervorteile auf Seiten der Aktiva zusammengerechnet und in Bezug zu den Finanzierungskosten bei der Bank unter den Passiva gesetzt, ergeben sich auf beiden Seiten 4,5 % bzw. in unserem Beispiel 4.500 €. Somit decken die Mieteinnahmen und die Steuervorteile die Finanzierung ab. Lediglich die Verwaltung mit 1 % sorgt für den benötigten Eigenanteil. Zwar können Kosten für den Hausmeister durch eine eigene Verwaltung umgangen werden, doch fallen in diesem Modell unter die Verwaltung auch Instandhaltungsrücklagen sowie Versicherungskosten, die sich nicht umgehen lassen. Somit ist ein Eigenanteil anfangs notwendig.

Miete bestimmen und regelmäßig erhöhen

Im Verlaufe der Jahre ist eine Senkung des Eigenanteils möglich. Nachdem die Miete für den ersten Mieter auf Basis des örtlichen Mietspiegels festgelegt wurde, ist das Ziel eines Kapitalanlegers eine sukzessive Mieterhöhung, um den Eigenanteil mit den Jahren zu senken. Idealerweise steht noch während des Ablaufs der Finanzierung kein Eigenanteil mehr zu Buche, sondern ein Überschuss.

Für die Mieterhöhung gelten Gesetze, wobei zunächst gilt, dass die Miete bis zur ortsüblichen Vergleichsmiete erhöht werden darf, sofern sie zuvor 15 Monate unverändert war. (vgl. § 505 BGB[27]) In demselben Paragrafen ist zudem festgelegt, dass die Miete, wenn sie bis zur ortsüblichen Vergleichsmiete erhöht wird, innerhalb dreier Jahre nicht um mehr als 20 % steigen darf. Sollte die Wohnungslage besonders angespannt sein, weil beispielsweise eine hohe Nachfrage herrscht, wird das Maximum von 20 % auf 15 % im Drei-Jahres-Zeitraum reduziert.

Hinweis!

Die ortsübliche Vergleichsmiete können Vermieter einerseits anhand dreier Vergleichswohnungen, die der eigenen ähneln, sowie durch online abrufbare Mietspiegel ermitteln.

Es sei – da lieber pessimistisch als optimistisch gerechnet wird – von einer Mieterhöhung alle drei Jahre um 10 % ausgegangen: In diesem Fall wird aus einer Miete, die im ersten Jahr noch 4 % vom Kaufpreis betrug, eine Miete, die 4,4 % vom Kaufpreis beträgt. Dadurch beträgt der monatliche Eigenanteil 0,6 anstelle 1 %. Die

---

[27] Vgl. https://www.gesetze-im-internet.de/bgb/__558.html

Folge sind jährliche Kosten in Höhe von 600 anstelle der 1.000 €; auf den Monat bezogen sind es 50 €.

Es ergeben sich im Falle von Renovierungen, Sanierungen und Modernisierungen sowie Mieterwechseln weitere Gelegenheiten, die Miete zu steigern. Wird allerdings rein die Erhöhung auf Basis der ortsüblichen Vergleichsmieten alle drei Jahre um 10 % fortgesetzt, so würde die Immobilie nach einem Zeitraum von neun Jahren keinen Eigenanteil mehr verursachen, sondern einen Überschuss erwirtschaften.

Gebäudeabschreibung als Steuerersparnis

Unter Miteinbezug der Steuervorteile ergibt sich bereits früher ein erwirtschafteter Überschuss der Immobilie. Zum einen sind die Verwaltungskosten absetzbar, zum anderen greift die Gebäudeabschreibung als wichtiger Faktor. Die Gebäudeabschreibung erfolgt nach gesetzlich vorgeschriebenen Regeln. Ihr zugrunde liegt der Grundsatz, dass sich eine Immobilie mit zunehmender Nutzungsdauer abnutzt. Dementsprechend wird über eine bestimmte Dauer der Gebäudewert abgeschrieben. Die Dauer sowie die Sätze für die sogenannte AfA (Abschreibung für Abnutzung) variieren mit dem jeweiligen Gebäude sowie dessen Alter. Die einzelnen Sätze sowie Rechenmethoden samt Beispielrechnung führt das Folgekapitel auf.

Um eine adäquate Vorstellung davon zu erzeugen, welche Vorteile die AfA mit sich bringt, sei die steuerliche Geltendmachung im Groben aufgeführt:

- ♦ Eine Immobilie wird für 100.000 € gekauft.
- ♦ Nun muss für die Abschreibung der separate Grundstückswert ermittelt werden, da nur das Gebäude abnutzt und abgeschrieben werden darf.
- ♦ Der Grundstückswert wird anhand einer Bodenrichtwerttabelle vom Kaufpreis subtrahiert.
- ♦ Der nun verbleibende Betrag ist der Wert des Gebäudes bei Anschaffung.

♦ Dieser Betrag wird über einen vorgeschriebenen Zeitraum zu einem vorgeschriebenen jährlichen Prozentsatz abgeschrieben.

Ein möglicher Zeitraum für die Gebäudeabschreibung sind dem Gesetz nach 50 Jahre, wobei 2 % pro Jahr für das Gebäude abgeschrieben werden dürfen. Unter der Annahme, dass das Gebäude einen Anteil von 95.000 € am Kaufpreis von 100.000 € für die gesamte Immobilie hat, ergeben sich 1.900 € jährlicher Abschreibungssatz. Dies allein würde einen Steuervorteil von 1,9 % pro Jahr ergeben. Doch da gleichzeitig die Einnahmen versteuert werden müssen, reduziert sich der Vorteil und ist in der Tabelle mit 0,5 % pauschal festgesetzt. Nähere Erklärungen zu den Steuern erwarten Sie ebenfalls im Folgekapitel.

Bank- und Verwaltungskosten im Überblick

Die Verwaltungskosten sind bei einer Errechnung die einfachere Komponente. Hier fließen selbst gebildete Instandhaltungsrücklagen ein, die gesetzlich nicht fest definiert sind, sondern dem eigenen Ermessen überlassen werden. Ebenso enthalten die Verwaltungskosten den Service für die Mieter – ob in Form eines Hausmeisters oder eines Unternehmens. Zudem ergeben sich die Verwaltungskosten aus den Versicherungen für das Gebäude und der Aktivität der Vermieter. Wesentlich fordernder in der Errechnung, steuerlichen Geltendmachung und dem Vergleich zwischen verschiedenen Anbietern sind jedoch die Bankkosten.

Bankkosten: Effektiver Jahreszins als Vergleichsbasis

Die Finanzierung einer Immobilie wird durch die Zinsen sowie Tilgungsraten abgedeckt. Hierin verborgen sind allerdings zahlreiche weitere Komponenten, die die Übersicht sowie Beurteilung der Bankkosten ohne Vorkenntnisse erschweren:

- ♦ Nominalzinssatz
- ♦ Tilgung
- ♦ Disagio
- ♦ Weitere anfallende Kosten

Die folgenden Abschnitte werden die einzelnen Komponenten erläutern, damit Transparenz in den Posten der Bankkosten einkehrt. Zunächst sei informiert, dass der Gesetzgeber für das Problem der mangelnden Transparenz eine Lösung geschaffen hat: Den effektiven Jahreszins.

Mit dem effektiven Jahreszins sollen alle Kosten der Finanzierung auf einen Punkt gebracht werden, sodass die Kredite untereinander vergleichbar gemacht werden. Früher wurde von den Banken immer nur der Nominalzinssatz (siehe unten) erwähnt, wobei das Problem war, dass dieser die Nebenkosten der Finanzierung nicht miteinschloss. Dies bedeutet, dass die Kunden zwar den Nominalzinssatz – also die Schuldzinsen – bei Angeboten verschiedener Banken vergleichen konnten, aber andere Kostenaspekte schlicht und einfach fehlten. Um diese Lücke zu schließen, wurde der effektive Jahreszins geschaffen, der sämtliche jährliche Kosten eines Kredites zusammenfasst: Nominalzinssatz, Zins- und Tilgungsverrechnungstermine sowie weitere variable Kostenpunkte. Dies schafft wesentlich mehr Transparenz als die Auflistung des Sollzinssatzes, Tilgungssatzes und weiterer separater Bedingungen.

Nominalzinssatz

Der Nominalzins wird auch als Sollzins bezeichnet. Er stellt die Gebühren für die Leihgabe des Geldes dar und klammert weitere Nebenkosten aus. Es handelt sich somit um die Schuldzinsen, die in der Steuererklärung nicht geltend gemacht werden können. Im Endeffekt lässt sich der Nominalzins vereinfacht als Leihgebühr für die Kreditsumme bezeichnen. Es gibt den gebundenen und den veränderlichen periodischen Nominalzins, wie § 489 Absatz 5 BGB[28]

---

[28] Vgl. https://www.gesetze-im-internet.de/bgb/__489.html

konstatiert. Während der gebundene Sollzins bis zum Ablauf der Kreditdauer festgeschrieben ist, wird beim veränderlichen periodischen Nominalzins der Zinssatz monatlich angepasst, wobei der Sollzins sinkt. Nichtsdestotrotz bedeutet der gebundene Sollzins keineswegs, dass sich der Zinssatz während der Dauer der Finanzierung nicht verändern kann. Er kann durch mehrmalige Veränderungen und Preisanpassungsklauseln von Banken verändert werden. Diese sind dazu gedacht, auf Veränderungen auf dem Markt, wie z. B. die von der Europäischen Zentralbank berechneten Zinssätze, zu reagieren.

Tilgung

Die Tilgung dient der Rückzahlung der Kreditsumme. Es handelt sich hierbei nicht um Zinsen, sondern Raten, die anfangs vom Kreditnehmer bezahlt werden. Dabei gilt: Je höher die Tilgungsraten, umso schneller ist der Kredit abbezahlt. Waren früher angesichts der hohen Zinsen noch Tilgungsraten von einem Prozent üblich, sind heute Tilgungsraten von bis zu 3 % keine Seltenheit. 3 % jährliche Tilgung bedeutet, dass der Kredit in 33 1/3 Jahren abbezahlt werden würde. Im Vergleich zu 2 % jährlicher Tilgung ergibt sich der Vorteil, dass die Laufzeit bzw. Rückzahlung des Kredits nicht mehr 50 Jahre beträgt, sondern mit den 33 1/3 Jahren um 16 2/3 Jahre kürzer ausfällt.

Hinweis!

Als früher die Zinsen höher waren und die Tilgung bei einem Prozent pro Jahr lag, bedeutete dies selbstverständlich nicht, dass der Kredit über 100 Jahre abbezahlt wurde. Es wurde anfangs eine Tilgungsrate mit einem Prozent Anteil bestimmt. Nachdem ein gewisser Teil abbezahlt war, sanken die Zinskosten und somit die Tilgungsrate, da die Restsumme des Kredits geringer war. Folglich konnte ab einem bestimmten Zeitpunkt aufgrund der gesunkenen Kosten die Tilgungsrate angehoben werden.

Heute ist es empfohlen – je nach monatlicher Belastbarkeit – die Tilgungsraten möglichst hoch anzusetzen, wobei 3 % jährlich als Idealfall angesehen werden. Daraus ergeben sich folgende Vorteile:

- ◆ Verbesserter Sollzins/Nominalzins: Dadurch, dass die Tilgung schneller erfolgt, werden die Kreditnehmer mit verbesserten Zinskonditionen belohnt. Wird zusätzlich Eigenkapital für die Finanzierung angewandt, verringert sich der Sollzins nochmals.

- ◆ Schnellere Rückzahlung: Durch höhere Tilgung wird der Rückzahlungszeitraum für den Kredit verkürzt, was eine Senkung des Zinsanteils an den Kosten bewirkt.

- ◆ Geringere Restschuld bei Anschlussfinanzierungen: Wird der Sollzinssatz für einen Zeitraum von 20 Jahren festgelegt und ist daraufhin eine Anschlussfinanzierung für den restlichen Zeitraum der Finanzierung erforderlich, so steht eine geringere Restschuld zu Buche, die die Kostenstruktur bei der Anschlussfinanzierung optimiert.

Disagio

Das Disagio ist ein Sonderfall, welcher bei Eigenheimfinanzierungen selten zur Anwendung kommt. Umso mehr kann sich das Disagio unter Umständen bei der Finanzierung einer Immobilie als Kapitalanlage lohnen. Es handelt sich dabei um ein Aufgeld, welches der Kreditnehmer zahlt.

Man gehe davon aus, dass eine Immobilie über 100.000 € finanziert werden soll. Nun zahlt die Bank aufgrund eines vereinbarten Disagios von 5 % 95.000 € aus. Dies bedeutet, dass der Kreditnehmer die 5.000 € dafür aus Eigenkapital oder anderem Fremdkapital einbringen muss. In der Finanzierung zahlt der Kreditnehmer allerdings Zinsen auf den ursprünglichen Betrag von 100.000 €. Welchen Vorteil hat also diese Finanzierung, bei der die Bank 95.000 € auszahlt (tatsächlicher Auszahlungskurs), aber der Kunde dennoch die Zinsen für die 100.000 € zahlen muss?

Ein Vorteil besteht darin, dass dadurch der Nominalzins sinkt, was ebenso den Effektivzins – also die jährlichen gesamten Bankkosten – senkt. Denn durch das Aufgeld seitens des Kreditnehmers erhält die Bank mehr Sicherheiten. Zudem ist das Aufgeld kein Geschenk, sondern eine Zinsvorauszahlung für die Bank. Ein weiterer Vorteil liegt darin, dass das Disagio steuerlich direkt abgesetzt werden kann und somit die Steuerlast im Jahr der Kreditaufnahme mindert.

Der Nachteil wiederum besteht darin, dass der Kunde Zinsen auf 100.000 € zahlen muss, obwohl er 5.000 € weniger von der Bank ausgezahlt erhält. Bei einer Immobilie, die als Kapitalanlage zur Vermietung finanziert wird, kann sich diese Vorgehensweise lohnen. Im Falle einer Immobilie, die zur Eigennutzung finanziert wird, ist dies aufgrund der geringeren Steuervorteile selten der Fall. Dennoch ist ein Disagio ein unübliches Mittel im Rahmen aller Immobilienfinanzierungen, welches sich lediglich in Einzelfällen rechnet.

Hinweis!

Bei einer Disagio-Finanzierung handelt es sich um keine Finanzierung mit Eigenkapital. Eigenkapitalfinanzierungen bedeuten, dass eine Summe X von dem Kreditnehmer eingebracht wird, was die Finanzierungsdauer reduziert und die Zinskonditionen optimiert. Jedoch wird von der Bank die volle Kreditsumme ausgezahlt und auf Basis derer werden die Schuldzinsen gezahlt. Bei einem Disagio erfolgt keine hundertprozentige Auszahlung, da in Form des Disagios eine vereinbarte Zinssumme als Vorauszahlung für die Zinsen einbehalten wird.

Weitere anfallende Kosten

Die Termine zur Finanzierung lässt sich die Bank ebenfalls kosten. Diese sind unter den Bearbeitungsgebühren sowie den Zins- und Tilgungsverrechnungsterminen aufgeführt. Auch Wertermittlungsgebühren für die Immobilie können anfallen. Des Weiteren werden bei Neubauten häufig Bereitstellungszinsen und Zuschläge für Teilauszahlungen festgesetzt. Diese anfallenden Kosten sind nur schätzbar, da sie keinen regulären Kreditverlauf repräsentieren. Dementsprechend sind sie aus den Berechnungen ausgeschlossen. Der Vollständigkeit halber wurden sie nun erwähnt.

Der jährliche Effektivzins als Lösung

Je nach möglichem Disagio kann es sein, dass sogar ein attraktiv wirkender Sollzinssatz im Nachhinein höhere Kosten verursacht, als dies bei einem auf den ersten Blick höheren und somit teureren Sollzinssatz der Fall wäre. Da die soeben erwähnten Komponenten auf verschiedene Weisen interagieren und die Posten selbst bei einer separaten Betrachtung für Verbraucher keine Aussagekraft haben, wurde der jährliche Effektivzins eingeführt. Sollte der jährliche Effektivzins im Finanzierungsangebot einer Bank nicht aufgeführt werden, so hat der Verbraucher das Recht, eine entsprechende Angabe bei der Bank bzw. dem Kreditinstitut einzufordern.

Kosten für die Hausverwaltung

Die Kosten der bloßen Verwaltung an sich sind für den staatlich geförderten Mietwohnungsbau in der Zweiten Berechnungsverordnung so geregelt, dass seit dem 1. Januar 2017 für die Verwaltung bis zu 284,63 € jährlich pro Wohnung und bis zu 37,12 € jährlich pro Garagenstellplatz verlangt werden dürfen[29]. Für nicht staatlich geförderten Mietwohnungsbau sind die Vorschriften weniger eng und liegen bei 200 bis 300 € pro Jahr für die Verwaltung je Wohnung und 20 bis 30 € pro Jahr je Tiefgaragenstellplatz[30]. Die Aufgaben der Verwaltung sind mitunter im § 21 Absatz 5 WEG[31] geregelt. Sie umfassen u. a. die Aufstellung einer Hausordnung, Versicherungen des gemeinschaftlichen Eigentums gegen Feuer zum Neuwert und eine Versicherung jedes Wohnungseigentümers gegen die Haus- und Grundbesitzerhaftpflicht. Ebenso geht die Verwaltung Aufgaben nach, die in dem Paragrafen nicht aufgeführt sind, was beispielsweise auf die Jahresabrechnung zutrifft[32]. Weitere Details sind mit der separaten Hausverwaltung zu besprechen und vertraglich festzulegen. Zwar ist es möglich, die Kosten dadurch einzusparen, dass einer

---

[29] Vgl. Siepe, W.: Immobilien verwalten und vermieten. S. 33
[30] Vgl. ebenda
[31] https://www.gesetze-im-internet.de/woeigg/__21.html
[32] Vgl. Siepe, W.: Immobilien verwalten und vermieten S. 29

der Eigentümer die Verwaltungsaufgaben selbst übernimmt, doch üblich ist – insbesondere in Wohnungseigentümergemeinschaften – eine externe Verwaltung. Diese verursacht Kosten, die bei ungefähr 300 € im Jahr anzusetzen sind, was in der Immo-Bilanz bereits 0,3 der 1,0 % jährlichen Kosten für die Verwaltung entspricht.

Weitere Kosten verursachen Versicherungen, die über die Feuerversicherung sowie die Haus- und Grundbesitzerhaftpflichtversicherung durch die Verwaltung hinausgehen. Diese wählt jeder Wohnungseigentümer in der Wohnungsgemeinschaft separat. Mögliche Versicherungen sind hierbei[33]:

- ♦ Wohngebäudeversicherung: Versichert gegen Sturm, Feuer, Explosionen und weitere vertraglich vereinbarte Schadensfälle. Von 50 bis 200 € jährlich erhältlich. Bei Finanzierungen wird ein Nachweis dieser Versicherung von Banken verlangt.

- ♦ Versicherung gegen Elementarschäden: Versichert um eine erweiterte Auswahl spezieller Schadensfälle im Vergleich zur Wohngebäudeversicherung. Je nach Lage – z. B. am Meer gegen Überschwemmungen – sinnvoll. Beträge stark variabel.

- ♦ Gebäude- bzw. Haus- und Grundbesitzerhaftpflichtversicherung: Versichert gegen alle Schäden – auch an Personen –, die vom eigenen Grundstück ausgehen. Sofern keine externe Verwaltung vorhanden ist, ist diese Versicherung bei einem jährlichen Betrag von knapp 40 € eine elementare Absicherung, die Vermieter separat abschließen müssen.

- ♦ Mietausfallversicherung: Greift bei Schäden, durch die Wohnungen nicht bewohnbar werden und die Miete daher ausfällt. Hilft ebenso bei Mietern, die nicht zahlen. Allerdings gelten für die Versicherungsleistung strenge Bedingungen. Im Regelfall ist die Versicherung keine Hilfe. Sie kann bis zu 200 € im Jahr kosten.

---

[33] Vgl. https://www.makler-vergleich.de/immobilien-vermieten/immobilien-vermieten-tipps/vermietung-versicherung.html#2.1

♦ Vermieter-Rechtsschutzversicherung: Versichert bei bestimmten Rechtskonflikten bestimmte Summen; welche Rechtskonflikte dies sind und welche Höhe die Summen haben, ist vertraglich geregelt. Ein Abschluss dieser Versicherung obliegt dem eigenem Ermessen und ist erst bei negativen Erfahrungen empfohlen. Die Kosten belaufen sich schätzungsweise auf bis zu 600 € im Jahr.

Neben den Versicherungen bildet das letzte hier aufgeführte Glied der Immobilien-Bilanz die Instandhaltungsrücklage. Diese ist gesetzlich nicht fest geregelt. Schlimmstenfalls bilden Vermieter keine Instandhaltungsrücklagen[34]. Intention hinter einer Instandhaltungsrücklage ist, für eventuell auftretenden Sanierungsbedarf oder unvorhergesehene Kosten Rücklagen gebildet zu haben. So sind finanzielle Mittel verfügbar, um die Schäden zu beheben und die Instandhaltung sowie fortlaufende Vermietung sicherzustellen. Vermietern sei empfohlen, die Instandhaltungsrücklage so festzusetzen, dass sie dem Alter und Zustand des Gebäudes angemessen ist: Je älter und sanierungsbedürftiger das Gebäude bzw. die eigene Wohnung ist, umso höher sind die Instandhaltungsrücklagen anzusetzen. Es sei als Beispiel von einer 30 Jahre alten Wohnung ausgegangen, die 50 Quadratmeter misst und wie in der Immo-Bilanz dieses Kapitels bei der Anschaffung 100.000 € gekostet hat. In diesem Fall wäre ein empfohlenes Maß zur Instandhaltungsrücklage jährlich 10 € pro Quadratmeter. Dies hätte zur Folge, dass sich die jährlichen Kosten für die Instandhaltung auf 500 € beliefen. Somit wären die verbliebenen 0,5 % der Verwaltungskosten pro Jahr im Beispiel abgedeckt.

---

[34] Vgl. Hebisch, B.: Immobilie richtig besichtigen. S. 55

Zusammenfassung: Eine Kapitalanlage in Immobilien lohnt sich auch mit Finanzierung!

Die Immo-Bilanz veranschaulicht, inwiefern sich Immobilien mit Finanzierung bei einer Vermietung rentieren. Sie lässt sich tabellarisch bereits mit wenigen Posten darstellen und erlaubt in dieser rudimentären Darstellung die wichtigsten Rückschlüsse auf die Kosten und den Ertrag. Von Anfang an ist bei der Finanzierung einer Wohnung durch die Mieteinnahmen ein geringer Eigenanteil einzubringen, der schon nach zehn Jahren weichen kann, sobald die ersten Mietsteigerungen und Renovierungen realisiert wurden. Zudem sinken die Bankkosten mit der Zeit, was ebenfalls ein kostenmindernder Effekt ist und die Immobilie sogar mit einer Finanzierung zu einem lukrativen Investment macht.

Die Immobilie in der Steuererklärung

Sowohl in der Eigennutzung als auch im Falle einer Kapitalanlage lassen sich Kosten, die die Immobilie verursacht, geltend machen. Dabei ist der Umfang der steuerlich abzugsfähigen Kosten bei einer Kapitalanlage umfangreicher. Das Ausfüllen der Steuererklärung erweist sich bei Vermietern am einfachsten, da die Ein- und Ausgaben im Bereich der Sonstigen Einkünfte angegeben werden. Erfolgt die Kapitalanlage in Form eines An- und Verkaufs von Immobilien, liegt eine unternehmerische Tätigkeit vor, für die ein Gewerbe angemeldet werden muss. Hier sind die Steuerregularien umfangreicher.

Steuern bei der Eigennutzung

Zwar sieht eine Kapitalanlage in Immobilien keine Eigennutzung vor, doch der Vollständigkeit wegen wird in diesem Abschnitt rudimentär auf die Steuern bei einer Eigennutzung eingegangen. Dies kann für Kapitalanleger in Zukunft dahingehend interessant werden, dass sie sich dazu entschließen, die Immobilie nicht mehr als Kapitalanlage zu verwenden, sondern selbst zu nutzen.

Handwerkerleistungen

Nach § 35a Absatz 3 EStG[35] haben Immobilieneigentümer, die ihre Immobilie selbst nutzen, das Recht, 20 % der Handwerkerkosten bis maximal 1.200 € jährlich von der Steuer abzusetzen. Dies betrifft allerdings nicht die Materialkosten, die in die Dienstleistung eines Handwerkers eingerechnet werden. Stellt der Handwerker seine Rechnung korrekt aus, werden darauf die einzelnen Posten ausgewiesen, wozu neben den Materialkosten die folgenden Posten gehören:

♦ Arbeitszeit

♦ Anfahrtszeit zur Baustelle

♦ Maschinenkosten

Welche Art von Leistung dies ist, spielt an dieser Stelle keine Rolle. Solange die Handwerkerleistung im Kontext mit der Immobilie (z. B. Ausbau der Wohnfläche, Modernisierung, Sanierung) steht, sind 20 % der Handwerkerkosten bis maximal 1.200 € in jedem Jahr von der Steuer absetzbar. Ausdrückliche Bedingung ist allerdings eine präzise und unmissverständliche separate Ausweisung der Materialkosten auf der Rechnung, da sich ansonsten die Leistung steuerlich nicht absetzen lässt.

Hinweis!

Im Gegensatz zum üblichen Absetzen von der Steuer werden in diesem Fall die Ausgaben nicht von der Bemessungsgrundlage, sondern von der Steuer direkt abgezogen. Der steuerliche Abzug nach Bemessungsgrundlage bedeutet, dass zunächst das Einkommen errechnet wird und dann die Ausgaben subtrahiert werden. Es ergibt sich das zu versteuernde Einkommen. Im Falle der Handwerkerleistungen werden jedoch die Kosten von der Steuer direkt abgezogen. Muss beispielsweise der Eigentümer aufgrund seiner Einkünfte aus dem Beruf 5.700 Euro an Steuern zahlen, so werden davon die Kosten für die Dienstleistung der Handwerker steuerlich geltend gemacht. Auf diesem Wege wird die Steuerlast stärker gemindert als bei dem Steuerabzug nach Bemessungsgrundlage.

---

[35] Vgl. https://www.steuertipps.de/gesetze/estg/35a-steuerermaessigung-bei-aufwendungen-fuer-haushaltsnahe-beschaeftigungsverhaeltnisse-haushaltsnahe-dienstleistungen-und-handwerkerleistungen

Gehen wir davon aus, dass der Handwerker eine Rechnung über 780 € stellt. Darunter sind 290 € Materialkosten ausgewiesen. Zunächst sind für einen korrekten Abzug von der Steuern die 290 € von den 780 € Gesamtkosten zu subtrahieren, wobei 490 € das Endresultat bilden. Davon sind 20 %, in diesem Fall 98 €, steuerlich absetzbar. Wird bei dem Umfang und den Kosten der Leistungen derart viel investiert, dass 20 % abzüglich der Materialkosten über die 1.200 € hinausgehen, so dürfen maximal die 1.200 € steuerlich geltend gemacht werden.

Haushaltsnahe Beschäftigungsverhältnisse und Dienstleistungen

Alle Leistungen, die im eigenen Haus oder auf dem eigenen Grundstück verrichtet werden, fallen in den Bereich der haushaltsnahen Dienstleistungen. Ist die jeweilige Hilfskraft angestellt, handelt es sich um ein haushaltsnahes Beschäftigungsverhältnis. § 35a Absatz 1 EStG[36] regelt, dass haushaltsnahe Beschäftigungsverhältnisse im Rahmen einer geringfügigen Beschäftigung (z. B. Minijob, studentische Hilfskraft in den Semesterferien) zu 20 % in der Steuererklärung geltend gemacht werden dürfen. Mit bis zu 510 € ist eine jährliche Obergrenze festgelegt. Materialkosten dürfen nicht geltend gemacht werden.

In § 35a Absatz 2 EStG[37] ist festgelegt, dass haushaltsnahe Beschäftigungsverhältnisse oder Dienstleistungen, die den Kriterien des ersten Absatzes nicht entsprechen, zu 20 % mit einer Obergrenze bis zu 4.000 € geltend gemacht werden dürfen. Dabei sind erneut die Materialkosten von der Regelung ausgeschlossen. Es kann sich um in Teil- oder Vollzeit angestellte sowie selbstständige Hilfskräfte handeln.

---

[36] Vgl. https://www.steuertipps.de/gesetze/estg/35a-steuerermaessigung-bei-aufwendungen-fuer-haushaltsnahe-beschaeftigungsverhaeltnisse-haushaltsnahe-dienstleistungen-und-handwerkerleistungen

[37] Vgl. ebenda

Zu den haushaltsnahen Beschäftigungsverhältnissen und Dienstleistungen zählen z. B. Putzen, Babysitten, Gärtnern und die Pflege bedürftiger Personen. Die ausschlaggebende Bedingung ist, dass diese Arbeiten in der eigenen Immobilie oder auf dem eigenen Grundstück stattfinden. Die Müllabfuhr fällt aus diesem Raster raus. Erneut werden die Kosten nicht von dem Einkommen, sondern von der bereits errechneten Einkommenssteuer abgezogen, was einen größeren steuerlichen Vorteil darstellt.

Sonstige Posten

Unter Umständen lässt sich das Arbeitszimmer von der Steuer absetzen. Hier hat der Gesetzgeber jedoch strenge Vorschriften festgelegt, die die Größe des Arbeitszimmers und dessen Anteil an der gesamten Wohnfläche eingrenzen. Zudem sind die Forderungen gegeben, dass das Arbeitszimmer den Arbeitsmittelpunkt darstellt oder dem Arbeitenden kein anderer Arbeitsraum zur Verfügung steht. Während Mieter die erlaubten Kosten von der Miete subtrahieren, sind es bei Eigentümern einer Immobilie die Kosten für die Gebäudeabschreibung des Arbeitszimmers und anteiligen Schuldzinsen für Kredite, die jährlich in bestimmten Sätzen geltend gemacht werden dürfen. Die gesamten Vorschriften würden allerdings zu weit vom Thema abschweifen. Da die steuerliche Abzugsfähigkeit der Kosten für Arbeitszimmer einen Sonderfall darstellt, sind nähere Infos vom Steuerberater einzuholen.

Zudem sei festgehalten, dass die Grunderwerbssteuer selbst nicht abzugsfähig von der Einkommenssteuer ist, aber dass sich an diesem Posten beim Kauf einer Immobilie sparen lässt. Suchen Personen – dies gilt sowohl für Kapitalanleger als auch Personen mit dem Bestreben einer Eigennutzung – eine Immobilie in einer Lage, die zwei Bundesländer umfasst, so lohnt ein Blick auf die einzelnen Grunderwerbssteuersätze der Bundesländer. Hierzu gab es bereits in den vorigen Kapiteln eine entsprechende tabellarische Übersicht mit den unterschiedlichen Steuersätzen der Bundesländer.

Sowohl Schuldzinsen als auch Tilgungsraten sind für Eigennutzer steuerlich nicht absetzbar; es sei denn, es ist ein Arbeitszimmer vorhanden und dessen Anteil an Schuldzinsen und Tilgungsraten wird steuerlich abgesetzt.

Steuern bei der Vermietung

Vermieter haben, da sie die Immobilie zu Zwecken der Einkommenssteigerung vermieten und nicht selbst beziehen, einen größeren Umfang an Posten, die steuerlich geltend gemacht werden dürfen. Hier fließen laufende Fixkosten ebenso wie variable Kosten und einmalige Kosten mit ein. Auch dürfen Rücklagen für die Instandhaltung gebildet werden, die bei Ausgaben steuerlich abzugsfähig sind.

Gebäudeabschreibung

Die Abschreibungsmöglichkeiten richten sich nach der Art der Immobilie und werden dementsprechend im Folgenden in mehreren Modellen vorgestellt. Man bezeichnet die Gebäudeabschreibung ebenso wie jede andere Form der Abschreibung als Abschreibung für Abnutzung (AfA).

Die Gebäudeabschreibung richtet sich nach dem Anschaffungspreis oder den Herstellungskosten. Der Anschaffungspreis gilt beim Kauf einer Immobilie, die Herstellungskosten sind beim Bau einer Immobilie oder der Instandsetzung maroder Immobilien die Bemessungsgrundlage. Hinsichtlich des Anschaffungspreises fließen nach HGB und EStG 3[38] neben dem Kaufpreis auch die Nebenkosten in den Kauf mit ein. Im Kontext mit Immobilien sind hierbei die Notarkosten, die Grunderwerbssteuer sowie die Maklerprovision mit einzuberechnen. Die Gebühren für die Eintragung ins Grundbuch entfallen, da das Gesetz diese nicht zu den Kaufnebenkosten im Sinne des Anschaffungspreises zählt.

---

[38] Vgl. https://www.haufe.de/finance/finance-office-professional/anschaffungskosten-nach-hgb-und-estg-3-anschaffungspreis_idesk_PI11525_HI1157115.html

Für Altbauten gelten bei der Vermietung zu Wohnzwecken die folgenden Abschreibungssätze nach § 7 Absatz 4 Satz 2 EStG: Im Falle einer Errichtung des Gebäudes nach dem 31. Dezember 1924 2 % pro Jahr, bei einer Errichtung vor dem 1. Januar 1925 2,5 % jährlich. Gemeint sind immer die Anschaffungs- und Herstellungskosten. Die Dauer der Abschreibung ist bei der Abschreibung mit 2 % jährlich auf 50 Jahre ausgelegt, bei der Abschreibung mit 2,5 % jährlich beträgt sie 40 Jahre (vgl. § 7 Absatz 4 Satz 1-4[39]). Da dieses Gesetz von Gebäuden handelt, sind die Grundstückskosten von der Rechnung ausgeschlossen. Diese werden anhand einer Bodenrichtwert-Tabelle von den Anschaffungskosten subtrahiert.

Wird eine bereits gebrauchte Eigentumswohnung gekauft, so wird diese in der Regel mit bereits vorhandenen Instandhaltungsrücklagen erworben. Die Instandhaltungsrücklage zählt nicht zum Anschaffungspreis, weswegen er vom Anschaffungspreis abzuziehen ist (vgl. § 7 Absatz 1 Satz 5 EstG[40]). Worum es sich bei einer Instandhaltungsrücklage handelt, wird im weiteren Verlauf erläutert.

Beispielrechnung Nr. 1
Gehen wir davon aus, dass eine Immobilie aus dem Jahr 1940 für 98.000 € zum Verkauf steht. Sie wird gekauft, wobei die Kaufnebenkosten abzüglich der Eintragung ins Grundbuch addiert werden müssen. Die Immobilie liegt im Bundesland Nordrhein-Westfalen. Daraus ergeben sich folgende Kaufnebenkosten:

♦ *Maklerprovision: 3,57 % = 3.498,60 €*

♦ *Grunderwerbsteuer: 6,5 % = 6.370 €*

♦ *Notarkosten: 1,5 % – 0,5 % (da Grundbucheintragung) = 1 % = 980 €*

---

[39] Vgl. https://www.haufe.de/personal/haufe-personal-office-platin/einkommensteuergesetz-7-absetzung-fuer-abnutzung-oder-substanzverringerung_idesk_PI42323_HI43521.html
[40] Vgl. ebenda

Es resultiert daraus ein Kaufpreis von 108.848,60 €. Da hier jedoch der Grundstückswert mit einbezogen wird, muss dieser anhand der Bodenrichtwerttabelle subtrahiert werden. Es ergibt sich ein Anschaffungspreis fürs Gebäude, der 92.000 € beträgt. Da die Immobilie nach dem 31. Dezember 1924 erworben wurde, wird sie über einen Zeitraum von 50 Jahren mit 2 % jährlich und linear abgeschrieben. Um die jährliche Abschreibungsrate zu ermitteln, wird der gesamte Anschaffungspreis mit dem Faktor 0,02 multipliziert, da dies 2 % entspricht. Somit liegt der jährliche Abschreibungsbetrag bei 1.840 €.

Beispielrechnung Nr. 2
Nun wird eine Immobilie selten am 1. Januar eines Jahres gekauft, weswegen im ersten Jahr lediglich der verbliebene Anteil für das Kalenderjahr abgeschrieben wird. Gehen wir hierzu von den verbliebenen Tagen des Jahres seit dem Kauf aus: Diese stellen einen Restwert dar, dessen prozentualer Anteil an den 2 % ausgemacht werden muss. Nehmen wir an, dass der Kauf am 25. Oktober stattfindet. Ab dem 25. Oktober – diesen Tag mit einberechnet – verbleiben im Jahr noch 68 Tage. 68 Tage haben an den 365 Tagen einen Anteil von knapp 19 %. 19 % von 2 % sind 0,38 %. Daraus folgt:

- *Im ersten Jahr der Abschreibung werden 0,38 % der Gebäudekosten abgeschrieben.*

- *Ab dem zweiten Jahr bis zum einschließlich vorletzten wird linear mit 2 % abgeschrieben.*

- *Im letzten Abschreibungsjahr werden die bis zu 2 % – nach 0,38 % im ersten Jahr – verbliebenen 1,62 % abgeschrieben.*

Hinweis!

Diese rechnerische Vorgehensweise gilt für alle Arten der Abschreibungen. Als wichtige Eckpunkte für die Durchführung gilt es, zunächst den Immobilienwert samt Kaufnebenkosten mit Ausnahme der Grundbucheintragung zu nehmen und den Bodenwert nach Bodenrichtwerttabelle vom Kaufpreis zu subtrahieren. Daraufhin wird nach dem vorgeschriebenen AfA-Modell – je nach Art und Baujahr des Gebäudes variierend – das Gebäude über die Nutzungsdauer linear abgeschrieben. Nur im ersten und im letzten Jahr gilt es, die

Abschreibung prozentual so anzupassen, dass nur der Anteil des Jahres abgeschrieben wird, in dem die Immobilie schon im eigenen Besitz bzw. noch abschreibbar ist. In Sonderfällen muss bei einer gebrauchten Wohnung ganz am Anfang vom Anschaffungspreis eine eventuell gebildete Instandhaltungsrücklage abgezogen werden. Diese erfährt man als Käufer vom Vermieter und subtrahiert diese vom Anschaffungspreis, bevor abgeschrieben wird.

Neben Altbauten fließen Neubauten in die Gesetzeslage mit ein. Da diese nach dem 31. Dezember 1924 errichtet wurden, gilt mit 2 % jährlich auf einen Zeitraum von 50 Jahren dieselbe Regelung wie zuvor geschildert. Für Neubauten, die in bestimmten Zeiträumen erworben wurden, gilt die degressive AfA mit anderen Sätzen. Im Falle eines Bauantrags oder dem Erwerb des Neubaus nach dem 31.12.2003 gelten folgende Sätze:

Bauantrag oder Erwerb des Neubaus nach dem 31.12.2003	Erste 10 Jahre 4 % Nächste 8 Jahre 2,5 %	Letzte 32 Jahre 1,25 %

Abweichend von der Vermietung gibt es eine Sonder-Afa für den Neubau von Mietwohnungen in einem bereits existierenden Wohngebäude. Diese soll hier nicht weiter thematisiert werden, da sie bereits den aktiven baulichen Aktivitäten zuzuordnen ist.

Des Weiteren weist die AfA denkmalgeschützter Immobilien Abweichungen von den bisherigen Regelungen auf. In § 7i EStG[41] ist festgelegt, dass neben der linearen jährlichen Abschreibung in den ersten sieben Jahren je 9 % jährlich und in den ersten vier Jahren je 7 % jährlich zusätzlich für Herstellungskosten abgeschrieben werden können. Unter die Herstellungskosten fallen „Baumaßnahmen, die nach Art und Umfang zur Erhaltung des Gebäudes als Baudenkmal oder zu seiner sinnvollen Nutzung erforderlich sind"[42].

---

[41] Vgl. https://www.gesetze-im-internet.de/estg/__7i.html
[42] Vgl. https://www.gesetze-im-internet.de/estg/__7i.html

Kreditzinsen

Ein in der Bilanz auftauchender Faktor sind die Zinsen, mit denen der Kredit der Bank zurückgezahlt wird und die Kosten der Bank für die Kreditvergabe beglichen werden. Es lassen sich allerdings nur die effektiven Jahreszinsen als Werbungskosten in der Einkommensteuererklärung geltend machen. § 9 Absatz 1 Satz 3 EStG[43] erwähnt in diesem Zusammenhang die „Schuldzinsen". Da unter Schuldzinsen lediglich die Zinsen zu verstehen sind, die die Bank als Gebühr für die Kreditvergabe erhebt, sind die Tilgungsraten aus dieser Regelung ausgeschlossen. Denn die Tilgungsraten sind die Kreditsumme, also der Wert der Immobilie. Diese werden allerdings auf indirektem Wege zum Teil von der Steuer abgesetzt; nämlich durch die AfA. Um für ein besseres Verständnis zu veranschaulichen:

♦ Der Effektivzins wird unter den Werbungskosten steuerlich abgesetzt.

♦ Es verbleibt die Tilgungsrate, die die gesamte Kreditsumme umfasst.

♦ Die Tilgungsrate an sich kann steuerlich nicht abgesetzt werden, sehr wohl kann aber – im Falle einer Vermietung – der Anschaffungs- bzw. Herstellungspreis der Immobilie ohne die Kosten des Grundstücks abgeschrieben und somit steuerlich abgesetzt werden.

♦ Da der Gebäudepreis abzüglich des Grundstückspreises der Tilgungssumme abzüglich des Grundstückspreises entspricht (Annahme: Die Immobilie wird komplett ohne Eigenkapital finanziert), wird auf diesem Wege die Tilgungsrate doch abgesetzt.

---

[43] Vgl. https://www.haufe.de/personal/haufe-personal-office-platin/einkommensteuergesetz-9-werbungskosten_idesk_PI42323_HI43534.html

Beispielrechnung Nr. 1

Ein Kredit über 125.000 €, der zur Finanzierung einer Immobilie vergeben wurde, wird über einen Zeitraum von 35 Jahren getilgt. Die Tilgung – da sie steuerlich nicht abgezogen wird – sei an dieser Stelle außen vor gelassen. Dennoch spielt sie insofern eine Rolle, als sie durch ihre Dauer den Zeitraum vorgibt, in welchem die Schuldzinsen – also die effektiven Jahreszinsen – gezahlt werden müssen. Gehen wir von einem effektiven Jahreszins von 2,2 % aus. Die jährliche Abschreibungsrate variiert dabei mit dem Restbetrag. Im ersten Jahr ist der Jahreszins auf die volle Kreditsumme zu zahlen. In dem Fall also 125.000 x 0,022 = 2.750 €. Wurde nach dem ersten Jahr die Tilgung von ungefähr 3.571 € gezahlt, verbleiben von den 125.000 € noch 121.429 €. Diese 121.429 € werden mit 0,022 multipliziert, sodass sich für das zweite Jahr ca. 2.671 € an Zinsen ergeben. Letzten Endes sind die Schuldzinsen, die mit jedem Jahr analog zur verbleibenden Tilgung geringer werden, bei Vermietern steuerlich in vollem Umfang als Schuldzinsen abzugsfähig.

Beispielrechnung Nr. 2

Ein Kredit über 172.800 €, der zur Finanzierung einer Immobilie vergeben wurde, wird über einen Zeitraum von 40 Jahren getilgt. Auf das Jahr gerechnet ergeben sich für die Tilgung 172.800 : 40, also 4.320 €. Da monatlich gezahlt wird, muss man diesen Betrag durch die 12 Monate eines Jahres teilen, um die monatliche Zahlung zu erhalten. Diese liegt demnach bei 360 €. Diese Tilgung kann nicht steuerlich geltend gemacht werden. An dieser Stelle wird allerdings die Rolle der AfA illustriert: Denn die Kreditsumme finanziert das Gebäude und das Grundstück. Die Kaufnebenkosten werden selbst aufgebracht. Durch die AfA lassen sich – abzüglich des Bodenrichtwertes, aber dafür inklusive der Kaufnebenkosten mit Ausnahme der Grundbucheintragung – die Kosten geltend machen. Dies bedeutet, dass über den Zeitraum der Abschreibung ein erheblicher Teil der Tilgung abgeschrieben wird. Somit kommt es dazu, dass der Kauf des Gebäudes steuerlich abgesetzt wird. Dies ist ein erheblicher Vorteil der Vermietung gegenüber einer Eigennutzung.

Maßnahmen für Sanierung, Modernisierung oder Renovierung

Sanierung, Modernisierung und Renovierung werden zum Teil synonym verwendet, weisen jedoch erhebliche Unterschiede untereinander auf. In der Steuererklärung spielt dies keine Rolle, da sie allesamt im vollem Umfang absetzbar sind. Wie sie absetzbar sind, variiert allerdings stark: Während in einigen Fällen erneut die AfA greift, diesmal die neue Art *AfA für Modernisierungen*, sind in anderen Fällen die Aufwendungen als Werbungskosten steuerlich auf einen Schlag absetzbar. Mögliche Zuordnungen zu Kosten sind die Folgenden:

- ◆ Anschaffungskosten
- ◆ Herstellungskosten
- ◆ Erhaltungsaufwendungen
- ◆ Anschaffungsnahe Aufwendungen

Anschaffungskosten

Als Anschaffungskosten wurden bereits der Kaufpreis für das Gebäude sowie die Kaufnebenkosten (abzüglich der Eintragung ins Grundbuch) erkannt. Sollten die Maßnahmen der Sanierung, Modernisierung oder Renovierung dazu dienen, das Gebäude betriebsbereit zu machen oder dessen Standard anzuheben, werden sie den Anschaffungskosten zugerechnet und können ausschließlich nach dem jeweiligen aufs Gebäude anwendbaren AfA-Modell abgeschrieben werden.

Als Maßnahmen zur Herstellung der Betriebsbereitschaft werden nach § 255 Absatz 1 HGB[44] alle Maßnahmen gewertet, die der Herstellung der eigentlichen Nutzungsbestimmung dienen, wie z. B. Elektroinstallation oder Beseitigung von Bodenschäden. Der

---

[44] Vgl. https://www.haufe.de/finance/finance-office-professional/
handelsgesetzbuch-255-bewertungsmassstaebe_idesk_PI11525_
HI2166681.html

Standard des Gebäudes wird wiederum dann angehoben, wenn an dreien der folgenden vier Bereiche Änderungen durchgeführt werden:

♦ Heizungsinstallation

♦ Sanitärinstallation

♦ Elektroinstallation

♦ Fenster

Alternativ ordnet das Finanzamt die Maßnahmen ebenfalls dann den Anschaffungskosten zu, wenn nur an zwei der genannten Bereiche Änderungen durchgeführt werden, aber zugleich auch das Gebäude um weiteren Wohnraum erweitert wird.

Herstellungskosten

Die Herstellungskosten sind im Prinzip synonym zu den Anschaffungskosten zu bewerten. Es bedarf allerdings einer separaten gesetzlichen Bezeichnung, da sich die Anschaffungskosten stets auf den Kauf einer bereits bestehenden Immobilie beziehen und die Herstellungskosten auf die Errichtung einer neuen Immobilie oder deren Erweiterung. Bei einer Zuordnung zu den Herstellungskosten sind die Maßnahmen zu Sanierung, Modernisierung und Renovierung ebenfalls ausschließlich über die gebäudespezifische AfA über einen bestimmten Zeitraum abzuschreiben.

Erhaltungsaufwendungen

Sämtliche Aufwendungen, die „zur Erwerbung, Sicherung und Erhaltung der Einnahmen" dienen, sind als Werbungskosten steuerlich in einem Betrag absetzbar (vgl. § 9 Absatz 1 EstG[45]). Alter-

---

[45] Vgl. https://www.haufe.de/personal/haufe-personal-office-platin/einkommensteuergesetz-9-werbungskosten_idesk_PI42323_HI43534.html

nativ erlaubt es § 82b EStDV[46], die Kosten über einen Zeitraum von zwei bis fünf Jahren verteilt steuerlich geltend zu machen. In diese Kategorie fallen nur Sanierungsmaßnahmen, da ausschließlich diese der Instandhaltung bzw. Instandsetzung von Gebäuden dienen.

Anschaffungsnahe Aufwendungen

Die anschaffungsnahen Aufwendungen werden von Vermietern oft als die Steuerfalle der Sanierungen bezeichnet. Der § 6 EStG[47] sieht vor, dass alle Arbeiten aus den Sparten Sanierung, Renovierung und Modernisierung, die im Zeitraum von drei Jahren nach dem Kauf oder dem Bau einer Immobilie stattfinden und 15 % des Kaufpreises (ohne Mehrwertsteuer) überschreiten, als anschaffungsnahe Aufwendungen gemäß dem fürs Gebäude vorgesehenen AfA-Modell abgeschrieben werden. Als Steuerfalle bezeichnen die Immobilieneigentümer dieses Konstrukt, da nach dem Kauf oder Bau einer Immobilie aus unvorhersehbaren Gründen plötzliche Mängel oder Schäden auftreten können, die hohe Investitionen erfordern. Sind diese nur über die Nutzungszeit abschreibbar, steht hohen Ausgaben eine nur langfristige und kleinschrittige steuerliche Abzugsfähigkeit gegenüber.

Verwaltung, Versicherungen und Instandhaltungsrücklagen

Die Verwaltungskosten sind als Werbungskosten in vollem Umfang steuerlich absetzbar. Zahlt der Vermieter allein die gesamten Verwaltungskosten, so betrifft die steuerliche Absetzbarkeit den gesamten Betrag für das Gebäude. Bei einer Vermietung im Rahmen einer Wohnungseigentümergemeinschaft sind die Verwaltungskosten

---

[46] Vgl. https://www.haufe.de/personal/haufe-personal-office-platin/einkommensteuer-durchfuehrungsverordnung-82b-behandlung-groesseren-erhaltungsaufwands-bei-wohngebaeuden_idesk_PI42323_HI1278142.html

[47] Vgl. https://www.haufe.de/personal/haufe-personal-office-platin/einkommensteuergesetz-6-bewertung_idesk_PI42323_HI43516.html

anteilig mit dem Anteil der eigenen Wohnung am gesamten Gebäude absetzbar. Hierzu existiert unter „Weitere Werbungskosten" in Zeile 47 der Anlage V in der Steuererklärung ein entsprechendes Feld. Die Verwaltungskosten lassen sich auch beim Leerstand der Mietwohnung absetzen, sofern nachgewiesen werden kann, dass eine Mietersuche stattfindet und der Vermieter mit der Immobilie Gewinnerzielungsabsichten verfolgt.

Unter den Versicherungen variiert die Absetzbarkeit mit der jeweiligen Versicherung. Grundsätzlich ist alles, was als Versicherung das Gebäude betrifft, unter den Betriebskosten steuerlich in vollem Umfang absetzbar, wie z. B. folgende Versicherungen[48]:

♦ Wohngebäudeversicherung

♦ Elementarschadenversicherung

♦ Gebäude- bzw. Haus- und Grundbesitzerhaftpflichtversicherung

♦ Glasbruchversicherung

♦ Öltankversicherung

♦ Aufzugversicherung

Alles, was den persönlichen Schutz des Vermieters anbelangt, ist jedoch steuerlich nicht absetzbar. Dazu gehören beispielsweise die Mietausfall- sowie Rechtsschutzversicherung.

Hinweis!

Alles in allem ist der Bezug auf das Gebäude und auf die Sicherung der Mieteinnahmen entscheidend. Ist dies gewährleistet, sind selbst die speziellsten Versicherungen, wie beispielsweise die Versicherung der eigenen Photovoltaikanlage, unter den Betriebskosten steuerlich absetzbar.

---

[48] Vgl. https://www.makler-vergleich.de/immobilien-vermieten/immobilien-vermieten-tipps/vermietung-versicherung.html#2.1

Die Instandhaltungsrücklage wiederum ist steuerlich nur dann absetzbar, wenn sie tatsächlich geltend gemacht wird. Hier sind in der Steuererklärung drei Posten relevant, die allesamt aufzuführen sind:

♦ Instandhaltungskosten laut Verwalterabrechnung

♦ Entnahme aus Rücklage laut Verwalterabrechnung

♦ Abzugsfähige Instandhaltungskosten insgesamt

Die ersten beiden Posten werden zusammenaddiert und ergeben den dritten Posten, der steuerlich am Ende des Jahres samt Rechnung in der Einkommenssteuererklärung unter den Werbungskosten aufzuführen ist.

Der erste Posten meint die Instandhaltungsrücklagen laut Verwalterabrechnung; es sind die Kosten, die der Verwalter zunächst aus eigener Tasche bezahlt und dem Vermieter daraufhin in Rechnung stellt. Diese Kosten beziehen sich jedoch stets auf das Gemeinschaftseigentum im Falle einer Wohnungseigentümergemeinschaft.

Der zweite Posten sieht die tatsächlichen Entnahmen des Verwalters aus den Instandhaltungsrücklagen des Vermieters vor, die er dem Verwalter aus seiner Instandhaltungsrücklage zukommen lässt.

Rechnet man diese beiden Posten nun durch Addition zusammen, erhält man die steuerlich absetzbare Summe unter den Werbungskosten. Doch damit ist die Instandhaltungsrücklage steuerlich nicht abgehandelt. Denn es fallen Zinserträge an. Weil der Verwalter die Instandhaltungsrücklagen zu festen Zinssätzen bei der Bank anlegt, generieren Vermieter durch die Zinseinnahmen Einkünfte aus Kapitalvermögen. Dies lässt einerseits die Rücklagen anwachsen, sorgt andererseits zugleich für die Pflicht zur Versteuerung. Vermieter geben also die in der Verwalterabrechnung aufgeführten Zinserträge in der Steuererklärung als Einkünfte aus Kapitalvermögen an. Die Zinsabschlagsteuer beträgt 30 % und der

Solidaritätszuschlag fällt an. Daraus ergibt sich das Einkommen nach Steuern durch die Zinserträge, welches in der Instandhaltungsrücklage verbleibt. Sollten die Einkünfte aus dem gesamten Kapitalvermögen, welches Vermieter aufweisen, unter dem Freibetrag von 1.601 € für Alleinstehende bzw. 3.202 € für Verheiratete liegen, erfolgt eine Auszahlung der auf die Zinserträge gezahlten Abschlagsteuer und des Solidaritätszuschlags.

Zusammenfassung: Die Steuererklärung erfordert einfachste Rechenarbeit!

Eine Steuererklärung ist bei Immobilien zur Kapitalanlage kein Buch mit sieben Siegeln. Da es an klaren und transparenten Einleitungen weitestgehend mangelt, hat dieses Kapitel präzise erklärt, unter welchen Punkten in der Steuererklärung die jeweiligen Einkünfte und Ausgaben anzugeben sind. Wie sich die Posten berechnen lassen, war Teil der Beispielrechnungen. Dabei wurde deutlich, dass Rechenoperatoren notwendig sind, die bereits Teil des Mathematikunterrichts in der ersten und zweiten Klasse waren. Somit ist mit diesem Kapitel eine Steuererklärung im Hinblick auf die Vermietung von jedem Leser durchführbar. Dies erspart unter Umständen die zusätzlichen Kosten für einen Steuerberater und verschafft mehr Zuversicht auf dem Weg zur ersten vermieteten Immobilie.

Immobilienauswahl

Die Lage der Immobilie ist das A und O für eine erfolgreiche Kapitalanlage. Während bei einem Kauf zur Eigennutzung der Grundriss der Wohnung, ein Balkon, möglichst hohe Decken und zahlreiche andere Kriterien von Interesse sind, ist all dies bei einer Immobilie zur Kapitalanlage fast komplett irrelevant. Denn die Annahme ist: Es findet sich in einer vielversprechenden Lage aufgrund der hohen Nachfrage immer ein Mieter; egal, wie die Wohnung oder das Haus konzipiert sind und welchen Grundriss sie aufweisen. Dieses Kapitel führt daher in die Immobilienauswahl anhand der lagerelevanten Faktoren ein. Genauere Berechnungen werden – dafür sei um Verständnis gebeten – aufgrund der Detailtiefe in meinem Buch „Immobilien kaufen, vermieten und Geld verdienen" thematisiert.

Lage

Eine Immobilie als Kapitalanlage folgt bei der Auswahl anderen Kriterien als eine Immobilie zur Eigennutzung. Während bei der Eigennutzung subjektive Aspekte im Vordergrund stehen, dominieren bei einem Investment Verkaufskriterien. So spielt das Vorhandensein des Balkons ebenso wenig eine Rolle wie der Grundriss der Zimmer oder die Frage, ob das Wohnzimmer einen fließenden Übergang zur Küche aufweist. Was nach eigenen Maßstäben schlecht für eine Wohnung ist, wird einem der potenziellen Interessenten egal sein oder von diesem gar gut gefunden werden. Die Leitfrage bei der Auswahl der Immobilie muss sein: Finde ich für diese Wohnung an diesem Ort zu diesem Preis einen Mieter?

Die Wohnung selbst ist dabei nie ein Problem, sofern sie in einem abnahmefähigen Zustand ist. Der Preis wiederum wird durch die Nachfrage und das Angebot reguliert. Der Kernaspekt bei der Auswahl der Immobilie ist der jeweilige Ort, also die Lage.

Mikro, Meso und Makro: Alle Aspekte mit einbeziehen

Bei einer Bewertung der Immobilienlage wird von den folgenden drei Teilgebieten gesprochen:

♦ Mikro-Lage: Unmittelbare Umgebung (Straße/Stadtteil)

♦ Makro-Lage: Über die unmittelbare Umgebung hinausgehend (Gesamte Stadt)

♦ Meso-Lage: Alles, was das Miteinander von Mikro- und Makro-Lage betrifft

Tatsächlich sind keine klaren Grenzen zwischen den einzelnen Teilgebieten zu ziehen. So ist es möglich, vereinzelte Aspekte sogar allen drei Teilgebieten zuzuordnen. Dementsprechend sind Wiederholungen einzelner Faktoren in den folgenden Ausführungen keine Fehler, sondern den Zusammenhängen zwischen Mikro-, Meso- und Makro-Lage geschuldet.

Mikro-Lage: Wie ist die Aussicht?

Die Mikro-Lage ist die unmittelbare Umgebung der Immobilie, wobei entweder von der Straße oder vom Stadtteil gesprochen werden kann. Ob es die Straße oder der Stadtteil ist, hängt im Wesentlichen von der Argumentation des Maklers ab: Handelt es sich um einen hübschen und angesehenen Stadtteil, wird der Makler dies gegenüber dem Interessenten einer Immobilie betonen. Sollte der gesamte Stadtteil wenig ansehnlich, aber die Straße neu asphaltiert sein und eine Grünanlage aufweisen, ist davon auszugehen, dass der Makler das gesamte Verkaufsgespräch auf die Straße ausrichten wird. Gleiches Verhalten wird beim Käufer und anschließenden Vermieter vorherrschen: Um die Immobilie zum bestmöglichen Preis an einen Mieter zu bringen, wird die Mikro-Lage so weit oder eng aufgefasst, wie es nützlich erscheint, um sie als attraktiv zu verkaufen.

Hinweis!

An dieser Stelle sind Käufer dazu angehalten, sich nicht von den Exposees und dem Maklergespräch beeindrucken bzw. blenden zu lassen. Idealerweise liegt die Immobilie zumindest in einer attraktiven Umgebung, die mehr als nur eine Straße umfasst. So hat die Immobilie die Aussicht, an Wertsteigerung und Attraktivität zu gewinnen, was den Zuzug weiterer Investoren wahrscheinlicher macht und die Perspektiven für eine Aufwertung der gesamten Umgebung erhöht.

Was definitiv zur Mikro-Lage gehört, ist das Gebäude an sich. Dabei kommt es für den ersten Eindruck auf die Außenfassade an. Sollten hier Putz und Farbe bröckeln, ist das bereits ein erstes Anzeichen für erforderliche Investitionen, um die Immobilie für den Mieter attraktiv aufzubereiten. Das Treppenhaus wiederum ist sekundär wichtig. Sollte dieses durch Treppenlifte oder Fahrstühle behindertengerecht sein, ist dies ein Verkaufsargument, welches zudem die Zielgruppe an möglichen Mietern erhöht. Darüber hinaus ist es von Vorteil, ein Treppenhaus mit möglichst hoher Treppenbreite zu haben, damit die Mieter ihren Umzug samt Möbeln ohne Hinderungen durchführen können.

Sollten in der Umgebung der Immobilie Grünanlagen, Seen, Flüsse oder andere Sehenswürdigkeiten sein, ist dies ein Vorteil. Ein noch größerer Vorteil ist es, wenn diese Sehenswürdigkeiten aus dem Fenster einer Immobilie heraus direkt sichtbar sind. Dadurch steigen die Vermarktungsaussichten der Immobilie. In diesem Sinne muss es nicht zwingend ein Nachteil sein, wenn eine kleine Wohnung in der Stadt im siebten Stockwerk gelegen ist: Wird dies als Panorama-Appartement mit Balkon beworben, sind Mieter und Abnehmer für die Wohnung einfacher zu finden.

Die Mikro-Lage ist schlussendlich das, was sich direkt in der Umgebung und im Gebäude selbst befindet. Zugleich ist die Mikro-Lage jedoch auch, was der Kapitalanleger daraus macht. Wird die Immobilie zur Renovierung und zum Wiederverkauf oder zur direkten Vermietung gekauft, so hilft eine Argumentation, die die Vorteile der Immobilie aus Sicht eines Mieters hervorhebt, dabei, die Defizite der Immobilie zu kaschieren. Schlussendlich ist bei einem Investment dennoch darauf zu achten, dass die Immobilie bereits von sich aus – auch ohne eine überzeugende Argumentation – im Hinblick auf die Mikro-Lage Vorteile mit sich bringt.

Makro-Lage: Wie macht sich die Stadt?

Die Makro-Lage meint in der Regel die Stadt; zudem kann die Region oder das Bundesland in die Betrachtung einbezogen werden. Angesichts des im Vergleich zur Mikro-Lage größeren Raumes gibt es einen größerer Umfang an Faktoren für die Evaluierung:

- ◆ Fernverkehr: z. B. Autobahn, Hauptbahnhof, Zentraler Omnibus-Bahnhof (ZOB), Flughafen

- ◆ Bildungseinrichtungen: z. B. Schule, Universität, Volkshochschule

- ◆ Großunternehmen: z. B. Airbus, Nestlé, BLG, Daimler, Volksbank

- ◆ Grünanlagen: z. B. Park, Promenade, öffentlicher Garten

- ◆ Freizeitmöglichkeiten: z. B. Verein, Casino, Tanzschule, Musikschule, Fitnessstudio, Kino

Bei Großstädten sind diese Aspekte abgedeckt, allerdings ist die Frage nach deren Erreichbarkeit eine zentrale Größe bei der Bewertung der Makro-Lage. Wenn beispielsweise nur ein einziger großer Park vorhanden ist und dieser mit den öffentlichen Verkehrsmitteln nicht erreichbar ist, wäre dies eines unter mehreren möglichen Defiziten der Makro-Umgebung einer Immobilie. Dabei ist die Anbindung zu jedweder Tageszeit relevant: Ein geeignetes Beispiel ist die Großstadt Bremen, die zwar über all die erwähnten Aspekte in einer Vielzahl verfügt, aber nachts von Montag bis Freitag nur einen mangelhaften öffentlichen Nahverkehr bietet. Dies bedeutet, dass Bewohner an vier Nächten in der Woche Probleme haben, von einem Ort an den anderen zu gelangen. Dieses Problem ist bereits vereinzelt in der Innenstadt gegeben, wird aber in den Randregionen Süd, West, Ost und Nord noch größer.

Die Makro-Lage ist beim Kauf ein Kriterium, welches in Hinblick auf ansässige Großunternehmen sogar bestimmt, wie viel Potenzial für zahlungskräftige Mieter aktuell und in naher Zukunft gegeben ist. Eine gute Makro-Lage begünstigt auch lange Mietzeiten. Denn je eher die Makro-Lage – oder sogar bereits die Mikro-Lage – ein großes Angebot samt guter Anbindung mit sich bringt, umso komfortabler und abwechslungsreicher ist das Dasein für den Mieter.

Hinweis!

Kapitalanleger sind bei ihrer Immobilienauswahl gut damit beraten, eine Immobilie möglichst nah am Stadtkern zu erwerben. Entsprechende Immobilien haben in der Vergangenheit die größten Mieterträge und den größten Wertzuwachs verzeichnet. Ein Investment in die Stadtumgebung ist in den Großstädten Berlin, Hamburg, München, Frankfurt am Main, Düsseldorf, Stuttgart und Hannover jedoch ebenso empfehlenswert. Hier lässt sich der Trend feststellen, dass Einwohner aufgrund der hohen Mieten in den Städten ins Umland ziehen. Im Umland steht also in ausgewählten Städten sehr wahrscheinlich ein Wachstum bevor. Mehr dazu in meinem Buch „Immobilien kaufen, vermieten und Geld verdienen".

Meso-Lage: Wie interagieren Mikro und Makro miteinander?

In der Meso-Lage wiederholen sich Aspekte, die bereits in der Mikro- und Makro-Lage eine Relevanz hatten. Dazu gehören Bildungseinrichtungen, Freizeitmöglichkeiten und Grünanlagen. Im Grunde genommen handelt es sich um eine Kopie der Makro-Lage; nur mit geringeren Anforderungen. Um dies mit einem Beispiel zu veranschaulichen:

Es wird eine Wohnung am äußersten Rand der Stadt gemietet. Zwischen der Wohnung und dem Stadtkern liegen 30 Minuten Fahrzeit mit der Bahn. Sofern diese Distanz ohne Umstieg bewältigt werden kann, ist bereits ein Plus gegeben und man kann von einer guten Verkehrsanbindung an das Stadtzentrum sprechen.

Was auf diesen 30 Minuten Fahrzeit außerdem ins Gewicht fällt, ist, inwiefern sich bereits auf kürzerer Strecke Freizeitmöglichkeiten, Bildungseinrichtungen und weitere Anlaufstellen befinden. Sollte sich beispielsweise nicht nur im 30 Minuten entfernten Zentrum ein Kino befinden, sondern auch in zehn Minuten Entfernung von der Wohnung, ist dies ein Vorzug, der der Meso-Lage zuzuordnen ist.

Die Meso-Lage betrifft das Miteinander der Mikro- und Makro-Lage. Zum einen ist relevant, wie sie durch öffentliche Verkehrsmittel und eine gut ausgebaute Infrastruktur beide miteinander verbindet, zum anderen, ob sie idealerweise selbst ein adäquates Angebot an Supermärkten, Einrichtungen und weiteren Elementen zur Verfügung stellt, sodass sich der Ausflug in den Stadtkern mit anderen Aktivitäten verknüpfen lässt oder der Stadtkern nicht mal besucht werden muss.

Hinweis!

Sofern bei der Vermietung oder dem Verkauf einer Immobilie mit der Erreichbarkeit einzelner Destinationen durch öffentliche Verkehrsmittel, Autos, Fahrräder oder auf dem Fußweg argumentiert wird, ist es ratsam, nie die Entfernung zu nennen. Stattdessen ermöglicht die Angabe einer Zeitschätzung dem Interessenten eine konkretere Vorstellung davon, wie gut die Anbindung seiner Ansicht nach ist, z. B.: „Sie erreichen das Stadtzentrum mit dem Auto in 20 Minuten Fahrzeit."

Im Idealfall beginnt bei einem Gespräch mit einem Interessenten das Gespräch mit der Erörterung der Mikro-Lage, geht dann zur Makro-Lage über und mündet in der Meso-Lage, die illustriert, dass die Fahrt ins Zentrum oft nicht mal notwendig ist. So wird der Eindruck einer komfortablen Gesamtlage erzeugt. Den Optimalfall stellt dabei eine Immobilie direkt im Stadtkern dar: Die Suche nach einem zahlungskräftigen Mieter oder Käufer ist dahingehend vereinfacht, dass die drei Lagen miteinander verschmelzen und sich die Einrichtungen, Anlagen und Verkehrsmittel bereits in unmittelbarer Nähe zur Immobilie befinden. Dies sind Kriterien, unter denen sich Immobilien im Großteil aller Fälle am einfachsten vermarkten lassen.

Die Relevanz von Entwicklungen und Prognosen

Da eine Kapitalanlage in Immobilien ein langfristiges Investment ist, zählt bei der Auswahl neben der aktuellen Bestandsaufnahme ebenso die vermutliche Entwicklung. Dementsprechend ist jede Mikro-, Meso- und Makro-Lage einer Prognose zu unterziehen. Was neben der bloßen Lage und dem Angebot einer Immobilie in der aktuellen Situation relevant ist und eine umso größere Wirkung auf die Entwicklung hat, sind die folgenden Faktoren:

- Kriminalitätsrate
- Bevölkerungsentwicklung
- Einkommensstruktur
- Arbeitslosenquote
- Regionale oder überregionale Bauprojekte
- Kaufpreisentwicklung

Eine hohe Kriminalitätsrate spricht sich rum. Auch wenn ein potenzieller Mieter sich nicht mit jedem Stadtteil Deutschlands auskennt, so ist davon auszugehen, dass er bei der Eingrenzung der Objekte zur Besichtigung eine der Internet-Suchmaschinen zur jeweiligen Straße und zum jeweiligen Stadtteil befragen wird. Stößt er dort auf Berichte über eine hohe Kriminalitätsrate, wird er abgeschreckt werden. Dies bedeutet im Umkehrschluss allerdings nicht zwingend, dass eine Immobilie in einem Stadtteil mit einer hohen Kriminalitätsrate eine schlechte Kapitalanlage ist ... Dazu später mehr.

Die Bevölkerungsentwicklung gewährt Aufschluss darüber, wie das Klientel ausfällt: Wird es eine Studentenumgebung oder werden hier vermehrt Personen ihren Ruhestand verbringen? Des Weiteren informiert die Bevölkerungsentwicklung, inwiefern mit einem

Zustrom an Personen zu rechnen ist. Dies reguliert die Nachfrage nach Immobilien, welche den Mietpreis definiert.

Mit der Einkommensstruktur und der Arbeitslosenquote sichern sich Anleger dahingehend ab, dass in der Umgebung zahlungskräftige Käufer bzw. Mieter für die Immobilie gegeben sind. Dabei sagt die Einkommensstruktur darüber hinaus auch aus, in welcher Größenklasse die Interessenten operieren – je höher der Verdienst, umso wahrscheinlicher ein zuverlässiger und zahlungskräftiger Abnehmer oder Mieter für die Immobilie.

Regionale oder überregionale Bauprojekte können Mehrwerte verschiedenster Art aufbringen: Entweder werten sie ganze Stadtteile oder sogar die nahe Umgebung vor der Haustür auf, oder aber sie schaffen wirtschaftliche Anreize, woraufhin sich Unternehmen niederlassen, Arbeitsplätze entstehen und neue Arbeitnehmer zuziehen. Die Bauprojekte werden in der Regel durch den Staat oder Investoren initiiert. Insbesondere Großprojekte wie Einkaufscenter, Hotelanlagen und Fabriken verschaffen neue Perspektiven.

Die Kaufpreisentwicklung verschafft einerseits einen Eindruck davon, mit welchem Wertanstieg für die eigene Immobilie zu rechnen ist. Andererseits ermöglicht die Entwicklung der Kaufpreise Rückschlüsse auf das Engagement anderer Investoren, welches dahingehend zu begrüßen ist, dass dieses zur Aufwertung der Umgebung beitragen kann.

Beispiel anhand einer Immobilie in Essen

Gehen wir von einer Immobilie in dem nordöstlichen Stadtteil Katernberg in der deutschen Stadt Essen aus und platzieren diese in der Hanielstraße.

Die Immobilie an sich weist eine ansprechende Fassade auf und ist eine modernisierte Altbauwohnung: Hohe Wände und große Fenster, die die Wohnung mit Licht durchfluten, sprechen für die Immobilie. Darüber hinaus gibt es auf der gegenüberliegenden

Straßenseite eine Kirche und dazugehörige Grünflächen. So viel zur Mikro-Lage aktuell.

In der Meso-Lage machen ein Unesco-Weltkulturerbe – die Zeche Zollverein Essen als einstmals größte Steinkohlezeche weltweit – und mehrere Supermärkte, Restaurants, Friseure und Werkstätten, die fußläufig problemlos in kurzer Zeit erreichbar sind, positiv auf sich aufmerksam. Mit dem Auto in kurzer Zeit erreichbar sind u. a.:

♦ 7 Minuten bis zur Folkwang Universität

♦ 7 Minuten bis zum Ruhr-Museum

♦ 5 Minuten bis zur Zeche Zollverein

♦ 3 Minuten bis zur S-Bahn-Station

♦ 18 Minuten bis zum Aalto-Theater

♦ 14 Minuten zur ZOOM Erlebniswelt Gelsenkirchen

Eine direkte Verkehrsanbindung mit 27-minütiger Fahrzeit bis zum Essener Hauptbahnhof leitet von der überzeugenden Meso-Lage zur Makro-Lage über: Dem Stadtkern Essens.

Die Stadt Essen ist eine Universitätsstadt. Mit der Forschungsuniversität Duisburg-Essen hat sie die offiziell weltweit drittbeste im neuen Jahrtausend gegründete Universität. Neben weiteren Universitäten und der Eignung für Studenten scheint Essen auch für Arbeitnehmer attraktiv zu sein. Diese Annahme resultiert daraus, dass in Essen und in den nahegelegenen Städten zahlreiche Großunternehmen, die von Tengelmann über RWE und Thyssenkrupp bis hin zu ALDI Süd, Deichmann, Evonik und weiteren reichen, ansässig sind. Der nächste Flughafen befindet sich in der 37 Kilometer entfernt gelegenen Stadt Dortmund.

Essen hat ein Auf und Ab im Bereich der Ökologie hingelegt. War die Stadt einst grün und von Natur umgeben, wandelte sie sich im 19. Jahrhundert zur größten Kohlestadt Europas. Dies hat sich im Laufe der letzten Jahrzehnte mit der Schließung der Zechen und dank dem Zukunftsprogramm IBA Emscher Park gewandelt, sodass Essen wieder in Grün erstrahlt – 2017 verlieh die EU-Kommission Essen die Auszeichnung *Grüne Stadt Europas*. Somit ist auch die Makro-Lage überzeugend.

Gehen wir nun davon aus, dass auch die Kaufpreis- und Mietentwicklung für die Immobilie sprechen würden, so entsteht mit der Betrachtung der Lage insgesamt ein starkes Gesamtbild. Als Kapitalanlage scheint sie definitiv geeignet und Mieter werden sich wohl ebenso finden lassen.

Nun hat der positive Eindruck und der aktuell geringe Kaufpreis der Immobilie seine Gründe: Zum einen mag Essen grün sein und in der Mikro-Lage mag es einige Grünflächen geben, doch die unmittelbare Umgebung der Immobilie mutet trotzdem etwas düster an. Hauptsächlich sieht man Beton und Asphalt, wenn man nicht gerade einige Minuten Fußweg hinter sich gebracht hat. Zum anderen – dies ist das weitaus größere Problem – hat der Stadtteil Katernberg, in dem die Immobilie gelegen ist, den Ruf eines Ghettos. Gibt ein Nutzer bei Google *Katernberg Essen* ein, erhält er unter anderem Vorschläge, die negative Assoziationen hervorrufen, wie *Katernberg Essen Ghetto* und *Katernberg Essen Kriminalität*.

Kinderarmut, Jugendarbeitslosigkeit und Kriminalität sind in der Tat Probleme, die neben Katernberg auch die Stadtteile Schonnebeck und Stoppenberg beschäftigten. Doch wer sich über die Entwicklung informiert, wird feststellen, dass der Stadt Essen bis 2022 618 Millionen Euro für Um- und Neubau- sowie Renovierungsmaßnahmen zur Verfügung gestellt wurden. Im Rahmen dieses Sonderinvestitionsprogramms wird allem voran in Katernberg und den angrenzenden nahen Stadtteilen operiert: Schulen sind bereits entstanden und weitere werden gebaut; Kitas, Sportstätten und Hallenbäder ebenso. Dies bedeutet, dass die Stadt die Probleme erkannt hat und bekämpft. Dementsprechend lässt sich ein positiver Wandel bemerkbar machen. Auch die Grünanlagen werden erweitert und in absehbarer Zeit regelrechte Rückzugs- und Erholungsorte darstellen. Darüber hinaus finden

Investoren gegenwärtig Gefallen an dem Stadtteil Katernberg. Die Hoffnung auf einen grundlegenden Wandel Katernbergs ist berechtigt.

Letzten Endes spiegelt sich in dem Beispiel eine Immobilie wider, die von der Gesamtlage her höchste Attraktivität ausstrahlt. Jedoch wird die aktuelle soziale Situation in den Schlagzeilen und Suchmaschinen negativ dargestellt. Vermehrte Gegenmaßnahmen der Stadt und die Investitionsbereitschaft anderer Investoren wiederum zerstreuen die aufkommenden Zweifel und legen positive Prognosen für die Entwicklung in diesen Problemzonen des Stadtteils nahe. Um eine Immobilie mit hohem Potenzial richtig einzustufen, ist also der Blick über den Tellerrand hinaus notwendig, der die zu erwartende zukünftige Entwicklung miteinbezieht.

Gentrifizierung: Ein Phänomen, das jeder fortgeschrittene Anleger kennen sollte

Der Begriff *Gentrifizierung* meint den Strukturwandel eines Stadtteils oder einer Umgebung im positiven Sinne. Vereinfacht formuliert handelt es sich um eine Aufwertung der Gegend. Mehrere Stadtteile in Berlin, wie z. B. Kreuzberg und Schöneberg, stehen symbolisch für diesen Wandel. Während der Wandel für die Mieter neben Vorteilen auch Nachteile mit sich bringt, sind Kapitalanleger absolute Nutznießer der Gentrifizierung. Denn eine Aufwertung zieht steigende Mietpreise nach sich, wertet den Kaufpreis für die Immobilie auf und führt auf lange Sicht dazu, dass die gesamte Gegend um Geschäfte, Unternehmen und ein zahlungskräftigeres Klientel bereichert wird.

Ursprung im 19. Jahrhundert

Der Ursprung des Begriffs führt ins 19. Jahrhundert zurück, als der Londoner Stadtteil Islington – damals grau und uninteressant für Oberschichten – durch die Zuwanderung des niederen Adels aufgewertet wurde. Die Aufwertung fand auf verschiedenen Ebenen statt: Zum einen wichen die Arbeiter, da der niedere Adel zahlungskräftiger war. Zum anderen wurde die Gegend durch den niederen Adel und die veränderten Vermögensverhältnisse interessanter für Geschäfte und Neumieter. So wurde aus der grauen Maus Islington ein beliebter Stadtteil – komplett gentrifiziert. Die Forscherin Ruth Glass befasste sich mit diesem Phänomen der Stadtentwicklung im Jahre 1964 und benannte es in Anlehnung an den zugewanderten niederen Adel (Gentry) Gentrifizierung. Seitdem findet der Begriff im Städtebau und der Städteplanung, in den Wirtschaftswissenschaften, in der Politik und in weiteren Gebieten Anwendung.

Wie weit kann die Gentrifizierung führen? Phasenmodell nach Diller

Das Phasenmodell von Diller (2014)[49] fasst den Verlauf der Gentrifizierung in fünf Phasen zusammen. Diese teilen sich wie folgt auf:

- ♦ 1. Phase: Invasionsphase I der Pioniere
- ♦ 2. Phase: Invasionsphase II der Pioniere und Invasionsphase I der Gentrifier
- ♦ 3. Phase: Invasionsphase II der Gentrifier
- ♦ 4. Phase: Invasionsphase III der Gentrifier
- ♦ 5. Phase: Hypergentrification

Die erste Phase sieht den Zuzug der Pioniere bzw. Vorreiter vor. Diese sorgen für Veränderungen an Wohnungen und der Umgebung. Sie läuten den Beginn einer Aufwertung ein, die jedoch fürs erste marginal bleibt und keine Auswirkungen auf den Mietspiegel hat.

In der zweiten Phase setzt sich der Zuzug der Pioniere fort, was den Stadtteil merklich aufwertet und die Runde macht: Eine Gegend strebt

---

[49] Vgl. https://www.uni-muenster.de/imperia/md/content/geographie-didaktik2/materialfuerschulen/berlin/berlin_gentrification_am_prenzlauer_berg_band_4_mit_material.pdf

auf. Wohlhabendere Personen entdecken das Potenzial und ziehen zu, was die Nachfrage, die Kaufkraft sowie die Mieten steigen lässt.

Im Rahmen der dritten Phase kommen Investoren, Baufirmen und Unternehmer auf den Plan. Dies führt zum neuerlichen Anstieg der Mieten, Neubauten, Ansiedlung von Geschäften und Abriss von baufälligen oder alten Gebäuden zugunsten neuer Immobilien. In den Neubauten sind die Mieten wesentlich höher, es kommt zu einer Verdrängung der Pioniere. Mit der Zeit macht dies – je nach Umfang des Stadtteils und Bekanntheitsgrad der Stadt – seine Runde und sorgt für eine zunehmende Wahrnehmung in der Öffentlichkeit, die unter anderem auch kritischer Natur ist.

Unterschiede zwischen der dritten und vierten Phase des Gentrifizierung nach Diller sind nur in der Veränderung der Bevölkerungsstruktur gegeben. Durch die weitere Verdrängung der Pioniere wird die Bevölkerungsstruktur immer homogener, was sich im sozialen Hintergrund und im Einkommen der Mieter und Käufer zeigt.

Zuletzt sieht die Hypergentrification als fünfte Phase die Internationalisierung des Stadtteils vor: Durch Investoren aus Europa und der Welt siedeln sich neue Firmen an, der Stadtteil bringt Immobilien und Geschäfte der Luxusklasse hervor und die Miete wird ein teures Unterfangen.

Letzten Endes sind die Phasen zum Teil spekulativ, bilden jedoch im Kern die Konsequenzen einer zunehmenden Aufwertung des Stadtteils sowie der Umgebung adäquat ab. Aus diesen Konsequenzen ergeben sich sowohl Vor- als auch Nachteile.

Grundlegende Vor- und Nachteile

+ Prestige und Bekanntheit des Stadtteils steigen

+ Wirtschaftliche Situation verbessert sich

+ Für Kapitalanleger ergeben sich bessere Renditen der Immobilien

– Mieter mit schwächerem Einkommen werden zunehmend verdrängt

Insbesondere der Nachteil der Verdrängung einkommensschwacher Mieter ruft in der Politik und im sozialen Sektor kritische Stimmen hervor. Dies führt dazu, dass häufig alternative Definitionen des Begriffs Gentrifizierung entstehen, die suggerieren, dass arme Mieter gezielt verdrängt werden, um Wohnungen sowie Gegenden aufzuwerten und Profit zu machen.

Aus Sicht der Kapitalanleger ist allerdings genau das wichtig: Aufwerten, Preise erhöhen, aufwerten, Preise erhöhen und in diesem Muster fortfahren. Dementsprechend müssen sich Kapitalanleger angewöhnen, die sozialen Aspekte ein Stück weit hintanzustellen. Es geht im Endeffekt ums Geschäft. Im Alter wird kaum jemand die Rente um magere 30 Euro pro Monat erhöhen, damit das Geld für Essen, Miete und Sozialabgaben ausreicht. Dementsprechend muss in jüngeren Jahren die Kaltschnäuzigkeit eines Kapitalanlegers zutage treten.

Gentrifizierung am Beispiel Berlin-Kreuzbergs

Geschichten aus dem Berliner Stadtteil Kreuzberg der 90er Jahre zeigen ein West-Berlin, welches „billige Mieten, auf der anderen Flussseite die alten verrosteten Kräne des Osthafens, kaum Bootsverkehr auf dem Fluss und noch keine U-Bahn über die Oberbaumbrücke" (Tagesspiegel.de[50]) bereithält. Darüber hinaus spielen am alten Omnibus-Betriebsbahnhof Personen auf dem Saxofon und unterstreichen das lockere Leben im dreckigen Kiez. Es gefällt den Menschen.
Und heute?

♦ Verdoppelte Mieten

♦ Veranstaltungsgelände

♦ Einkaufscenter

---

[50] Vgl. https://www.tagesspiegel.de/wirtschaft/immobilien/gentrifizierung-in-kreuzberg-wo-das-kapital-gesiegt-hat/24433426.html

♦ U-Bahnverkehr

♦ Luxuswohnungstürme, für deren Errichtung Teile der Berliner Mauer abgerissen wurden

♦ Neubauten direkt am Fluss, die die letzten Freiräume nehmen

Die Anwohner fassen – sofern sie sich überhaupt noch Mieten an diesem Ort leisten können – die Gentrifizierung als Übel auf und nehmen die Aufwertung nicht als eine solche wahr. Für sie ist es der Triumph des Kapitalismus. Bürgerentscheide gegen neue Bauten wurden vom Senat zugunsten von Unternehmenssitzen und der wirtschaftlichen Weiterentwicklung kompromisslos ignoriert. Nun ist Kreuzberg ein Stadtteil, der eher Touristen und die Belle-Étage der Gesellschaft anzieht. In diesem Sinne zeigt sich die Gentrifizierung hier eher von der negativen Seite.

Wieso ist es für Anleger wichtig, den Begriff der Gentrifizierung zu kennen?

Grundsätzlich wird jeder Begriff, der in diesem Werk – ob knapp oder ausführlich – vorgestellt wird, deswegen vermittelt, weil es zum Allgemeinwissen rund um das Thema Immobilie dazugehört, informiert zu sein. Je nach Art des Kapitalanlegers sind die eigenen Werte und Normen anders. Wer beispielsweise keinerlei Interesse am Erhalt der Natur oder des Wohlfühlfaktors für Mieter hat, wäre mit einer Investition in Kreuzberg richtig beraten gewesen. Zum jetzigen Zeitpunkt sind in Kreuzberg die Preise zu hoch, als dass eine Investition lukrativ wäre, aber im Laufe der 90er Jahre und in den frühen 2000ern wäre ein Investment richtig gewesen.

Personen jedoch, die im Rahmen einer Aufwertung daran interessiert sind, ein ausgewogenes Maß an Traditionen, Grünflächen und neuen Einflüssen einzuhalten, weil sie ideologisch dahinterstehen und über die bloße Rendite der Immobilie hinwegsehen, sind am Besten damit beraten, die Entwicklung des Stadtteils vor einem Investment zu untersuchen. Eine Gentrifizierung muss nicht zwingend den Abbau von Grünflächen bedeuten, aber sie kann. Um nochmals das Beispiel Katernbergs in Essen aufzugreifen: Essen insgesamt und ebenso der Stadtteil Katernberg investieren zunehmend in Grünflächen und vollziehen einen lobenswerten Strukturwandel. Speziell in Katernberg und den umliegenden Stadtteilen wird in Schulen, Kitas, Sportstätten und weitere Einrichtungen von sozialem Wert investiert. Eine solche Gentrifizierung ist eine, die theoretisch auch antikapitalistische Anleger befürworten können.

Jede Gentrifizierung hinterlässt in der Anfangsphase gewisse Spuren. Diese gilt es als Kapitalanleger zu untersuchen, wenn man an dem Wohl der gegenwärtigen und künftigen Mieter oder Käufer interessiert ist.

Zusammenfassung: Alles dreht sich um die Lage!

Bei der Kapitalanlage in Immobilien spielt die Lage der Immobilie die entscheidende Rolle. Dementsprechend ist es erforderlich, subjektive Kaufargumente hintanzustellen. Während beim Kauf zur Eigennutzung der Balkon, der Grundriss der Wohnung und ähnliche Aspekte wichtig sind, spielt dies beim Kauf der Immobilie zur Kapitalanlage keine Rolle. Denn letzten Endes findet sich immer ein Käufer, dessen Geschmack die jeweilige Wohnung entspricht. Die einzige Bedingung ist eine ausreichend hohe Nachfrage. Solch eine Nachfrage gibt es nur, wenn die richtige Lage der Immobilie gewählt wird. Dabei gilt es nicht, gezielt in die Stadtkerne Münchens, Berlins, Stuttgarts und anderer Städte zu gehen, da hier das Wachstumspotenzial weitestgehend ausgeschöpft ist und eine Immobilie kaum noch finanzierbar ist. Vielmehr ist es essenziell, Städte und Stadtteile mit Wachstumspotenzial zu entdecken, die aktuell noch nicht perfekt sind, aber sich in einer ansprechenden Umgebung befinden und eine lobenswerte Entwicklung verzeichnen, wie es in Essens Katernberg der Fall ist. Entscheidende Leitfrage ist dabei: Welche Wohnungen sind für mich finanzierbar und legen seit mehreren Jahren einen konstanten Miet- und Preisanstieg hin? In solche

Immobilien lohnen sich Investments. Letzten Endes besteht in entsprechenden Regionen auch die Aussicht auf eine sogenannte Gentrifizierung: Ganze Stadtteile oder Gegenden werden von Investoren aufgewertet, mehr Gutverdiener ziehen hinzu und die Kapitalanlage wird umso ertragreicher und wertvoller.

An- und Verkauf von Immobilien

Der An- und Verkauf einer Immobilie widerspricht dahingehend dem Grundsatz einer Kapitalanlage, dass hier nicht das Kapital angelegt wird und eine Wertsteigerung erfolgt, sondern eigene Aktivität notwendig ist: Da diese Aktivität einer unternehmerischen Tätigkeit entspricht, wird ab einer gewissen Menge verkaufter Immobilien in einer gewissen Zeitspanne eine Gewerbeanmeldung notwendig. Mit dem An- und Verkauf sind bereits Erträge in kurzfristigen Zeiträumen möglich, allerdings besteht im gleichen Zuge ein erhöhter Aufwand im Vergleich zur Vermietung. Da der An- und Verkauf von Immobilien zudem reichlich Eigenkapital erfordert, handelt es sich um einen Sonderfall, der nur im Rahmen dieses kurzen Kapitels erläutert wird.

Wann ist eine Gewerbeanmeldung erforderlich?

Wer den An- und Verkauf von Immobilien regelmäßig in die Tat umsetzt, ist definitiv zur Anmeldung eines Gewerbes verpflichtet. Die hier anfallenden Steuern wären die Gewerbesteuer sowie die Einkommenssteuer. Die Einkommenssteuer wird im Falle einer GmbH durch die Körperschaftssteuer abgelöst. Im Rahmen einer GmbH gründet der Händler eine Gesellschaft, die eine rechtlich eigene Person ist, was bestimmte Vorteile mit sich bringt. Mehr dazu in den nächsten Abschnitten.

Ab wann die rechtliche Lage einer Person gewerblichen Handel unterstellt, ist zunächst im Gesetz nur vage formuliert. Nähere Erkenntnisse zur Abgrenzung des gewerblichen Grundstückshandels von der privaten Vermögensverwaltung liefert Anhang 17 des amtlichen Einkommenssteuer-Handbuchs[51]. Hier sind die Regelungen für folgende Grundstücksarten festgelegt:

♦ Bebaute Grundstücke

♦ Unbebaute Grundstücke

♦ Beteiligung am allgemeinen wirtschaftlichen Verkehr

Bei bebauten Grundstücken, die nach zehnjähriger Haltedauer – auch bei Haltedauer zur Vermietung – verkauft werden, liegt kein gewerblicher Handel vor, unabhängig von der Menge der verkauften Grundstücke. Im Erbfall ist die Haltedauer des Vorbesitzers das Kriterium. Betrug diese mindestens zehn Jahre, so kann der Erbfolger das Grundstück veräußern, ohne dass gewerblicher Handel vorliegen würde.

Im Falle unbebauter Grundstücke, die vor dem Verkauf selbst genutzt oder verpachtet wurden, liegt ebenfalls kein gewerblicher Handel vor. Findet jedoch ein An- und Verkauf über die Jahre verteilt statt, so fällt dies unter die Kriterien einer gewerblichen Tätigkeit. Auch ergibt sich dann eine gewerbliche Tätigkeit, wenn die Grundstücke in mehrere Abschnitte unterteilt werden, die einzeln vermietet oder verpachtet werden, wie es beispielsweise bei Parzellen der Fall ist.

Die Beteiligung am allgemeinen wirtschaftlichen Verkehr kann auf viele Weisen erfolgen, wozu u. a. die Einschaltung eines Maklers oder die Veräußerung der Grundstücke an nur eine Person gehört. Sollte beispielsweise der Verkauf der Grundstücke ausschließlich an eine Person erfolgen, kann dies als gewerblicher Grundstückshandel aufgefasst werden.

Dies sind Kriterien, die die Art der Grundstücke und die Art der Veräußerung behandeln. Neben diesen Kriterien gibt es ebenso

---

[51] Vgl. https://bmf-esth.de/esth/2016/C-Anhaenge/Anhang-17/inhalt.html

die Drei-Objekt-Grenze. Diese besagt, dass, wenn innerhalb eines Zeitraums von fünf Jahren mehr als drei Objekte verkauft werden, eine gewerbliche Tätigkeit vorliegt. Bedingung hierfür ist jedoch, dass die Objekte in einem nahen Zeitraum erworben wurden. Da es sich bei der Drei-Objekt-Grenze und dem Zeitraum von fünf Jahren um keine starren Regelungen handelt, ist es möglich, dass auch über die fünf Jahre hinaus eine Bewertung durch das Finanzamt erfolgt. Allerdings bilden zehn Jahre die Grenze.

Somit ist zusammenfassend festzustellen, dass …

- ◆ … ein An- und Verkauf von mehr als drei Objekten innerhalb von fünf Jahren gewerblicher Grundstückshandel ist.

- ◆ … auch der Verkauf an nur keinen festen Vertragspartner als gewerblicher Grundstückshandel bewertet wird.

- ◆ … nach einer Haltdauer von zehn Jahren – unabhängig von der Menge der veräußerten Objekte – keine gewerbliche Tätigkeit unterstellt wird.

Hinweis!

Die zehn Jahre beinhalten noch einen weiteren Vorteil: Der Verkauf von Immobilien, die mehr als zehn Jahre gehalten wurden, ist nämlich selbst bei einem Gewinn im Vergleich zum ehemaligen Kaufpreis steuerfrei. Die sogenannte Spekulationsfrist ist verstrichen.

Werden weniger als drei Objekte innerhalb eines Zeitraums von fünf Jahren verkauft, findet zwar kein gewerblicher Handel statt, doch der Gewinn aus dem An- und Verkauf muss versteuert werden. Der Gewinn unterliegt der Einkommenssteuer, die individuell ist und mit dem Einkommen, Familienstand sowie abzugsfähigen Beträgen variiert. Diese Spekulationsfrist endet für alle Grundstücke und Immobilien erst nach zehn Jahren. Somit können Kapitalanleger rein theoretisch die Immobilie zehn Jahre lang vermieten und dann steuerfrei verkaufen und von der Wertsteigerung profitieren.

Gewerbeanmeldung: Welche Steuern fallen an?

Für die Gewerbeanmeldung eines Grundstückhandels sind keinerlei Qualifikationen und Nachweise notwendig. Der Name des Gewerbes ist vom Unternehmer selbst zu bestimmen. Dieser wird beim Finanz- und Gewerbeamt im Zuge einer Gewerbeanmeldung hinterlegt. Aufgrund der Tatsache, dass Grundstücke und Immobilien unter das Grunderwerbsteuergesetz fallen, ist der folgende Paragraf zur Befreiung von der Umsatzsteuer anzugeben: § 4 Absatz 9 Buchstabe a[52]. Durch die Angabe dieses Paragrafen werden die erzielten Umsätze von 19 % Mehrwertsteuer befreit.

Hinweis!

Beim Handel mit gewerblichen Grundstücken kann es durchaus sinnvoll sein, im Kaufvertrag von der Option des Verzichts auf die Umsatzsteuerbefreiung Gebrauch zu machen.

Im Zuge der gewerblichen Tätigkeit ist ein separates Geschäftskonto notwendig, in dem die Ein- und Auszahlungen des Unternehmens klar aufgeführt sind. Werden pro Jahr Gewinne von 24.500 € nicht überschritten, so ist nach § 11 Absatz 1 Satz 3 der Gewinn von der Gewerbesteuer befreit.

GmbH: Welche Steuern fallen an?

Die Führung einer GmbH ist mit einem speziellen Aufwand, jedoch ebenso mit speziellen Freiheiten verbunden. Der Aufwand besteht beispielsweise darin, dass zunächst ein Mindestkapital von 25.000 € in die Gründung eingebracht werden muss. Darüber hinaus bestehen Bilanzierungspflichten, die jährliche Fixkosten im Bereich mehrerer Tausend Euro für den Steuerberater beinhalten. Eine höhere Flexibilität ergibt sich wiederum dadurch, dass Unternehmer hier das Recht haben, eine andere Person – beispielsweise mit Fachkenntnissen im Immobiliensektor – zum Geschäftsführer zu ernennen. Dadurch können sich

---

[52] Vgl. https://www.gesetze-im-internet.de/ustg_1980/__4.html

die Unternehmer im Hintergrund halten. Auch haften Unternehmer nicht mit dem eigenen Vermögen, da die GmbH eine rechtlich eigene Person ist.

Steuerliche Vorteile ergeben sich insbesondere für Personen, die einer hohen Einkommenssteuer unterliegen. Durch Gründung einer GmbH entkoppeln sie zwar das Vermögen von ihrer Person und geben es an die GmbH weiter, die allerdings wiederum der geringeren Körperschaftssteuer anstelle der Einkommenssteuer unterliegt. Unternehmer können sich die Gewinne in Form eines Gehalts auszahlen, wenn sie sich bei der GmbH anstellen, oder aber in Form von Gewinnausschüttungen. Alles in allem sichert die GmbH einzelne natürliche Personen – also die Unternehmer – rechtlich ab und bringt bei einem Immobilienhandel mit hohen jährlichen Erträgen Steuervorteile ein.

Rechtliche Pflichten des Verkäufers

Wer Immobilien verkauft, unterwirft sich rechtlichen Verpflichtungen. Deren Nichtbefolgung kann zu einer Rückkaufpflicht der Immobilie samt Schadensersatzverpflichtungen gegenüber dem Käufer führen. Ebenso ergeben sich einem beauftragten Makler gegenüber Pflichten, die sogar noch über den Rücktritt vom Maklervertrag hinaus bindend sein können. Im Nachfolgenden wartet eine Übersicht der grundlegenden Verpflichtungen, um für das Thema zu sensibilisieren.

Aufklärung des Käufers

§ 433 des BGB[53] verpflichtet den Verkäufer, dem Käufer eine Sache frei von Rechts- und Sachmängeln zu übergeben. Sollten welche vorhanden sein, so muss der Verkäufer den Käufer darüber aufklären. Die entsprechenden Rechts- und Sachmängel sind im Kaufvertrag aufzuführen. Grundsätzlich schützt Unwissenheit vor Strafe nicht, was bedeutet, dass der Verkäufer sogar dafür haftet, wenn er den Käufer über nicht bekannte Schäden nicht aufklärt. Verkäufer

---

[53] Vgl. https://www.gesetze-im-internet.de/bgb/__433.html

können sich gegen die ihnen nicht bekannten Schäden absichern, indem im Kaufvertrag ein Haftungsausschluss vereinbart wird.

Hinweis!

Insbesondere An- und Verkäufer von Immobilien laufen Gefahr, in Fallen zu tappen. Wurde die Immobilie beim Ankauf nicht haargenau untersucht, so ist eine hohe Wahrscheinlichkeit gegeben, dass der Käufer nicht adäquat aufgeklärt werden kann. Liegt die Wohnung beispielsweise direkt über einem Seniorentreff und ist nicht ausreichend gedämmt, sodass die Gesänge und Stimmen des Seniorentreffs in der Wohnung zu hören sind, ist dies eine Informationspflicht dem Käufer gegenüber. Hier wäre ein Rücktritt vom Kaufvertrag mit Rückerstattung des Kaufpreises und Schadensersatz eine berechtigte Konsequenz für Verkäufer. Dementsprechend sind für einen Immobilienverkauf die detailliertesten Aspekte dem Käufer gegenüber zu erwähnen – oder der Haftungsausschluss im Vertrag ist der Rettungsanker.

§ 16 Abschnitt 5 Absatz 2 der EnEV[54] (Energieausweis-Verordnung) verpflichtet Verkäufer zudem, den Energieausweis für die Immobilie dem Kaufinteressenten vorzulegen. Gleiches gilt übrigens im Falle einer Vermietung des Gebäudes.

Erste Hinweise zu beauftragten Immobilienmaklern

Die Beauftragung eines Immobilienmaklers ergibt dann Sinn, wenn der Verkäufer sich auf dem Immobilienmarkt nur geringfügig auskennt oder keine Zeit zum Verkauf hat. Bei einem gewerblichen Handel mit Immobilien kann die Beauftragung des Maklers dahingehend verstärkt Sinn ergeben, dass ein hohes Volumen an Immobilien im Handel ist und der Überblick über die Immobilien im Rahmen der geschäftlichen Verpflichtungen untergeht. Wenn der Verkäufer maximal für die Hälfte der Maklerprovision aufkommen muss, ist es ein lohnendes Investment. In Bundesländern, wo der

---

[54] Vgl. https://enev-online.com/enev_2014_volltext/16_ausstellung_verwendung_energieausweise.htm

Verkäufer die Kosten für den Makler komplett übernehmen muss, ist die Beauftragung eines Maklers nur sinnvoll für den gewerbetreibenden Immobilienhändler, da dadurch der Aufwand reduziert und die Wahrscheinlichkeit einen erfolgreichen Verkauf der Immobilie gesteigert wird.

Mit der Maklerbeauftragung verbunden ist der Maklervertrag, der folgende Punkte umfassen sollte[55]:

♦ Vertragslaufzeit

♦ Bestimmungen bezüglich der Maklerprovision (Aufteilung der Kosten sowie Höhe)

♦ Aufwandsentschädigung des Maklers bei nicht zustande kommenden Verträgen

♦ Verpflichtung zu Werbemaßnahmen

♦ Verpflichtung zur Anwesenheit bei Besichtigungsterminen

Durch diese Punkte werden die Verpflichtungen des Maklers präzise definiert. So ist bei Rechtsstreitigkeiten gewährleistet, sich auf Aspekte des Maklervertrags zu berufen und diese in Relation zur erbrachten Leistung zu setzen.

Hinweis!

Selbst wenn der Vertrag mit dem Makler aufgekündigt wird, ist der Makler unter Umständen zur Provision berechtigt. Der BGH hat in einem Urteil entschieden, dass, wenn der Verkäufer der Immobilie beim Verkauf nach Abbruch des Vertrags Nutzen aus den Bemühungen des Maklers schöpft, die Zahlung der Maklerprovision verpflichtend wird. Dieser Nutzen muss nachweisbar sein, worüber im Einzelfall abgewogen wird.

---

[55] Vgl. https://www.makler-vergleich.de/immobilien-verkauf/hausverkauf/rechtliches.html

Achtung bei bestehenden Mietverträgen!

Sollte ein Investor eine Immobilie kaufen, um diese zu renovieren und zu verkaufen, hat er darauf Rücksicht zu nehmen, ob diese vermietet ist. Der Anfängerfehler, eine bereits vermietete Immobilie an- und verkaufen zu wollen, beinhaltet die Problematik, in der Übergangsphase bis zum Verkauf den Pflichten eines Vermieters nachkommen zu müssen. Dies ist in § 566 BGB geregelt[56], der besagt, dass „der Erwerber anstelle des Vermieters in die sich während der Dauer seines Eigentums aus dem Mietverhältnis ergebenden Rechte und Pflichten ein[tritt]."

Eine solche Aufbürdung der Pflichten eines Vermieters würde nicht nur den gesamten Prozess des An- und Verkaufs verkomplizieren, sondern auch die gewerbliche Tätigkeit um die Vermietung erweitern. Alles in allem würden sich eine unnötige Belastung ergeben. Deswegen gilt: An- und Verkauf stets bei leeren Gebäuden ohne Mieter! So ist die Phase zwischen An- und Verkauf einfacher zu überbrücken und ein Käufer in der Regel ebenfalls leichter zu finden.

Relevanz aufwertender Maßnahmen

Der gewerbliche Handel mit Immobilien erfolgt üblicherweise über kurze Zeiträume. Sollen der ursprüngliche Kaufpreis übertroffen und beim Verkauf ein Gewinn erzielt werden, haben aufwertende Maßnahmen eine hohe Relevanz. Vereinzelt existieren Investoren, die in Top-Lagen Gebäude erwerben und diese leer sowie ohne jegliche Behandlung stehen lassen, um von der natürlichen Wertsteigerung nach zwei Jahren oder mehr zu profitieren. Diese Vorgehensweise ist möglich, doch wesentlich üblicher ist es, einen schnelleren An- und Verkauf zu forcieren, um konstante Geldflüsse und Gewinne in kürzeren Zeitspannen zu realisieren. Hier erfüllen aufwertende Maßnahmen eine zentrale Rolle: Soll das Gebäude, welches soeben gekauft wurde, in mehreren Wochen oder Monaten zu einem höhe-

---

[56] Vgl. https://dejure.org/gesetze/BGB/566.html

ren Preis angeboten werden, so sind Sanierungen, Modernisierungen und Renovierungen die Mittel hierzu.

Dabei unterscheiden sich die drei Maßnahmen wie folgt:

- Eine Sanierung dient dem Zweck, das Gebäude wieder instand zu setzen und so dessen Nutzung zu ermöglichen

- Bei einer Renovierung werden Maßnahmen für eine solidere Substanz und ein optimiertes optisches Erscheinungsbild ergriffen

- Modernisierungen sehen vor, das Haus auf einen Standard zu bringen, der modernen Anforderungen gerecht wird

Ein Beispiel für eine Modernisierung ist der Umstieg auf alternative Energien, die umweltschonend und kostensenkend sind. Modernisierungen lassen sich mit Sanierungen verknüpfen. Hat beispielsweise das Haus ein kaputtes Dach, so fallen Kosten für dessen Sanierung an. Wird das Dach im Zuge der Sanierung mit einer Photovoltaikanlage ausgestattet, findet eine sogenannte energetische Sanierung statt.

Während sich Sanierungen und Renovierungen als Kosten des Gewerbebetriebs absetzen lassen, weisen Modernisierungen den zusätzlichen Vorteil auf, dass sie staatlich gefördert werden. Hier gibt es attraktive Kredite und Zuschüsse, wobei im Zuge eines gewerblichen Immobilienhandels die Zuschüsse, da sie nicht zurückgezahlt werden müssen und keine langfristigen Verbindlichkeiten generieren, einen Mehrwert darstellen. Folgende Zuschüsse sind im Kontext von Modernisierungen zu nennen und senken die Kosten der Unternehmer:

- Investitionszuschuss 430 mit bis zu 30.000 € durch die KfW-Bank (Kredit für Wiederaufbau)

- Zuschuss Brennstoffzelle 433 mit bis zu 28.200 € je Brennstoffzelle mit einer Leistungsklasse zwischen 0,25 und 5,0 Kilowatt elektrischer Leistung

- Marktanreizprogramm des BAFA mit Zuschüssen von mindestens …

- ○ ... 2.000 € pro Solarthermieanlage.

- ○ ... 3.500 € für Biomasseanlagen.

- ○ ... 4.500 € bei Einbau einer Wärmepumpe mit Erdsonde.

Somit werden aufwertende Maßnahmen durch den Staat reichhaltig bezuschusst, sofern es sich um energetische Modernisierungen handelt. Parallel steigern sie den Kaufpreis der jeweiligen Immobilie immens. Alles in allem haben diese Maßnahmen gemeinsam mit den Sanierungen und Renovierungen einen nahezu unverzichtbaren Stellenwert bei dem gewerblichen Grundstückshandel.

Zusammenfassung: Eine Frage der eigenen Bereitschaft

Schlussendlich ist der gewerbliche Grundstücks- bzw. Immobilienhandel eine Frage der eigenen Bereitschaft. Die Bereitschaft zum Handel weisen Kapitalanleger in der Regel nicht auf, da bei einer Kapitalanlage das investierte Geld für eine Person arbeiten soll. Wer jedoch die Bereitschaft hat, mit Immobilien zu handeln, kann klein beginnen, wachsen und sogar bei kurzfristigen Zeithorizonten beachtliche Gewinne generieren. Für den Immobilienhandel im großen Rahmen mit großen Erträgen bietet eine GmbH die Gelegenheit, die Steuern zu senken, die eigene Haftung und die anderer Gesellschafter zu beschränken und mehr Flexibilität zu erlangen. Doch ob GmbH oder anderweitiges Gewerbe: Die Arbeit bleibt dem Anleger nicht erspart, der sich um die Aufklärungspflichten gegenüber dem Käufer kümmern und aufwertende Maßnahmen der Immobilie gewährleisten muss.

Alternative Kapitalanlageformen

Das erste Kapitel des Buches hatte die Dringlichkeit einer Kapitalanlage in renditestarke Investments veranschaulicht. Die Folgekapitel erläuterten, wieso Immobilien diese Kriterien erfüllen. Es darf davon ausgegangen werden, dass eine Kapitalanlage in Immobilien für den Großteil der Anleger eine weitreichende Entscheidung mit umfangreichen finanziellen Verpflichtungen ist, die gründliche Überlegung und Überzeugung erfordert. Um zu dieser Überzeugung zu gelangen, ist es essenziell, sich mit den alternativen Anlagestrategien auseinanderzusetzen. Mit dem Basiswissen über Immobilien im Hinterkopf sind Sie nach diesem Kapitel in der Lage, für sich persönlich zu entscheiden, ob und – falls ja – wieso Immobilien ein aussichtsreiches Investment darstellen. Dieses Kapitel hat dahingehend einen Vollständigkeitsanspruch, dass es das Wissen über die Immobilienanlage um die am stärksten verbreiteten Kapitalanlageformen ergänzt. Abstand nimmt dieses Kapitel dabei allerdings von den aktuell definitiv niedrig verzinsten Anlageformen, wozu Tagesgeldkonten, Sparbücher und ein Großteil der privaten Altersvorsorgeverträge gehören. Die Minderheit der Altersvorsorgeverträge, die Aussicht auf eine hohe Rendite mit sich bringen, sind die fondsgebundenen Altersvorsorgeverträge, die zusammen mit den Kryptowährungen und Sachwerten am Ende des Kapitels kurz erklärt werden. Den Großteil des Kapitels machen die drei Kapitalanlageformen Wertpapiere, Immobilienfonds und Gold aus.

Dabei soll zunächst als Instrument zur Evaluierung einzelner Kapitalanlageformen das „magische Dreieck der Kapitalanlage" aufgeführt werden:

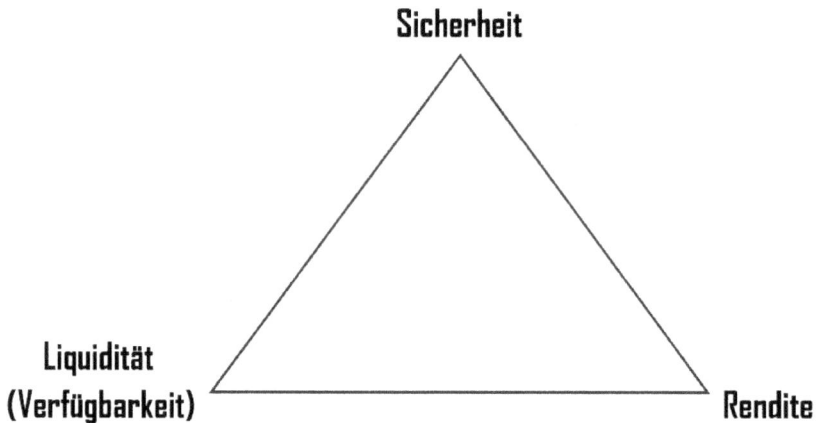

Quelle: bkm.de[57]

Dieses definiert drei Schlüsselfaktoren zur Bewertung einer Kapitalanlageform. Dabei sind allem voran die Rendite und die Sicherheit eng miteinander verknüpft. Es lässt sich die allgemeine Linie ausmachen, dass Investments mit hoher Sicherheit eine geringere Rendite in Aussicht stellen, während Investments mit hohen Renditeaussichten eine geringere Sicherheit beinhalten. Die Liquidität bezeichnet die Verfügbarkeit des Geldes und variiert mit dem jeweiligen Anlageprodukt. Ein Negativbeispiel mit geringer Liquidität sind Investments, bei denen das Geld aufgrund vertraglicher Regelungen über einen bestimmten Zeitraum beim Anbieter verbleiben muss. Ein Positivbeispiel mit hoher Liquidität sind Wertpapiere, die an der Börse gehandelt werden und einen sofortigen Verkauf an andere Anleger ermöglichen, um an Geldmittel zu gelangen.

Bei Betrachtung einer Immobilie als Kapitalanlage offenbart sich ein Konstrukt, welches Sicherheit dahingehend bietet, dass es

---

[57] Vgl. https://www.bkm.de/geldanlage/kapitalanlage/

ein inflationsgeschützter Sachwert ist. Je nach Lage ist eine hohe Nachfrage durch Mieter ebenfalls ein Sicherheitsmerkmal. Die Rendite wiederum ergibt sich aus der Mietrendite und dem Wertanstieg der Immobilie, der ebenfalls mit der Lage der Immobilie variiert. Bei einem gut geplanten Investment ist jedoch auch dies gegeben. In Bezug auf die Liquidität weist die Immobilie während des Zeitraums der Finanzierung Schwierigkeiten auf, da Zahlungen geleistet werden müssen, die die Mieteinnahmen anfangs noch nicht decken. Darüber hinaus ist ein Wiederverkauf der Immobilie nicht lukrativ, da abzüglich des noch zu tilgenden Kredits sowie dessen Zinsen ein Verlustgeschäft möglich wäre. Nach der Finanzierung und gegen Ende des Finanzierungszeitraums bietet die Immobilie jedoch beim Wiederverkauf eine potenziell hohe Liquidität, welche erneut von der Lage abhängt. Die Schlussfolgerung ist berechtigt, dass die Immobilie insgesamt im Dreieck der Kapitalanlage eine positive Gesamtbewertung erzielt, da Sicherheit und Rendite aussichtsreich sind und Liquidität mit fortschreitender Zeit gegeben ist.

Das Dreieck der Kapitalanlage wird Lesern helfen, die nachfolgend vorgestellten Kapitalanlageformen auf deren Qualität hin zu überprüfen und mit der Immobilie nach eigenem Ermessen, aber stets fachlich korrekt, zu vergleichen.

Wertpapiere: Sich durch Investitionen an Unternehmen und deren Entwicklungen beteiligen

Der Wertpapierhandel sieht eine durch Investitionen stattfindende Beteiligung an Unternehmen vor. Personen, die Wertpapiere kaufen, erwerben einen vorab definierten Anteil an Unternehmen. Der Erwerb erfolgt durch andere Aktionäre, die ihre Anteile verkaufen, oder aber durch das Unternehmen selbst, welches Aktien zur Emission freigibt, um neues Kapital zu beschaffen. Kapitalanleger profitieren von Gewinnausschüttungen, den sogenannten Dividendenzahlungen, durch das Unternehmen. Darüber hinaus profitieren Sie von einem Wertanstieg der Aktien bei einem Verkauf. Bei einem

Wertverlust wiederum machen Anleger im Falle eines Verkaufs ein Minus. Je nach Art der Aktie und den Anteilen am Unternehmen haben Anleger besondere Rechte. Doch der Wertpapierhandel beinhaltet nicht nur den Handel mit einzelnen Anteilen am Unternehmen. Ebenso sind Aktienfonds mit einem Portfolio mehrerer Aktien und anderweitige Vermögenswerte an der Börse handelbar.

Wertpapiere: Grundlagen und Arten

Die Bezeichnung des Wertpapiers rührt aus früheren Jahrhunderten und Jahrzehnten, als die Börse noch nicht digitalisiert war. Seinerzeit gab es eine Urkunde bzw. ein Dokument, welches Personen bestimmte Vermögenswerte zuordnete. Im Wesentlichen hat sich daran bis heute nichts geändert: Ein Wertpapier ist zwar kein Dokument, sondern eine Ansammlung von Zahlen in einer digitalen Datenbank, die der jeweiligen Person zugeordnet sind, doch der Sinn und Zweck ist derselbe geblieben – die Zuordnung der Vermögenswerte. Aktien sind nur eine Art von Wertpapieren. Neben Aktien lassen sich u. a. folgende Arten von Wertpapieren an der Börse handeln:

- ◆ Anleihen
- ◆ Fondsanteile
- ◆ Derivate

Anleihen

Legt ein Anleger sein Geld in Anleihen an, wird er zum Kreditgeber für ein Unternehmen, eine Bank, einen Staat oder anderweitige Parteien. Auf diesen Kredit ist ein fest definierter Rückzahlungszeitraum mit einer fest definierten Verzinsung festgesetzt. Die erhaltenen Zinsen stellen dabei den Gewinn vor Steuern für Anleger dar. Es folgt eine Übersicht der Zinsen, die Anleger im Falle einer Kreditvergabe in Form einer Anleihe an einige Staaten erhalten:

Staat	Verzinsung
Dänemark	-0,33 %
Deutschland	-0,35 %
Griechenland	1,45 %
Japan	-0,09 %
Schweiz	-0,63 %
USA	1,78 %

Quelle: boerse.de[58]

Die Staatsanleihen finanziell sicher aufgestellter und gering verschuldeter Staaten beinhalten ein geringeres Risiko und werden dementsprechend mit geringeren Zinsen honoriert. Mag die USA beispielsweise als Wirtschaftsmacht gelten, so ist aufgrund der hohen Verschuldung der Zinssatz positiv. Somit bekommen Anleger aufgrund des höheren Risikos nach der Anleihe das investierte Geld und 1,78 % davon als Zinsertrag obendrauf. Personen, die eine Staatsanleihe für Deutschland aufwenden, müssen wiederum ein Minus von 0,35 % in Kauf nehmen. Die Begründung für die negativen Zinsen liegt darin, dass das Geld der Anleger derart sicher ist, dass es in der Staatsanleihe besser aufgehoben als an anderer Stelle ist.

Fondsanteile

Fonds bezeichnen Sondervermögen, welches „in Kombinationen von Wertpapieren, Geldmarktinstrumenten, Bankguthaben, Investmentanteilen und Derivaten" (Wirtschaftslexikon Gabler[59]) angelegt ist. Ein Aktienfonds stellt somit den Zusammenschluss mehrerer Aktien und weiterer finanzieller Instrumente dar. Wird der Fonds börslich gehandelt, so ist er jederzeit ohne Komplikationen an die Gesellschaft sowie andere Anleger wiederverkäuflich. Man bezeichnet ihn als offenen Fonds. Findet ein außerbörslicher Handel statt, ist der Fonds geschlossen und weist rechtliche Besonder-

---

[58] Vgl. https://www.boerse.de/konjunkturdaten/staatsanleihen/
[59] Vgl. https://wirtschaftslexikon.gabler.de/definition/investmentfonds-39812

heiten auf. Die Optionen zum Verkauf der eigenen Anteile sind in einem geschlossenen Fonds rar gesät. Weitere Ausführungen dazu sind im Folgeabschnitt über Immobilienfonds aufgeführt. Fonds werden an der Börse von Kapitalgesellschaften verwaltet und haben einen Fondsmanager, der das Portfolio des Fonds verändert, indem er Aktien und weitere Wertpapiere zu- und verkauft. Dadurch, dass ein Fonds mehrere Arten von Investments beinhaltet, wird das Risiko gestreut. Statt in eine Aktie zu investieren, wird in eine Vielzahl an Aktien und weiteren Investments investiert, damit die Verluste einzelner Posten durch die Gewinne der anderen aufgefangen werden. Fonds unterteilen sich in verschiedene Unterarten, wozu u. a. die ETFs gehören, die die Kursverläufe einzelner Aktienindizes abbilden und eine geringere Kostenstruktur aufweisen. Darüber hinaus gibt es Fonds, die sich auf Aktien oder auf andere Wertpapierarten spezialisieren. Das zentrale Merkmal, welches Anlegern als Vorzug im Sinne der Sicherheit genannt wird, ist das Prinzip der Risikostreuung.

Derivate

Derivate unterteilen sich in mehrere Unterarten mit Spezifikationen: Optionsscheine gewähren die Option, zu einem zuvor festgelegten Preis eine zuvor festgelegte Leistung, Ware oder sonstige Komponente zu erhalten. Es sei davon ausgegangen, dass der Halter eines Optionsscheins von einem Verkäufer das Recht eingeräumt bekommt und schriftlich in Form eines Optionsscheins erhält, die definierte Menge eines Produkts zum Zeitpunkt XY zu kaufen. Nun kann der Halter des Optionsscheins abwägen, diesen Schein weiterzuverkaufen. Spekulanten werden auf eine zwischenzeitliche Wertsteigerung des Produkts hoffen. Sie kaufen dem Halter des Optionsscheins den Schein ab. Optionsscheine sind somit Spekulation auf einen Wertanstieg des Scheins. Verliert das im Schein vereinbarte Produkt an Wert, so muss die Option auf einen Kauf des Produkts nicht wahrgenommen werden. Es handelt sich schließlich nur um eine Option …

Zertifikate sind Wertpapiere, die eine Wette auf bestimmte Kursverläufe repräsentieren. Einem Zertifikat liegt der aktuelle Wert eines Wertpapiers zugrunde. Nun gibt es das sogenannte Express-Zertifikat, welches bei einem neutralen Verlauf – einer Seitwärts-Phase – eine Rendite ermöglicht. Dafür kommt es bei Kursverlusten oder einem Kursgewinn zu einem Verlust des investierten Geldes. Auch existieren Zertifikate, die nach einem Rabatt-Prinzip funktionieren. Sie werden unter dem aktuellen Wert einer Aktie gekauft und bieten Anlegern mehr Sicherheit, indem sie Kursverluste reduzieren. Den geringeren Verlustrisiken sind jedoch künstlich begrenzte Kursgewinne gegenübergestellt. Letzten Endes bildet der Handel mit Zertifikaten ein Anlagemodell für erfahrene Investoren ab.

CFDs sind zu Deutsch auch unter dem Namen *Differenzkontrakte* bekannt. Die Differenz des Aktienwerts zu Zeiten des Kaufs und Verkaufs ergibt den Wert des CFDs. Es ist ein hochspekulatives Geschäft, bei dem Anleger sogenannte Hebel einsetzen können. Sie hebeln ein eingesetztes Kapital von 5.000 € auf einen Wert von 100.000 €. Somit jonglieren sie mit größerem Kapital, was allerdings brandgefährlich ist, da auch die Verluste demselben Hebel unterliegen.

Empfehlenswerte Wertpapiere für Einsteiger

Sofern Einsteiger an einer Investition in Wertpapiere interessiert sind, sind Fonds empfohlen. Diese beinhalten eine größere Anzahl an Aktien im Portfolio und streuen somit das Risiko. Es existieren Mischfonds, die neben Aktien auch Immobilienvermögen, Anleihen sowie weitere Komponenten beinhalten. Neben diesen Mischfonds gibt es Aktienfonds, die spezielle Schwerpunkte setzen: Ob als Umweltfonds, wo ökologische Investitionen getätigt werden, oder als Dividendenfonds, der eine besonders starke Ausschüttung von Geldern mit sich bringt – die Auswahl ist groß. Darüber hinaus existiert mit den Exchange-Traded Funds (ETFs) die Möglichkeit, in einen Fonds zu investieren, der einen Index abbildet. Indizes sind imaginäre Portfolios, die die Performance einer bestimmten Auswahl an Aktien abbilden. Ein Beispiel wäre der DAX. Da es jedoch unmöglich ist, in den DAX zu investieren, ermöglichen die ETFs, die dem Index und dessen Kursverlauf folgen, eine der Investition in den DAX vergleichbare Anlage.

Zwei Beispiele veranschaulichen die Performance guter Aktien-fonds:

Blackrock
Die Fondsgesellschaft Blackrock erwirtschaftete zwischen Dezember 2018 und Dezember 2019 20,2 % Rendite für ihre Anleger. [60] Investiert wird vom Fondsmanagement in nahezu jeder Branche. Dabei sprechen auch die Entwicklungen über einen Zeitraum von mehreren Jahren für das US-amerikanische Unternehmen, welches mittlerweile Büros in 34 Ländern der Welt hat: Im Zeitraum von Dezember 2014 bis Dezember 2019 verzeichnete der Fonds einen Wertanstieg von 57,1 %. Aufsichtsratsvorsitzender bei Blackrock Deutschland ist der aus der Politik bekannte Friedrich Merz.

DAX-ETFs
Im Internet sind zahlreiche Produkte aufgeführt, die als ETFs den Verlauf des DAX präzise abbilden. Ein Beispiel für ein solches Produkt stellt der *iShares Core DAX® UCITS ETF (DE)* dar. Es genügt ein Überblick über die Wertentwicklung des jeweiligen ETFs im Vergleich zum Kursverlauf des DAX, um herauszufinden, welche Fonds adäquat performen und den DAX zuverlässig abbilden. Einen solchen Überblick stellen alle Broker-Seiten im Internet transparent in grafischer Form zur Verfügung. Um den Nutzen einer Investition in einen solchen ETF abzubilden, folgt ein Blick auf die Entwick-lung des DAX:

Ein Anstieg von rund 100 % über einen Zeitraum von 20 Jahren – ab 1999 bis 2019 – steht bei den Unternehmen des DAX zu Buche. [61] Dass der DAX zwischenzeitlich immer wieder auf Tief-punkte fiel, zeigt, wie wichtig es ist, mit langem Anlagehorizont

---

[60] Vgl. https://www.finanzen.net/aktien/blackrock-aktie
[61] Vgl. https://www.finanzen.net/index/dax/seit1959

zu investieren und über die Jahre auch bei Negativentwicklungen Geduld zu bewahren.

Neben den Fonds besteht die Möglichkeit, selbst ein Portfolio an Aktien zusammenzustellen oder in einzelne Unternehmen zu investieren. Sollten Kleinanleger und an der Börse unerfahrene Personen diesen Weg wählen, dann ist angeraten, viel Zeit in die eigene wirtschaftliche und finanzielle Bildung zu investieren. Börsennotierte Unternehmen sind des Gesetzes wegen verpflichtet, Neuigkeiten, die den Kursverlauf beeinflussen könnten, direkt zu veröffentlichen. Hier ist es empfehlenswert, sich eine App mit Push-Nachrichten auf dem Smartphone einzurichten, um den richtigen Zeitpunkt für den Kauf oder Verkauf einer Aktie zu ermitteln. Des Weiteren sollten die Börsennachrichten, Analysemodelle zur Berechnung des Wertverlaufs von Aktien und Zeitungen mit wirtschaftlichem Schwerpunkt zum täglich Brot werden. Soll über die Investition in einzelne Aktien Erfolg eintreten, so ist in der Regel viel Aufwand gefordert. Zwar ist die konsequente Investition in Weltkonzerne wie Amazon, Apple, Adidas, Facebook, Coca-Cola und weitere Big Player eine Option, um sichere Investments umzusetzen. Jedoch sind hier hohe Anfangsinvestitionen die Regel, weswegen diese Strategie ausschließlich für vermögende Personen mit genügend Eigenkapital eine Option darstellt. Das reizvolle an Aktien ist im Vergleich zu Aktienfonds, dass zwischen Stamm- und Vorzugsaktien unterschieden wird. Während letztere höhere Dividenden ausschütten, beinhalten die Stammaktien dieses nicht, dafür aber ein Stimmrecht auf der Hauptversammlung und Einflussnahme auf die Entwicklung des Unternehmens sowie wichtige Entscheidungen.

Aktien am Beispiel eines Orakels

Die Lebensgeschichte eines Großinvestors vermittelt eine Anlagestrategie, die heute auch Kleinanlegern empfohlen wird.

Man nennt ihn das Orakel von Omaha: Warren Buffet. 1930 geboren, nutzte er das lange Leben, das ihm bis heute gegönnt ist, um ein Vermögen von rund 83 Milliarden US-Dollar aufzubauen und eine

Kapitalgesellschaft zu gründen, die die zurzeit teuerste Aktie der Welt zum Verkauf hat. Der Börsenguru hat sein ganzes Leben investiert und zwischendurch ein Studium absolviert. Diese Laufbahn begann schon im Alter von 6 Jahren, als er Cola-Flaschen in Sixpacks kaufte und jede Flasche für 5 Cent weiterverkaufte – dies ergab einen Gewinn von insgesamt 5 Cent pro Sixpack. Im Laufe der Zeit erweiterte er seine Investments und stieg Liga um Liga auf: Als 11-jähriger waren es die ersten Aktien, mit 14 Jahren verpachtete er und im Alter von 17 Jahren kaufte er einen maroden Wagen auf, den er mit seinen Freunden reparierte und anschließend vermietete.

1954 begann er mit der Arbeit als Wertpapieranalyst bei einem ehemaligen Dozenten seiner Uni. Hier begann der steile Aufstieg in seiner Karriere mit beachtlichen Jahresrenditen. Im Schnitt 20 % Rendite erzielten die Aktien, die von ihm ausgesucht wurden. Seinen Erfolg führte er ab 1956 mit einem eigenen Investmentpool fort, bei welchem er bis 1969 blieb und durchschnittliche Jahresrenditen von knapp 29 % für alle Anleger im Pool erwirtschaftete.

Am Ende der 60er Jahre jedoch kam es zu einem Wandel an der Börse: Die „Zocker" stiegen ein und handelten mit hohen Beträgen in kurzen Zeiträumen. Es wurde auf Tagesbasis spekuliert, wodurch es immer mehr zu kurzfristigem Anstieg, gefolgt von plötzlichem Kursverfall, kam. Warren Buffett distanzierte sich davon und löste seinen Investmentpool auf. Gegen Ende der 60er und Anfang der 70er brachen die hochspekulativen Aktien und die Investmentfonds ein. Buffett ging seine eigenen Wege und legte den Grundstein für das, was bis heute eine große Erfolgs-Anlagestrategie ist und die wertvollste Aktie der Welt entstehen ließ: Er übernahm mit Berkshire Hathaway eine Textilfabrik, ein wirtschaftlich weniger aussichtsreiches Unternehmen, und wandelte es nach und nach in eine Beteiligungsgesellschaft um. Er behielt die Gewinnausschüttungen ein, um stets in weitere Aktienkäufe zu investieren. So vergrößerte er das Vermögen und die Beteiligungen von Berkshire Hathaway konstant. Zentrale Muster seiner Anlagestrategie waren dabei:

- ♦ Investitionen auf einen langfristigen Zeitraum auslegen
- ♦ In gestandene Unternehmen investieren
- ♦ Investieren, sobald die Kurse gefallen sind und die Aktie unter Wert erhältlich ist

Insbesondere die letzte Regel erweist sich als wichtig: So hat er, als nach dem Platzen einer Börsenblase gegen Ende 1974 sämtliche Anleger und Investoren in Panik gerieten, umfangreiche Käufe getätigt. Die Annahme war, dass die herben Kursverluste nur von kurzer Dauer wären und die Unternehmen allesamt unter Wert verkauft würden.

Anfangs war die Aktie von Berkshire Hathaway zu einem Stückpreis von 43 US-Dollar erhältlich. Heute ist eine Aktie 330.495,11 US-Dollar wert[62]. (Stand: Dezember 2019)

Depot bei der Bank oder online?

Um mit Wertpapieren zu handeln, ist ein Depot erforderlich. Es ist im Grunde genommen ein Konto, welches den Wertpapierbestand und dessen Vermögen abbildet. Das eigene Giro- oder Geschäftskonto ist für den Wertpapierhandel ungeeignet, da hier nur Geldwerte abgebildet werden. Dennoch ist für den Wertpapierhandel ein Girokonto notwendig, um Überweisungen für Käufe und Verkäufe der Wertpapiere zu tätigen. So werden das Geldkonto und das Depot miteinander verknüpft. Damit ist allerdings nur der Grundstein gelegt. Denn neben dem eigenen Depot ist ein Broker erforderlich, der die Aufträge ausführt. An der Börse dürfen nämlich nur ausgebildete Broker handeln. Somit beauftragen Anleger den Broker in Form einer Order zum Kauf oder Verkauf. Nun ist der Wertpapierhandel möglich.

Depot und Broker verursachen Kosten, die je nach Anbieter variieren. Es lässt sich im Allgemeinen eine Linie zwischen den Online-Brokern und den Brokern einer Filialbank ziehen: Nämlich

---

[62] Vgl. https://www.finanzen.net/aktien/berkshire_hathaway-aktie

weisen Online-Broker geringere Kosten pro Order und ebenso geringere Depotgebühren auf. Während bei der Sparkasse ein Depot beispielsweise 20 Euro im Jahr kostet und die einzelnen Ordergebühren mindestens 8,99 Euro betragen, sind es bei Online-Brokern lediglich wenige Euros im Jahr und meistens Cent-Beträge pro Order. Insbesondere bei geringen Investitionssummen machen diese Unterschiede einiges aus, da gilt: Je geringer der investierte Betrag, umso höher ist der Anteil an Depot- und Ordergebühren.

Der Online-Broker weist neben dem Vorteil der geringeren Gebühren zudem schnelle Reaktionsmöglichkeiten auf. Während bei Hausbanken der Kontakt zum Broker erschwert ist und dessen Umsetzungen der Order länger auf sich warten lassen – was sogar bis zu zwei Tage dauern kann –, sind Online-Broker direkt und ortsunabhängig schnell zu erreichen. Auch ist der außerbörsliche Handel mit Wertpapieren ein Vorzug, den allerdings nur erfahrene Anleger in Anspruch nehmen sollten.

Die Nachteile der Online-Broker sind wiederum die Vorteile der Hausbanken: Es ist eine individuelle Beratung möglich. Zudem werden Produkte empfohlen. Des Weiteren findet eine umfangreiche Aufklärung über die Börse sowie den Wertpapierhandel statt.

Fazit

Der Wertpapierhandel geht über die bloßen Aktien hinaus. Er liefert mit Anleihen, verschiedenen Arten von Derivaten und Fonds sowie gemischten Investments reichlich Spielraum für alle Arten von Anlegern: Ob vermögend oder finanziell eingeschränkt, ob Zocker oder rationale Person, ob ökologisch oder kapitalistisch orientiert. Anfänger und Personen mit einem langfristigen Anlagehorizont sind dann am besten beraten, wenn die Entscheidung auf einen Aktien- oder Mischfonds fällt. Hier wird das Risiko gestreut. Außerdem hat sich die Annahme, dass sich eine Vielzahl an Unternehmen in einem Fonds über mehrere Jahre positiv entwickelt, weil die Wirtschaft wächst, in der Vergangenheit häufig bewahrheitet. Auf einen Zeitraum von zehn Jahren stellen Fonds renommierter Gesellschaften wie Blackrock und ETFs, die Aktienindizes abbilden, ein aussichtsreiches

Investment dar. Jedoch hat die Vergangenheit gezeigt, dass auch hier ein Kursverfall keine Seltenheit ist. Letzten Endes empfiehlt es sich, das eigene Vermögen zu einem Teil in Wertpapiere zu investieren und dabei das Risiko zu streuen. Werden die Kosten durch einen Online-Broker gering gehalten und wird das Investment mit Geduld auf einen Zeitraum von einem bis zu mehreren Jahrzehnten ausgelegt, ist von einer Rendite auszugehen, die inflationsbereinigt und nach Abzug von Steuern beim Verkauf der Anteile einen signifikanten Gewinn beschert. Eine Investition kann mittels monatlicher Sparbeträge erfolgen oder – um die Gebühren zu reduzieren – in breiter angelegten Zeiträumen mit höheren Beträgen.

Bewertung

♦ Sinnvolles Investment bei langen Zeiträumen und Risikostreuung

♦ Investition in einzelne Aktien nur bei umfangreicher Information über den Markt

♦ Zur Abbildung von Indizes sind ETFs eine geeignete Fonds-Art

♦ Ein Online-Broker ist einem Depot und der Brokerage bei der Hausbank vorzuziehen

♦ Wertpapiere bieten mehr Sicherheiten, als in breiten Teilen der Bevölkerung behauptet wird. Ein Teil der Kapitalanlage darf durchaus in den Wertpapierhandel einfließen.

Immobilienfonds: Mit der Kraft mehrerer Anleger Immobilien kaufen und vermieten

Durch Immobilienfonds wird jedem Sparer der Eintritt in den Immobilienmarkt ermöglicht. Hierzu existieren Immobilienfonds, im Rahmen derer mehrere Personen ihre finanziellen Mittel bzw. einen Anteil davon vereinen, um sich an Projekten zu beteiligen. Wie diese Projekte aussehen und an welchen Immobilien sich beteiligt wird, regelt die jeweilige Art des Fonds. Die gröbste Unterteilung erfolgt in offene und geschlossene Immobilienfonds. Erstere sind direkt an der Börse handelbar. Letztere sind nicht an der Börse handelbar, sondern machen aus den Anlegern Unternehmer, die Teilhaber einer Gesellschaft sind. Darüber hinaus gibt es weitere Regularien und feinere Unterteilungen der Immobilienfonds.

Offener Immobilienfonds

In der Regel werden Gewerbeimmobilien in einem offenen Immobilienfonds angekauft. Diese Fonds werden an der Börse gehandelt, wie es auch bei Aktien bzw. Wertpapieren der Fall ist. Anleger sind dementsprechend auf die Eröffnung eines Wertpapier-Depots bei einer Bank angewiesen. Sobald dieses eröffnet ist, kann der Broker beauftragt werden, der nach Überweisung eines Betrags einen Teil als Provision nimmt und den anderen Teil in den Fonds investiert. Dabei haben offene Immobilienfonds keine Grenze für Kapitalanleger. Diese bedeutet, dass bereits mit den kleinsten Geldbeträgen Investitionen und Beteiligungen an dem Projekt möglich sind. Anleger profitieren bei Erfolg des Fonds von einer Beteiligung an den Mieterträgen und an dessen Wertsteigerung. Die Ausschüttung der Mieterträge erfolgt einmal jährlich, die Wertsteigerung trägt zu einem steigenden Vermögen im eigenen Wertpapierdepot bei. Bei Verkauf der Anteile werden aus dem Wertpapiervermögen liquide Mittel, indem der Ertrag aus dem Verkauf abzüglich der Provision für den Broker aufs eigene Bankkonto überwiesen wird.

Für offene Immobilienfonds gelten folgende relevante rechtliche Regelungen:

♦ Mind. 10 Immobilien (Prinzip der Risikostreuung)

♦ Mind. 5 % Liquiditätsreserve: Um Anleger bei Verkauf der Anteile auszubezahlen, ist eine Liquiditätsreserve im Fonds vorgeschrieben (vgl. § 80 I 1, 2 InvG[63]).

---

[63] Vgl. https://www.buzer.de/gesetz/6331/a87918.htm

♦ Eingeschränkte Immobilienauswahl: Nur innerhalb des Europäischen Wirtschaftsraumes (EWR) liegende Grundstücke zu Miet- und/oder Geschäftszwecken, die bebaut sind oder demnächst bebaut werden sollen, sind gestattet (vgl. § 67 InvG[64]).

♦ Anlagen im EWR-Ausland unter Sonderbedingungen: Gestattet es der Fonds-Vertrag und werden 15 % des Sondervermögenswertes nicht überschritten, sind auch Anlagen außerhalb des EWR gestattet (vgl. § 67 Abs. 2 InvG[65]).

Der Immobilienfonds wird von einer Kapitalanlagegesellschaft (KAG) verwaltet und zusammengesetzt. Diese muss über ein Mindest-Eigenkapital von 2,5 Millionen € verfügen und wird von der Bundesanstalt für Finanzdienstleistungsaufsicht (BaFin) beaufsichtigt. Neben dem Immobilienfonds und den Anlegern ist die dritte Partei die Depotbank, wo das Vermögen der Anleger lagert. Diese hat die Genehmigung nach § 26 InvG[66], besonders riskanten Geschäften der KAG die Zustimmung zu verwehren. Aufgrund der rechtlichen Beziehungen der drei Parteien wird in diesem Zusammenhang von einem Investment-Dreieck[67] gesprochen.

Möchte ein Anleger in einen Immobilienfonds investieren, so reicht es aus, den Börsenmarkt zu sondieren. Hier sind die Stückwerte pro Aktie täglich aufgeführt. Offene Immobilienfonds zeichnen sich dadurch aus, dass sie unbegrenzt Kapital aufnehmen. Fließt durch einen neuen Kapitalanleger Geld in den Fonds, so wird dieses in Immobilien investiert und vergrößert das Fondsvermögen. Anteile können jederzeit gekauft und ebenso verkauft werden. Bei einer Rückgabe ist der Stückpreis pro Aktie der Rückkaufswert. Dem Fonds steht es frei, die Gewinne auszuschütten oder zu reinvestieren. Werden sie ausgeschüttet, so ergeben sie sich aus den Mieteinnahmen und eventuellen anderen Erträgen abzüglich

---

[64] Vgl. https://www.buzer.de/gesetz/6331/a87905.htm
[65] Vgl. https://www.buzer.de/gesetz/6331/a87905.htm
[66] Vgl. https://www.buzer.de/gesetz/6331/a87864.htm
[67] Vgl. https://www.dr-stoll-kollegen.de/glossar/offene-immobilienfonds

der Kosten für die Verwaltung, Bewirtschaftung, Instandhaltung, Zinsleistungen und möglicher Abschreibungen für Abnutzung (AfA)[68]. Sollte keine Gewinnausschüttung, sondern stattdessen die Reinvestition in neue Immobilien erfolgen, steigt der Wert der Anteile des Anlegers am Immobilienfonds.

Der Fonds muss keine Gewerbe- und Körperschaftssteuer zahlen. Stattdessen werden die Steuern für die Mieteinnahmen von den Anlegern eingezogen. Hier wird die Abgeltungssteuer nach § 32d EstG auf Einkünfte aus Kapitalerträgen[69] mit 25 % festgesetzt. Die Gewinne wiederum, die sich aus der Wertsteigerung des Immobilienfonds ergeben, sind solange nicht steuerpflichtig, bis sie durch den Verkauf der Anteilsscheine realisiert werden.

Geschlossener Immobilienfonds

Mit einem geschlossenen Immobilienfonds werden Anleger Unternehmer. Geschlossene Immobilienfonds sind als Personengesellschaften notiert, wobei die Rechtsform der Gesellschaft mit beschränkter Haftung & Compagnie Kommanditgesellschaft (GmbH & Co. KG) oder einer Gesellschaft bürgerlichen Rechts (GbR) gewählt wird. Der geschlossene Immobilienfonds ist somit nicht börslich handelbar. Es handelt es sich um ein Investitionsprojekt, in welches sich Anleger einkaufen können. Dieses wird durch das Unternehmen durchgeführt und kann eine Immobilie oder mehrere beinhalten.

Geschlossene Immobilienfonds sind bei Banken, Beratern und Projektinitiatoren erhältlich. Anleger treten der Gesellschaft bei, wobei ein Emissionsprospekt über sämtliche Hintergründe des Projekts samt Risiken informiert[70]. Die Verantwortung der Durchführung des Projekts obliegt der Geschäftsführung, wobei der Anleger nur Mitwirkungs- und Kontrollrechte hat.

---

[68] Vgl. https://www.buzer.de/gesetz/6331/a87905.htm
[69] Vgl. https://www.gesetze-im-internet.de/estg/__32d.html
[70] Vgl. https://www.dr-stoll-kollegen.de/glossar/geschlossene-immobilienfonds

Hinweis!

Geschlossene Immobilienfonds gibt es in einer feineren Unterteilung auch als geschlossene Leasingfonds. Diese zeichnen sich dadurch aus, dass die Initiatoren des Projekts das Gebäude selbst beziehen wollen. Sie wenden also das Kapital der Anleger auf, um eine eigene Immobilie zu erbauen und zu leasen. Anleger profitieren von den Leasing-Zahlungen, die allerdings von der Bonität und dem Geschäftserfolg des Leasingnehmers abhängig sind. Des Weiteren kann nach der Leasing-Zeit eine Vermietung oder Veräußerung im Falle einer schlechten Lage der Immobilie zum Problem werden.

Die primäre Ertragsquelle für die Anleger stellen die Mieterträge dar. Eine Wertsteigerung lässt sich nicht täglich ermitteln, da der geschlossene Immobilienfonds außerhalb der Börse gehandelt wird. Ebenso bestehen für den Fonds keinerlei Rücknahmepflichten der eigenen Anteile. Möchten Anleger ihre Anteile verkaufen, müssen sie hierfür außerbörslich einen Weg finden, wobei unter Umständen der Verkauf an andere interessierte Anleger oder außenstehende Investoren mit Investitionsbereitschaft eine Möglichkeit wäre. Anderweitig ist der Verkaufserlös durch den Verkauf der Immobilie nach Ende der Mietverträge ein Weg, in dem sich die gesamte Gesellschaft des Fonds entledigt.

Der Anleger geht vom Prinzip her dieselben Risiken ein, wie sie ein eigener Immobilienkauf zur Vermietung an sich hat: Von einer ungünstigen Lage über Mietnomaden bis hin zu Mietausfällen und Gebäudeschäden sowie weiteren Problemen. Zudem existieren geschlossene Immobilienfonds, bei denen das Portfolio an Immobilien zunächst unbekannt ist. Diese werden als *Blind Pool* bezeichnet.

Die Einkünfte werden nach § 21 Abs. 1 Nr. 1 EStG[71] in der Einkommensteuererklärung der Vermietung und Verpachtung zugeordnet, wodurch sich Möglichkeiten zur Abschreibung für Auf-

---

[71] Vgl. https://www.gesetze-im-internet.de/estg/__21.html

wände wie Renovierungen und Verwaltung ergeben. Sollte ein geschlossener Leasing-Fonds vorliegen, greifen die Leasingerlasse auf Seiten der Leasinggeber und -nehmer.

Fazit

Offene Immobilienfonds haben spezifische Nachteile, wozu individuelle Mindesthaltefristen gehören. Ist ein vertraglich vereinbarter Zeitraum der Haltedauer nicht abgelaufen, dürfen die Anteile nicht veräußert werden. Des Weiteren ist eine Ankündigung der Anteilsrückgabe erforderlich, die die Fondsgesellschaften mit Terminen einschränken kann. Somit ist die Möglichkeit, auf Kursschwankungen kurzzeitig zu reagieren, ausgeschlossen. Diesen Risiken und Nachteilen zum Trotz entpuppen sich offene Immobilienfonds angesichts ihrer Renditen von im Schnitt 6 % jährlich (Stand: 2018; vgl. fondsdiscount.de[72]) als stabiles Investment mit einer obendrein geringen Schwankungsbreite. Dementsprechend werden sie oft von Investoren als Ausgleich in das eigene Vermögensportfolio aufgenommen.

Geschlossene Immobilienfonds wiederum bringen als Vorzüge die Aussichten auf hohe Renditen durch Mieterträge und Verkaufserlös nach fest definiertem Zeitraum mit sich. Diese potenziellen Vorzüge werden von einem unternehmerischen Risiko begleitet, welches dem eines eigenen Immobilienkaufs samt Vermietung und Verkauf gleicht. Ausnahme ist jedoch, dass beim Fonds das Risiko von mehreren Anlegern getragen wird. Dies mindert im gleichen Zuge jedoch den Ertrag pro Anleger. Zwar weisen geschlossene Immobilienfonds (Stand 2019; vgl. derassetmanager.de[73]) mit 80 % den höchsten Anteil aller Arten geschlossener Fonds auf, doch stimmen durchgesickerte Erfahrungsberichte über einzelne Anbieter nachdenklich: So wird bei „schwarzen Schafen" von deutlich verringerten Renditen durch überhöhte Verwaltungskosten

---

[72] Vgl. https://www.fondsdiscount.de/magazin/news/offene-immobilien-fonds-als-stabilitaetsanker-in-unruhigen-bo-3330/

[73] Vgl. https://www.derassetmanager.de/geschlossene-fonds-wieder-im-aufwind/

gesprochen. Hinzu kommt die unleugbare Komponente, dass eine qualifizierte Unternehmensführung erforderlich ist, um den Erfolg des Immobilienfonds zu gewährleisten. Wird die Immobilie schlecht gemanagt, so sind Mietausfälle und rechtliche Streitigkeiten vorprogrammiert.

Bewertung:

♦ Offene Immobilienfonds erzielen im Schnitt eine beachtliche Rendite, die inflationsbereinigt zu einem Gewinn führt

♦ Bei offenen Immobilienfonds ist auf die Auswahl des Produkts zu achten, die sich durch Vermögensberater und die Einschätzungen von Analysten bestmöglich gestalten lässt

♦ Geschlossene Immobilienfonds bergen Aussichten auf höhere Renditen als offene Immobilienfonds, beinhalten zugleich aber ein höheres Risiko für Misserfolg

♦ Offene Immobilienfonds kombinieren eine grundlegende Sicherheit mit lukrativen Renditeaussichten, sodass sie eine Empfehlung darstellen

→ Alles in allem sind offene Immobilienfonds eine gute Beimischung für bestehende Wertpapierportfolios. Wer die Möglichkeit hat, Geld in Immobilien allein anzulegen, sollte dies jedoch vorziehen. Von geschlossenen Immobilienfonds wird allgemein hin abgeraten.

Gold: Sachwert mit enormen Schwankungen

Die Geldanlage in Gold unterliegt vielen Irrtümern, die von der Sicherheit einer Investition bis zur Rendite reichen. Beim Gold handelt es sich um einen Sachwert, welcher limitiert ist. Dies bedeutet, dass von vornherein eine begrenzte Menge auf der Welt gegeben ist. Die bisher bekannten Wege, Gold künstlich herzustellen, sind derart kostenintensiv, dass es sich nicht rentiert. All dies hat Gold über Jahrhunderte zu einem begehrten Vermögenswert gemacht. Es stand damals wie heute für Wohlstand und Macht. Allerdings ist eine wesentliche Intention hinzugekommen; nämlich die der Kapitalanlage in Gold.

Kurswert als zentrales Kriterium

Die Kapitalanlage in Gold liefert keinen Ertrag. „Ertrag" setzt der einvernehmlichen Definition nach voraus, dass die bloße Kapitalanlage Geld abwirft. Im Zeitraum der Geldanlage in Gold ist dies jedoch nicht der Fall. Im Gegensatz zu Aktien, die Dividende ausschütten, einer Immobilie, die Mieteinnahmen generiert, oder Sparbüchern, die Zinsen erbringen, liegt Gold im ausgewählten Lagerraum. Somit – da es keinerlei passive Einnahmen zu verzeichnen gilt – ist der Kurswert die einzige Messlatte, um den Mehrwert der Investition in Gold zu bewerten. Der Kurswert gibt an, zu welchem Preis Gold gehandelt wird. Gold wird in US-Dollar pro Unze gehandelt. Beim Verkauf ihres Goldes erhalten Anleger den Erlös zunächst in US-Dollar ausgezahlt. Diesen müssen sie in € umtauschen. Unze ist die Maßeinheit für Gold. Eine Unze hat das Gegenmaß von 28,35 Gramm. Daraus ergibt sich die Angabe des Kurswertes in US-Dollar/Unze.

Somit ist die einzige Möglichkeit, durch Gold Erlöse zu generieren, der Verkauf. Betrachtet man die Entwicklung der Kurswerte seit 1900, ergibt sich folgendes Bild:

Jahr	Kurswert
1900	18,96
1930	20,65
1940	33,85
1970	36,02
1975	160,86
1980	615
2006	603,46
2007	695,39

2008	871,96
2009	972,35
2010	1.224,53
2011	1.571,52
2012	1.668,98
2013	1.411,23
2018	1.268,49

Quelle: statista.com[74]

Die Jahreszahlen sind bewusst in variierenden Abständen gewählt und illustrieren die Entwicklung während der Finanzkrisen sowie die Meilensteine im betrachteten Zeitraum. Dadurch soll das Verhalten des Goldes in Krisenzeiten nachvollzogen werden.

Seit 1900 verzeichnete Gold bis 1930 insgesamt ein Wachstum um 2 US-Dollar pro Unze, wobei in den letzten zehn Jahren (von 1920 bis 1930) ein minimaler Wertverlust zu beobachten war. Zwischen 1930 und 1940, als die *Great Depression* als die erste große Weltwirtschaftskrise kam, verzeichnete Gold einen zur damaligen Zeit beachtlichen Wertzuwachs im Zehnjahreszeitraum. Dies ist als erster Meilenstein in der historischen Wertentwicklung zu betrachten.

Bis 1970 stieg der Wert um 1,17 US-Dollar pro Unze an, woraufhin in den folgenden fünf Jahren ein Anstieg des Wertes um 124,84 US-Dollar pro Unze folgte – der zweite Meilenstein. In diesem Zeitraum gab es die Ölpreiskrise, deren wirtschaftliche Auswirkungen global massiv spürbar waren.

Bis 1980 vervielfachte sich der Goldpreis. Die gesamten 70er Jahre boten mit politischen Ereignissen, die die weltweite Wirtschaft betrafen, Nährboden für die spektakuläre Wertentwicklung des

---

[74] Vgl. https://de.statista.com/statistik/daten/studie/156959/umfrage/ entwicklung-des-goldpreises-seit-1900/

Goldes. Das im Volksmund als „krisensicher" betitelte Gold war in seiner Rolle als zuverlässige Geldanlage geboren, könnte man sagen. Allem voran das Jahr 1980, welches die Welt mit der Wahl des erzkonservativen Ronald Reagan zum US-Präsidenten, Attentaten, Boykotts der Olympischen Spiele wegen des sowjetischen Einmarsches in Afghanistan sowie weiterer Ereignissen nationaler und globaler Größenordnung erschütterte, verzeichnete mit einem mehr als hundertprozentigen Goldpreisanstieg den dritten Meilenstein in der Historie des Goldes.

Bis 2006 reduzierte sich der Goldpreis um einen vergleichsweise minimalen Betrag. Mit Aufkommen der Weltwirtschaftskrise, der Euro-Krise und Platzen der Immobilien-Blase in den USA kam es seit 2006 bis 2012 Jahr für Jahr zu einer Steigerung des Goldwerts, wobei das Jahr 2012 mit 1.668,98 US-Dollar pro Unze den historischen Spitzenwert darstellt.

Seitdem ist der Goldpreis bis 2018 auf 1.268,49 US-Dollar pro Unze gefallen.

Erkenntnisse zur Wertentwicklung des Goldes

Die Übersicht über eine Auswahl der Kurswerte und wichtigsten Meilensteine in der Entwicklung des Goldwertes zeigt, dass Gold keineswegs als wertstabil angesehen werden kann. Die großen Schwankungen im Laufe der Jahre veranschaulichen, dass eine Volatilität gegeben ist, die in den jüngsten Zeiträumen bis zu mehrere Hundert US-Dollar pro Unze jährlich betrug.

Dabei lässt sich ein Zusammenhang zu Krisenzeiten feststellen: In diesen Zeiten fielen die Aktienkurse in der Gesamtbetrachtung, während Gold an Wert zulegte. Dies hat allerdings keine Sicherheit in Krisenzeiten zur Folge: Der Großteil der weltweiten Goldreserven befindet sich bei den Zentralbanken und wird von den Staaten als Absicherung genutzt. Es gibt zwar Abmachungen zwischen den Zentralbanken, Gold in begrenzten Mengen zu verkaufen, um keinen Wertverfall zu verursachen. Sollten nämlich mehrere Banken zur gleichen Zeit entscheiden, Gold zum Verkauf

auf den Markt zu bringen, würde mit der Zeit das Angebot die Nachfrage übertreffen. Ist dies der Fall, so reduziert sich aufgrund des Überangebots der Preis einer Ware. Den Abmachungen der Zentralbanken jedoch lässt sich nicht blind trauen.

Unterzieht man die Wertentwicklung des Goldes einem Vergleich mit der Entwicklung des Deutschen Aktienindex (DAX), so ergibt sich für den Zeitraum 2008 bis 2018 für den DAX eine Rendite von 66,5 %[75], während Gold anhand der Daten aus der vorigen Tabelle einen Zuwachs von knapp 45 % verzeichnet. Zugegebenermaßen handelt es sich auch beim Gold um eine beachtliche Rendite, wenngleich nicht geleugnet werden kann, dass der untersuchte Zeitraum die Ausnahme in der gesamten Historie des Goldwertes bildete und von einem Negativtrend zum Ende hin begleitet wurde.

Verwahrung des Goldes als besondere Anforderung

Zu guter Letzt muss darauf eingegangen werden, dass Gold wie jeder Sachwert eine Verwahrung erfordert. Während dies bei Immobilien durch das Grundstück an sich geregelt ist, sind alle anderen Sachwerte entsprechend zu lagern. Da der Wert des Goldes kulturell bedingt einer breiten Spanne der Bevölkerung bekannt ist, sind Goldeigentümer ein potenzielles Ziel für Diebstähle. Dementsprechend ist eine Lagerung in den eigenen vier Wänden nur unter einem erhöhten Sicherheitsaufwand empfohlen. Ein simples Versteck reicht höchstens bei geringen Goldmengen. Ab Goldmengen, die fünfstellige Beträge erreichen, ist über einen sicheren Safe bis hin zu Überwachungskameras jedes Szenario denkbar, was wiederum die Anschaffungskosten und die laufenden Kosten für Security-Ausstattung erhöht. Bei einer Lagerung in der Bank ist ein Schließfach zu mieten, welches mit höherer Kapazität im Preis steigt. Des Weiteren fällt neben der Verwahrung der einmalige Versand des Goldes

---

[75] Vgl. https://www.finanzen.net/index/dax/historisch

an, der durch die strengen Sicherheitsvorkehrungen ebenfalls ein kostspieliges Unterfangen ist.

Hinweis!

Neben Gold als Sachwert sind Investitionen in Gold auf Basis von Vermögenswerten möglich. Diesbezüglich existieren Fonds und Zertifikate, die den Goldkurs abbilden. Dies ermöglicht eine Investition in Gold ohne den Aufwand der Aufbewahrung.

Fazit

Die Wertentwicklung des Goldes ist als beeindruckend zu bewerten. Der regelmäßig steile Anstieg hat im Vergleich zu den Zeiten des Wertverfalls unterm Strich überwogen und Gold zu einer über die Jahrzehnte gefragten Kapitalanlage gemacht. Allem voran die Krisenstabilität, von der bis zum jetzigen Zeitpunkt gesprochen werden kann, legt ein Investment in Gold nahe. Durch die Abmachungen zwischen den Zentralbanken darf mit Vorsicht davon ausgegangen werden, dass Gold keinem rapiden Preisverfall unterliegen wird. Dennoch sorgen die hohen Schwankungen, die auch nach unten führen, für ein ungewisses Investment über kurz- und mittelfristige Zeiträume. Dementsprechend bietet eine Kapitalanlage in Gold die höchste Sicherheit und die höchsten Aussichten auf eine lukrative Rendite bei einem langfristigen Anlagehorizont, der mehrere Jahrzehnte umfasst. Bei einem Zeitraum von fünf bis zehn Jahren kann sich nicht darauf verlassen werden, auch wenn dies in der Vergangenheit oftmals Erfolg gezeigt hätte. In Relation zum Ertrag sind die hohen Kosten für Lagerung und Sicherheit sowie Versand nur bei größeren Beträgen und einem langen Anlagehorizont zu rechtfertigen. Dementsprechend sind Wertpapiere, Immobilien und Immobilienfonds im Vergleich die zu bevorzugenden Kapitalanlageformen. Die Sparkasse empfiehlt, maximal zehn Prozent des eigenen Vermögens in Gold anzulegen[76]. In derselben Größenordnung liegen auch die Empfehlungen anderer

---

[76] Vgl. https://www.sparkasse.de/themen/wertpapiere-als-geldanlage/anlegen-in-gold-irrtuemer.html

Experten. Als ausschlaggebendes Argument ist die Beimischung zu einem Aktiendepot zu nennen: Sofern eine Krisenzeit anbricht, ist die Spekulation berechtigt, dass eine mögliche Wertsteigerung des Goldes die Verluste aus dem Aktienmarkt relativiert.

Bewertung

- ◆ Der Goldwert schwankte in der Vergangenheit bis heute immens

- ◆ Insgesamt hat Gold in seiner Historie beachtliche Kursgewinne, aber ebenso mehrere Negativentwicklungen verzeichnet

- ◆ Gold weist einen hohen Versand-, Lagerungs- und Sicherheitsaufwand auf

- → Wenn Kapital in Gold angelegt wird, dann sollte der investierte Betrag maximal zehn Prozent des eigenen Vermögens ausmachen.

Weitere Anlageformen: Altersvorsorgeverträge, Kryptowährungen, Weine

Zuletzt wird eine Reihe an Anlageformen vorgestellt, die das Portfolio komplettieren, jedoch nicht bzw. nur unter Umständen als Kapitalanlage geeignet sind. Entsprechende Umstände erläutern die folgenden Abschnitte in Kürze. Ziel dieses Unterkapitels ist es, den Vollständigkeitsanspruch des kompletten Kapitels zu erfüllen. Eventuell wird der ein oder andere Leser in den nächsten Abschnitten eine Inspiration entdecken, die ihm bisher vorenthalten geblieben ist, sodass dieses Kapitel einen weiteren Zweck erfüllt.

Altersvorsorgeverträge

Diese wurden bereits im ersten Kapitel des Buches kritisch begutachtet. In dem Zusammenhang war die Rede von geringen Zinsen, die die Inflation nicht ausgleichen. Die Versicherer haben dies im Laufe der letzten Jahre erkannt und ihr Angebot dem Wertpapiermarkt geöffnet. Seitdem gibt es fondsgebundene Altersvorsorgeverträge, die durch die Renditen der jeweiligen Fonds entweder Gewinne erzielen oder Verluste verzeichnen. Die Versicherungsgesellschaft betreibt hierzu mit den eigenen Fonds Wertpapierhandel. Auch wenn die Hochrechnungen bei einigen der Versicherer eine hohe Renditeaussicht aufweisen, bleiben die fondsspezifischen Risiken erhalten. Somit besteht die Gefahr, am Ende der Vertragslaufzeit weniger ausgezahlt zu erhalten, als man eingezahlt hat. Verträge wie die Rürup-Rente für Selbstständige können fondsgebunden sein und weisen als Basisvorsorge den Vorteil der steuerlichen Absetzbarkeit auf. Kernproblem ist die bei einigen Verträgen, wie beispielsweise der Rürüp-Rente, schlechte Verfügbarkeit des Geldes. Zwar können Einzahlungen variiert und sogar bis zum Rentenbeginn pausiert werden, jedoch lässt sich das eingezahlte Kapital nicht vor dem Rentenbeginn auszahlen.

Kryptowährungen

Es war der Sonntagmittag am 17.12.2017, als die Kryptowährung Bitcoin die Grenze von 20.000 US-Dollar pro Coin durchbrach[77] und zum damaligen Zeitpunkt eine Rendite von über 5.000 % in einem Drei-Jahres-Zeitraum verzeichnete. Damals erregten neben Bitcoin ebenso andere Kryptowährungen Aufmerksamkeit. Der Aspekt der Dezentralisierung, die ein von den Zentralbanken und der Kontrolle des Staates entkoppeltes Zahlungsinstrument vorsieht, ist eines der zentralen Merkmale des Bitcoin und der meisten weiteren Kryptowährungen. Mittlerweile (Stand: Dezember 2019) hat der Bitcoin im Vergleich zum Höchststand mehr als die Hälfte seines Wertes verloren. Dennoch darf sich die Jahresrendite seit Dezember 2018 mit 104,4 %[78] sehen lassen. Als Zahlungsmittel wird der Bitcoin ebenfalls verwendet. Die Blockchain-Technologie, über die die Zahlungen abgewickelt werden, haben zahlreiche Banken mittler-

---

[77] Vgl. https://www.faz.net/aktuell/wirtschaft/bitcoin-kurs-durchbricht-20-000-dollar-marke-15346337.html
[78] Vgl. https://www.finanzen.net/devisen/bitcoin-euro/chart

weile als Experiment adaptiert, da die Zahlungsverläufe wesentlich schneller ablaufen als bei den bisherigen Technologien der Bank. Um den Sachverhalt zu verdeutlichen: Dauert es bei traditionellen Banküberweisungen bis zu mehreren Wochen, bis Geld in Entwicklungsländer überwiesen wird, so ermöglicht die Blockchain dies in rund einer Stunde.

Wein, Whiskey, Antiquitäten, Oldtimer und weitere...

Da es sich um Formen der Kapitalanlagen handelt, die inflationsgeschützt sind, wird nach den Immobilien und Gold auf eine Reihe weiterer Sachwerte eingegangen, die jedoch ausschließlich Kennern vorbehalten sind. Die Überschrift verschafft einen Eindruck davon, worum es sich handelt. Es sind Produkte, die neben den Kapitalanlegern insbesondere für Händler und Konsumenten von Interesse sind. Oldtimer beispielsweise sind des Öfteren bei leidenschaftlichen Sammlern beliebt, während hochwertige Weine und Whiskeys außer in Sammlern auch in Genießern eine Zielgruppe finden. Da bei all diesen Sachwerten viele Details zu beachten sind, sind diese Kapitalanlagen ausschließlich für Kenner geeignet, die z. B. beim Wein bei all den Cuvées, Jahrgängen, Anbauorten, Rebsorten und weiteren Kriterien den Durchblick behalten. Entsprechende andere Kriterien gelten bei Antiquitäten – ob Kunstwerke oder Bücher – und Oldtimern verschiedenster Art. Darüber hinaus muss eine adäquate Aufbewahrung sichergestellt sein.

Fazit

Die weiteren Anlageformen reichen von den bereits altbekannten, neuerdings jedoch fondsgebundenen, Altersvorsorgeverträgen über die in den Fokus gerückten und Stand jetzt hochspekulativen Kryptowährungen bis hin zu Sachwerten für Kenner.

Letzten Endes sind sämtliche dieser Anlageformen nicht empfehlenswert. Grund dafür sind bei den Altersvorsorgeverträgen die Risiken, die – und dies ist ausschlaggebend – von der fehlenden Verfügbarkeit des Vermögens bis zur Rente begleitet werden. Zwar soll eine Immobilie, bis die Finanzierung abbezahlt wurde, ebenfalls nicht verkauft werden, doch generiert sie zwischendurch bereits Mieteinnahmen und wird durch Fremdkapital gehebelt.

Die Kryptowährungen stecken metaphorisch formuliert noch in den Kinderschuhen. Den aussichtsreichen Prognosen zum Trotz ist insbesondere hier Vorsicht geboten. Wenn hier Geld angelegt wird, dann lieber nur geringe Beiträge – quasi Spielgeld. Werden die Kryptowährungen die aussichtsreiche Zukunft erhalten, die ihnen vorhergesagt wird, werden geringe Investitionen mutmaßlich ohnehin hohe Wertsteigerungen verzeichnen.

Zu guter Letzt sind die antiquarischen Sachwerte sowie Weine, Whiskeys und Oldtimer vielversprechende Kapitalanlagen, die allerdings zur Realisierung von Gewinnen einen Abnehmer finden müssen, der mehr zu bezahlen bereit ist, als man dies selbst tat. Um Fehlinvestitionen zu vermeiden, ist eine genaue Kenntnis über die Produkte unabdingbar. Anleger müssen beim jeweiligen Sachwert Fachleute sein oder sich von Fachleuten unterstützen lassen. Letzteres erfordert wiederum Investitionen.

Bewertung

- ◆ Von fondsgebundenen Altersvorsorgeverträgen ist aufgrund der schlechten Verfügbarkeit des Geldes strikt abzuraten

- ◆ In Kryptowährungen sollten – wenn überhaupt – nur symbolische Kleinbeiträge angelegt werden

- ◆ Sachwerte außer Gold und Immobilien erfordern detaillierte Fachkenntnisse, um Gewinne zu realisieren

- → Es gibt weitaus sicherere, vielversprechendere und mit weniger Aufwand verbundene Kapitalanlagen

Zusammenfassung: Aufteilung der Investitionen als denkbares Szenario

Die Erörterung verschiedener Kapitalanlageformen im Verlaufe dieses Kapitels hat gezeigt, dass mit Ausnahme der fondsgebundenen Altersvorsorgeverträge keine Kapitalanlage komplett auszuschließen ist. Selbst Gold, Antiquitäten und Kryptowährungen haben unter Umständen in geringen Anteilen eine Daseinsberechtigung im eigenen Vermögensportfolio. Aktienfonds und Immobilienfonds als Arten von Wertpapieren sind auf dem Prinzip der Risikostreuung aufgebaut und bieten bei langen Anlagehorizonten die Aussicht auf starke Renditen bei einer höheren Sicherheit als Einzelinvestments. Auf Basis einer Analyse mit dem Dreieck der Kapitalanlagen ist jedoch der Schluss berechtigt, dass keine der alternativen Kapitalanlageformen im Vergleich zu Immobilien ein derart hohes Maß an Sicherheit, Rendite und Liquidität zugleich in Aussicht stellt. Dementsprechend ist es lohnend, Immobilien als Kapitalanlage zu priorisieren und weitere Anlageformen – in diesem Fall in erster Linie Aktienfonds oder Gold – dem eigenen Vermögensportfolio beizumischen. Zuletzt ist auch eine Investition mit etwas „Spielgeld" in Kryptowährungen möglich, was allerdings nicht die Regel sein sollte. Immobilienfonds wiederum sind eher als Übergangslösung geeignet, wenn eine eigene Immobilie noch nicht finanzierbar ist.

Schlusswort

Eine Kapitalanlage in Immobilien bietet Aussichten auf hohe Renditen und baut Vermögen auf. Sie kombiniert unter allen Kapitalanlageformen die drei Aspekte des Renditedreiecks Sicherheit, Rendite und Liquidität am attraktivsten. Dabei ist neben dem Vermögensaufbau und der Rendite aus Sicht der Investoren für einen noch viel breiteren Teil der Bevölkerung die Möglichkeit zur Aufstockung der eigenen Altersrente durch Immobilien interessant. Kapitel 1 und dessen Rechnungen haben gezeigt, dass von der Rente am Ende des Lebens für mehr als die Hälfte der Bevölkerung wenig übrig bleibt. So droht die Altersarmut oder ein immens sinkender Lebensstandard im Alter; im Alter, wo endlich die Zeit gegeben ist, um den Ruhestand zu genießen und sich die Zeit mit den Dingen zu vertreiben, für die zuvor keine zeitlichen Kapazitäten verfügbar waren. Eine Kapitalanlage des eigenen Geldes und eine Erweiterung der Altersvorsorge nehmen somit eine wichtige Stellung ein. Hier haben in der Vergangenheit neben Immobilien auch Gold, vereinzelt Wertpapiere, jüngst Kryptowährungen und weitere Anlageformen beachtliche Renditen eingefahren. Doch außer Immobilien weisen sie allesamt Defizite in einem der beiden Punkte Sicherheit und Rendite auf. Allenfalls empfiehlt es sich, die alternativen Kapitalanlageformen als Ergänzung zur Immobilie heranzuziehen, doch der Großteil des eigenen Kapitals ist in Immobilien am sichersten aufgehoben.

Zur Kapitalanlage in Immobilien gibt es verschiedene Strategien: Von dem Handel mit Immobilien über den Aufbau eines Immobilienbesitzes zur Vermietung über mehrere Jahrzehnte hinweg bis hin zur Vermietung von Ferienwohnungen oder des eigenen Dachs als Sonnendach für Investoren in Photovoltaikanlagen! Die Anlagestrategie, die dem Begriff der Kapitalanlage dabei am meisten gerecht wird, ist die Vermietung der eigenen Immobilie. Hierfür kann eine Immobilie sowohl finanziert als auch mit Eigenkapital direkt gekauft werden. Tatsache ist, dass sogar eine Finanzierung der Immobilie sich in diesem Kontext lohnt, da der Großteil des Kredits durch die Mieteinnahmen sowie die Steuervorteile finanziert wird. Lediglich ein vergleichsweise geringer monatlicher Anteil, der durch die Mietsteigerungen immer weiter sinkt, reicht bereits für die Rückzahlung der Kreditsumme sowie der Schuldzinsen aus. So wird der Wunsch von der Immobilie für einen Großteil der Arbeitnehmer zur Realität, da eine Finanzierung bereits bei einem Einkommen von 1.800 € bis 2.000 € netto pro Monat möglich ist. Am Ende steht eine optimale Altersvorsorge, die in Sachen Rendite und Vermögensaufbau die gesetzliche Rentenversicherung übertrifft.

Um die Steuervorteile adäquat auszunutzen, hat der Gesetzgeber Vermietern durch mehrere Gesetze ermöglicht, Kosten und Abnutzung des Gebäudes geltend zu machen. Allem voran die Abschreibung für Abnutzung ist ein vorteilhaftes Instrument, das nur Vermieter oder Eigentümer einer Immobilie in gewerblicher Nutzung geltend machen dürfen, nicht jedoch Personen, die ein Heim zur Eigennutzung erwerben. Die Abschreibung ermöglicht es, über einen Zeitraum von 40 oder 50 Jahren bei Vermietung zu Wohnzwecken den kompletten Gebäudewert abzuschreiben. Diese und weitere Aspekte sind mit Formeln, die auf einfacher Mathematik basieren, leicht zu errechnen und steuerlich geltend zu machen.

All die Vorteile der Immobilie als Kapitalanlage kommen jedoch nur zur Geltung, sofern die Immobilie in einer Lage mit Potenzial zur Wertsteigerung gewählt wird. Eine solche Lage befindet sich nicht in Städten, in denen die Immobilien- und Mietpreise gefühlt den Gipfel erreicht haben, wie es in München, Stuttgart,

Berlin, Hamburg und Düsseldorf bereits der Fall ist; um nur einige solcher Städte zu nennen. Es empfiehlt sich, die Mietspiegel und Kaufpreise der vergangenen Jahre in kleineren Städten einer Prüfung zu unterziehen, um sich Wachstumspotenziale zu erschließen. Hier stechen beispielsweise Leipzig, Dresden, Essen, Bochum und Dortmund zunehmend positiv hervor. Durch eine aufmerksame Beobachtung der Entwicklungen von Kriminalität, Einkommensstruktur, Infrastruktur und weiteren Faktoren lässt sich erschließen, wo die Entwicklung des Stadtteils oder gar der ganzen Stadt hinführen könnte. So erlangen die Immobilienauswahl sowie das eigene Investment noch mehr an Sicherheit. Die Lagekriterien gelten für sämtliche Arten von Immobilien, wobei egal ist, ob diese zur Vermietung oder zum An- und Verkauf gekauft werden.

Der An- und Verkauf von Immobilien ist eine gewerbliche Tätigkeit und somit nur im ferneren Sinne als eine Form der Kapitalanlage zu bezeichnen. Um Personen mit diesen Zielen gerecht zu werden und neue Perspektiven aufzuzeigen, hat dieser Ratgeber auch dieses Thema in einem separaten Kapitel kurz aufgeführt.

Den Großteil der Kapitalanlage bildete in diesem Ratgeber die Vermietung von Immobilien, wobei sämtliche Grundlagen genau erläutert wurden. In meinem Buch „Immobilien kaufen, vermieten und Geld verdienen" erhält der Leser eine Schritt-für-Schritt-Anleitung, die durch die Auswahl der Immobilie samt mehreren Berechnungsmethoden, die Vorgehensweise bei der Finanzierungsplanung und die Vermietung an sich führt, um nur einige Punkte zu nennen. Mit Hilfe dieses Ratgebers wird sichergestellt, dass Personen ihr Kapital nicht nur in Immobilien anlegen können, sondern imstande sind, dies mit den größten Renditeaussichten durchzuführen.

Viel Erfolg bei Ihren Bemühungen!

Glossar

Aktiva	Zeigt in der Bilanz das Vermögen des Unternehmens auf
AfA	Abschreibung für Abnutzung, hier wird der Wert des Gebäudes über einen gesetzlich vorgeschriebenen Zeitraum abgeschrieben
DAX	Deutscher Aktienindex; misst die Wertentwicklung der 30 größten und vermögendsten Unternehmen des deutschen Aktienmarktes
Disagio	Aufgeld bei Kreditvergabe, welches den Nominalzins senkt
Effektiver Jahreszins	Gibt die jährlichen Gesamtkosten der Schuldzinsen eines Kredits an
Geldwert	Monetäre Werte (z. B. Kontostand, Bargeld), die nicht vor der Inflation geschützt sind
Gentrifizierung	Aufwertung von Stadtteilen
GRV	Gesetzliche Rentenversicherung (Abkürzung)
Inflation	Entwertung des Geldes durch Anstieg des Preisniveaus

Instandhaltungsrücklage	Hat jeder Vermieter zu bilden, um bei Schäden den finanziellen Aufwand von Instandhaltungsmaßnahmen stemmen zu können
KAG	Kapitalanlagegesellschaft
KFW-Bank	„Kredit für Wiederaufbau"-Bank, die Förderungen und Zuschüsse für bauliche Maßnahmen vergibt
Nominalzins	Siehe „Effektiver Jahreszins"
Passiva	Zeigt in der Bilanz auf, wie das Unternehmen das eigene Vermögen finanziert hat
Risikostreuung	Prinzip der Risikostreuung findet im Wertpapierhandel Anwendung; es wird in mehrere Wertpapiere oder Immobilien investiert, um die Risiken für Wertverlust durch eine Streuung auf mehrere Investments zu verringern
Sachwert	Wert, der einer Sache (z. B. Gold, Immobilie) zugeordnet ist
Spekulationsfrist	Dauert dem Gesetz nach 10 Jahre und sieht eine Erhebung von Steuern auf die Gewinne aus dem An- und Verkauf innerhalb dieser 10 Jahre vor
Tilgung	In Prozent angegebene Rate, mit der die Kreditsumme abbezahlt wird

Quellenverzeichnis

Literatur-Quellen:

Hebisch, B.: *Immobilien richtig besichtigen*. Taunusstein: Blottner Verlag GmbH, 2018.

Siepe, W.: *Immobilien verwalten und vermieten*. Berlin: Stiftung Warentest, 2018.

Online-Quellen:

https://www.welt.de/finanzen/immobilien/article140709048/Wohneigentum-macht-die-Deutschen-gluecklich.html

https://www.rechnungswesen-verstehen.de/lexikon/passives-ein-kommen.php

https://de.statista.com/themen/1127/betriebliche-altersversorgung/

https://www.tagesgeldvergleich.net/tagesgeldvergleich/sparbuch.html

https://www.rechnungswesen-verstehen.de/bwl-vwl/vwl/Inflation.php

http://www.bpb.de/politik/innenpolitik/rentenpolitik/223417/umlageverfahren-ruecklagen

https://de.statista.com/themen/293/durchschnittseinkommen/

http://www.bpb.de/politik/innenpolitik/rentenpolitik/223009/die-rentenformel

https://www.deutsche-rentenversicherung.de/SharedDocs/Downloads/DE/Broschueren/national/rente_so_wird_sie_berechnet_alte_bundeslaender.pdf?__blob=publicationFile&v=6

https://www.deutsche-rentenversicherung.de/DRV/DE/Rente/Allgemeine-Informationen/Wie-wird-meine-Rente-berechnet/wie-wird-meine-rente-berechnet_node.html

https://www.krankenkassen.de/gesetzliche-krankenkassen/krankenkasse-beitrag/rentner/

https://www.lohnsteuer-kompakt.de/fag/2019/442/wie_wird_die_gesetzliche_rente_besteuert

https://www.vlh.de/krankheit-vorsorge/altersbezuege/wann-muss-ich-als-rentner-steuern-zahlen-und-wie-viel.html

https://www.morgenpost.de/berlin/article217337363/Mietspiegel-2019-Berlin-Miete-Wohnen-Vergleichsmiete-Mieterhoehung.html

https://www.wohnungsboerse.net/mietspiegel-Hannover/4567

https://www.wohnungsboerse.net/mietspiegel-Muenchen/2091

https://www.wohnungsboerse.net/mietspiegel-Hamburg/3195

https://www.hausgold.de/immobilienpreise/immobilienpreisentwicklung/

https://www.wohnungsboerse.net/Immobilienpreise/immobilien-Berlin-2825.pdf

https://www.wohnungsboerse.net/Immobilienpreise/immobilien-Muenchen-2091.pdf

https://www.wohnungsboerse.net/Immobilienpreise/immobilien-Stuttgart-972.pdf

https://www.immoverkauf24.de/immobilienverkauf/immobilienverkauf-a-z/notarkosten-und-grundbuchkosten/

https://www.gesetze-im-internet.de/gg/art_105.html

https://www.immoverkauf24.de/immobilienverkauf/immobilienverkauf-a-z/grunderwerbsteuer/

https://www.immoverkauf24.de/immobilienmakler/maklerprovision/#hausverkauf-check-3

https://www.gesetze-im-internet.de/beurkg/__17.html

https://www.gesetze-im-internet.de/bgb/__558.html

https://www.gesetze-im-internet.de/bgb/__489.html

https://www.gesetze-im-internet.de/woeigg/__21.html

https://www.makler-vergleich.de/immobilien-vermieten/immobilien-vermieten-tipps/vermietung-versicherung.html#2.1

https://www.steuertipps.de/gesetze/estg/35a-steuerermaessigung-bei-aufwendungen-fuer-haushaltsnahe-beschaeftigungsverhaeltnisse-haushaltsnahe-dienstleistungen-und-handwerkerleistungen

https://www.steuertipps.de/gesetze/estg/35a-steuerermaessigung-bei-aufwendungen-fuer-haushaltsnahe-beschaeftigungsverhaeltnisse-haushaltsnahe-dienstleistungen-und-handwerkerleistungen

https://www.steuertipps.de/gesetze/estg/35a-steuerermaessi-gung-bei-aufwendungen-fuer-haushaltsnahe-beschaeftigungsver-haeltnisse-haushaltsnahe-dienstleistungen-und-handwerkerleis-tungen

https://www.haufe.de/finance/finance-office-professional/anschaf-fungskosten-nach-hgb-und-estg-3-anschaffungspreis_idesk_PI11525_HI1157115.html

https://www.haufe.de/personal/haufe-personal-office-platin/einkommensteuergesetz-7-absetzung-fuer-abnutzung-oder-sub-stanzverringerung_idesk_PI42323_HI43521.html

https://www.haufe.de/personal/haufe-personal-office-platin/einkommensteuergesetz-7-absetzung-fuer-abnutzung-oder-sub-stanzverringerung_idesk_PI42323_HI43521.html

https://www.haufe.de/personal/haufe-personal-office-platin/einkommensteuergesetz-7-absetzung-fuer-abnutzung-oder-sub-stanzverringerung_idesk_PI42323_HI43521.html

https://www.gesetze-im-internet.de/estg/__7i.html

https://www.haufe.de/personal/haufe-personal-office-platin/einkommensteuergesetz-9-werbungskosten_idesk_PI42323_HI43534.html

https://www.haufe.de/finance/finance-office-professional/han-delsgesetzbuch-255-bewertungsmassstaebe_idesk_PI11525_HI2166681.html

https://www.haufe.de/personal/haufe-personal-office-platin/einkommensteuergesetz-9-werbungskosten_idesk_PI42323_HI43534.html

https://www.haufe.de/personal/haufe-personal-office-platin/einkommensteuer-durchfuehrungsverordnung-82b-behand-

lung-groesseren-erhaltungsaufwands-bei-wohngebaeuden_idesk_
PI42323_HI1278142.html

https://www.haufe.de/personal/haufe-personal-office-platin/einkom-
mensteuergesetz-6-bewertung_idesk_PI42323_HI43516.html

https://www.makler-vergleich.de/immobilien-vermieten/immo-
bilien-vermieten-tipps/vermietung-versicherung.html#2.1

https://www.uni-muenster.de/imperia/md/content/geographie-
didaktik2/materialfuerschulen/berlin/berlin_gentrification_am_
prenzlauer_berg_band_4_mit_material.pdf

https://www.tagesspiegel.de/wirtschaft/immobilien/gentrifizie-
rung-in-kreuzberg-wo-das-kapital-gesiegt-hat/24433426.html

https://bmf-esth.de/esth/2016/C-Anhaenge/Anhang-17/inhalt.html

https://bmf-esth.de/esth/2016/C-Anhaenge/Anhang-17/inhalt.html

https://www.gesetze-im-internet.de/ustg_1980/__4.html

https://www.gesetze-im-internet.de/gewstg/__11.html

https://www.gesetze-im-internet.de/bgb/__433.html

https://enev-online.com/enev_2014_volltext/16_ausstellung_ver-
wendung_energieausweise.htm

https://www.makler-vergleich.de/immobilien-verkauf/hausver-
kauf/rechtliches.html

https://dejure.org/gesetze/BGB/566.html

https://www.bkm.de/geldanlage/kapitalanlage/

https://www.boerse.de/konjunkturdaten/staatsanleihen/

https://wirtschaftslexikon.gabler.de/definition/investment-fonds-39812

https://www.finanzen.net/aktien/blackrock-aktie

https://www.finanzen.net/index/dax/seit1959

https://www.finanzen.net/aktien/berkshire_hathaway-aktie

https://www.buzer.de/gesetz/6331/a87918.htm

https://www.buzer.de/gesetz/6331/a87905.htm

https://www.buzer.de/gesetz/6331/a87864.htm

https://www.dr-stoll-kollegen.de/glossar/offene-immobilienfonds

https://www.gesetze-im-internet.de/estg/__32d.html

https://www.dr-stoll-kollegen.de/glossar/geschlossene-immobilienfonds

https://www.gesetze-im-internet.de/estg/__21.html

https://www.fondsdiscount.de/magazin/news/offene-immobilienfonds-als-stabilitaetsanker-in-unruhigen-bo-3330/

https://www.derassetmanager.de/geschlossene-fonds-wieder-im-aufwind/

https://de.statista.com/statistik/daten/studie/156959/umfrage/entwicklung-des-goldpreises-seit-1900/

https://www.finanzen.net/index/dax/historisch

https://www.sparkasse.de/themen/wertpapiere-als-geldanlage/anlegen-in-gold-irrtuemer.html

https://www.faz.net/aktuell/wirtschaft/bitcoin-kurs-durchbricht-20-000-dollar-marke-15346337.html

https://www.finanzen.net/devisen/bitcoin-euro/chart

Immobilien kaufen, vermieten und Geld verdienen

5 goldene Schritte zu passivem Einkommen aus Wohnimmobilien. Erfolgreich investieren, Vermögen aufbauen und die finanzielle Freiheit erreichen

Bernd Ebersbach

Inhaltsverzeichnis

1. Schritt:
Immobilienauswahl und
-bewertung

Dieses Kapitel führt Sie Schritt für Schritt von der Auswahl der Immobilie bis zu deren Bewertung. Der Ablauf beginnt bei der Eingrenzung der großen Auswahl an Immobilien in Deutschland auf einzelne Städte. Ziel ist es, Städte zu finden, die ihr Wachstumspotenzial bei den Kaufpreisen und Mietspiegeln für Immobilien noch nicht ausgereizt haben, sondern bei denen statistisch gesehen das Wachstum erst am Anfang steht. Nach der Eingrenzung der Auswahl werden in diesen Städten einzelne Stadtteile betrachtet; Stadtteile, die hinsichtlich der Lagekriterien positiv hervorstechen und zugleich eine positive Entwicklung unter politischen, gesellschaftlichen und weiteren Gesichtspunkten verzeichnen. Die Immobilien in den für Kapitalanleger aussichtsreichen Stadtteilen werden schließlich ausgesucht und einer Bewertung unterzogen, wobei deren Kaufpreis und der mögliche Ertrag betrachtet werden. Zuletzt weist dieses Kapitel mit Ratschlägen rund um die Themen Grundriss, Baualtersklasse, Energiesparen und Baumängelerfassung in die Besichtigung von Immobilien ein.

Stadt auswählen:
Kaufpreisentwicklungen und Mietspiegel

Zu den relevanten Statistiken zählen die Entwicklungen der Kaufpreise und Mietspiegel. Es ist dabei zwischen den einzelnen Arten von Gebäuden zu differenzieren. Bei einer Suche nach den Immobilienpreisen in Hamburg werden Ergebnisse zu Häusern, Wohnungen und weiteren Gebäuden erscheinen. Zudem ist bei Häusern in Reihen-, Einfamilien- und Doppelhäuser sowie weitere Arten zu differenzieren. Wohnungen wiederum können in Neubau- oder Bestandswohnungen unterschieden werden. All dies wirkt sich auf die Einschätzung der Rentabilität des jeweiligen Investments aus. Dementsprechend sind Statistiken mit Mietspiegeln und Preisentwicklungen im Internet mit Vorsicht zu genießen und differenziert zu betrachten: Im Idealfall dienen sie einzig und allein der groben Prüfung, in welcher Stadt und in welchem Stadtteil in Deutschland investiert werden soll. Um genaue Rückschlüsse auf den Wert einer Immobilie zu ziehen, eignen sich diese Werte jedoch nicht.

Hat ein Kapitalanleger keine Vorstellung davon, in welchem Teil Deutschlands er nach einer Immobilie suchen soll, kann er die Preis- und Mietentwicklung in einzelnen Städten näher betrachten. Dabei gilt: Die Städte, die die geringsten Preise verzeichnen, aber gerade einen Anstieg in der Preis- und Mietentwicklung verbuchen, sind für Kapitalanleger die bessere Anlaufstelle. Ein Beispiel veranschaulicht diesen Sachverhalt:

Ein Kapitalanleger sucht nach geeigneten Standorten für eine Kapitalanlage in Immobilien. Er ist ganz Deutschland gegenüber offen und bringt inklusive Finanzierung ein Eigenkapital von 160.000 € für den Immobilienkauf ein. Dies bedeutet, dass er eine preiswerte Immobilie benötigt, die sich im Hinblick auf Mieterträge rentiert. Einer positiven Entwicklung nach oben ist der Kapitalanleger nicht abgeneigt, da diese den Immobilienwert, falls die Immobilie wiederverkauft werden sollte, steigern würde. Er fängt mit der Suche an und wählt einmal München, beim anderen Mal Dresden. Die Unterschiede in den Immobilienpreisen beider Städte sehen für eine 60-Quadratmeter-Wohnung wie folgt aus:

München:

Jahr	Preis pro m²
2011	3.706,71 €
2012	4.188,84 €
2013	5.210,31 €
2014	5.433,50 €
2015	6.110,79 €
2016	6.955,33 €
2017	7.223,72 €
2018	7.757,46 €

Quelle: wohnungsboerse.net[1]

Dresden:

Jahr	Preis pro m²
2011	1.328,89 €
2012	1.720,55 €
2013	2.044,85 €
2014	1.876,87 €
2015	2.304,54 €
2016	2.350,48 €
2017	2.547,01 €
2018	2.365,72 €

Quelle: wohnungsboerse.net[2]

Bereits die Preise zeigen, dass Dresden eher finanzierbar ist als München, wenn es um die Kapitalanlage in Immobilien geht. Ausgehend vom Stand im Jahr 2018 würde der Immobilienpreis in München bedeuten, dass der Kapitalanleger für eine 60-Quadratmeter-Wohnung

---

[1] Vgl. https://www.wohnungsboerse.net/immobilienpreise-Muenchen/2091
[2] Vgl. https://www.wohnungsboerse.net/mietspiegel-Dresden/7351

insgesamt 60 x 7.757,46 € = 465.447,60 € bezahlen müsste. Dies ist mit seinen Mitteln nicht finanzierbar. In Dresden hingegen ergibt sich ein anderes Bild: Mit 2.365,72 € je Quadratmeter würde die 60-Quadratmeterwohnung 60 x 2.365,72 € = 141.943,20 € kosten. Bekommt der Kapitalanleger die Kosten gestemmt, so ist ein Investment in Dresden also realistisch. Die Preisentwicklung zeigt mit Ausnahme zweier Jahre nach oben. Auf einen langfristigen Horizont hin ergibt es Sinn, in Dresden zu investieren. Nun lohnt es sich, zusätzlich die Bevölkerungsentwicklung von Dresden[3] zu betrachten. Diese weist zurzeit einen Anstieg auf, der Prognosen zufolge weiter zunehmen wird. Steigende Einwohnerzahlen sorgen für eine höhere Nachfrage nach Immobilien zur Miete und zum Kauf. Dies treibt die Preise vermutlich noch weiter nach oben.

Stichwort Mietentwicklungen: Diese Komponente des Vergleichs zwischen München und Dresden soll ebenfalls durchgeführt werden. Erneut wird von einer 60-Quadratmeter-Wohnung ausgegangen.

München:

Jahr	Mietzins pro m^2
2011	11,95 €
2012	12,27 €
2013	13,06 €
2014	14,49 €
2015	14,84 €
2016	17,92 €
2017	18,71 €
2018	18,11 €

Quelle: wohnungsboerse.net[4]

---

[3] Vgl. https://www.dresden.de/de/leben/stadtportrait/statistik/bevoelkerung-gebiet/bevoelkerungsprognose.php
[4] Vgl. https://www.wohnungsboerse.net/mietspiegel-Muenchen/2091

Dresden:

Jahr	Mietzins pro m²
2011	5,67
2012	5,98 €
2013	6,23 €
2014	6,63 €
2015	6,78 €
2016	7,09 €
2017	7,41 €
2018	7,51 €

Quelle: wohnungsboerse.net[5]

An Mieterträgen würde die Münchner Wohnung laut Stand von 2018 und mit 60 Quadratmetern Wohnfläche angesetzt also 60 x 18,11 € = 1.086,60 € abwerfen. Demgegenüber steht die Dresdner Wohnung unter denselben Flächenkonditionen im Jahre 2018 mit 60 x 7,51 € = 450,60 € zu Buche.

Zwar verspricht München höhere Mieterträge, jedoch ist die Wohnung nicht finanzierbar. Dementsprechend bringt sich Dresden als Alternative ein. Untersucht man die Miete näher und setzt sie in Relation zum Kaufpreis, fällt auf, dass die Dresdner Wohnung im Vergleich zur Münchner Wohnung zum selben Preis mehr bieten würde: Denn während auf Dresden in Relation zum Kaufpreis lediglich knapp 315 Mieteinnahmen notwendig sind, um den Kaufpreis zu refinanzieren, sind es bei der Münchner Wohnung knapp über 428 Mieteinnahmen. Drei dieser Wohnungen in Dresden zu kaufen, würde nach wie vor einen geringeren Kaufpreis als in München bedeuten und zugleich mehr Mieteinnahmen einbringen. Des Weiteren ist in Städten wie Dresden, die im Vergleich mit den Big Cities hinsichtlich des Immobilienpreises hinterherhinken, noch weitaus mehr Wachstumspotenzial gegeben,

---

5   Vgl. https://www.wohnungsboerse.net/mietspiegel-Dresden/7351

während Städte wie München bald ihren Gipfel erreichen könnten. Der Kapitalanleger entscheidet sich letzten Endes für Dresden, wo er eine kleinere, aber dafür neuere und zentraler gelegene Wohnung kauft als ursprünglich geplant. Er investiert 132.000 € in den Kauf der Wohnung und vermietet diese für aktuell 440 € monatlich – reine Nettomiete. Es bleibt abzuwarten, wo die Entwicklung hinführt…

Dieses umfassende Beispiel zeigt mehrere Dinge, aber allem voran eines: Die Kapitalanlage erfolgt idealerweise in Städte, die im Vergleich zu den Big Cities gemäßigte Mietspiegel und Immobilienpreise vorzuweisen haben. In Big Cities besteht die Gefahr, dass durch den Staat erlassene Gesetze die Mietpreise stark senken oder eingrenzen. Darüber hinaus besteht die Wahrscheinlichkeit für eine geringere Rendite auf einen langfristigen Horizont betrachtet. Grund: Ausgehend von der These, dass die „fetten Jahre" der Vermieter in Städten wie Dresden noch kommen werden, ist es möglich, dass auf die Dauer von drei Jahrzehnten aus 100.000 € Immobilienpreis ein Immobilienpreis in Höhe von 600.000 € werden kann. Und was passiert in München? Dort wird bestenfalls aus 450.000 € ein Immobilienpreis von 600.000 € – mehr Kapitaleinsatz, geringere Rendite. Zudem schwebt ein weiterer Aspekt über den Großstädten wie eine dunkle Wolke: Die Immobilienblase. Sie stellt den Inbegriff von Furcht und Sorge für Zweifler am Immobiliengeschäft dar. Doch eines darf gesagt sein: Wenn die Immobilienblase platzt, dann erwischt es Städte und Stadtteile, in denen eine 60-Quadratmeter-Wohnung mehr als eine Million Euro kostet. Städte wie Dresden, in denen eine vergleichbare Wohnung zehn Mal weniger kostet, werden mit einem blauen Auge davonkommen, sodass der Wert der Immobilie auf lange Sicht steigen wird.

Schlussendlich gilt, dass Kapitalanleger – ob Groß- oder Kleinanleger – am besten mit der Strategie beraten sind, die Preisentwicklungen und Mietspiegel in Städten dazu heranzuziehen, um den groben Standort einer zum Investment geeigneten Immobilie zu bestimmen. Dieser grobe Standort ist in der Stadt gegeben, die finanzierbare Immobilienpreise aufweist, die mit bis zu 4.000 €

unter den Quadratmeterpreisen in Big Cities wie München, Stuttgart und Berlin liegen. Die Preis- und Mietentwicklungen sollten dennoch einen Trend nach oben aufweisen.

Stadtteil und Immobilie aussuchen: Makro-, Meso- und Mikro-Lage

Da mit den Preisentwicklungen und Mietspiegeln die grobe Richtung festgelegt wird, ist hiermit lediglich die Stadt bestimmt. Im weiteren Verlauf wird es erforderlich, aus der Stadt vielversprechende Stadtteile zu bestimmen. Diesbezüglich dürften die Lagekriterien aus dem ersten Buch der Reihe bekannt sein: Makro-, Meso- und Mikro-Lage sowie die Entwicklungen in Stadt und Stadtteil. Es wird als Beispiel erneut auf Dresden zurückgegriffen, um die vorigen Erkenntnisse weiterzuführen.

Zunächst sei klargestellt, dass eine zentrale Lage immer vorteilhaft ist. Denn im Zentrum befinden sich – so ist es auch in Dresden der Fall – neben dem Hauptbahnhof als zentralem Reisepunkt und Bindeglied zu den Stadtteilen ebenso Shopping-Zentren, Restaurants, Kinos, Bars, Diskotheken, Sehenswürdigkeiten und andere öffentliche Einrichtungen. Doch welche Stadtteile sind gut ans Zentrum angebunden und sind selbst vielversprechend bestückt; also mit einer guten Mikro-Lage versehen? Hier müssen Kapitalanleger selbst recherchieren. Bei der Recherche ergeben sich die folgenden Stadtteile für Dresden:

- ♦ *Strehlen*
- ♦ *Albertstadt*
- ♦ *Dobritz*
- ♦ *Friedrichstadt*

Diese vier Beispiele dürften ausreichen. Bei einer kurzen Recherche erfährt man im Internet näheres zu den Stadtteilen.

Strehlen ermöglicht ein gehobenes Wohnen in zentraler Lage[6], so der Blog „So lebt Dresden". Der Dresdner Zoo, zahlreiche Grünanlagen, prachtvolle Bauten, die berühmte Palucca Hochschule sowie die nahe Lage zum Hauptbahnhof machen Strehlen zu einem interessanten Ort als Kapitalanlage. Die Preisentwicklungen weisen einen Trend nach oben auf, ebenso die Mietspiegel.

Albertstadt liegt weiter nördlich und weist einiges an Freizeitmöglichkeiten auf – von Diskotheken über das Eventwerk bis hin zum Carola-Park gibt es nichts zu bemängeln. Da viele Einrichtungen und Gewerbe ansässig sind, wird es an Arbeitsstellen vor der Haustür nicht mangeln. Die Preisentwicklungen und Mietspiegel verbuchen auch hier einen Anstieg. Der Haken dabei: In Albertstadt gibt es wenige Wohnungen. Dies bedeutet, dass ein Stadtteil von hohem kulturellem Wert und mit mehreren Freizeitmöglichkeiten nur wenige Wohnmöglichkeiten offeriert. In Anbetracht der Entwicklungen von Preisen und Mietspiegeln darf sich jeder Kapitalanleger glücklich schätzen, der hier sein Geld anlegt.

Dobritz sieht partiell ansprechend aus. Den vielen Plattenbauten sind mehrere Straßen und Gebiete des Stadtteils mit Grünanlagen, hübschen Fachwerkhäusern und zahlreichen Angeboten für Sportbegeisterte entgegengesetzt. Insbesondere die Ein- und Mehrfamilienhäuser am äußeren Rand von Dobritz gestalten sich in Kombination mit den Grünflächen, welche Kindern zahlreiche Spielmöglichkeiten bieten, für die Familien als eine interessante Option zur Miete. Auch wenn Preisentwicklungen und Mietspiegel langsam ansteigen, erweist sich Dobritz als ein Stadtteil mit guten Perspektiven für Kapitalanleger.

Friedrichstadt jedoch übertrifft für Kapitalanleger in Dresden die anderen drei Stadtteile bei Weitem: Eine kreative und hippe Künstlerszenen, Restaurants auf Dächern und öffentliche Angebote für Jung und Alt machen den Stadtteil zu einem aufstrebenden und für Kapitalanleger heißen Pflaster. Die Lage besticht durch die Nähe zur Altstadt

---

[6] Vgl. https://so-lebt-dresden.de/wohnen-und-leben-im-stadtteil-dresden-strehlen/

sowie zum Hauptbahnhof. Mietspiegel und Preisentwicklungen zeigen in Relation zu den anderen drei Stadtteilen erstaunlich gering nach oben, aber die Kreativszene und das öffentliche Angebot deuten Großes an. Unter Umständen lässt sich im Verlaufe der nächsten 20 bis 30 Jahre eine Gentrifizierung wie im Falle von Berlin-Kreuzberg feststellen. Und wer würde heute, könnte er die Zeit zurückdrehen und es sich finanziell leisten, nicht in Berlin-Kreuzberg investieren, wo die Mieten für 60-Quadratmeter-Wohnungen Stand jetzt (November 2019) bei weit über 1.500 € im Monat liegen können – kalt und nicht warm; versteht sich…

Diese Vorgehensweise hat beispielhaft aufgeführt, wie es nach der Ermittlung einer für Kapitalanlagen geeigneten Stadt weitergehen könnte: Es werden einzelne Stadtteile ausgewählt, die dem Zentrum möglichst nah sind oder von denen aus das Zentrum schnell erreichbar ist. Dabei ist auf das Angebot der Stadtteile zu achten – sowohl in kultureller als auch beruflicher Hinsicht. Geschichte, Architektur und mutmaßliche Entwicklungen in der Zukunft fallen ebenso ins Gewicht. Dabei ist es essenziell, von der Stadt an sich auszugehen: Was beispielsweise in dem Beispiel nicht adäquat erläutert wurde, waren die Qualitäten von Dresden. Denn einzelne vielversprechende Stadtteile in einer Stadt, die wenig zu bieten hat, haben ein bedingtes Potenzial. Dresden jedoch liefert mit der atemberaubenden Natur in der nahegelegenen Sächsischen Schweiz, einem eigenen Flughafen, mehreren Hotels, zahlreichen öffentlichen Einrichtungen, Museen und Sehenswürdigkeiten die idealen Voraussetzungen. Darin eine potenzielle Goldgrube wie Friedrichstadt zu finden, hat einen unermesslichen Wert.

Somit ist die Devise in der Immobilienauswahl, eine Mehrzahl an Städten (z.B. Dresden, Leipzig, Essen) zu bestimmen, um anschließend diese Städte im Hinblick auf nah am Zentrum gelegene oder gut ans Zentrum angebundene Stadtteile zu untersuchen. Die Stadtteile, auf die dies zutrifft, werden möglichst präzise untersucht. Kriterien sind dabei u. a.:

- ♦ Preisentwicklungen
- ♦ Mietspiegel

- Angebote vor Ort (z. B. kulturell, beruflich)

- Bevölkerungsentwicklung

- Arbeitslosenquote

- Freizeiteinrichtungen

- Arbeitsstellen

- Beliebtheitswerte (z. B. Künstlerszene, Hippie-Szene)

Je positiver und perspektivreicher der jeweilige Stadtteil abschneidet, desto mehr bringt er sich für ein Investment ins Gespräch. So werden aus mehreren Städten mehrere Stadtteile in diesen Städten. Aus diesen Stadtteilen werden mehrere Immobilien herausgesucht, die aktuell zum Verkauf stehen. Diese gilt es zu besichtigen und hinsichtlich ihres Werts zu beurteilen.

Wertermittlung einzelner Immobilien

Wurden Immobilien aus den bevorzugten Stadtteilen ausgewählt, weil sie auf den Kapitalanleger ansprechend erscheinen und auf den ersten Blick finanzierbar sind, wird idealerweise nicht direkt Kontakt aufgenommen, sondern zunächst der ausgeschriebene Kaufpreis überprüft. Ziel dieser Überprüfung ist es, noch vor der Besichtigung oder überhaupt der Vereinbarung zu einer Besichtigung einen Eindruck davon zu erhalten, ob das Angebot fair ist. Sollte sich nämlich herausstellen, dass der ausgeschriebene Kaufpreis deutlich über dem Wert vergleichbarer Immobilien liegt oder den möglichen Ertrag übersteigt, ist das Investment nicht lukrativ. In diesem Fall ist eine Besichtigung hinfällig. Zudem bildet die Wertermittlung der Immobilie noch vor einer Besichtigung eine gute Vorbereitung auf dieselbige und dient als Grundlage zur Kaufentscheidung für die Phase nach der Besichtigung.

Zur Beurteilung des Immobilienwerts empfiehlt sich ein etabliertes, anerkanntes und mehrere Komponenten berücksichtigendes Verfahren. Die Theorie kennt drei solcher Verfahren zur Wertermittlung von Immobilien:

♦ Vergleichswertverfahren

♦ Ertragswertverfahren

♦ Sachwertverfahren

Beim ersten Verfahren wird der Wert der Immobilie anhand eines Vergleichs mit anderen Immobilien ermittelt. Das Ertragswertverfahren bestimmt den Gebäudewert anhand des potenziellen Ertrags, den es liefern wird. Im Sachwertverfahren werden Eigenschaften der Immobilie zur Wertermittlung herangezogen, um anhand des Zustandes und der Substanz des Gebäudes einzig und allein den Wert der Sache zu bestimmen.

Die Anwendung des Sachwertverfahrens entfällt bei einem Immobilieninvestment zur Vermietung. Grund dafür ist, dass ein Gebäude in bestem Zustand sein kann, aber wenn es sich keiner guten Lage befindet und keine Vermieter anzieht, dann hat es einen geringen Wert. Unter Umständen steht es jahrelang leer und hat keinen Wert, da es kein Geld abwirft. Anders würde es aussehen, wenn der eigentliche Vermieter in einem Einfamilienhaus mit seiner Familie wohnen und dieses nutzen würde. Er hat das für sich passende ausgewählt, was sogar durchaus abgelegen sein kann. Sofern der Familie die Lage zusagt, ist die wichtigste Voraussetzung geschaffen. Nun kommt es nur noch auf den Sachwert an, schließlich möchte die Familie in einem schicken Haus wohnen und von einer soliden Bausubstanz profitieren.

Viel passender ist das Ertragswertverfahren bei einer Vermietung: Die Immobilie soll durch die Mieteinnahmen einen Ertrag bringen. Diese Methode ist zur Wertermittlung der Immobilie somit geeignet und erweist sich neben der Vermietung auch bei Geschäftsräumen, Lagerhallen und Bürogebäuden als passend. Überall wo die Immobilie dem Ertrag gewidmet ist, dient das Ertragswertverfahren der Wertermittlung.

Zuletzt fügt sich das Vergleichswertverfahren als weitere Methode überzeugend ins Gesamtbild ein. Problematisch ist, dass zur Umsetzung dieses Verfahrens strenge Voraussetzungen gelten. Werden diese nicht erfüllt, eignet sich die Methode nicht. Sollten hingegen bei der eigenen Immobilie und der bzw. den Immobilien, die zum Vergleich herangezogen werden, sämtliche Daten verfügbar sein, dann ist das Vergleichswertverfahren so einfach wie präzise.

Da für Vermieter das Vergleichs- und Ertragswertverfahren nahezulegen sind, werden diese in den folgenden Abschnitten erläutert und mit jeweils einem Beispiel vorgestellt. Das Sachwertverfahren bleibt außen vor.

Vergleichswertverfahren

Das Vergleichswertverfahren für bebaute Grundstücke – also mit Gebäuden – ist dann umsetzbar, wenn folgende Kriterien zwischen den zu vergleichenden Immobilien gegeben sind (vgl. Mannek, 2016[7]):

- ♦ Grundrisse sind identisch oder weichen nur geringfügig voneinander ab
- ♦ Wohnflächen sind identisch oder weisen nur geringe Abweichungen auf
- ♦ Grundstücke liegen in derselben Gegend
- ♦ Größen der Grundstücke dürfen nur geringfügig voneinander abweichen
- ♦ Anzahl der Zimmer ist identisch
- ♦ Anzahl der Geschosse ist identisch
- ♦ Grundstücke und Immobilien weisen denselben Modernisierungsstand auf
- ♦ Gebäude sind im selben Jahr errichtet worden
- ♦ Ausstattung der Gebäude im Hinblick auf Elektro, Sanitär, Heizung u. Ä. ist identisch

Was in den genannten Beispielen „geringfügig" oder „gering" konkret bedeutet, ist jedem Leser zur Deutung selbst überlassen.

---

[7] Mannek, W.: Profi-Handbuch Wertermittlung von Immobilien, 2016. S. 42f

Fakt ist, dass bei starken Abweichungen das Vergleichswertverfahren nur mit Zweifeln möglich ist. Es funktioniert der Erfahrung nach bei Reihenhäusern und Wohngebäuden gut, da die hiesigen Wohnräume direkt an andere grenzen und meistens einander ähneln.

Nichtsdestotrotz ereignet es sich in Wohngebäuden hin und wieder, dass es drei verschiedene Modelle von Wohnungen gibt: Beispielsweise verfügen die Wohnungen im Erdgeschoss über einen größeren Balkon, der fast schon eine Terrasse ist. Die Wohnungen in den oberen Stockwerken haben kleinere Balkons. Von der Wohnfläche her stimmen sämtliche Wohnungen überein, mit Ausnahme derjenigen in der obersten Etage, die fast das Doppelte der Wohnfläche der anderen Wohnungen verzeichnet. Lässt sich das Vergleichswertverfahren anwenden? Da nur die Wohnflächen und nicht die Qualität sowie Ausstattung der Wohnungen abweichen, ist durch die folgende Formel das Vergleichswertverfahren nach wie vor anwendbar:

Formel:

Preis pro Quadratmeter Wohnfläche x Wohnfläche der
Eigentumswohnung in Quadratmeter

Das Endergebnis ist der Wert der Eigentumswohnung, die gerade mit den anderen Wohnungen verglichen wird. Der Schlüssel ist also der Preis pro Quadratmeter. Diesen findet man heraus, indem man den Kaufpreis einer Wohnung durch die Wohnfläche teilt.

Beispielrechnung:
Die Wohnung, die Justus M. kaufen möchte, hat 90 Quadratmeter. Eine Vergleichswohnung im selben Gebäudekomplex verfügt über 85 Quadratmeter Wohnraum und wurde vor fünf Monaten für 155.000 € gekauft. Hier lag der Preis pro Quadratmeter bei 155.000 €: 85 m² = 1.823,53 €/m². Diesen Quadratmeterpreis multipliziert Justus M. nun mit der Wohnfläche in Quadratmeter, die sein potenzielles Kaufobjekt bietet: 1.823,53 €/m² x 90 m² = 164.117,70 €. Da es sich um eine größere Wohnung handelt, ist der höhere Preis berechtigt.

Anders würde es sich verhalten, wenn die Vergleichswohnung eine umfassendere Ausstattung aufweisen würde, wie es zum Beispiel bei einem Kamin, wesentlich besserer Dämmung und/oder anderen Dingen der Fall ist.

Hinweis!

Das Vergleichswertverfahren kann nur dann zuverlässig durchgeführt werden, wenn die Vergleichsimmobilie zeitnah erstanden wurde. Sollte beispielsweise der Kauf der Vergleichsimmobilie fünf Jahre her sein, lässt sich angesichts der stetig steigenden Immobilienpreise in Groß- und mittlerweile immer mehr Kleinstädten sowie der Stadtumgebung kein Vergleich ziehen. Die Immobilie wird in der Regel unterschätzt, da die positive Preisentwicklung missachtet wird.

Ertragswertverfahren

Abgesehen vom Vergleichswertverfahren hat sich das Ertragswertverfahren bei Vermietern ein hohes Ansehen erarbeitet. Verantwortlich dafür zeichnet die Tatsache, dass es den potenziellen Mietertrag einbezieht und somit lukrativere Käufe in Aussicht stellt. Denn die Problematik des Vergleichswertverfahrens spiegelt sich neben den strengen Voraussetzungen für seine Umsetzbarkeit darin wider, dass die Vergleichswohnung nicht zwingend von einem Kapitalanleger gekauft wurde. Die Krux an der Sache: Wohnungen, die zur Eigennutzung gekauft werden, wandern tendenziell teurer über den Tisch. Denn die Menschen sind beim Kauf emotionaler und bereit, für die Erfüllung der eigenen Wünsche oder Träume einen höheren Preis zu bezahlen.

Nun zur Umsetzung des Ertragswertverfahrens:

Im Rahmen des Ertragswertverfahrens wird zunächst der jährlich zu erwartende Rohertrag des Gebäudes herangezogen. In die Berechnung des Rohertrags sind alle zu erwartende Einnahmen durch das Gebäude einzubeziehen. Handelt es sich beim Büro um die Kunden und die Umsätze durch diese, ist dies bei einer Vermietung die Miete. Nun müssen von diesem Rohertrag die jährlichen Kosten für die Bewirtschaftung – bei einer Vermietung die Betriebskosten – subtrahiert werden.

Nach dieser Rechnung ist der jährliche Reinertrag gegeben, welcher allerdings bei Weitem noch nicht den Ertragswert darstellt. Dafür muss weitergerechnet und für den Bodenwert eine Verzinsung abgerechnet werden. Grund dafür ist, dass Boden- und Gebäudewert getrennt ermittelt werden, die festgesetzten Mietzahlungen jedoch beides betreffen. Um eine doppelte Erfassung des Grundstückswerts zu verhindern, wird nach § 185 Absatz 2 Satz 1 BewG (Bewertungsgesetz)[8] der Gesamtertrag um die inkludierte Bodenrente gemindert. Der Verzinsungsbetrag des Bodenwerts wird berechnet, indem folgende Rechnung getätigt wird:

Formel:

Verzinsungsbetrag des Bodenwerts = (Bodenwert x Liegenschaftszinssatz) : 100

Der Liegenschaftszinssatz verdeutlicht, welche Rendite auf den Grund und Boden zurückzuführen ist. Je höher er ausfällt, umso niedriger ist der Wert der Gebäude. Je niedriger der Liegenschaftszinssatz ist, umso höher sind die Gebäude im Wert. Ohne allzu weit vom Thema abzuschweifen: Den Liegenschaftszinssatz erfahren Anleger vom Gutachterausschuss der jeweiligen Region. Dieser hat die Liegenschaftszinssätze zuverlässig ermittelt. Dann wird der Zinssatz in die Formel eingesetzt und entsprechend weitergerechnet. Das Ergebnis ist die Verzinsung des Bodenwerts als ein Betrag, der vom jährlichen Reinertrag subtrahiert wird.

---

[8] Vgl. https://dejure.org/gesetze/BewG/185.html

Hinweis!

Hinter dem Bodenwert verbirgt sich eine wichtige Größe, die bereits im ersten Buch der Reihe thematisiert wurde und neben dem Ertragswertverfahren bei der Abschreibung für Abnutzung und weiteren buchhalterischen Vorgängen wichtig ist. So wichtig der Bodenwert auch ist, mindestens genauso schnell und einfach ist er erklärt: Wie bereits der Liegenschaftszinssatz werden die Werte bei den zuständigen Geschäftsstellen der Gutachterausschüsse erfragt. Allerdings hat die Sache einen Haken: Die Gutachter berechnen den Bodenrichtwert; also den Wert pro Quadratmeter in Euro. Dieser muss daraufhin mit der Grundstücksfläche in Quadratmeter multipliziert werden, um den gesamten Bodenwert zu ermitteln[9].

Formel: Bodenwert (€) = Bodenrichtwert (€ pro m²) x Grundstücksfläche (m²)

Nach der Subtraktion des Verzinsungsbetrags des Bodenwerts ergibt sich der Reinertragsanteil der baulichen Anlagen. Nun wird der letzte Schritt vorgenommen, um den vorläufigen Ertragswert der baulichen Anlagen zu ermitteln: Der Reinertragsanteil der baulichen Anlagen ist mit dem Vervielfältiger zu multiplizieren. Beim Vervielfältiger handelt es sich stets um eine grobe Schätzung, deren Sinn ist, die Liegenschaftszinssätze und die verbliebene Nutzungsdauer das Gebäudes in die Rechnung einzubeziehen, um den Ertragswert realistisch zu bestimmen. Denn ist ein Gebäude äußerst alt, ist von einer geringeren Restnutzungsdauer und somit einem geringeren Ertrag auszugehen. Ziel ist eine unverfälschte und realistische Abbildung des realen Ertragswerts durch die Rechnung. Dabei ist der Vervielfältiger eine wichtige Unterstützung und ein integraler Bestandteil.

Die folgende Tabelle klärt über den anzuwendenden Vervielfältiger auf. Sie ist in Anlehnung an Wilfried Mannek (2016)[10] erstellt und der Einfachheit wegen gekürzt sowie modifiziert. Je älter und

---

[9] Vgl. https://www.immobilienscout24.de/immobilienbewertung/lexikon/bodenrichtwert.html
[10] Vgl. Mannek, W.: Profi-Handbuch Wertermittlung von Immobilien, 2016. S. 78ff

sanierungsbedürftiger das Gebäude, umso geringer ist die Restnutzungsdauer zu wählen. Je höher die Nachfrage nach Immobilien, umso geringer ist der Liegenschaftszinssatz zu wählen. Jeder Restnutzungsdauer in der linken Spalte ist ein Liegenschaftszinssatz in der oberen Zeile zuzuordnen. In dem Feld, in dem sich die jeweilige Restnutzungsdauer und der Liegenschaftszinssatz treffen, steht der für die Rechnung anzuwendende Vervielfältiger.

Hinweis!

Da die Tabelle modifiziert ist, sind links Zeitspannen gegeben – ebenso beim Vervielfältiger. Bei den Spannen gilt: Je länger die Restnutzungsdauer, umso höher der Vervielfältiger. Steht beispielsweise eine Restnutzungsdauer von sieben Jahren bei einem Liegenschaftszinssatz von 3 % zur Debatte, dann wird aus dem Vervielfältiger zwischen 0,97 und 8,53 eine höhere Zahl gewählt, beispielsweise 6. In der Beispielrechnung unterhalb der Tabelle wird der Sachverhalt verdeutlicht.

	1	2	3	4	5	6	7	8	9	10
1-10	0,99 – 9,47	0,99 – 8,98	0,97 – 8,53	0,96 – 8,11	0,95 – 7,72	0,94 – 7,36	0,93 – 7,02	0,93 – 6,71	0,92 – 6,42	0,91 – 6,14
11-20	10,37 – 18,05	9,79 – 16,35	9,25 – 14,88	8,76 – 13,59	8,31 – 12,46	7,89 – 11,47	7,50 – 10,59	7,14 – 9,82	6,81 – 9,13	6,50 – 8,51
21-30	18,86 – 25,81	17,01 – 22,40	15,42 – 19,60	14,03 – 17,29	12,82 – 15,37	11,76 – 13,76	10,84 – 12,41	10,02 – 11,26	9,29 – 10,27	8,65 – 9,43
31-40	26,54 – 32,84	22,94 – 27,36	20,00 – 23,11	17,59 – 19,79	15,59 – 17,16	13,93 – 15,05	12,53 – 13,33	11,35 – 11,92	10,34 – 10,76	9,48 – 9,78
41-50	33,50 – 39,20	27,80 – 31,42	23,41 – 25,73	19,99 – 21,48	17,29 – 18,26	15,14 – 15,76	13,39 – 13,80	11,97 – 12,23	10,79 – 10,96	9,80 – 9,91
51-60	39,80 – 44,96	31,79 – 34,76	25,95 – 27,68	21,62 – 22,62	18,34 – 18,93	15,81 – 16,16	13,83 – 14,04	12,25 – 12,38	10,97 – 11,05	9,92 – 9,97
61-70	45,50 – 50,17	35,06 – 37,50	27,84 – 29,12	22,71 – 23,39	18,98 – 19,34	16,19 – 16,38	14,06 – 14,16	12,39 – 12,44	11,05 – 11,08	9,97 – 9,99
71-80	50,66 – 54,89	37,74 – 39,75	29,25 – 30,20	23,46 – 23,92	19,37 – 19,60	16,40 – 16,51	14,17 – 14,22	12,45 – 12,47	11,09 – 11,10	9,99 – 10,00

| 81-90 | 55,34 – 59,16 | 39,95 – 41,59 | 30,29 – 31,00 | 23,96 – 24,27 | 19,62 – 19,75 | 16,52 – 16,58 | 14,23 – 14,25 | 12,48 – 12,49 | 11,10 – 11,11 | 10,00 10,00 |
| 91-100 | 59,57 – 63,03 | 41,75 – 43,10 | 31,07 – 31,60 | 24,30 – 24,51 | 19,76 – 19,85 | 16,58 – 16,62 | 14,26 – 14,27 | 12,49 – 12,49 | 11,11 – 11,11 | 10,00 10,00 |

Nach der Multiplikation mit dem vorläufigen Ertragswert der baulichen Anlagen erhält man dank des Vervielfältigers den vorläufigen Ertragswert insgesamt. Sofern es durch gebäudespezifische Merkmale, wie beispielsweise Mängel, einen Grund für umfassende Renovierungsarbeiten gibt, muss der entsprechende Betrag ebenfalls subtrahiert werden, um aus dem vorläufigen Ertragswert den endgültigen Ertragswert zu gewinnen. Sind keine umfassenden Mängel vorhanden, ist der vorläufige Ertragswert gleich dem endgültigen Ertragswert.

Beispielrechnung:

Manfred L. kauft eine Immobilie, deren Bodenwert auf 12.000 € beträgt. Den jährlichen Rohertrag durch die Mieteinnahmen setzt er mit 6.000 € an.

Davon zieht er unter den Bewirtschaftungskosten die Kosten für Instandhaltung, Verwaltung und Versicherungen ab, die sich auf 2.000 € belaufen. Die Finanzierungskosten spielen im Ertragswertverfahren keine Rolle. Es ergibst sich nach Abzug der Bewirtschaftungskosten ein jährlicher Reinertrag von 4.000 € für das Grundstück.

Im nächsten Schritt wird die Verzinsung des Bodenwerts berechnet. Hierzu hat Manfred L. zusätzlich zum Bodenwert von 12.000 € den benötigten Liegenschaftszinssatz erfahren, der in seinem Fall bei 4,5 % liegt. Diese Angaben setzt er in die Formel ein: Verzinsung des Bodenwerts = (Bodenwert x Liegenschaftszinssatz) : 100 = 540.

Die Verzinsung des Bodenwerts ist vom jährlichen Reinertrag des Grundstücks zu subtrahieren: 4.000 € - 540 € = 3.460 €. Dies ist der Reinertragsanteil der baulichen Anlagen.

Um aus dem Reinertragsanteil der baulichen Anlagen den vorläufigen Ertragswert der baulichen Anlagen zu gewinnen, wird das bisherige Ergebnis mit dem Vervielfältiger multipliziert. Da Manfred L. bei dem Gebäude mit einer Restnutzungsdauer von 40 Jahren rechnet und aufgrund der hohen Nachfrage nach Wohnungen in dem Gebiet den Liegenschaftszins von 4,5 % auf 4 % senkt, liest er aus der Tabelle den Vervielfältiger 19,79 heraus. Die Formel fürs weitere Vorgehen lautet: Vorläufiger Reinertragsanteil der baulichen Anlagen x Vervielfältiger = Vorläufiger Ertragswert der baulichen Anlagen. Für die weitere Vorgehensweise bedeutet dies: 3.460 € x 19,79 = 68.473,40 €.

Es fallen keine umfangreichen Sanierungsarbeiten an und das Gebäude befindet sich in keinen sonstigen Umständen, die eine Korrektur des Gebäudewerts nach oben oder unten rechtfertigen würden. Somit ist der vorläufige Ertragswert der baulichen Anlagen gleich der vorläufige Ertragswert insgesamt. Da es in der Praxis üblich ist und sich von der Schätzung her bewährt, wird am Ende die Summe aufgerundet: Aus 68.473,40 € wird ein Ertragswert in Höhe von 70.000 €.

Der Wert aus diesem Beispiel mag gering erscheinen, doch es wurden gezielt von Beginn an Voraussetzungen für diesen geringen Wert geschaffen: Geringer Bodenwert, geringer Rohertrag und geringe Restnutzungsdauer. Dieses Beispiel hat veranschaulicht, dass das Ertragswertverfahren auch bei Immobilien eines geringen Werts zuverlässige und authentische Werte liefert. Die Endsumme darf beim Kauf gezahlt werden. Der Gewinn ist in der Verzinsung des Bodenwerts, einer nicht einkalkulierten Mietsteigerung sowie den ebenso nicht einkalkulierten Steuervorteilen und dem Wiederverkauf bzw. der Wertsteigerung bei Behalt der Immobilie gegeben. Dementsprechend erhalten Anleger durch das Ertragswertverfahren als Ergebnis die Summe, die sie definitiv beim Kauf investieren dürfen.

Formel:

   I. Jährlicher Rohertrag – Bewirtschaftungskosten = Jährlicher Reinertrag

  II. Jährlicher Reinertrag – Verzinsung des Bodenwerts = Reinertragsanteil der baulichen Anlagen

III. Reinertragsanteil der baulichen Anlagen x Vervielfältiger = Vorläufiger Ertragswert der baulichen Anlagen

IV. Vorläufiger Ertragswert der baulichen Anlagen +/- Marktanpassung +/- objektspezifische Grundstücksmerkmale und deren Ertrag bzw. Kosten = Endgültiger Ertragswert (optionaler Schritt)

Fazit: Mit etwas Rechenübung Täuschungen im Kaufpreis aus dem Weg gehen!

Das Sachwertverfahren ist am einfachsten umsetzbar. Beim Vergleichswertverfahren wiederum wird Kapitalanlegern Rechenarbeit abverlangt. Die Gesamtübersicht über die Formel und das Beispiel haben jedoch gezeigt, dass sich keine komplexe Rechenarbeit dahinter verbirgt; sie ist lediglich umfangreich. Mit diesen beiden Verfahren ist es möglich, noch vor der Besichtigung der Immobilie oder einer Terminvereinbarung per Telefon eine erste Einschätzung bezüglich der Fairness des Kaufpreises zu erlangen. Zudem wird durch die Erkundigung über den Liegenschaftszinssatz und die Bodenrichtwerte Wissen über die Lage der Immobilie erlangt. Je höher der Liegenschaftszinssatz im Vergleich mit anderen Gegenden ist, umso gefragter ist die jeweilige Immobilienlage und somit die Immobilie selbst.

Für die Besichtigung: Grundriss, Baualtersklasse, Energiesparen und Mängelerfassung

Nun steht der Termin zur Besichtigung an. Was errechnet wurde, spielt bei Betritt des Grundstücks und der Immobilie nur noch im Hinterkopf eine Rolle. Die gesamte Aufmerksamkeit gilt der Immobilie. Diese darf unter keinen Umständen mit leuchtenden Augen und geblendet vom Traum der ersten Immobilie zur Kapitalanlage inspiziert werden. Alle Aufmerksamkeit hat mit kritischen Blicken auf der Immobilie und deren Begehung zu ruhen. Es mag sein, dass der Verkäufer Schäden offenlegen muss, doch möglicherweise kennt er einige Schäden nicht. In jedem Fall ist eine eigene aufmerksame Immobilienbesichtigung, die schon beim Grundriss anfängt, erforderlich. Sollte von vornherein bekannt sein, dass das Gebäude in den 40er, 50er oder 60er Jahren erbaut wurde, ist aufgrund der minderwertigen Baumaterialien und des möglicherweise vorhandenen Asbests ein Fachmann zur Besichtigung mitzunehmen; am besten zur zweiten Besichtigung. Ratschläge zu diesen Aspekten sowie zum Energiesparen und zur Mängelerfassung runden den Abschnitt ab.

Grundriss

Der Grundriss wird üblicherweise bereits vor der Besichtigung vom Makler oder Verkäufer ausgehändigt. Alternativ ist ein Foto des Grundrisses dem Exposee oder der Anzeige im Internet beigefügt. Mit dem Grundriss beginnt der Eindruck von der Immobilie, der genau dann positiv ausfällt, wenn die Zeichnung folgende Anforderungen erfüllt (Hebisch, 2018[11]):

♦ Erstellungsdatum und Maßstab sind angegeben

♦ Sämtliche Arten von Anschlüssen sind an den richtigen Stellen eingezeichnet

♦ Ausrichtungsangabe durch einen Pfeil oder ein anderes Element mit Himmelsrichtung

♦ Außentreppe, Balkon und weitere zur Wohnung gehörende oder der Wohnung angeschlossene Elemente sind aufgeführt

♦ Nutzräume sind von Schlafzimmern klar differenziert eingezeichnet

♦ Anzahl der Räume ist korrekt

♦ Dachschrägen sind eingezeichnet

♦ Maße der Räume sind angegeben

♦ Türen sind markiert

Ist der Grundriss zusätzlich klar leserlich oder gar mit einer Software erstellt, ist der erste Eindruck durchweg positiv. Der Grund-

---

[11] Vgl. Hebisch, B.: *Immobilien richtig besichtigen*, 2018. S. 44

riss wird ausgedruckt und bei der Besichtigung mit den realen Verhältnissen vor Ort in der Immobilie abgeglichen. Sollten deutliche oder viele kleine Abweichungen auftreten, sind die Gründe dafür beim Makler oder Verkäufer zu erfragen. Es empfiehlt sich, Abstand vom Kauf zu nehmen. Denn wer im Grundriss Fehler begeht oder Dinge gar deutlich vertuscht, wird ebenso Mängel der Wohnung übersehen oder kaschieren.

Baualtersklasse

Neben dem Grundriss ist die Baualtersklasse ein aufschlussreicher Aspekt vor und bei der Besichtigung. Sollte ein Gebäude vor 1918 erbaut worden sein, handelt es sich häufig um ein komplett saniertes Gebäude. Dies sind mehrheitlich Ein- und Mehrfamilienhäuser, die in Stadtkernen und Dörfern auffindbar sind. Bei einem Kauf einer solchen Immobilie im Stadtkern lässt sich eine hohe Gewinnspanne erzielen.

Gebäude aus der Epoche 1949 bis 1957 erweisen sich als kritisch. Denn in der Nachkriegszeit wurden Wohnungen und Häuser auf das Minimalmaß reduziert und es wurden Baumaterialien gewählt, die vereinzelt Trümmer und Schutt enthielten. Anleger sind gut damit beraten, eine Besichtigung von Immobilien, die in dieses Bauzeitalter fallen, mit Vorsicht anzugehen. Im Optimalfall wird das Gebäude zunächst selbst besichtigt. Sollte es der alleinigen ersten Besichtigung standhalten, ist die kostenpflichtige Hinzuziehung eines Gutachters zum finalen Check angeraten.

Die Bauepoche 1958 bis 1968 ist nicht minder bedenklich. Diese Gebäude beinhalten das Risiko von Feuchtigkeitsschäden. Hier wurden einzelne Elemente der Gebäude in einem Zuge durchbetoniert und es gab keine Wärmedämmung. Die Heizungen haben vereinzelt Asbest verbaut und werden mit Strom betrieben. Letzteres verursacht hohe Heizkosten. Soll eine solche Heizung ausgetauscht werden, müssen gezwungenermaßen Fachunternehmen ans Werk, da das freigesetzte Asbest ein Gesundheitsrisiko darstellt. Es muss entsorgt werden, was hohe Kosten zur Folge hat.

Hinweis!

Früher wurde gezielt mit Asbest gebaut. Ehe es 1993 in Deutschland verboten wurde, fand Asbest im Baumaterial für Decken und Außenwände Anwendung. Asbest gilt als krebserregend, da es sich in Fasern zerteilt, die eingeatmet werden. In der Lunge führen die Asbestfasern schlimmstenfalls zu einer Verhärtung und Vernarbung des Bindegewebes. Diese krankhaften Veränderungen können mit der Zeit für Atemprobleme und Lungenkrebs sowie weitere Krebsarten sorgen. Diese gesundheitlichen Probleme treten in vielen Fällen sogar mehrere Jahre nach einem längeren Aufenthalt in einer Asbest-Umgebung auf.

Ab den 70er Jahren traten nach und nach Trendwenden ein, die einerseits Begriffe wie Wärmedämmung in den Wortschatz von Architekten und Bauunternehmern brachten, andererseits eine weitaus höhere Materialqualität im Bau bewirkten. Insbesondere der Bauboom in den 90er Jahren nach der Wiedervereinigung ermutigte die Unternehmen zum Experimentieren und ließ die Gebäude sukzessive besser werden. Von 2002 bis heute existiert die Energieeinsparverordnung, die im Laufe der Zeit erweitert wurde. Zudem gibt es vermehrt Fördermittel, die bei der Optimierung der Energie-Standards unterstützen.

Energiesparen

Die Energieeinsparverordnung (EnEV) regelt die Vorgaben zu Neubauten und bestehenden Gebäuden im Hinblick auf energetische Anforderungen. Ziel ist es, den Umstieg auf alternative Energien zu meistern und das Erreichen der Klimaschutzziele Deutschlands zu fördern. Durch gezielte Optimierung der Heizungs- und Klimatechnik sowie des Wärmedämmzustands werden darüber hinaus die laufenden Kosten eines Gebäudes gesenkt[12]. Aus diesem Grund ist die Energieeinsparverordnung nicht nur eine Vorgabe des Staates, sondern eine dankbare Möglichkeit für Eigentümer und Vermieter von Immobilien …

---

[12] Vgl. https://www.verbraucherzentrale.de/wissen/energie/energetische-sanierung/energieeinsparverordnung-enev-13886

- ◆ … die laufenden Kosten zu senken.
- ◆ … den Wert der Immobilie zu steigern.
- ◆ … zum Klimaschutz beizutragen.
- ◆ … leichter Mieter und Käufer für die Immobilie zu finden.

Doch was genau wird in der Verordnung festgelegt?

Um die Thematik nicht zu sprengen, werden in diesem Abschnitt beispielhaft die wichtigsten Regelungen für bestehende Gebäude ausgeführt. Die folgenden Punkte gelten für alle Gebäude außer Ein- und Mehrfamilienhäuser, die seit Anfang 2002 vom Eigentümer durchgehend bewohnt werden[13]:

- ◆ Öl- und Gas-Standardheizkessel mit über 30 Jahren Alter müssen ausgetauscht werden, sofern es sich um Konstanttemperaturkessel in einer üblichen Größe handelt.
- ◆ Heizungs- und Warmwasserrohre in unbeheizten Räumen sind zu dämmen.
- ◆ Oberste Geschossdecken in unbeheizten Räumen sind ebenfalls zu dämmen.
- ◆ Sollten Modernisierungen vorgenommen werden, wird eine energetische Gesamtbilanzierung durchgeführt. Letzten Endes darf der Primärenergiebedarf des gesamten Gebäudes maximal 87 % höher sein als bei Neubauten.
- ◆ Bei Einzelmaßnahmen sind die in der Energieeinsparverordnung genannten Anforderungen an den Wärmedurchgangskoeffizienten des entsprechenden Bauteils bzw. der entsprechenden Bauteile einzuhalten.

Näheres über dieses spezielle Thema ist in der Energieeinsparverordnung nachzulesen, die unter folgendem Link aufgerufen werden kann: https://www.gesetze-im-internet.de/enev_2007/

---

[13] Vgl. https://www.verbraucherzentrale.de/wissen/energie/energetische-sanierung/energieeinsparverordnung-enev-13886

Des Weiteren sind bei den Förderbanken wie der KfW-Bank, die entsprechende Maßnahmen fördern, nähere Informationen einzuholen. Vermieter müssen nach Vorschriften der EnEV den Energieausweis bei der Besichtigung vorzeigen oder für die Mietinteressenten sichtbar auslegen. Dabei haben Vermieter grundsätzlich die Wahl zwischen einem Bedarfs- und Verbrauchsausweis. Ausnahmen dieses Grundsatzes bilden kleinere Vermietungsgebäude, die maximal vier Wohneinheiten haben und nicht der Wärmeschutzverordnung von 1977 entsprechen – hier ist ein Bedarfsausweis erforderlich.

Mängelerfassung

Es wäre zu viel verlangt, die Erwartung zu hegen, dass der Kapitalanleger bei der Besichtigung einer Immobilie alle Mängel entdeckt. Zwar hat der Verkäufer die Pflicht, den angehenden Käufer und Vermieter über alle ihm bekannten Mängel aufzuklären, doch es kann ebenso Mängel geben, die dem Verkäufer unbekannt sind. Aus diesem Grund haben Kapitalanleger bei der Besichtigung die Option, einen Gutachter mitzunehmen. Im Falle einer Finanzierung setzt die Bank sogar einen eigenen Gutachter ein, um sich aus Eigeninteresse des Zustands des Gebäudes zu vergewissern. Wer sich die Kosten für einen Gutachter sparen möchte, kann mit der folgenden Checkliste eine Besichtigung in Eigenverantwortung unternehmen:

♦ Ist ausreichend Belüftung in den einzelnen Räumen gegeben?

♦ Gibt es ausreichend Fenster für eine adäquate Lüftung und Lichteinfluss?

♦ Machen die Innenwände einen massiven Eindruck und sind sie trocken? Klopfen und Fühlen!

♦ Welche Baumaterialien wurden für Immobilie und einzelne Bestandteile, wie z. B. Fenster, genutzt?

♦ Wie ist der Zustand des Dachs? Gibt es Löcher oder ist es unzureichend gedämmt?

♦ Existieren Auflagen bezüglich des Gebäudes, wie z. B. Denkmalschutzauflagen?

- ◆ Ist die Fassade ausreichend wärmegedämmt? Sind Risse – sowohl innen als auch außen – sichtbar?
- ◆ Ist der Keller trocken und in einem guten Zustand?
- ◆ Wie wird geheizt und in welchem Zustand ist die Heizung?
- ◆ Sind alle Anschlüsse für TV, Internet, Telefonie und Strom vorhanden und befinden sie sich an den richtigen Stellen?

Quelle: Immobilien richtig besichtigen (Hebisch, 2018)[14]

Insbesondere Feuchtigkeitsschäden sind schädlich für das Gebäude. Dort, wo der Putz bröckelt, sich die Tapete wölbt, es dunkle Stellen an den Wänden gibt oder es muffig riecht, ist wahrscheinlich Schimmel gegeben. Schimmel kann die Gesundheit schädigen. Auf einen längeren Zeitraum betrachtet ist Schimmel zudem in der Lage, die gesamte Gebäudesubstanz zu gefährden. Sollte sich Schimmel abzeichnen, ist eine Fachfirma zur Beseitigung erforderlich.

Risse in Außenfassaden wiederum sind, wenn es sich um kleine und nicht tiefgehende Risse handelt, harmlos. Andere wiederum gefährden die Gebäudesubstanz. Sollten Zweifel an dem Ausmaß eines Risses bestehen, ist umgehend eine Fachperson zu konsultieren. In Holzstrukturen wiederum ist darauf zu achten, ob die Holzkonstruktion noch vollständig erscheint. Sind in Holzbalken Lücken vorhanden, besteht die Gefahr, dass ein Hausschwamm vorhanden ist, der die Holzstrukturen zersetzt.

Zusammenfassung: Renditestarke Immobilien in gutem Zustand sind das Ziel!

Anleger haben auf der Suche nach einem geeigneten Investment Immobilien zu finden, die erst am Anfang des Wachstums stehen. Die Betrachtung und der Vergleich einzelner Städte im Hinblick

---

[14] Vgl. Hebisch, B.: Immobilien richtig besichtigen, 2018. S. 32ff

auf Preisentwicklug und Mietspiegel gibt Aufschluss darüber, in welcher der Städte sich mit einem Minimum an Kapital das Maximum an Ertrag herausholen lässt. Der beispielhafte Vergleich von München und Dresden hat gezeigt, dass Städte wie München, die bereits medial durch hohe Kaufpreise und Mieten auf sich aufmerksam machen, einen hohen Einsatz an Eigenkapital zur Investition verlangen und die Ungewissheit mit sich bringen, wie viel Wachstumspotenzial noch möglich ist. Dementsprechend ist nach Städten Ausschau zu halten, die eine positive Kaufpreis- und Mietspiegelentwicklung einbringen, aber aktuell noch am Anfang des Wachstums stehen. Solche Städte erkennen Anleger an den im Vergleich zu Big Cities geringeren Mieten sowie Kaufpreisen. Dennoch muss sich eine konstante und positive Entwicklung abzeichnen. Nach der Festlegung auf eine Auswahl an Städten werden diese Städte hinsichtlich einzelner Stadtteile untersucht. Die Stadtteile, die möglichst zentral gelegen oder gut ans Zentrum angebunden und belebt sind, viele öffentliche Einrichtungen, Grünanlagen und Freizeiteinrichtungen aufweisen sowie sich positive entwickelnde Kaufpreise und Mietspiegel einbringen, sind für ein Investment die geeignetste Wahl. Zum Verkauf stehende und in den ausgewählten Stadtteilen befindliche Immobilien werden ausgesucht und durch das Ertragswertverfahren in Bezug auf den Kaufpreis überprüft. Rentiert sich das Investment rechnerisch, wird eine Besichtigung vereinbart. Diese wird wahlweise gemeinsam mit einem Gutachter durchgeführt, dessen Dienstleistung kostenpflichtig ist, oder allein. Bei einer alleinigen Durchführung ist das Gebäude in jeder Ecke auf Feuchtigkeit, Risse und anderweitige schädigende Einflüsse zu überprüfen. Der Energieausweis ist einzuholen, der idealerweise eine hohe Energieeffizienzklasse preisgibt.

Finanzierungsplanung

Das folgende Drei-Schritt-Verfahren vermittelt die Umsetzung einer Finanzierungsplanung für den Erwerb einer Immobilie. Die drei Schritte sind in einer flexiblen Reihenfolge praktizierbar, weswegen die Schrittfolge nicht als starres Konstrukt zu verstehen ist. Mit der vermittelten strukturierten Vorgehensweise wird die Fähigkeit gegeben, Sicherheit und Nachhaltigkeit in die Kapitalanlage zu bringen. Im Anschluss an das Drei-Schritt-Verfahren folgt eine detaillierte Auseinandersetzung mit den laufenden Kosten einer Finanzierung. Diese sind bereits aus dem ersten Buch der Reihe bekannt, werden in diesem Werk jedoch vertieft, um bei der Finanzierung die richtige Entscheidung zu treffen.

1. Schritt: Wie hoch ist der Bedarf für die jeweilige Immobilie?

Der Finanzierungsbedarf für Immobilien ist bei Bau- und Kaufvorhaben verschieden. Im Falle eines Bauvorhabens warten mit den Baukosten für Gebäude und Außenanlagen, Erschließungs- und Vermessungskosten sowie weiterer Posten finanzielle Aufwände, die sich beim Kauf einer Immobilie nicht ergeben. Da eine Kapitalanlage der Definition nach einen möglichst geringen Eigenaufwand erfordert und kein Bauvorhaben vorsieht, wird im Folgenden nur auf die Kaufvorhaben eingegangen.

Kaufkosten

Folgende Posten sind in die Errechnung des Finanzierungsbedarfs bei einem Kaufvorhaben einzubeziehen:

- ◆ Kaufpreis der Immobilie
- ◆ Modernisierungskosten
- ◆ Grunderwerbssteuer
- ◆ Maklergebühren
- ◆ Notarkosten
- ◆ Gebühren für die Grundbucheintragung

Der Kaufpreis der Immobilie ist dem Exposee zu entnehmen. Bei älteren Objekten können Modernisierungen, Sanierungen oder Renovierungen notwendig sein, damit eine Vermietung überhaupt möglich ist. Diese gilt es, in den Kaufpreis der Immobilie einzukalkulieren. Eine Schätzung der Modernisierungskosten ist nur durch Fachpersonen wie Bausachverständige zuverlässig. Die Kosten für diese Fachpersonen sind variabel, werden im Folgenden pauschal jedoch mit 1.000 € angesetzt. Aus einer Begutachtung ergibt sich der Modernisierungsbedarf samt -kosten.

Die Grunderwerbssteuer ist eine konkrete Größe, die von Bundesland zu Bundesland variiert:

Bundesland	Steuersatz (in Relation zum Kaufpreis)
Baden-Württemberg	5 %
Bayern	3,5 %
Berlin	6 %
Brandenburg	6,5 %
Bremen	5 %
Hamburg	4,5 %
Hessen	6 %
Mecklenburg-Vorpommern	6 %
Niedersachsen	5 %

Nordrhein-Westfalen	6,5 %
Rheinland-Pfalz	5 %
Saarland	6,5 %
Sachsen	3,5 %
Sachsen-Anhalt	5 %
Schleswig-Holstein	6,5 %
Thüringen	6,5 %

Quelle: immoverkauf24.de[15]

Die Maklergebühren sind bei der Beauftragung eines Maklers zur Mietersuche mehr oder weniger fest definiert: Es gilt die Regel, dass sie maximal zwei Nettokaltmieten zuzüglich Mehrwertsteuer betragen dürfen[16].

Beim Verkauf der Immobilie gelten wiederum andere Provisionssätze. Insgesamt haben sich hier folgende marktübliche Provisionssätze – mit prozentualem Bezug zum Kaufpreis der Immobilie und mit einberechneter Mehrwertsteuer – weitestgehend etabliert:

Bundesland	Maklerprovision	Anteil Verkäufer	Anteil Käufer
Baden-Württemberg	7,14 %	3,57 %	3,57 %
Bayern	7,14 %	3,57 %	3,57 %
Berlin	7,14 %	0 %	7,14 %
Brandenburg	7,14 %	0 %	7,14 %
Bremen	5,95 %	0 %	5,95 %
Hamburg	6,25 %	0 %	6,25 %
Hessen	5,95 %	0 %	5,95 %
Mecklenburg-Vorpommern	5,95 %	2,38 %	3,57 %

---

[15] Vgl. https://www.immoverkauf24.de/immobilienverkauf/immobilien-verkauf-a-z/grunderwerbsteuer/
[16] Vgl. https://www.immoverkauf24.de/immobilienmakler/maklerprovision/#hausverkauf-check-3

Niedersachsen	7,14 % / 4,76 – 6,95 %	3,57 % / 0%	3,57 % / 4,76 – 5,95 %
Nordrhein-Westfalen	7,14 %	3,57 %	3,57 %
Rheinland-Pfalz	7,14 %	3,57 %	3,57 %
Saarland	7,14 %	3,57 %	3,57 %
Sachsen	7,14 %	3,57 %	3,57 %
Sachsen-Anhalt	7,14 %	3,57 %	3,57 %
Schleswig-Holstein	7,14 %	3,57 %	3,57 %
Thüringen	7,14 %	3,57 %	3,57 %

Quelle: immoverkauf24.de[17]

In Niedersachen variieren die Provisionen regionalbezogen. Im in Nordrhein-Westfalen gelegenen Münster gibt es bis zu 4,75 % Provision für den Käufer. Der Kreis Mainz-Bingen in Rheinland-Pfalz sieht eine 5,95 %-ige Käuferprovision vor, ebenso wie Westthüringen.

Die Beträge, die der Notar für seine Leistung in Rechnung stellen darf, sind im Gerichts- und Notarkostengesetz (GNotKG) aufgeführt. Sie variieren somit nicht nach dem Aufwand und der Anzahl der Termine beim Notar. Weil der Notar die Eintragung ins Grundbuch vornimmt, rechnet dieser ebenso die Gebühren für die Grundbucheintragung ab. Der Erfahrung nach sind Käufer in ihrer Finanzierungsplanung gut beraten, wenn sie die Kosten für Notar und Grundbucheintragung mit 2 % des Kaufpreises schätzen, was bereits die 19 % Mehrwertsteuer für die Leistung des Notars inkludiert.

Beispielrechnung 1: Kaufkosten für eine Immobilie in Bremen
Der Käufer erwirbt eine Immobilie für 105.000 €. Es handelt sich um ein vierzig Jahre altes Objekt, weswegen mit höheren Modernisierungskosten gerechnet wird.

- ♦ *Kaufpreis: 105.000 €*

---

[17] Vgl. https://www.immoverkauf24.de/immobilienmakler/maklerprovision/#hausverkauf-check-3

◆ *Modernisierungskosten inkl. Sachbeauftragter: 3.500 € (pauschale Schätzung)*

◆ *Grunderwerbsteuer: 5 % von 105.000 € = 0,05 x 105.000 € = 5.250 €*

◆ *Maklergebühren: 0 €, da der Verkäufer diese tragen muss*

◆ *Notarkosten inkl. Grundbucheintragung: 2 % von 105.000 € = 0,02 x 105.000 € = 2.100 €*

Sämtliche Kosten werden zusammenaddiert und machen den ersten Aspekt des Finanzierungsbedarfs, die Kaufkosten, komplett: 105.000 € + 3.500 € + 5.250 € + 2.100 € = 115.850 €.

Beispielrechnung 2: Kaufkosten für eine Immobilie in Münster
Der Käufer erwirbt eine Immobilie für 187.000 €. Aufgrund der Tatsache, dass die Immobilie vor fünf Jahren neu erbaut wurde, werden unter den Modernisierungskosten 700 € für die Reparatur eines in Mitleidenschaft gezogenen Fußbodenabschnitts veranschlagt. Der Käufer verzichtet auf einen Sachbeauftragten und lässt einen Handwerker die Maßnahme durchführen.

◆ *Kaufpreis: 187.000 €*

◆ *Modernisierungskosten: 700 € (pauschale Schätzung)*

◆ *Grunderwerbsteuer: 6,5 % von 187.000 € = 0,065 x 187.000 € = 12.155 €*

◆ *Maklergebühren: 4,75 % (speziell in Münster) = 0,0475 x 187.000 € = 8.882,50 €*

◆ *Notarkosten inkl. Grundbucheintragung: 2 % von 187.000 € = 0,02 x 187.000 € = 3.740 €*

Erneut werden sämtliche Kosten addiert und machen den ersten Aspekt des Finanzierungsbedarfs, die Kaufkosten, komplett: 187.000 € + 700 € + 12.155 € + 8.882,50 € + 3.740 € = 212.477,50 €.

Finanzierungskosten

Kosten für die Finanzierung ergeben sich daraus, dass sich die Bank für die Vergabe des Kredits absichern möchte. Dies tut sie in Form einer Hypothek oder einer Grundschuld. Die Eintragung der Hypothek bzw. Grundschuld erfolgt über einen Notar und das Grundbuchamt. Beides kostet Geld. Mit der Eintragung einer Hypothek oder Grundschuld erhält die Bank in Höhe der Darlehenssumme das Grundpfandrecht. Sollte der Kreditnehmer nicht imstande sein, den Kredit zu tilgen, darf auf diesem Wege eine Zwangsversteigerung eingeleitet werden.[18]

Hinweis!

Zwar ist häufig von Hypotheken die Rede, doch kommt meistens zur Absicherung die Eintragung einer Grundschuld zum Einsatz. Grund dafür ist, dass Grundschulden für die Bank mit weniger juristischen Komplikationen verbunden sind, wenn es zu Zwangsversteigerungen kommt.

Für die Finanzierungskosten lassen sich pauschal 0,5 % des Darlehensvolumens ansetzen. Hierbei zählt nicht der Objektpreis, sondern die Kreditsumme, die die Bank dem Käufer zur Verfügung stellt.

Beispielrechnung 1: Finanzierungskosten für eine Immobilie in Bremen

Es sei erneut von der Immobilie in Bremen für 105.000 € ausgegangen. Die Kaufnebenkosten muss der Käufer stets durch das Eigenkapital finanzieren, ebenso die Modernisierungskosten. Er erhält dafür den vollen Kaufbetrag für die Immobilie. Nun werden 0,5 % der Darlehenssumme pauschal als Finanzierungskosten angesetzt, wobei die Darlehenssumme dem Kaufpreis entspricht: 0,5 % von 105.000 € = 0,005 x 105.000 € = 525 €.

Beispielrechnung 2: Finanzierungskosten für eine Immobilie in Münster

Der Käufer nimmt eine Finanzierung für seine im Kaufpreis 187.000 € teure Immobilie in Münster in Anspruch. Erneut werden die Nebenkosten durchs Eigenkapital getragen. Darüber hinaus bringt der Käufer ein Eigenkapital in Höhe von 50.000 € in den Kaufpreis der Immobilie ein.

---

[18] Vgl. Hammer, T.: Meine Immobilie finanzieren, S. 48 ff

Dementsprechend benötigt er ein Darlehen, das über die verbleibenden 137.000 € des Kaufpreises der Immobilie geht. In diesem Fall entspricht die Darlehenssumme nicht dem Kaufpreis der Immobilie, sondern wird mit 0,5 % der 137.000 € angesetzt: 0,5% von 137.000 € = 0,005 x 137.000 € = 685 €.

Gesamtkosten des Kaufs

Die Gesamtkosten ergeben sich aus der Addition beider Posten. Im Falle der Immobilie in Bremen sind es 115.850 € + 525 € = 116.375 € und bei der Münster-Immobilie 212.477,50 € + 685 € = 213.162,50 €.

Bei einem Bauvorhaben anstelle eines fertigen Kaufs kämen aufgrund der Handwerker Beiträge zur Berufsgenossenschaft hinzu. Bei einem Kauf zur Eigennutzung würde man die Möbel und eventuellen Umzugskosten hinzukalkulieren. Doch der Kapitalanleger ist beim Kauf einer existierenden Wohnung zur Vermietung denkbar komfortabel positioniert.

Eigenkapital ermitteln

Nachdem die Kosten errechnet wurden, ist diesen das verfügbare Eigenkapital gegenüberzustellen. „Verfügbar" meint in diesem Kontext einerseits das, was der Käufer insgesamt besitzt, andererseits auch das, was er bereit ist, auszugeben. Nicht selten sind Käufer in der Lage, bis zu 50.000 € Eigenkapital einzubringen, verzichten aber darauf. Mögliche Gründe hierfür sind, dass die Bank die Zinskonditionen durch das Einbringen des Eigenkapitals nur geringfügig verbessert, sodass lieber die 50.000 € einbehalten werden. Ebenso ist denkbar, dass der Kapitalanleger das Eigenkapital für anderweitige Zwecke aufbringen oder als Sicherheit einbehalten möchte.

Aber gehen wir Schritt für Schritt vor:

1. Wie viel Geld befindet sich auf dem Konto/den Konten?
2. Welches Sparguthaben hat der Anleger?

3. Auf welchen Wert beläuft sich das Wertpapiervermögen?
4. Habe ich Sachwerte, die ich in liquide Mittel umwandeln kann, oder die die Bank annimmt?
5. Kann ich Verträge auflösen und daraus Geld erlösen?

Geld, das sich auf dem Konto befindet, gehört den Barmitteln an. Sparguthaben kann in Form von Sparbüchern, Tagesgeldkonten und ähnlichen Formen vorliegen. Wertpapiere sind zum aktuellen Kurswert anzusetzen, müssen jedoch verkauft werden, um als Eigenkapital bei der Bank eingebracht zu werden. Sollten beim Verkauf von Wertpapieren Gewinne in Relation zum Ankaufspreis resultieren, muss berücksichtigt werden, dass am Ende des Jahres in der Einkommenssteuererklärung 25 % der Erträge aufgrund der Kapitalertragssteuer versteuert werden müssen. Sachwerte, die sich in liquide Mittel umwandeln lassen, sind Sammlungen oder Fahrzeuge. Wird der Sportwagen nicht mehr benötigt oder wurde er geerbt und nie gefahren, so ist der Verkauf möglich, um Barmittel zu generieren. Sachwerte, die die Bank zum aktuellen Kurswert annimmt, sind Gold- und weitere Edelmetallreserven. Verträge, die sich auflösen lassen, um daraus bares Geld zu gewinnen, sind beispielsweise private Renten- und Lebensversicherungsverträge. Diese werfen in der Regel aufgrund der Niedrigzinsphase keine Gewinne, sondern eher Verluste ab. Das erste Buch dieser Reihe illustrierte, wie renditestark eine Immobilie im Vergleich zu privaten Versicherungen ist. Es macht Sinn, solche Verträge aufzulösen. Ausnahme sind private Renten- und Lebensversicherungen, die ein Jahr oder weniger vor der regulären Beendigung stehen. Hier macht es Sinn, den Immobilienkauf aufzuschieben, da ein kurz vor Vertragsende aufgelöster Vertrag einen finanziellen Aufwand mit sich bringt, der sich nicht rentiert. Durch eine reguläre Auszahlung zum vertraglich festgelegten Laufzeitende des Vertrags profitieren Personen nämlich von der vollen Prämienauszahlung.

Hinweis!

Bereits vorhandener Immobilienbesitz verleiht der Bank Sicherheit. Er vereinfacht nach dem Prinzip der Immobilienabsicherung sogar die Finanzierung. Allerdings eignet sich Immobilienbesitz nicht als Nachweis von Eigenkapital. Hierfür müsste die Immobilie verkauft werden, woraufhin Geld aufs Konto fließt. Dies macht nur dann Sinn, wenn die bereits im Besitz befindliche Immobilie nicht lohnend ist und leer steht. Vor allem abgelegene und marode Gebäude lassen sich zugunsten der Finanzierung neuer Immobilien verkaufen.

Das gesamte Vermögen, welches sich in Eigenkapital umwandeln lässt, abzüglich der eingeplanten Reserven für unvorhersehbare Ausgaben oder das eigene Privatleben, bildet schließlich das für den Immobilienkauf verfügbare Eigenkapital.

Beispielrechnung 1: Verfügbares Eigenkapital für den Käufer der Immobilie in Bremen
Die Gesamtkosten des Kaufs belaufen sich für den Käufer bei der Immobilie in Bremen auf 116.375 €. Er bringt folgendes Eigenkapital ein:

- ◆ *Kontostand: 32.000 €*

- ◆ *Sparguthaben: Nicht vorhanden*

- ◆ *Wertpapiervermögen: 3.700 €*

- ◆ *Goldvermögen: 530 €*

- ◆ *Verträge: Nicht vorhanden*

Das Goldvermögen möchte der Käufer einbehalten. Es ergeben sich somit durch den Kontostand und das Wertpapiervermögen 35.700 € Eigenkapital. Abzüglich der geplanten Reserven in Höhe von 16.000 € steht ein Eigenkapital von 19.700 € zubuche.

Beispielrechnung 2: Verfügbares Eigenkapital für den Käufer der Immobilie in Münster

Die Gesamtkosten des Kaufs belaufen sich für den Käufer der Immobilie in Münster auf 213.162,50 €. Er bringt folgendes Eigenkapital ein:

♦ *Kontostand: 70.000 €*

♦ *Sparguthaben: nicht vorhanden*

♦ *Wertpapiervermögen: 15.000 €*

♦ *Goldvermögen: Nicht vorhanden*

♦ *Verträge: 35.000 €*

Da der Käufer seinen privaten Altersvorsorgevertrag, der fondsbasiert ist und eine gute Rendite in Aussicht stellt, behält, aber das Wertpapierdepot auflöst, kann er mit einem Eigenkapital von 85.000 € rechnen. Da jedoch 3.000 € des Wertpapiervermögens reiner Gewinn gegenüber dem Ankaufspreis sind, muss er darauf 25 % Kapitalertragssteuer zahlen. Diese behält er ein. 25 % Kapitalertragssteuer auf die 3.000 € Gewinn entsprechen 0,25 x 3.000 € = 750 €. Diese muss er von den 15.000 € Wertpapiervermögen subtrahieren, da sie als Anteil der Steuern vom Gewinn anfallen. Somit reduziert sich das Eigenkapital von den 85.000 € ohne Kapitalertragssteuer auf 84.250 €. Davon behält der Käufer 10.000 € als Reserve ein, da er davon ausgeht, dass bei dem Neubau so schnell keine unvorhergesehenen Kostenfaktoren eintreten werden. Abzüglich der geplanten Reserven steht ein Eigenkapital von 74.250 € zubuche.

Finanzierungsbedarf festlegen

Der Finanzierungsbedarf ergibt sich als Differenz aus den Gesamtkosten des Kaufs und dem Eigenkapital. Dabei ist jedoch zu berücksichtigen, dass ein Teil des Eigenkapitals für die Nebenkosten zurückzulegen ist. Somit sind die Rechnungen noch nicht am Ende. Fahren wir fort mit den beiden Beispielen aus Münster und Bremen.

Beispielrechnung 1: Finanzierungsbedarf für den Käufer der Immobilie in Bremen

Das Eigenkapital in Höhe von 19.700 € deckt weniger als das Doppelte der Nebenkosten ab. Der Käufer kann nach Abzug der Nebenkosten, die sich auf 10.850 € belaufen, lediglich 8.850 € an Eigenkapital vom Kaufpreis der Immobilie in Höhe von 105.000 € aufbringen. Da dies der Bank nicht genug ist, um die Zinskosten attraktiv zu reduzieren, darf er das komplette Eigenkapital einbehalten und eine Darlehenssumme über die 105.000 € in Anspruch nehmen. Es steht ihm frei, die 8.850 € einzubringen, allerdings lohnt sich dies nur, wenn die Zinskosten attraktiv gesenkt werden. Dies ist hier nicht gegeben, sodass der Käufer mehr Eigenkapital einbehält und dadurch größere Sicherheitsrücklagen hat.

Beispielrechnung 2: Finanzierungsbedarf für den Käufer der Immobilie in Münster

Die Kaufnebenkosten liegen im Falle des Käufers in Münster bei 25.477,50 €. Diese werden vom Eigenkapital in Höhe von 74.250 € abgezogen. Es ergeben sich 48.772,50 €, die er in den Kaufpreis der Immobilie in Höhe von 187.000 € einbringen kann. Das sind bereits nach Abzug der Nebenkosten mehr als 25 % des gesamten Kaufpreises. In diesem Fall wird sich die Bank bereit zeigen, ein attraktives Zinsangebot für den Kunden zu schnüren. Der Kunde bringt somit das Eigenkapital ein, erhält günstigere Konditionen bei einem kürzer laufenden Kredit und behält seine Rücklagen in Höhe von 10.000 €, die er zur Sicherheit vorgesehen hatte.

Hinweis!

Wann es sich lohnt, das Eigenkapital einzubringen und wann die Bank die Zinskosten spürbar sowie lukrativ reduziert, hängt von den Umständen, dem Käufer und den Bankangestellten ab. Viele Faktoren sind hier im Spiel. Grundsätzlich ist es angeraten, sich je nach eigenen Möglichkeiten mehrere verschiedene Angebote einzuholen – einmal mit, einmal ohne Eigenkapital, eventuell mit variierenden Eigenkapitalbeträgen. So ist ein umfangreicher Vergleich der Konditionen bei verschiedenen Banken möglich.

2. Schritt: Wie hoch ist die persönliche finanzielle Belastbarkeit?

Die persönliche finanzielle Belastbarkeit definiert die Kreditlaufzeit. Darüber hinaus entscheidet diese Größe, ob eine Finanzierung überhaupt möglich ist. Grundsätzlich wollen die Banken von Alleinstehenden ohne Kinder 2.000 € monatliches Netto-Einkommen bei einem unbefristeten Angestelltenverhältnis nachgewiesen haben. Seit drei Monaten sollte der Käufer angestellt sein. In Sonderfällen reichen 1.800 € netto pro Monat aus. Hier sind ein guter Draht zu Bankangestellten sowie das sonstige Auftreten entscheidend. Bei Verheirateten und Selbstständigen gestalten sich die Anforderungen der Bank merklich anders. Ist der Ehepartner ebenfalls angestellt, wird das Einkommen beider Ehepartner zusammengetragen und darf geringer als 1.800 € pro Person ausfallen. Dies ist im Einzelfall zu bewerten. Selbstständige benötigen mindestens drei jährliche Steuererklärungen, die deutliche Gewinne ausweisen und auf eine stabile Zukunft schließen lassen. Darüber hinaus sind beim Selbstständigen ein Eigenkapital von mindestens 30 % des Kaufpreises und das erforderliche Kapital für die Nebenkosten des Kaufs gefordert. Sind diese Voraussetzungen gegeben, beginnt die Rechenarbeit.

Monatliche Einnahmen und Ausgaben gegenüberstellen

Auf der einen Seite werden die monatlichen Einnahmen aufgeführt. Diese bestehen aus sämtlichen regelmäßigen Einnahmequellen und sind Netto angegeben: Hierunter fällt definitiv das Nettoeinkommen, ob allein oder das der Ehepaars. Eventuell kommen Kindergeld und bereits vorhandene Mieteinkünfte hinzu.

Auf der anderen Seite folgt eine Aufzählung der Ausgaben, die bereits umfangreicher ist, weil sich hier in der Regel viele kleinere Posten einschleichen:

- ♦ Haushaltsausgaben: Lebensmittel, Pflegeprodukte, Kleidung und ein Pauschbetrag für spontane Neuanschaffungen

- Gebühren für Strom, Wasser, Rundfunk, Müllabfuhr und sonstige im Zusammenhang mit der Wohnung stehende Ausgaben

- Mietausgaben

- Versicherungskosten

- Kosten fürs Auto (Steuern, Sprit)

- Ausgaben für Hobbies und Unterhaltung

- Neue Kosten bei Immobilienkauf (Versicherungen, Grundsteuer, Instandhaltungsrücklagen)

Die Differenz aus den Einnahmen und Ausgaben bildet die monatliche finanzielle Belastbarkeit. Unter Umständen lassen sich Kosten einsparen. Werden beispielsweise selten oder gar nicht genutzte Abonnements aufgelöst, sind bis zu 100 € monatlicher Ersparnisse möglich. Bei dem Verkauf eines von zwei Autos wird zum einen Eigenkapital generiert, zum anderen werden die monatlichen Haltungskosten für den Wagen sowie die Spritkosten und eventuelle Reparaturkosten eingespart.

Beispielrechnung 1: Alleinstehender möchte Immobilie kaufen
Tom K. verzeichnet monatliche Nettoeinnahmen in Höhe von 2.300 €. Er ist seit 3 Jahren im Angestelltenverhältnis und unbefristet angestellt. Ansonsten hat er keine Einkünfte und auch keine bestehenden Immobilien. Da er allein lebt und schon lange eine Immobilie kaufen möchte, um für das Alter und eine Familiengründung vorzusorgen, lebt es äußerst sparsam. Er verzeichnet folgende Monatsausgaben:

- *Haushaltsausgaben: 380 €*

- *Gebühren für Strom, Wasser, etc.: 270 €*

- *Mietausgaben: 420 €*

- *Versicherungskosten: 30 €*

- *Kosten fürs Auto: 190 €*

- *Ausgaben für Hobbies und Unterhaltung: 120 €*

- *Neue Kosten bei Immobilienkauf: 320 €*

Insgesamt kommen Kosten von ca. 1.730 € zustande. Durch hohe monatliche Ausgaben beläuft sich seine monatliche finanzielle Belastbarkeit auf 2.300 € - 1730 € = 570 €.

Beispielrechnung Nr. 2: Ehepaar möchte Immobilie kaufen
Das Ehepaar Klaus F. und Anna D. verdient gemeinsam 3.700 € monatlich netto. Beide sind seit mehr als zwei Jahren in ihren Jobs angestellt. Sie verzeichnen den Zugang von 190 € Kindergeld monatlich für ihr Kind. Sonstige Einkünfte und sonstiges Vermögen – weder durch Immobilien noch in anderen Formen – sind nicht gegeben. Die dreiköpfige Familie kommt auf Einnahmen von 3.890 € netto monatlich inklusive des Kindergeldes. Auf der Ausgabenseite stehen:

- *Haushaltsausgaben: 670 €*
- *Gebühren für Strom, Wasser, etc.: 350 €*
- *Mietausgaben: 580 €*
- *Versicherungskosten: 90 €*
- *Kosten fürs Auto: 210 €*
- *Ausgaben für Hobbies und Unterhaltung: 260 €*
- *Neue Kosten bei Immobilienkauf: 380 €*

Ausgaben von 2.540 € stehen Einnahmen von 3.890 € gegenüber. Daraus folgt die monatliche Belastbarkeit in Höhe von 3.890 € – 2.540 € = 1.350 €.

Wie viel Kredit wird gewährt?

Die Höhe der monatlichen Belastbarkeit hat einen Einfluss darauf, in welcher Höhe überhaupt Darlehen gewährt werden. Es existiert folgende Formel, mit der errechnet werden kann, wie hoch die gewährte Darlehenssumme maximal sein kann:

$$\text{Mögliche Darlehenssumme} = \frac{\text{Belastbarkeitsgrenze in € } \times 12 \text{ Monate} \times 100\,\%}{\text{Zinssatz in \% } \times \text{Tilgung in \%}}$$

Betrachten wir die Rechnung anhand der Kreditnehmer Tom K. sowie des Ehepaares Klaus F. und Anna D.

Beispielrechnung Nr. 1: Tom K. ermittelt seine maximale Darlehenssumme

Da es klug ist, Sicherheiten einzubehalten, rechnet Tom K. mit 500 € anstelle der gerade so möglichen 570 €. Nun strebt er eine knapp 30-jährige Laufzeit der Finanzierung an. Die Bank macht ihm ein Angebot über 33 Jahre und 4 Monate Tilgung zu einem Tilgungssatz von 3 % jährlich. Der Zins liegt bei 2,32 %. Durch Einsetzen der Zahlen in die Formel ergibt sich:

$$\text{Mögliche Darlehenssumme} = \frac{\text{Belastbarkeitsgrenze in € } \times 12\,\text{Monate} \times 100\,\%}{\text{Zinssatz in \% } \times \text{Tilgung in \%}}$$

$$\text{Mögliche Darlehenssumme} = \frac{500\,€ \times 12 \times 100\,\%}{2,32\,\% \times 3\,\%}$$

$$\text{Mögliche Darlehenssumme} = 86.206,90\,€$$

Beispielrechnung Nr. 2: Klaus F. und Anna D. ermitteln ihre maximale Darlehenssumme

Auch Klaus F. und Anna D. planen Sicherheiten ein, nämlich 350 € monatlich, womit exakt 1.000 € zur Finanzierung verbleiben. Da sie für eine dreiköpfige Familie verantwortlich zeichnen, sind die Sicherheiten großzügig kalkuliert. Sie möchten sich maximal 20 Jahre an einen Kredit binden, da es ihnen widerstrebt, sich langfristig finanziellen Verpflichtungen zu unterwerfen. Auch bringen sie zu zweit eine hohe Zahlkraft mit. Sie tilgen dafür mit 4 % und bringen ein Eigenkapital von 30.000 € in den Kauf ein. Dies verschafft ihnen günstigere Zinskonditionen.

$$\textit{Mögliche Darlehenssumme} = \frac{\textit{Belastbarkeitsgrenze in € } \times 12 \textit{ Monate} \times 100\,\%}{\textit{Zinssatz in } \% \times \textit{Tilgung in } \%}$$

$$\textit{Mögliche Darlehenssumme} = \frac{1.000\ € \times 12 \times 100\,\%}{2{,}62\,\% \times 4\,\%}$$

$$\textit{Mögliche Darlehenssumme} = 114.503{,}82\ €$$

Hinweis!

Es handelt sich lediglich um ungefähre Angaben, die sich durch individuelle Angebote der Bank verändern. Ebenso ist es nicht üblich, die Zinsbindung für den kompletten Zeitraum der Finanzierung anzugeben. Es folgt in der Regel eine feste Zinsbindung für zehn bis zwanzig Jahre. Daraufhin folgt eine Anschlussfinanzierung bei derselben oder einer anderen Bank.

3. Schritt: Wie ist eine umfangreiche finanzielle Absicherung aufgebaut?

Kapitalanleger, die erkannt haben, dass die gesetzliche Rentenversicherung allein keine Stütze im Alter sein kann und in Immobilien investieren, machen bereits einen richtigen Schritt. Kapitalanleger, die erkennen, dass bereits vor dem Rentenalter eine Berufsunfähigkeit oder ein anderes Unglück eintreten können, machen einen weiteren wichtigen Schritt.

Es kursiert weit verbreitet in den Medien die Behauptung, dass jeder vierte Deutsche berufsunfähig wird. Die Aktuarvereinigung unterzog diese These einer Prüfung und traf dieselbe Feststellung[19].

---

[19] Vgl. https://aktuar.de/fachartikelaktuaraktuell/AA44_berufsunfaehig-keit.pdf

Wer soll die Immobilie finanzieren, wenn kein Geld verdient wird?

Eventuell die gesetzliche Rentenversicherung?

Nein. Die gesetzliche Rentenversicherung zahlt nur dann die volle Erwerbsunfähigkeitsrente, wenn die betroffene Person weniger als drei Stunden am Tag arbeiten kann. Die Krux an dem Gesetz: Es ist unabhängig davon, um welchen Beruf es geht. Ist beispielsweise der Kinderarzt außerstande, seiner ursprünglichen Arbeit nachzugehen, aber fähig, als Nachtwächter zu arbeiten, muss er in die neue Rolle schlüpfen. Unter dieser Gesetzeslage ist die weitere Finanzierung einer Immobilie im Falle einer Erwerbsunfähigkeit ungewiss.

Für eine finanzielle Absicherung des Kreditnehmers und Immobilienkäufers kommen folgende private Versicherungen infrage:

♦ Berufsunfähigkeitsversicherung (BU)

♦ Risikolebensversicherung (Risikoleben)

♦ Arbeitslosenversicherung

Berufsunfähigkeitsversicherung

Die zuvor erwähnte gesetzliche Absicherung für den Fall der Berufsunfähigkeit hat noch einen weiteren Haken: Sie greift nämlich nur, wenn man in jedem Job in Deutschland weniger als drei Stunden arbeiten kann UND zuvor mindestens fünf Jahre berufstätig war. Dies ist insbesondere bei jungen Leuten, gerade nach der Ausbildung oder nach dem Studium, nicht gegeben. Die fehlende private Vorsorge für den Fall der Berufsunfähigkeit ist die größte Lücke im privaten Vorsorgesystem der Deutschen.

Vom Kostenfaktor her schwankt die Berufsunfähigkeitsversicherung zwischen 50 und 150 € monatlich bei den meisten Berufen. Einfluss auf die Kosten nehmen die Ergebnisse der zu beantwortenden Gesundheitsfragen. Der Gesundheitszustand wird je nach Versicherer bis zu fünf Jahre rückwirkend abgefragt. Sämtliche Fragen sind wahrheitsgemäß zu beantworten. Hier ist der Antrag-

stellende selbst in der Verantwortung, selbst die kleinsten Weh-
wehchen aufzuzählen. Denn kommt es zu einer Berufsunfähigkeit
und es stellt sich heraus, dass bezüglich eines für den Eintritt der
Erwerbsunfähigkeit relevanten Faktors bei den Gesundheitsfragen
falsche Angaben gemacht wurden, kann die Versicherungsgesellschaft den Vertrag wegen Versicherungsbetrugs auflösen.

Idealerweise holen sich Kreditnehmer Angebote von mehreren
Versicherern ein. Insbesondere, wenn gesundheitliche Risiken vorhanden sind, kann ein Versicherer, der im Grundtarif am günstigsten erschien, durch die Risikozuschläge plötzlich der teuerste
Anbieter sein.

Hinweis!

Auch wenn die Berufsunfähigkeitsversicherung ein monatlicher Kostenfaktor ist und vor der Bank zunächst für eine geringere finanzielle
Belastbarkeit sorgt, so nimmt die Bank die Versicherungsverträge in
Augenschein und wird ein positives Fazit ziehen. Denn eine Berufsunfähigkeitsversicherung suggeriert den Bankangestellten eine gewisse Sicherheit. Darüber hinaus erwecken Finanzierungskunden mit
einer durchdachten Absicherung einen Eindruck von Nachhaltigkeit.
Bankangestellte haben das Recht, den persönlichen Eindruck bis zu
einem bestimmten Punkt in die Entscheidung über eine Kreditvergabe miteinzubeziehen.

Sollte eine Berufsunfähigkeitsversicherung erst nach dem Immobilienkauf abgeschlossen werden, ist sie bereits vor dem Kauf als
ein Posten für monatliche Kosten einzukalkulieren.

Risikolebensversicherung

Die Risikolebensversicherung ist nicht mit der Kapitallebensversi-
cherung zu verwechseln, was häufig passiert. Letztere ist mit einem
Sparplan zu vergleichen, der allerdings keine Absicherung für den
Fall einer Erwerbsunfähigkeit oder den Eintritt eines anderen Un-
glücks darstellt. Dies ist der Risikolebensversicherung vorbehalten,

die ein spezielles Unglück absichert: Den Tod. Insbesondere bei verheirateten Paaren und Kindern macht eine Risikolebensversicherung dahingehend Sinn, als dass eine Summe versichert wird, die zur Zahlung der laufenden Bankkosten ausreicht. Stirbt beispielsweise der Hauptverdiener im Haushalt und hat mit einer Risikolebensversicherung vorgesorgt, so bekommt der Ehepartner bzw. die Familie die versicherte Summe monatlich ausbezahlt.

Die versicherte Summe ist individuell wählbar und darf oberhalb der monatlichen Bankkosten liegen. So ist es möglich, Bankkosten, Lebenshaltungskosten und diverse weitere Kostenpunkte mit der Versicherungssumme abzusichern. Je höher die Versicherungssummen sind, umso höher ist der monatliche Versicherungsbeitrag.

Es existieren auch Risikolebensversicherungsverträge, die fallende Versicherungssummen beinhalten. Dies ist dann sinnvoll, wenn die Bankkosten für die Finanzierung der Immobilie sinken. Die Kosten für die Versicherung lassen sich also im Groben an die Finanzierungskosten der Immobilie anpassen.

Private Arbeitslosenversicherung

Die private Arbeitslosenversicherung wird aus Ansprüchen der Vollständigkeit aufgeführt, ist jedoch keine Empfehlung an Kreditnehmer. Das Problem ist, dass die Leistungen der privaten Arbeitslosenversicherung nur unter strengen Kriterien erfolgen: Es muss eine unverschuldete Arbeitslosigkeit vorliegen (z.B. Insolvenz des Arbeitgebers, betrieblich bedingte Kündigung). Darüber hinaus treten auch in einem solchen Fall die Zahlungen erst mit mehreren Monaten Verspätung ein. In Berufung auf mangelnde Bemühungen des Arbeitslosen stellt die Versicherungsgesellschaft nach spätestens einem bis zwei Jahren die Zahlungen ein, sofern keine neue Anstellung erfolgt. Dementsprechend ist die Private Arbeitslosenversicherung eine Absicherung, die nur kurzfristig – und dann mit mehrmonatiger Verspätung – absichert.

Fazit

Eine private finanzielle Absicherung für Kreditnehmer ist essenziell. Dabei ist von einer privaten Arbeitslosenversicherung unter jedweden Umständen abzuraten. Empfehlenswerte Konstrukte der Absicherung sind die Folgenden:

- Kombination von BU und Risikoleben: Allein- und Hauptverdiener in Familien oder Ehen sichern sich und ihre Familie für den Erwerbsunfähigkeits- und Todesfall ab.
- BU: Alleinstehende sind ausreichend versorgt.
- Risikoleben: Familien und Ehen, in denen jeder einzelne genug für die Deckung der laufenden Kosten verdient, sind mit einer Absicherung für den Todesfall gut beraten. Diese ist sinnvoll, weil die Beerdigung plötzliche Kosten mit bis zu fünfstelligen Beträgen verursacht.

Die Bankkosten bei einer Finanzierung

Die Bankkosten bei einer Finanzierung mögen in Prozentangaben vermeintlich transparent aufgeführt sein, doch wirklich den Durchblick und das Verständnis dafür behalten die wenigsten Kreditnehmer. Die bisherigen Beispielrechnungen gingen sowohl im ersten Buch der Reihe als auch in diesem Kapitel nur grundlagenbasiert vor. Nun erfolgt eine detaillierte Vorstellung der Kosten und der Auswirkungen einzelner Posten auf die Gesamtkostenstruktur des Kredits.

Effektiver Jahreszins

Der effektive Jahreszins ist die einfachste Größe unter den Zinsen, die nach § 6 PAngV[20] (Preisabgabenverordnung) die jährlichen Gesamtkosten des Kredits in Bezug auf den Nettodarlehensbetrag ausweisen muss. Es sind somit neben dem Nominalzins auch die Kosten für die Kontoführung, die Vermittlung des Kredits und die Restschuldversicherung mit einzubeziehen, die beim Nominalzins

---

[20] Vgl. https://www.juraforum.de/gesetze/pangv/6-verbraucherdarlehen

nicht gegeben sind[21]. Letzten Endes handelt es sich um prozentuale Abweichungen von wenigen Zehntel bis Hundertstel eines Prozents, die sich zwischen dem Nominalzins und dem effektiven Jahreszins ergeben. Sie machen allerdings auf die Jahre gerechnet einige Tausend Euro aus.

Was passiert, wenn der effektive Jahreszins zu niedrig angegeben ist?
Dann müssen Nominalzins und Kontoführungsgebühren, Bereitstellungszinsen sowie weitere Kostenpunkte gekürzt werden. Es ist den Banken nicht gestattet, mit den jährlichen Zinsgebühren über den Zinssatz des effektiven Jahreszinssatzes hinaus zu kommen. Somit ist der effektive Jahreszins im Kreditvergleich die Größe, auf die sich Kreditnehmer definitiv verlassen dürfen.

Nominalzins

Der Nominalzins wird auch als Sollzins bezeichnet. Banken geben ihn neben dem effektiven Jahreszins an. Es handelt sich um die Gebühren, die die Bank auf die Vergabe des Nettodarlehens veranschlagt. Einberechnet sind Risikoaufschläge, Opportunitätskosten sowie wirtschaftliche Spekulationen der Bank[22]. Der Sollzins ist für Kreditnehmer dahingehend wichtig, als dass zwischen gebundenen und variablen Sollzinsen unterschieden werden darf. Erstere sind für den gesamten Zeitraum der Finanzierung fest, während letztere alle drei Monate neu berechnet und an den Referenzzinssatz angepasst werden. In Zeiten, in denen die Zinsen zunehmend sinken, hat ein variabler Sollzins seine Vorteile. Doch bei steigenden Zinsen führt er zu einer höheren Belastung als zuvor vorgesehen. Für langfristige Finanzierungen, wie es beim Immobilienkauf der Fall ist, ist eine Sollzinsbindung die Regel, da sie langfristige Planungssicherheit verschafft. Dies sollten Kreditnehmer also bevorzugt wählen.

---

[21] Vgl. https://www.rechnungswesen-verstehen.de/lexikon/effektiver-zinssatz.php
[22] Vgl. ebenda

Beispiel für effektiven Jahreszins und Nominalzins

Da ein Beispiel mit einer Immobilie zu umfangreich wäre, wird mit der Finanzierung eines Soundsystems gearbeitet. Dieses illustriert den Unterschied zwischen effektivem Jahreszins und Nominalzins so, dass jeder Kreditnehmer die Unterschiede nachvollziehen können sollte. Es wird von einem gebundenen Sollzinssatz ausgegangen:

- *Der Kreditnehmer nimmt einen Kredit über 8.000 € für sein Soundsystem auf und bezahlt diesen über eine Laufzeit von 8 Jahren ab.*

- *Der Sollzinssatz bei elektronischen Gegenständen beträgt 6 %, da die Zinsen nicht so lukrativ wie bei Immobilien ausfallen.*

- *Im ersten Jahr werden die Zinsen auf die verbleibende Darlehenssumme angerechnet. Da sie sich noch auf 8.000 € beläuft, ergibt sich für den zu zahlenden Sollzins 8.000 € x 6 % = 8.000 € x 0,06 = 480 €.*

- *Die mit dem Kredit in Verbindung stehende Kontoführung beträgt jedoch 50 € pro Jahr. Diese müssen gezahlt werden. Somit ergeben sich jährliche Kosten in Höhe von 480 € + 50 € = 530 €.*

- *Um nun den effektiven Jahreszins zu errechnen, werden die 8.000 € durch 100 % geteilt. Es ergibt sich 80 € für 1 %. 530 € als jährliche Zinskosten : 80 € ergeben 6,625 %. Dies ist der effektive Jahreszins.*

Ja oder Nein zum Disagio?

Das Disagio ist ein Aufgeld, welches der Kreditnehmer bei einer Finanzierung zahlt. Dieses ist bereits aus dem ersten Buch der Reihe bekannt und dort im Falle von Finanzierungen zur Eigennutzung für nicht empfehlenswert erklärt worden. Vorteile ergeben sich eher bei Finanzierungen von Immobilien als Kapitalanlage, wenn auch hier nur in Sonderfällen. Um Beispiele für den Nutzen eines Disagios zu nennen und Kreditnehmern die Entscheidung über ein Disagio zu erklären, wird eine Rechnung durchgeführt. Aus dieser lässt sich, falls die Inhalte des ersten Buchs unbekannt oder vergessen worden sind, nochmals erschließen, was ein Disagio überhaupt ist. Die Kenntnis über die rechnerische Vorgehensweise wird jedem

Kreditnehmer vereinfachen, selbst zu errechnen, ob ein Disagio in seinem Falle Sinn ergibt.

Beispielrechnung: Anleger finanziert Immobilie mit 5 % Disagio

Die Immobilie, die Hans L. finanzieren lässt, wird mit einem Darlehensbetrag von 80.000 € finanziert. Bei einer Zinsbindung für 30 Jahre und einer Tilgung von 2 % erhält er den effektiven Zinssatz von 2,4 % angeboten. Er entscheidet sich für ein Disagio in Höhe von 5 %, was bedeutet, dass zwar mit einer Darlehenssumme von 80.000 € gerechnet wird, aber 5 % von 80.000 €, also 4.000 € von der Bank einbehalten werden. Der tatsächliche Auszahlungskurs liegt somit bei 76.000 €. Die 5 % bzw. 4.000 € behält die Bank als Vorauszahlung für die Zinsen ein. Dies verschafft der Bank Sicherheit und senkt den effektiven Jahreszins. Dieser liegt nun nicht mehr bei 2,4 % und Zinsen in Höhe von 1.920 € im ersten Jahr, sondern bei 2,1 % und somit 1.680 € im ersten Jahr – 240 € weniger.

Nun muss Hans L. noch hochrechnen, wie teuer die gesamte Finanzierung ohne Disagio, und wie teuer sie mit Disagio ist. Ist sie mit Disagio günstiger, ist die Entscheidung für ein Disagio zu befürworten.

Hinweis!

Disagios in Höhe von 5 % bei Finanzierungen mit einer Dauer von mehr als fünf Jahren sind als Werbungskosten direkt steuerlich absetzbar. Dies bedeutet für das durchgeführte Rechenbeispiel, dass Hans L. die 4.000 € Zinsvorauszahlung bzw. Disagio in seiner Einkommensteuererklärung auf einen Schlag hätte steuerlich abziehen dürfen. Disagios, die über die 5-Prozent-Marke hinausgehen, werden hingegen aufgeteilt steuerlich abgesetzt: 5 % im Jahr des Zahlungsvorfalls und die restlichen Prozent auf einen Zinsfestschreibungszeitraum verteilt.

Welcher Zinsfestschreibungszeitraum dies ist und wie sich die steuerliche Abzugsfähigkeit eines Disagios über 5 % gestaltet, ist ein Sonderfall, für den Anleger einen Steuerberater hinzuziehen mögen. Es wird um Verständnis gebeten, dass ein Disagio an sich bereits eine Seltenheit ist und ein über 5 % hinausgehendes Disagio eine noch größere Seltenheit, sodass darauf im vorliegenden Buch nicht mehr eingegangen wird.

Wichtigste Fragen und Antworten auf einen Blick

Mit oder ohne Eigenkapital finanzieren?

Ob mit oder ohne Eigenkapital finanziert werden soll, ist eine Frage des eigenen Ermessens und der eigenen finanziellen Möglichkeiten; aber allem voran stellt sich die Frage, ob dadurch die Zinskonditionen verbessert werden. Legt die Bank nach eigenem Befinden überzeugende Konditionen vor, so ist eine Eigenkapitalfinanzierung eine lohnende Option. Ansonsten ist es besser, die Barmittel zu behalten und stattdessen auf eine umfangreichere Absicherung zu setzen.

Mit oder ohne Disagio finanzieren?

Auch dies ist anhand der beispielhaften Ausführungen und Rechnungen nach der individuellen Situation sowie dem Angebot der Bank zu bewerten. Zudem ist der Aufwand in der Steuererklärung einzukalkulieren: Oberhalb eines Aufgeldes von 5 % ist definitiv ein Steuerberater hinzuziehen, da Sonderregelungen mit dem Finanzamt notwendig werden. Neben dem Zinsfestschreibungszeitraum wird auch beurteilt, in welchem Verhältnis das Disagio zum effektiven Jahreszins steht.

Gebundener oder variabler Sollzins?

Zur Planungssicherheit ist ein gebundener Sollzins, insbesondere angesichts der günstigen Kreditkonditionen heutzutage, empfohlen. Dann ist auch der effektive Jahreszins gebunden, und die Angebote sind besser untereinander vergleichbar. Grundsätzlich ist der effektive Jahreszins die einzige feste Größe, mit der der Kreditnehmer bei der Finanzierung kalkulieren sollte.

Mit oder ohne Anschlussfinanzierung?

Anschlussfinanzierungen sind, wenn überhaupt, bei Baufinanzierungen gebräuchlich. Da hier die Rückzahlungszeiträume tendenziell länger als die bei Finanzierungen eines Immobilienkaufs ausfallen, ist es üblich, die Finanzierung bis zu einem bestimmten Zeitraum an einen Sollzins zu binden. Danach wird die Restschuld entweder mit einer Prolongation oder einer Umschuldung zum Anschluss finanziert. Bei einer Prolongation wird eine Anschlussfinanzierung bei dem bisherigen Kreditinstitut abgeschlossen, im Falle einer Umschuldung wir ein neues Kreditinstitut – beispielsweise aufgrund günstigerer Zinskonditionen – ausgesucht.

Wie berechnen sich die jährlichen Bankkosten?

Die Finanzierung einer Immobilie erfolgt in der Regel über ein Annuitätendarlehen. Hier wird eine Tilgung bestimmt, die einen bestimmten Anteil an der Darlehenssumme hat. Sie liegt bei beispielsweise 2 %. Diese 2 % werden jährlich gezahlt und sind ein fester Betrag. Bei einem Kaufpreis von 100.000 € wären dies 2.000 € pro Jahr. Der effektive Jahreszins ist ebenfalls ein fest definierter Satz, der zum Beispiel bei 2,5 % liegt. Diese 2,5 % haben jedoch mit jedem vergangenen Jahr einen anderen Geldwert, da sie sich auf die verbleibende Restschuld beziehen. Beträgt diese im ersten Jahr noch die vollen 100.000 € und liegen die Zinskosten bei 2.500 €, ist im zweiten Jahr nach erfolgter Tilgung 98.000 € die Restschuld. Hierauf beziehen sich im zweiten Jahr die 2,5 % effektiver Jahreszins, wobei anstelle der 2.500 € nun 2.450 € Zinskosten entstehen. Dies bedeutet, dass mit jedem Jahr der Finanzierung der Anteil der Zinskosten an den Bankkosten sinkt, während der Anteil der Tilgung steigt, bis im letzten Jahr bei verbleibenden 2.000 € 100 % der Restschuld getilgt werden und der effektive Jahreszins Kosten in Höhe von 50 € verursacht. Dementsprechend sind für jedes Jahr die Bankkosten neu zu errechnen.

Gibt es finanzielle Förderungen für Vermieter?

Die KfW-Bank (Kredit für Wiederaufbau) ist eine öffentlich-rechtliche Bank, die Gründer, Unternehmer, Privatpersonen und weitere Gruppierungen, wie beispielsweise die Vermieter, fördert. Ob die jeweiligen Vorhaben gefördert werden, hängt dabei von der Einhaltung der definierten KfW-Standards ab. Diese sind vereinzelt äußerst streng, ermöglichen allerdings eine deutliche Aufwertung und Modernisierung von Wohnungen. Auch beim Immobilienkauf werden Vermieter unter Umständen mit günstigen Darlehenskonditionen unterstützt, die die marktüblichen Zinsen unterschreiten. Ob und wie eine Unterstützung infrage kommt, ist auf der Website der KfW[23] selbst zu erkunden oder auf der Kontaktseite der KfW-Website[24] per Mail oder telefonisch bei den Experten zu erfragen.

Zusammenfassung: Sämtliche Kaufkosten einkalkulieren, persönliche Belastbarkeit einschätzen und absichern!

Die Finanzierungsplanung eines Immobilienkaufs ist bei Weitem kein Hexenwerk. Zunächst gilt es, die Kaufnebenkosten zu ermitteln, von denen die beiden Posten Grunderwerbsteuer und Maklerprovision transparent geregelt und in diesem Kapitel tabellarisch angegeben sind. Damit rechnet der Kapitalanleger. Zwar sind die Notarkosten inkl. der Eintragung ins Grundbuch ebenfalls transparent und in der Gebührenordnung festgesetzt, doch ist es hier einfacher, diesbezüglich mit pauschal 2 % des Kaufpreises für die Immobilie zu rechnen. Ebenso wird bei den Finanzierungskosten mit 0,5 % des Darlehensvolumens ein pauschaler Betrag angesetzt. Die im Folgenden ermittelte persönliche finanzielle Belastbarkeit zeigt zum einen auf, bis zu welchem Kaufpreis eine Immobilie finanziert werden kann. Zum anderen wird auf Basis

---

23 Vgl. https://www.kfw.de/kfw.de.html
24 Vgl. https://www.kfw.de/KfW-Konzern/Kontakt/

dieses maximalen Kaufpreises eine Immobilie ausgesucht. Deren Wert, das Darlehensvolumen und die monatliche Belastbarkeit definieren schließlich die laufenden Kosten der Finanzierung bei der Bank. Zum Vergleich der Bankangebote ist es ausreichend, den effektiven Jahreszins heranzuziehen. Ist es möglich, Eigenkapital einzubringen oder ein Disagio steht zur Debatte, dann ist dies mit der Bank zu besprechen. Anhand des eingebrachten Eigenkapitals oder des Disagios lassen sich die Zinsen unter Umständen auf ein Niveau drücken, sodass sich Eigenkapital oder Disagio lohnt. Nach der Annahme eines Bankangebots ist, sofern nicht bereits geschehen, die eigene Absicherung eine entscheidende Größe. Alleinstehenden Kreditnehmern genügt eine Berufsunfähigkeitsversicherung, während Paare und Familien mit einer Risikolebens- UND einer Berufsunfähigkeitsversicherung des Hauptverdieners am besten beraten sind.

Verwaltung und Versicherung

Im Rahmen der Verwaltung ist es erforderlich, sich um die Mieter und die Instandhaltung der Immobilie zu kümmern. Durch einen externen Dienstleister, der dem Besitzer die Verwaltung der Immobilie abnimmt, wird eine vermietete Immobilie überhaupt erst zur Kapitalanlage. Denn Kapitalanlage bedeutet, Geld zu investieren und es für sich – mit möglichst wenigen eigenen Bemühungen – arbeiten zu lassen. Neben der Verwaltung spielen die Versicherungen zum Schutz des Gebäudes sowie des Vermieters eine Rolle. Versicherungen zum Schutz des Gebäudes sind die Wohngebäudeversicherung und eine Versicherung gegen Elementarschäden. Bei Finanzierungen wird zumindest eine Feuerversicherung des Gebäudes von den Banken verlangt, da sie Sicherheit bei der Kreditvergabe verschafft. Sämtliche Versicherungen, die das Gebäude betreffen, sind steuerlich absetzbar. Die Versicherungen, die dem Schutz des Vermieters dienen, sind steuerlich nicht absetzbar. Hier hat allerdings die Gebäudehaftpflichtversicherung eine essenzielle Funktion und ist – den nachteiligen Steuergesetzen zum Trotz – für Vermieter ein Muss.

Merkmale und Kosten der Verwaltung

Eine Verwaltung kann durch den Vermieter selbst oder durch einen externen Dienstleister erfolgen. In Wohnungseigentümergemeinschaften (WEGs) ist es üblich, dass eine externe Verwaltung herangezogen wird, die den kompletten Wohngebäudekomplex einheitlich verwaltet. Separate Abrechnungen für die Dienstleistung werden an die Vermieter ausgehändigt und gewährleisten Transparenz. Die Dienstleistung der Verwaltung ist steuerlich in vollem Umfang unter den Betriebskosten absetzbar. Sie erspart die eigenen Mühen rund um Buchhaltung und Instandhaltungsrücklagen, die bei einer Verwaltung durch den Vermieter anfallen würden.

Eigene Verwaltung

Bevor die Wohnung vermietet und bezogen wird, gibt es einige Grundsätze zu beachten, die mit der Verwaltung zusammenhängen. Dabei steht an erster Stelle die Buchführung. Zwar ist ein eigenes Konto bei der Vermietung nicht notwendig, doch es ist aus Gründen der Übersicht empfehlenswert. So werden Steuererklärungen vereinfacht. Zudem profitiert das Finanzamt durch eine bessere Übersicht. Eine übersichtliche Aktenführung rundet die Grundlagen ab.

Für die Buchführung wird im Mietvertrag und in der Steuererklärung das spezielle Vermieterkonto angegeben. Alle Zahlungseingänge sowie -ausgänge laufen über dieses Konto. Parallel dazu wird eine Mappe angelegt, in der tabellarisch oder in einer anderen Form die Einnahmen und Ausgaben für jeden Monat aufgeführt sind. Sollten mehrere Wohnungen vermietet werden, empfiehlt sich für jede Wohnung eine separate Mappe mit Dokumenten. Alternativ sind alle Dokumente in einer Mappe, jedoch in verschiedene Kapitel aufgeteilt, möglich. Übersicht sorgt für klare Verhältnisse und beugt Missverständnissen vor, die beim Finanzamt auftreten können.

Hinweis!

Eine Miete, die für Dezember fällig ist, aber erst im Januar gezahlt wird, darf – Zahlungszeitpunkt hin oder her – wahlweise in den Monat Dezember oder Januar gebucht werden. Wichtig ist nur, dass die gewählte Vorgehensweise dann konsequent und in jedem Jahr beibehalten wird. Normalerweise sind Zahlungen dem Monat zuzuordnen, dem sie aus wirtschaftlicher Sicht angehören. Regelmäßige Zahlungen wie die Miete bilden eine Ausnahme, da in jedem Jahr zwölf Zahlungen stattfinden.

Sollte es vorkommen, dass der Mieter nicht zahlt, ist folgende Vorgehensweise empfohlen:

1. Zahlungserinnerung: Diese ist nicht notwendig, hat aber einen feineren Ton als eine Mahnung. Unter Umständen hat der Mieter die Zahlung nur vergessen. Direkt eine Mahnung auszusprechen, hätte einen faden Beigeschmack.

2. Mahnung: Diese ist das wahlweise erste oder – nach einer Zahlungserinnerung – zweite Mittel, um die Miete einzufordern. Ein fest definierter Zahlungszeitpunkt sollte angegeben werden.

3. Telefonat oder Besuch: Erfolgt keine Zahlung auf die Mahnung, so ist ein Telefonat oder Besuch eine wirkungsvolle Maßnahme. Hier ist es dem Mieter unmöglich, die Bringschuld zu ignorieren, und es muss eine Rechtfertigung erfolgen.

Mehr als eine Mahnung ist nicht notwendig. Erfolgt nach der ersten Mahnung keine Zahlung und der Mieter ist telefonisch oder persönlich nicht anzutreffen, ist eine schriftliche Mahnung mit der Ankündigung juristischer Schritte und einer festen Zahlungsfrist angeraten. Wird wiederum nicht gezahlt, ist der Anwalt einzuschalten.

Neben den genannten Grundsätzen zu Zahlung und Mahnungen ist die Aktenorganisation von höchster Bedeutung. Die Akten sind dabei nach folgenden zwei Prinzipien zu organisieren: Entweder Sie ordnen jeder Wohnung die Akten zu oder Sie unterteilen die Akten in Kategorien.

Beispiel für Zuordnung zu Wohnungen:
Sie haben zwei Wohnungen zur Vermietung. Jede dieser Wohnungen hat ihre eigenen Dokumente. Es handelt sich neben den Mietverträgen um Unterlagen vom Kauf sowie die Festsetzung der Grundsteuern, um nur einige Beispiele zu nennen. Zudem ist jeder dieser Wohnungen eine separate Buchführung zugeordnet. Alle Akten zu Wohnung 1 wandern in einen separaten Ordner, und alle Akten zu Wohnung 2 ebenso. Die

Steuererklärung, die für alle Wohnungen gemeinsam abgegeben wird, ist in einem separaten Ordner und in dem Aktenordner mit Steuerinhalten abzuheften.

Beispiel für Einordnung in Kategorien:
Tamara L. verfügt ebenfalls über zwei Immobilien. Sie bevorzugt es, die Akten in drei Kategorien einzuteilen: Dokumente, Wohnungen und Finanzen. In den Aktenordner mit den Dokumenten kommen sämtliche Versicherungsunterlagen, Grundbuchauszüge, Unterlagen zum Kauf und sonstige Dokumente hinein. Der Ordner „Wohnungen" ist nach den beiden Wohnungen sortiert, wobei der Schriftverkehr mit Mietern, Mietverträge und Renovierungsmaßnahmen sowie weitere Infos zu den Wohnungen aufgeführt werden. Zu guter Letzt beinhaltet der Ordner mit den Finanzen u.a. die Buchhaltung, Steuererklärungen, Steuerbescheide und Rechnungen.

Selbst zu verwalten, bedeutet allerdings mehr als mit dem Finanzamt im Reinen zu sein und eine Aktenordnung zu pflegen. Es ist darauf Acht zu geben, dass die Wohnung gepflegt wird. Darüber hinaus ist in Gebäuden das Treppenhaus zu reinigen. Winterdienst ist ebenfalls zu leisten.

All diese Pflichten lassen sich auf den Mieter umlagern. Grundlage hierfür bildet ein präzise ausformulierter Mietvertrag, zu dem im nächsten Kapitel *Mietersuche und Pflichten als Vermieter* genaue Erläuterungen erfolgen. Nichtsdestotrotz sind viele im Mietvertrag formulierte Klauseln subjektiv anders auslegbar und lassen Mietern Raum, die genannten Pflichten zu vernachlässigen. Tritt beispielsweise Schimmelpilz auf, muss der Vermieter zunächst beweisen, dass das Bauwerk mängelfrei erstellt ist und es in Zeiten der Vermietung keine Kältebrücken gab[25]. Andernfalls ist das Recht auf der Seite des Mieters.

---

[25] Vgl. Pachowsky, R.: Profi-Handbuch Wohnungs- und Hausverwaltung, S. 89

Somit gilt für den Mietvertrag und dessen Verwaltung: Ja, einem Mieter lassen sich Pflichten auferlegen, die den Vermieter selbst im Grunde genommen komplett von der Arbeit im und am Gebäude befreien. Allerdings ist die Einhaltung dieser Pflichten derart individuell auslegbar, dass darauf vertraut werden muss, dass der Mieter den Pflichten gewissenhaft nachkommt. Dies lässt sich durch die Wahl eines vertrauenswürdigen Mieters beeinflussen, wozu ebenfalls das nächste Kapitel *Mietersuche und Pflichten als Vermieter* Auskunft gibt. Was zudem die Wahrscheinlichkeit für eine gewissenhafte Einhaltung der Mieterpflichten erhöht, ist die Aushändigung von Formblättern oder die Empfehlung von Produkten. Ein Formblatt, welches über die sachgemäße Lüftung und Reinigung aufklärt, ist eine konkrete Hilfe für den Mieter. Gleiches trifft auf Luftreiniger zu. Dies sind Produkte, die die Luft reinigen und zudem vor Staubpartikeln säubern. Dies macht dem Mieter das Leben in der Wohnung sogar angenehmer.

Der ein oder andere Besuch beim Mieter hat das Potenzial, regelrechte Putzorgien auszulösen. Ein Besuch ein bis zwei Mal pro Jahr genügt, um sich einen Eindruck vom baulichen Zustand der Wohnung zu verschaffen. Man bezeichnet dies als Wohnungsbesichtigung. Sie ist dem Mieter 14 Tage im Voraus schriftlich anzukündigen[26]. Sollte der Mieter nicht anwesend sein können, darf erbeten werden, dass er eine andere Person beauftragt, vor Ort anwesend zu sein, um eine Besichtigung zu ermöglichen.

Letzter wesentlicher Aspekt der Verwaltung ist die Hausordnung. Diese ist bei Wohngebäuden mit mehreren Wohnparteien erforderlich, da sie die Pflichten für das Treppenhaus, die Gebäudeumgebung sowie das Zusammenleben unter den Mietern regelt. Eine Hausordnung umfasst zumindest die drei wichtigen Punkte:

- ♦ Einhaltung von Ruhezeiten
- ♦ Reinigungspflicht
- ♦ Winterdienstpflicht

---

[26] Vgl. Pachowsky, R.: Profi-Handbuch für Wohnungs- und Hausverwaltung, S. 88

Hinweis!

Kaufen Sie eine Wohnung in einer bereits bestehenden Wohnungs-
eigentümerschaft, dann ist eine Hausordnung bereits vorhanden. Bei
gemeinsamen Sitzungen ist es möglich, durch Mehrheitsbescheide
die Beschlüsse und Regelungen umzuändern. Achtung: Die beschlos-
senen neuen Regelungen gelten nur dann für die Mieter, wenn im
Mietvertrag verankert ist, dass die gefassten Beschlüsse auch für das
Mietverhältnis bindend sind.

Die Ruhezeiten sind individuell zu bestimmen, allerdings den gesellschaftlichen Normen anzupassen, um eine Balance zwischen
Freiraum und Ruhezeiten zu ermöglichen. Integraler Bestandteil
dieser gesellschaftlichen Normen sind eine Nacht-, Mittags- sowie Sonntagsruhe, die mit konkreten Uhrzeiten zu definieren sind.
Zudem ist der Zusatz „Jedwede Form von Ruhestörung ist unter-
sagt." essenziell. Individuell bedingt ist eine präzisere Unterteilung
möglich, die bestimmte Arten der Ruhestörungen (z.B. Rasenmä-
hen, Bohren, Musizieren) weiter einschränkt.

Eine Reinigungspflicht ist schriftlich festzuhalten, verpflichtet
den Mieter allerdings nicht, den Aufforderungen nachzukom-
men. Es handelt sich somit um eine gute Geste, falls der Mieter das Treppenhaus reinigt. Gleiches gilt für die Winterdienstpflicht. Beim Winterdienst gibt es jedoch eine feine Ausnahme:
Der Mieter haftet für Schäden, die aus einem nicht wahrgenom-
menen Winterdienst erfolgen. Bedingung dafür: Es muss in der
Hausordnung oder im Mietvertrag klar verankert sein! Hierbei
ist wichtig, die Reinigungs- und Winterdienstpflicht unter allen Mietern fair aufzuteilen. Sollte die Winterdienstpflicht nicht
über einen Mietvertrag oder die Hausordnung auf den Mieter
umgelagert werden, liegt die Pflicht beim Vermieter oder einer
separat beauftragten Hausverwaltung.

Verwaltung durch professionelle Dienstleister

Ist eine Hausverwaltung in einer Wohnungseigentümergemeinschaft bereits gegeben, ist diesbezüglich alles gesagt. Sind Anleger mit der Verwaltung unzufrieden, müssen sie bis zur nächsten Versammlung warten und einen Wechsel zur Debatte bringen. Sollte die Abstimmung negativ ausfallen, ist der Weg für einen neuen Dienstleister frei, dem jedoch alle Eigentümer im Wohnkomplex zustimmen müssen.

Wann immer ein neuer Dienstleister beauftragt werden soll, ist es abgeraten, dass sich die gesamte Wohnungseigentümergemeinschaft darum kümmert. Dies verursacht insbesondere bei größeren Gemeinschaften eher Verwirrung und Komplikationen. Stellenanzeigen werden doppelt geschaltet und Bewerbungstermine gelegt, sodass die Termine sich ggf. überschneiden. Im Optimalfall wird daher immer ein einzelner Eigentümer oder der aus wenigen Personen bestehende Verwaltungsbeirat beauftragt, um sich um das Scouting neuer Dienstleister zu kümmern. Von nun an sieht die Schrittfolge des/der Verantwortlichen auf der Suche nach einem externen Verwalter wie folgt aus:

1. Einholen von Angeboten: Verwalter finden sich mit einer eigenen Präsenz im Web und lassen sich zu Besichtigungen einladen. Besonderheiten, Aufgabenbereiche und weitere Wünsche rund um die Immobilie sind hier zu äußern, damit die Angebote zuverlässig benannt werden können.

2. Wahl des Verwalters: Aus den Berichten des Verwaltungsbeirates oder des Eigentümers zu den Angeboten und Gesprächen mit den Verwaltern wird bei einer Abstimmung ein Verwalter gewählt.

3. Annahme der Wahl durch den Verwalter

4. Vertragsabschluss zwischen Eigentümergemeinschaft und Verwalter

5. Dienstaufnahme

Quelle: Profi-Handbuch für Wohnungs- und Hausverwaltung (Pachowsky, 2019)[27]

Bezüglich der Kostenfrage seien die Inhalte des ersten Buches dieser Reihe nochmals in Erinnerung gerufen: Bei staatlich gefördertem Mietwohnungsbau darf die Verwaltung maximal 284,63 € pro Jahr für eine Wohnung und 37,12 € für einen Garagenstellplatz verlangen[28]. Bei nicht staatlich gefördertem Wohnungsraum weichen die Zahlen nur geringfügig ab.

Die Aufgaben der Verwaltung sind mitunter in § 21 Absatz 5 WEG[29] geregelt. Sie umfassen u. a. die Aufstellung einer Hausordnung, Versicherungen des gemeinschaftlichen Eigentums gegen Feuer zum Neuwert und eine Versicherung jedes Wohnungseigentümers gegen die Haus- und Grundbesitzerhaftpflicht. Ebenso geht die Verwaltung Aufgaben nach, die in dem Paragrafen nicht aufgeführt sind, was beispielsweise auf die Jahresabrechnung zutrifft[30]. Neue Pflichten des Verwalters sind nach Pachowsky (2019)[31] die folgenden:

♦ Durchführung einer Beschlusssammlung; z.B. Beschlüsse aus gerichtlichen Urteilen, die laufend zu nummerieren sind

♦ Wohnungseigentümer über bevorstehende und laufende Rechtsstreite sofort informieren

♦ Gegen Wohnungseigentümer gerichteten Rechtsstreit führen

27 Vgl. Pachowsky, R.: Profi-Handbuch für Wohnungs- und Hausverwaltung, S. 170ff
28 Vgl. Siepe, W.: Immobilien verwalten und vermieten, S. 33
29 Vgl. https://www.gesetze-im-internet.de/woeigg/__21.html
30 Vgl. Siepe, W.: Immobilien verwalten und vermieten, S. 29
31 Vgl. Pachowsky, R.: Profi-Handbuch für Wohnungs- und Hausverwaltung, S. 176f

♦ Vereinbarung des Honorars mit einem Anwalt

Da der Verwalter zudem für die Gewährleistung der Instandhaltung verantwortlich zeichnet, rechnet er die Instandhaltungskosten ab und führt darüber Buch. Außerdem sorgt er dafür, dass
Vermieter eine Instandhaltungsrücklage bilden, was ohne einen
vorhandenen Verwalter bei Vermietern häufig in Vergessenheit
gerät oder für unwichtig befunden wird. Der Verwalter legt die
Instandhaltungsrücklagen zu festen Zinssätzen bei der Bank an,
was für Zinserträge sorgt. Somit lässt er das für Instandhaltungsrücklagen eingezahlte Kapital für den Vermieter ertragsbringend
arbeiten.

Versicherungen: Was ist notwendig und was nicht?

Leser erhalten im Folgenden Informationen samt einer Evaluierung
zu den fünf gefragtesten Versicherungen für Vermieter. Dazu zählen
zum einen die steuerlich abzugsfähigen Wohngebäudeversicherung
und Elementarschadenversicherung. Zum anderen existieren mit
der Rechtsschutz-, Grundbesitzerhaftpflicht- und Mietausfallversicherung weitere Optionen. Die beiden erstgenannten tragen zum
Schutz des Gebäudes bei und inkludieren mehrere Einzelversiche-
rungen. Die drei letztgenannten tragen zum persönlichen Schutz
des Vermieters bei, weswegen sie steuerlich nicht absetzbar sind.
Eine Vorstellung des Leistungskatalogs, der geschätzten Kosten
und der Leistungskriterien samt Einschätzung wird Lesern ermöglichen, über den Nutzen des jeweiligen Versicherungsschutzes im
eigenen Einzelfall abzuwägen.

Rechtsschutzversicherung

Eine Rechtsschutzversicherung ist zu Beginn der Tätigkeit als Vermieter nicht zu empfehlen. Es ist zunächst der Auswahl des Mieters in Eigenregie oder mit Unterstützung des Maklers zu trau-
en. Früher galt der Spruch „Mietschulden sind Ehrenschulden".
Heute scheint das Bewusstsein der Mieter für die Bringschuld

gesunken zu sein, dennoch macht sich die Tendenz bemerkbar, dass selbst wenig zahlungskräftige Mieter zuerst die Mietschulden begleichen und eher das Finanzamt einige Monate warten lassen. Wer bereits Erfahrungen gemacht hat, wird wissen, dass das Finanzamt sich mit Zwangsvollstreckungen und Mahnungen mehrere Monate Zeit lässt. Somit wäre es recht verwunderlich, wenn ein Mieter seine Miete nicht nach zumindest einigen Wochen Verspätung zahlt. Kommt es tatsächlich dazu, so finden sich häufig außergerichtliche Einigungen, wenn mit dem Mieter ein konstruktiver und verständnisvoller Dialog geführt wird. Juristische Vorgehensweisen sind somit eine Seltenheit; selbst in einer dreißigjährigen Laufbahn als Vermieter. Neben Streitigkeiten mit Mietern ist in einer Wohnungseigentümergemeinschaft auch ein Streit mit anderen Vermietern möglich, was jedoch eine noch größere Seltenheit ist.

Somit empfiehlt sich eine Rechtsschutzversicherung erst dann, wenn früh oder regelmäßig negative Erfahrungen gemacht werden, die Gerichtsverhandlungen und Anwaltskosten nach sich ziehen. Hier ist auf den Leistungskatalog und weitere vertragliche Bedingungen zu achten:

♦ Selbstbeteiligung: Im Rahmen des Vertrags lässt sich eine Selbstbeteiligung ausmachen, durch die Rechtsstreitigkeiten bis zu einer bestimmten Betragshöhe von den Vermietern selbst getragen werden müssen. Ab 500 € jährliche Selbstbeteiligung werden die Tarife bei Versicherern in der Regel deutlich günstiger.

♦ Leistungsumfang: Hier ist zu wählen, ob nur im Fall einer eigenen Klage, oder auch im Falle einer Klage gegen den Vermieter, geleistet werden soll. Zudem ist aus einzelnen Rechtsbereichen – Wohnungsrechtsschutz und Grundstücksrechtsschutz, Schadensersatz-Rechtsschutz, Strafrechtsschutz und weiteren – zu wählen[32].

---

[32] Vgl. https://www.financescout24.de/wissen/ratgeber/mieter-vermieterrechtsschutz#vermieterrechtsschutz

♦ Wartezeit: Die meisten Tarife und Versicherer sehen eine Wartezeit von drei Monaten nach Vertragsabschluss vor, in der keine Leistungen – selbst im rechtlichen Streitfall – erfolgen. Tarife ohne Wartezeit sind teurer.

Eine Rechtsschutzversicherung ist steuerlich nicht absetzbar, da sie weder die Einnahmen sichert noch zur Aufwertung des Gebäudes beiträgt. Sie sichert lediglich den Vermieter persönlich ab. Das Kündigungs- und Sonderkündigungsrecht sind dem jeweiligen Vertrag zu entnehmen.

Bewertung:

Eine Rechtsschutzversicherung wartet mit Kosten auf, die mit der Anzahl der Wohneinheiten und der Höhe der Mieteinnahmen steigen. Somit werden sie immer einen Anteil von 0,5 % bis 2 % der jährlichen Kosten in der Immo-Bilanz bekleiden. Zum Anfang der Tätigkeit als Vermieter empfiehlt es sich, die Rechtsschutzversicherung nicht abzuschließen. Erst, wenn nach einigen Jahren die finanziellen Einbußen durch Gerichtsverhandlungen oder ausbleibende Mieteinnahme auffällig hoch sind und den Nutzen einer Vermieter-Rechtsschutzversicherung in Relation zu den Kosten rechtfertigen, sind Angebote von Versicherern einzuholen, und es ist über einen Versicherungsabschluss abzuwägen.

Wohngebäudeversicherung

Eine Wohngebäudeversicherung beinhaltet Versicherungen gegen Feuer, Leitungswasser und Sturm. Zumindest die Feuerversicherung ist bei einer Finanzierung Pflicht. Die Banken verlangen diese als eine Absicherung des Kredits. Vermieter, die nur die Feuerschutzversicherung abschließen möchten, können dies separat durchführen. Allerdings sind Rohrbrüche in Wasserleitungen sowie Sturmschäden keine Seltenheit. Da sich bereits mit Kosten zwischen 50 und 200 € jährlich ein Gebäude umfangreicher versichern lässt, ist die Wohngebäudeversicherung absolut nahezulegen. Ein Anteil von maximal 0,2 % auf der Kostenseite der Immobilien-Bilanz (zur Immo-Bilanz siehe erstes Buch der Reihe) und die volle steuerliche

Abzugsfähigkeit sprechen für die Wohngebäudeversicherung. Vermieter, die sich zusätzlich absichern möchten, sind mit einer Elementarschadenversicherung fürs Wohngebäude gut beraten. Elementarschäden sind solche, die in Sonderfällen wie z. B. Erdbeben, Überschwemmungen und Lawinen gegen die Schäden versichern. Naheliegenderweise macht ein Upgrade der Wohngebäudeversicherung nur um jene Elementarschäden Sinn, die ein realistisches Risiko aufgrund der genannten Risikofaktoren in der Umgebung darstellen. In diesem Fall steigen die jährlichen Kosten zwar an. In Anbetracht der Tatsache, dass bei den genannten Elementarschäden das komplette Gebäude zerstört werden kann, ist eine Elementarschadenversicherung aber nützlich.

Bewertung:

Die Kosten von Versicherungen, die gegen Schäden am Gebäude versichern, sind steuerlich unter den Betriebskosten absetzbar. Dies gilt auch für sehr spezielle Versicherungen, wie beispielsweise eine Aufzugsversicherung. Sie kosten in Relation zu der essenziellen Absicherung, die sie bieten, nur wenig und mindern die Steuerlast. Da bereits eine Feuerversicherung im Rahmen einer Finanzierung von den Banken verlangt wird, ist es ratsam, sich mit einer Wohngebäudeversicherung gegen einen geringen Aufpreis zusätzlich abzusichern. Definitiv eine Empfehlung!

Grundbesitzerhaftpflichtversicherung

§ 15 Satz 2 des Grundgesetzes der Bundesrepublik Deutschland[33] sagt aus: „Eigentum verpflichtet. Sein Gebrauch soll zugleich dem Wohle der Allgemeinheit dienen." Tatsächlich ist die Bedeutung des Gesetzes so weit auszulegen, dass ein Eigentümer – in diesem Fall der Vermieter – für alle Schäden an Personen und Sachen, die vom eigenen Gebäude ausgehen, haftet.

---

[33] Vgl. https://www.gesetze-im-internet.de/gg/art_14.html

Die Privathaftpflichtversicherung leistet nur dann, wenn der Eigentümer selbst in der Wohnung wohnt. Nur dann ist es nämlich privat. Bei einer Vermietung werden Gewinnerzielungsabsichten verfolgt, weswegen die private Haftpflichtversicherung nicht mehr greift. Es muss eine separate Grundbesitzerhaftpflichtversicherung zum Schutz abgeschlossen werden. In Wohnungseigentümergemeinschaften bei einer externen Verwaltung ist eine Grundbesitzerhaftpflichtversicherung bereits enthalten. In diesem Fall leistet jeder der Eigentümer einen Beitrag in die gemeinschaftliche Versicherung. Allerdings hat diese Absicherung einen Haken: Unfälle in der eigenen Wohnung sind nicht abgesichert. Somit muss zumindest eine Grundbesitzerhaftpflicht für die eigenen Wohnräume beantragt werden.

Hinweis!

Bei beauftragten Verwaltern ist zu beachten, dass in der jeweiligen Versicherungspolice verankert ist, dass auch gegen die durch den Verwalter verursachten Schäden versichert wird.

Die Versicherung lässt sich steuerlich zwar nicht absetzen, hat jedoch den Vorzug, dass im Schnitt bereits zu 40 € im Jahr Tarife erhältlich sind. Dies ist ein Schnäppchenpreis, sofern man ihn mit den Kosten vergleicht, die im Falle eines entsprechenden Schadens auftreten und in Millionenhöhe liegen können.

Bewertung:

Zwar steuerlich nicht absetzbar, dafür aber zu geringen Beiträgen erhältlich, ist die Grundbesitzerhaftpflicht für jeden Vermieter empfehlenswert. Im Falle von Wohnungseigentümergemeinschaften und externen Verwaltungen ist zu erfragen, wie genau der Versicherungsschutz geregelt ist. Zumindest für Schadensfälle in der eigenen Wohnung ist eine Grundbesitzerhaftpflicht immer separat abzuschließen.

Mietausfallversicherung

Die Mietausfallversicherung hat so viele Lücken und Tücken wie kaum eine andere Versicherung. Zunächst zum Leistungsbestand: Die Mietausfallversicherung kommt dann für Mietrückstände auf, wenn Mieter nicht zahlen. Je nach Anbieter und Tarif lassen sich zudem Sachschäden durch Mietnomaden in der Wohnung absichern.

Nun zu den Haken, derer es viele gibt:

- Ist der Mieter nicht auffindbar, wird nicht gezahlt.
- Die Versicherung zahlt nur dann, wenn trotz Klage, Urteil und Vollstreckung die Miete nicht gezahlt wird.
- Bei Leerstand greift die Versicherung nicht.
- Im Todesfall des Mieters findet keine Mietzahlung statt.
- Der Zeitraum, in dem die Miete durch die Versicherung gezahlt wird, ist begrenzt auf sechs bis zwölf Monate. In Ausnahmefällen werden die Mieteinnahmen über einen Zeitraum von zwei Jahren gezahlt.

Quelle: ratgeber.immowelt.de[34]

Neben der Tatsache, dass mehrere dieser Hindernisse im Weg stehen, sind vereinzelt Selbstbeteiligungen des Vermieters vereinbart. Eine Mietausfallversicherung lässt sich steuerlich nicht absetzen. Die Kosten belaufen sich in Relation zu den strengen Voraussetzungen, damit die Versicherung leistet, auf hohe Beiträge. Es ist von um die 200 € im Jahr die Rede.

---

[34]   Vgl.   https://ratgeber.immowelt.de/a/mietausfallversicherung-kein-held-fuer-alle-faelle.html

Bewertung:

Die Mietausfallversicherung ist nicht notwendig. Es empfiehlt sich eher, eine Rechtsschutzversicherung abzuschließen, die umfangreicher absichert, eher greift und dafür sorgt, möglichst schnell mit einem nicht zahlenden Mieter Lösungen zu finden oder aber Platz für einen neuen zahlenden Mieter zu schaffen.

Zusammenfassung: Externe Verwaltung, Schutz des Gebäudes und Grundbesitzerhaftpflichtversicherung als zentrale Maßstäbe!

Eine genaue Erörterung hat gezeigt, dass eine eigene Verwaltung durch Vermieter möglich ist. Sie erfordert lediglich eine konsequente Buchhaltung und genaue Aktenführung. In Wohnungseigentümergemeinschaften ist es jedoch üblich, dass eine Partei die Verwaltung durchführt – entweder einer der Vermieter oder ein externer Dienstleister. Letzteres ist die bessere Wahl für sämtliche Vermieter und Kapitalanleger. Denn die externe Verwaltung verfügt über Erfahrung und rechnet transparent ab. So hat der Vermieter – bei lediglich Kosten in Höhe von knapp 200 € im Jahr – ein maximal einfaches Spiel und kann das in Immobilien angelegte Kapital für sich arbeiten lassen. Um sich gegen potenzielle Schäden abzusichern, empfiehlt sich eine möglichst umfassende Versicherung des Gebäudes. Bei Finanzierungen ist die Feuerversicherung ein Muss, allerdings ist ein umfangreicherer Schutz in Form einer Wohngebäudeversicherung noch besser. In Risikoregionen sind spezielle Elementarschadenversicherungen dringlichst nahezulegen. Mit der Grundbesitzerhaftpflichtversicherung ist eine klar empfohlene Absicherung des Vermieters gegeben. Die Rechtsschutzversicherung ist nur dann angeraten, wenn bereits mehrere Rechtsstreitigkeiten vorlagen oder gedroht haben. Eine Mietausfallversicherung ist nicht empfohlen. Bei einer externen Verwaltung sind Feuer- und Grundbesitzerhaftpflichtversicherung bereits enthalten. Es empfiehlt sich,

sich diesbezüglich beim Verwalter zu informieren. Sollte der Vermieter einen über die in der Verwaltung enthaltenen Versicherungen hinausgehenden Versicherungsschutz wünschen, hat er sich selbst darum zu kümmern.

4. Schritt:
Mietersuche und Pflichten als Vermieter

Ist die Wohnung gekauft, beginnt die Suche nach einem Mieter. Sollte bereits ein Mieter vorhanden sein, dann entfällt diese Suche selbstverständlich. Dennoch ist angeraten, sich dieses Kapitel durchzulesen. Denn spätestens, sobald der aktuelle Mieter kündigt und ein neuer gesucht wird, werden die Erkenntnisse dieses Kapitels erforderlich sein. Zur Mietersuche gehört zunächst die Suche an sich, die selbst oder durch einen Makler erfolgen kann. Wird ein Makler engagiert, muss ein Vertrag aufgesetzt werden, der in der Vergangenheit bereits so manche Lücke enthielt und dem Makler die Freiheit gab, keine Besichtigungstermine wahrnehmen zu müssen. Nach der Suche steht die Mieterwahl an, die im Idealfall einen Pool mehrerer in Frage kommender Mieter zur Auswahl stellt, um sich die ansprechendste Bewerbung auszusuchen. Die Mieterselbstauskunft gibt Aufschluss über die Zahlungskräftigkeit und Zuverlässigkeit des angehenden Mieters. Ein Mietvertrag bringt den Deal unter Dach und Fach, hält allerdings für den Vermieter einige Fallstricke parat. Werden hier Auskunftspflichten nicht wahrgenommen, kann dies Konsequenzen für den Vermieter haben.

Vermieten mit Konzept: Mieter finden oder locken

Die Auswahl der Immobilie spielt dem Vermieter entweder in die Argumentation oder nicht. Orientiert sich ein jeder Kapitalanleger an der Anleitung aus dem ersten Kapitel, erfolgt die Auswahl einer Immobilie, die sich gut und schnell vermieten lässt. Was „gut und schnell" in diesem Kontext bedeutet, ist die Frage des ausgearbeiteten Konzepts. Hierzu führt Werner Siepe in seinem Werk *Immobilien verwalten und vermieten* (2018) vier Kernpunkte auf[35]:

- Was kann ich dem Mieter bieten?
  Vorzüge des Mietobjekts: z.B. Lage, Ausstattung, Grundriss

- Wem möchte ich die Wohnung zur Miete anbieten?
  Zielgruppe definieren: z.B. Familie mit Kindern, Student, Rentner

- Ab wann steht meine Wohnung zur Verfügung?
  Zeitpunkt klar angeben: z.B. Fertigstellung des Gebäudes, Auszug des bisherigen Mieters

- Wie viel soll mein Mieter zahlen?
  Nettokaltmiete, zzgl. Betriebskosten und Höhe der Mietsicherheit

Dies sind nicht nur die essenziellen Aspekte für ein Mietkonzept, sondern auch für das Exposee. Was beim Exposee darüber hinaus wichtig ist, wird im folgenden Abschnitt erläutert.

Zuallererst sollte verdeutlicht sein, dass die Lage den Unterschied macht! In einer guten Lage finden sich immer Mieter und ebenso andere Kapitalanleger, die die Gegend in Zusammenarbeit mit anderen Anlegern und Investoren oder in Eigenregie aufwerten werden. Dies wird steigende Mieten und größere Rendite bescheren. In diesem Fall können Exposee und Konzept sogar Defizite aufweisen oder aber der Makler ein beschränktes Talent haben: Die Lage entscheidet.

Wiederum können ein präzise definiertes Konzept sowie ein talentierter Makler eine weniger gute Lage kaschieren, indem geschickte Argumentation und Beschönigung der Realität den Mietinteressenten von der Wahrheit wegleiten. Im Folgenden werden Leser

---

[35] Siepe, W.: Immobilien verwalten und vermieten, S. 105.

alles erfahren, was beim Finden eines Mieters hilfreich ist. So wird für gute Lagen ein Mieter auf möglichst effektivem Wege gefunden. Falls es zur Auswahl einer Immobilie in einer weniger ertragreichen Lage kommen oder bereits gekommen sein sollte, werden die folgenden Anleitungen dabei helfen, aus der schlechten Lage das Maximum herauszuholen.

Aussagekräftige Exposees

Hier ist zwischen solchen Exposees zu unterscheiden, die in Tageszeitungen veröffentlicht werden – also Annoncen – und möglichst knapp sind, und zwischen den Online-Anzeigen sowie Aushängen in Maklerbüros, die einiges an Text ermöglichen.

In der Tageszeitung kosten Anzeigen Geld, wobei der Preis nach der Menge der Zeilen berechnet wird. Dies ist der begrenzten Menge an Platz geschuldet, die sich daraus ergibt, dass eine Zeitung in Papierform kein digitales Medium ist. Ein Exposee, welches aus wenigen Zeilen besteht, kann nur bedingt ansprechend sein. Es muss sachlich die wichtigsten Vorteile hervorheben und die essenziellen Fakten zur Immobilie nennen:

Dresden-Strehlen, 2 gr. Zimmer, 79 qm, hohe Wände, gr. Fenster, Keller, Balkon, Einbauküche, 3 Min. zum Hbf, ruhige Wohngegend, mtl. Kaltmiete 560 € + NK, Baujahr 1952, Gas-ZH, Verbrauchsausweis, 90 kWh pro m² und pro Jahr, Energie-Effiz.-Klasse B, provisionsfrei von Privat, Tel. 0176…

In der Welt der Vermieter ist das als aussagekräftige Sprache in Zeitungsannoncen zu verstehen. Die einzigen Regeln bestehen darin, am Anfang den Ort und Angaben zur Wohnung sowie Lage zu machen. Hier sind für den Interessenten die Vorteile wichtig, die konkret benannt sein müssen. Gegen Ende kommen die preislichen Details, restliche Angaben und die Kontaktdaten. Die Kontaktdaten sind zwar wichtig, kommen aber dennoch am Ende der Anzeige, da der Interessent ohnehin nach ihnen suchen wird, sofern ihm das Angebot zusagt.

Im Internet werden Exposees bereits ein umfangreicheres Werk. Hier bekommen Vermieter reichlich Raum, um ganze Sätze zu formulieren und die Mietinteressenten emotional zu erreichen. Eine Anzeige, die emotional zu den Interessenten durchdringt, ist die halbe Miete. Emotional werden die Anzeigen, wenn beim Interessenten ein Kopfkino erzeugt wird. Hierzu drei Regeln:

- Durch die Kundenbrille sprechen!
- Keine Produkte, sondern Möglichkeiten verkaufen!
- Mit Adjektiven arbeiten!

Zunächst sei die Grundregel des Verkaufens erwähnt: Es muss durch die Kundenbrille argumentiert werden. Dies geht zugegebenermaßen bei Annoncen in der Zeitung nicht. Doch bei längeren Anzeigen hat ein jeder Vermieter die Wahl.

Negativbeispiel: Altbauwohnung mit hohen Wänden und Fenstern
Die Wohnung hat große Fenster und lässt viel Licht herein.

Positivbeispiel: Altbauwohnung mit hohen Wänden und Fenstern
Die großen Fenster durchfluten Ihre Wohnung mit Licht und sorgen für Helligkeit und Klarheit in jedem Winkel.

Keine Frage: Nicht jeder interessiert sich für Helligkeit, Klarheit und starken Lichteinfluss. Doch diese Personen sind ohnehin nicht die Kunden! Es muss nicht jeder befriedigt werden, sondern nur die Personen, die in die eigene Zielgruppe hineinpassen. Jemand, der viel Helligkeit mag, wird auf diese Anzeige ansprechen. Anders verhält es sich jedoch bei der ersten Variante, die schlicht und einfach langweilig ist.

Eine weitere Lektion hält die Vermieter dazu an, die Annoncen so zu formulieren, dass den Mietinteressenten mehr als die Wohnung verkauft wird – es werden Möglichkeiten verkauft; Möglichkeiten auf ein komfortables Leben, welches sich der eine Interessent erhofft, oder Möglichkeiten auf tägliches Schwimmen daheim durch den Pool auf dem Dach, welches sich eine Fülle anderer Interessenten erhofft. Werden die Vorzüge der Wohnung so formuliert, dass den Interessenten Perspektiven aufgezeigt werden, ist dies umso reizvoller.

Negativbeispiel: Haus mit Spielplatz zur Vermietung, Zielgruppe Familie
Zum Verkauf steht ein Haus für eine große Familie. Der Flur ist groß. Das Haus hat mit sechs Zimmern genug für eine ganze Familie. Im Garten ist ein Spielplatz. Auch gibt es eine Terrasse.

Positivbeispiel: Haus mit Spielplatz zur Vermietung, Zielgruppe Familie
Zum Verkauf steht kein Haus, sondern ein Zuhause für eine Familie! Bereits der Flur bietet den Kindern reichlich Bewegungsfreiheit, wenn sie den Schulranzen abnehmen und voller Aufregung vom Schultag erzählen möchten. Mit sechs Zimmern ist reichlich Platz geschaffen, damit jedes Familienmitglied seine Freiräume hat: Büro zur Arbeit, separate Zimmer für Kinder, der gemeinsame Rückzugsort fürs Ehepaar im Schlafzimmer. Mit dem abwechslungsreich gestalteten Spielplatz im Garten und einer weiträumigen Terrasse ist das Haus gleichermaßen fürs Spielen und für gemeinsame Grillabende, sogar im größeren Rahmen, geeignet.

Vermieter sind aufgerufen, kreativ zu sein und die Gedanken spielen zu lassen. Es zählt auch, was der Mieter mit einer Immobilie machen kann, nicht nur, welche Vorteile er erhält. Welcher Mutter und welcher Vater, welches Ehepaar mit Kindern, könnte denn bei einer Anzeige wie dieser mit den passenden Bildern dazu nicht direkt einen Film vorm inneren Auge ablaufen lassen?

Zuletzt sei auf die Bedeutung der Adjektive eingegangen: Adjektive schaffen Emotionen, wenn sie in einer angemessenen Menge und mit einem Sinn fürs Außergewöhnliche genutzt werden. Dabei gilt, dass maximal ein Adjektiv pro Nomen genutzt wird. Zudem sind Adjektive so zu wählen, dass sie keine offensichtlichen, sondern verborgene und überraschende Eigenschaften der Immobilie beschreiben.

Negativbeispiel: Kleine Wohnung im Stadtkern

Die kleine aber feine, kuschelige, zentral gelegene und komfortable Wohnung, führt Sie direkt in den Stadtkern hinein und lässt sie jeden zentralen Ort der Stadt direkt erreichen.

Positivbeispiel: Kleine Wohnung im Stadtkern

Klein, aber unkompliziert! Alle Personen, die sich einfach einrichten möchten, sind mit dieser Wohnung am besten beraten. Durch die Lage im Stadtkern wird der Komfort kleiner Wohnungen neu definiert.

Im ersten Beispiel werden zu viele Adjektive angewandt, wodurch sich manch ein Mietinteressent die Frage stellen wird, ob er die Anzeige überhaupt noch ernst nehmen darf. Die missverständlichen Formulierungen setzen sich bei der „Wohnung, die in den Stadtkern hineinführt" fort: Eine Wohnung führt nirgendwo hin. Logik und eine sparsame, aber gezielte Anwendung der Adjektive sind wichtig. Dies ist im zweiten Beispiel gegeben: Dieses verwendet ein Adjektiv, welches im Kontext mit einer kleinen Wohnung nicht sofort in den Sinn kommen mag. Selbst Personen, die skeptisch sind, werden bei dem Wort „unkompliziert" erfreut aufblicken. Denn jemand, der sich mit einer kleinen Wohnung auseinandersetzt, wird beim Begriff „unkompliziert" denken, es sei genau das, was er wolle. Alle anderen müssen nicht überzeugt werden, da sie nicht der Zielgruppe entsprechen. Der letzte Satz nimmt auf die Perspektiven, die dem Interessenten aufgezeigt werden sollen, Bezug. Denn durch den „neu definierten Komfort" wird dem Interessenten suggeriert, dass er komfortabler denn je leben wird. Dies lässt sich in Folgesätzen noch näher ausführen.

Makler engagieren oder allein arbeiten?

Wer keine Erfahrung hat und zunächst den kostensparenden Weg wählen möchte, ist gut damit beraten, selbst einen Mieter für die Wohnung zu finden. Ausnahmen bestehen, wenn der Vermieter beruflich eingespannt ist oder aus anderen Gründen keine Zeit hat, einen Makler zu suchen. In diesem Fall ist das Engagement eines Maklers empfehlenswert. Wer sich eine erfolgreiche Mietersuche von vornherein nicht zutraut, ist ohnehin gut damit beraten, einen Makler zu engagieren. Wird der Makler beauftragt, so gibt es einige Regeln zu beachten:

- Vertrag in Schriftform (§ 2 Absatz 1 WoVermRG[36]): Damit ein Vertrag gültig ist, muss er in Schriftform auf einem Papierdokument oder in einem elektronischen Dateiformat vorliegen.

- Vereinbarung klar definieren: Es soll klar vereinbart sein, ob der Vermieter auch andere Makler beauftragen darf oder nur einen; letzteres würde einem Alleinauftrag entsprechen.

- Achtung bei qualifizierten Alleinaufträgen: Diese verbieten dem Vermieter, ohne den Makler mit Interessenten zu verhandeln und Mietverträge abzuschließen. Dies ist zu meiden.

Im gesamten zweiten Paragrafen des WoVermRG (Wohnungsvermittlungs-Regelgesetz) ist definiert, dass ein Makler die Vermittlung der Wohnung als Leistung erbringen und in der Lage sein muss, dies nachzuweisen. Dies ist bereits dann gegeben, wenn dem Vermieter Kontaktdaten des Mietinteressenten vermittelt werden und es zum Vertragsabschluss kommt[37], was unter einer passiven Mitwirkung zu verbuchen ist.

Hinweis!

Der Makler ist dem Gesetz nach nur dazu verpflichtet, die Wohnung zu vermitteln. Sofern der Vermieter möchte, dass durch den Makler von Mietinteressenten Schufa-Auskünfte eingeholt, Besichtigungstermine wahrgenommen und Annoncen geschaltet werden, ist dies im Vertrag separat festzuhalten.

---

[36] Vgl. https://www.gesetze-im-internet.de/wovermrg/__2.html
[37] Vgl. https://www.mietrecht.org/maklerprovision/vermietung-makler/

Im Gegensatz zum Kauf von Immobilien gilt bei der Vermietung das sogenannte Bestellerprinzip, welches vorsieht, dass derjenige, der den Makler bestellt, ebenso für die Kosten seiner Dienstleistung aufkommt. Dementsprechend muss der Vermieter die Kosten tragen. Diese wiederum sind in der Einkommenssteuererklärung nach § 9 Abs. 1 EStG[38] als Werbungskosten absetzbar. Grund dafür ist, dass sie den „Aufwendungen zur Erwerbung, Sicherung und Erhaltung der Einnahmen" zuzuordnen sind.

Vorteil beim Neubau: Freiheiten für den Erstmieter!

Ob allein oder mit Makler: Bei Neubauten haben Vermieter zentrale Vorteile, die in einer Annonce erwähnt werden sollten. Dazu gehört zum einen, dass es ein Neubau ist und die Risiken für Schäden wie bei Altbauten erspart bleiben. Zum anderen ist es angeraten, dem Vermieter Sonderwünsche zu ermöglichen. Mit Sonderwünschen ist gemeint, dass beispielsweise zum Zeitpunkt der Annonce und einige Monate vor der Fertigstellung der neue Boden noch nicht verlegt ist. Hier lässt sich dem Mieter das Recht einräumen, über den Bodenbelag in der Wohnung zu entscheiden. Gleiches ist im Falle von Fliesen fürs Bad oder die Küche möglich. Wird dies offen in der Annonce kommuniziert, hebt sich das Angebot deutlich von den Angeboten der Konkurrenz ab. So ist eine Vermietung an Interessenten vereinfacht.

Mieter aussuchen

Die Auswahl des Mieters erfolgt anhand zweier Komponenten: Menschenkenntnis und Zahlen zum Mietinteressenten. Mit Menschenkenntnis ist gemeint, dass der Vermieter sich mit dem Interessenten unterhält und auf Basis des Gesprächs sowie der Körpersprache des Mieters einschätzt, wie vertrauenswürdig ein Mieter ist. Geschickte Fragen führen dazu, dass der Vermieter merkt, wie langfristig der Mieter denkt und wie zahlungsstark er ist:

---

[38] Vgl. https://www.gesetze-im-internet.de/estg/__9.html

♦ Wieso möchten Sie hierher umziehen?

♦ Planen Sie, langfristig hier zu bleiben?

♦ Befindet sich in der Nähe ein Arbeitsplatz?

Sollten die Antworten zögernd oder mit wenig Überzeugung kommen, verrät sich der Mieter meistens dahingehend, als dass er keinen genauen Plan vor dem Umzug hat. In diesem Fall liegt ein potenzielles Risiko vor, dass die Wohnung bereits nach wenigen Monaten wieder leer steht. Die Fragen sollten nicht nacheinander kommen, da sich der Mieter ansonsten bedrängt fühlen könnte. Aber bei einer 30-minütigen Besichtigung ist genug Raum gegeben, um hier und da eine Frage einzustreuen. Am besten sind Mieter, die einen langfristigen Plan mit ihrem Umzug verfolgen und mit beiden Füßen fest auf dem Boden stehen. Ruhig darf der Vermieter sich erkundigen, ob der Mieter bereit ist, die Gehalts- abrechnungen der letzten drei Monate zu mailen oder auf anderem Wege vorzuzeigen. Dies lässt auf die Finanzierbarkeit der Woh- nung für den Mieter schließen.

Hinweis!

Am Anfang mag der Kapitalanleger dazu neigen, sich der Sympathie einzelner Bewerber hinzugeben. Doch dies ist eine Gefahr, denn Sym- pathie kann über die Faktenlage hinwegtäuschen und den Blick auf Zahlungskraft trüben. Vermieter müssen an dieser Stelle bedenken, dass sie knallhart nach der zahlungskräftigsten UND vertrauenswür- digsten Person suchen müssen.

Vermieter, die mit einem Makler zusammenarbeiten, sind dahin- gehend in einer vorteilhaften Situation, als dass der Makler bereits über Erfahrungen mit Mietern verfügt. Er wird die Interessenten segmentieren und dem Vermieter fundierte Einschätzungen zu den Mietinteressenten geben.

Steht die Suche nach einem Folgemieter an, weil der aktuelle Mieter gekündigt hat, ist nach dem Eingang der Kündigung ein dreimonatiger Zeitraum gegeben, um einen Folgemieter zu fin- den. Diese drei Monate muss der Mieter noch für die Wohnung bezahlen, da dies der vorgesehene Kündigungszeitraum ist. Er soll dem Vermieter ermöglichen, ohne Leerstand der Wohnung einen Nachmieter zu finden. Da der Mieter noch in der Wohnung ist, ist es erforderlich, die Besichtigungen mit dem Mieter abzusprechen. Sollte der aktuelle Mieter negativ aufgefallen sein und Nachmieter vorschlagen, sind die vorgeschlagenen Nachmieter zu meiden. Denn erfahrungsgemäß sind die Freundes- und Bekanntenkreise eines Mieters ihm selbst ähnlich. Wurden hingegen mit dem amtierenden Mieter positive Erfahrungen gemacht, sind seine Vorschläge für Nachmieter willkommen.

Mieterselbstauskunft

Eine Mieterselbstauskunft ist einzuholen, um die Zahlungsfähigkeit des Mieters zu evaluieren. Werner Siepe formuliert es im Werk *Immobilien verwalten und vermieten* (2018) mit einer interessanten Parallele zum Bankgeschäft treffend: „Auch Sie geben Ihrem Mieter praktisch einen Kredit. Statt Geld geben Sie ihm eine Wohnung. Ihr Mieter („Wohnungsnehmer") geht wie ein Kreditnehmer ein Dauerschuldverhältnis ein."[39]

In Anlehnung daran hat der Vermieter das Recht, vom angehenden Mieter eine umfangreiche Selbstauskunft zu verlangen, die von weiteren Dokumenten begleitet wird[40]:

- Schufa-Selbstauskunft
- Einkommensnachweis
- Einsichtnahme in das Schuldnerverzeichnis

Die Schufa-Selbstauskunft wird vom Mietinteressenten selbst besorgt und ausgefüllt mitgebracht. Ein Einkommensnachweis bedeutet idealerweise die Gehaltsabrechnungen aus den letzten drei Jahren. Bei einer Einzelperson lässt sich davon ausgehen, dass die Lebenshaltungskosten ohne Miete knapp 800 € in Anspruch nehmen, während es bei zwei Personen im Haushalt 1.200 € monat-

---

[39] Siepe, W.: Immobilien verwalten und vermieten. 2018: S. 128
[40] Vgl. Siepe, W.: Immobilien verwalten und vermieten. 2018: S. 128f

licher Lebenshaltungskosten plus 300 € für jedes Kind sind. Sollte das monatliche Gehalt nicht ausreichend sein, um diese Lebenshaltungskosten und die Warmmiete zu bezahlen, ist der Mieter als nicht zahlungskräftig genug einzustufen. Neben dem Einkommensnachweis ist eine Einsichtnahme in das Schuldnerverzeichnis, welche beim Amtsgericht erfolgt, ein weiteres probates Mittel zur Bonitätsprüfung.

Die Mieterselbstauskunft wiederum ist ein Mittel, welches all diese Punkte zusammenträgt, allerdings vom Mieter selbst ausgefüllt wird und somit Raum für die ein oder andere Beschönigung lässt. Die Mieterselbstauskunft ist ein vom Vermieter bereitgestelltes Formular, welches die folgenden Informationen über den Interessenten abfragt[41]:

♦ Name

♦ Geburtsdatum

♦ Familienstand

♦ Anzahl der im Haushalt lebenden Personen

♦ Anschrift und Telefonnummer

♦ Angaben zum bisherigen Mietverhältnis mit Grund für Kündigung und Kontaktdaten des bisherigen Vermieters

♦ Aktueller Beruf, Arbeitgeber und Dauer des Arbeitsverhältnisses

♦ Monatliches Nettoeinkommen inkl. Kindergeld

♦ Aufklärung über laufende Insolvenzverfahren und Pfändungen, sofern diese vorhanden sind

♦ Einverständnis zur Schufa-Selbstauskunft

♦ Einkommensnachweis mit Gehaltsabrechnungen (im Idealfall drei Jahre rückwirkend)

Absolut zu meiden sind Mietinteressenten mit negativer Schufa-Auskunft. Am einfachsten ist es, wenn der Interessent die

---

41 Vgl. Siepe, W.: Immobilien verwalten und vermieten. 2018: S. 131

Schufa-Auskunft selbst besorgt. Denn im Gegensatz zum Vermieter hat er kaum Wartezeiten und muss kein Geld für die Auskunft bezahlen. Sie lässt sich bereits online einholen.

Mietvertrag

Der Mietvertrag wird bei Streitigkeitsfällen einer rechtlichen Prüfung standhalten müssen. Alles muss penibel und präzise ausformuliert sein. Darüber hinaus ist zu beachten, dass einige Forderungen an den Mieter keinerlei Wirksamkeit haben, weil sie gesetzlich nicht gestattet sind – in diesem Fall ist es egal, was der Mietvertrag aussagt.

Nachdem die Bonität der Interessenten überprüft wurde und die Entscheidung für einen der Mieter gefallen ist, muss der Mietvertrag schriftlich abgeschlossen werden. Zwar unterliegen auch mündliche Abmachungen geltendem Recht, doch sind diese weitaus schwieriger zu beweisen als schriftliche Verträge mit einer Unterschrift beider Parteien. Zudem muss der Mieter bei einer nicht schriftlichen Abmachung keine Nebenkosten zahlen und auch nicht für Schönheitsreparaturen aufkommen, was bei einer schriftlichen Abmachung jedoch bis zu einem bestimmten Punkt der Fall ist. Dementsprechend soll niemals – nicht einmal für einige Tage oder Wochen Übergangszeit – der Mieter vor der Unterzeichnung eines Mietvertrags in die Wohnung einziehen!

Die verpflichtenden Inhalte

Was in den Vertrag muss, ist der vollständige Name samt Anschrift des Vermieters und des Mieters. Beim Mieter muss zudem die Nummer des gültigen Personalausweises im Mietvertrag angegeben werden.

Bezüglich der Wohnung sind Vermieter auf der sicheren Seite, sofern Sie alle Informationen in den Vertrag eintragen, die die Identifikation der Wohnung und den Umfang der genutzten Räumlichkeiten durch den Mieter betreffen. Einerseits sind die Anschrift und die genaue Lage der Wohnung in einem Mehrparteienhaus zu nennen. Andererseits ist die Anzahl der Räume samt Quadratmeteranzahl anzugeben. Dies schließt eventuelle Anteile am Dachboden, Keller und Stellplätzen außerhalb des Gebäudes mit ein. Mietpreis, Kaltmiete und Nebenkosten sind ebenfalls essenziell. Sofern gewünscht, ist eine Verpflichtung des Mieters zu kleineren Instandhaltungsmaßnahmen aufzuführen. Hierunter finden sich beispielsweise Aufwendungen für die Reparatur von Rollläden oder Schäden am Waschbecken. Wichtige Regel: Die Kosten müssen dem Mieter zumutbar sein, wobei die Zumutbarkeit stets individuell zu beurteilen ist. Als guter Richtwert sind 8 % der Jahresnettomiete für die maximale Belastung des Mieters bei Instandhaltungsmaßnahmen anzusetzen.

Das Mietverhältnis ist der nächste in einem Mietvertrag zu definierende Punkt. Es ist entweder befristet oder unbefristet. Der unbefristete Vertrag hat eine dreimonatige Kündigungsfrist für den Mieter. Es ist auch möglich, das Kündigungsrecht für vier Jahre auszuschließen, was dem Vermieter mehr Sicherheit bezüglich der Dauer des Mietverhältnisses verleiht.

Hinweis!

Bei einer dreimonatigen Kündigungsfrist existiert zumindest eine Karenzzeit von einigen Tagen. Dies bedeutet, dass bei einem bis zu drei Tage verspäteten Eingang der Kündigung seitens des Mieters die Kündigung noch als fristgerecht gilt.

Zuletzt sind Angaben zur Mietanpassung vertraglich festzuhalten: Der Indexmietvertrag sieht eine Erhöhung der Mieten vor, die sich nach dem Mietspiegel in der Umgebung richtet. Bei einem Staffelmietvertrag ist eine feste jährliche Mietsteigerung vorgesehen, die allerdings nicht um 20 % höher als die ortsübliche Vergleichsmiete ausfallen darf. In beiden Fällen sind Mieterhöhungen nach Modernisierungen oder Sanierungen ausgeschlossen. Dementsprechend empfiehlt es sich, sowohl auf den Index- als auch Staffelmietvertrag zu verzichten. Stattdessen genügt ein Einzeiler wie der Folgende: „Der Vermieter behält sich vor, die Miete regelmäßig anzupassen."

Die freiwilligen Inhalte

Die folgend genannten Inhalte sind zwar freiwillig, aber dennoch empfohlen. Sie sensibilisieren den Mieter für einen rücksichtsvollen Umgang mit den Mitmenschen und der Wohnung.

+ Einhaltung der Hausordnung

+ Verlangen einer Mietsicherheit/Kaution und die Benennung der Höhe

+ Vorgaben zur Haustierhaltung

+ Festhalten, dass die auf der Wohnungseigentümerversammlung gefassten Beschlüsse und Änderungen an der Hausordnung für den Mietvertrag und Mieter bindend sind

Vermieden hingegen werden sollte es, die Selbstauskunft des Mieters zu einem Bestandteil des Vertrags zu machen. Unter Umständen würde bei Rechtsstreitigkeiten über Mietausfälle darauf verwiesen werden, dass der Schufa-Selbstauskunft bereits zu entnehmen war, dass der Mieter nicht zahlungskräftig ist. Dies würde sich dem Vermieter als nachteiliges Argument in einem Rechtsstreit erweisen.

Anfängliche Miete festsetzen

Die Festsetzung der anfänglichen Miete mit dem Neumieter ist ein Zusammenspiel aus eigenen Gewinnkalkulationen und rechtlichen Vorschriften. Zunächst werden dabei die eigenen Gewinnkalkulationen durchgeführt. Ob Finanzierung, Kauf mit Eigenkapital oder Kombination aus beidem: Die jährlichen bzw. monatlichen Kosten sollten nach Möglichkeit durch die Miete ausgeglichen werden bzw. zu einem Gewinn führen. Die Berechnung der kostendeckenden Vergleichsmiete dient der Gewinnkalkulation und liefert einen ersten Mietzins. Ob dieser Mietzins durchsetzungsfähig ist, lässt sich aus einem Vergleich mit der ortsüblichen Miete erschließen. Hierbei gibt es als ein Instrument die Mietspiegel, als weiteres Instrument lassen sich Vergleichswohnungen heranziehen. Nach einem Abgleich mit der errechneten kostendeckenden Nettokaltmiete wird unter Berücksichtigung der Mietpreisbremse der anfängliche

Mietzins festgesetzt. Abschließend werden Nebenkosten hinzuge-rechnet, wobei umlagefähige Betriebskosten auf den Mieter umge-lagert werden.

Kostendeckende Nettokaltmiete

Zunächst werden in einer umfangreichen, aber einfachen Rech-nung, alle Kosten ermittelt und zusammengetragen. Mit einberech-net wird eine Verzinsung, falls Eigenkapital eingesetzt wurde. Doch dazu später mehr. Zunächst werden die Kostenfaktoren zusammen-getragen, die bei der Berechnung auf die Dauer eines Jahres betrach-tet werden:

- ♦ Bankkosten für Zinsen und Tilgung des Darlehens

- ♦ Instandhaltungskosten

- ♦ Verwaltungskosten

Die anfängliche Miete hat nach Möglichkeit all diese Kosten zu decken. Dass dies tatsächlich schwierig ist, ergibt sich aus den Zinsen, die der Bank gegenüber für das Darlehen zu zahlen sind. Somit wird die anfängliche Nettomiete voraussichtlich mit einem Eigenanteil von dem bereits im ersten Buch erwähnten einen Prozent jährlich in Relation zu den Gesamtkosten des Kaufs ge-stemmt werden müssen.

Neben diesen Gesamtkosten ist eine Verzinsung auf das eingesetz-te Eigenkapital einzuberechnen. Bei dem Kauf einer Immobilie wird immer Eigenkapital eingesetzt, denn es müssen zumindest die Nebenkosten des Kaufs selbst gezahlt werden. Nun wird davon ausgegangen, dass wenn man das für die Immobilie eingesetzte Eigenkapital in eine andere Kapitalanlage investieren würde, eine Rendite zustande käme. Diese Rendite ist auch von dem in die Im-mobilie investierten Eigenkapital zu erwarten. Dementsprechend kommt es dazu, dass mit einem pauschalen Betrag von 4 % auf das Eigenkapital gerechnet wird.

Zu einem verbesserten Verständnis dieses wichtigen Schritts, der für die nächsten Jahre richtungsweisend dafür ist, ob es Einnahmen oder Verluste bei der Vermietung gibt, gibt es zwei umfassende Beispiele.

Beispielrechnung Nr. 1: Immobilienkauf mit Finanzierung

Johanna M. kauft eine Immobilie, die 120.000 € kostet. Sie bringt kein Eigenkapital in den Kaufbetrag der Immobilie ein, zahlt dafür aber die anfallenden 9.600 € Kaufnebenkosten aus eigener Tasche. Der Rest wird über ein Darlehen bei der Bank finanziert, welches zu 3 % mit Zinsen in Höhe von 2,6 % getilgt wird. Im ersten Jahr kommen somit folgende Bankkosten auf Johanna M. zu:

1. *Zinskosten (1.Jahr) = 120.000 € x 2,6 % = 120.000 € x 0,026 = 3.120 €*

2. *Tilgung (1. Jahr) = 120.000 € x 3 % = 120.000 € x 0,03 = 3.600 €*

Darüber hinaus werden die Verwaltungskosten mit 220 € im Jahr angegeben, die Instandhaltungskosten werden auf 1.700 € im Jahr geschätzt. Es ergeben sich insgesamt für Bankkosten, Verwaltungskosten und Instandhaltungskosten: 3.120 € + 3.600 € + 220 € + 1.700 € = 8.640 €.

Nun wird auf das Eigenkapital, da dieses für den Vermieter arbeiten soll, die bereits erwähnte vierprozentige Verzinsung als Kostenfaktor hinzugerechnet. Die Tatsache, dass dieses Geld in der Immobilie steckt und nicht anderweitig investiert werden kann, ist schließlich ein Kostenfaktor. Das für die Kaufnebenkosten aufgebrachte Eigenkapital wird nun mit 4 % multipliziert: 9.600 € x 4 % = 9.600 € x 0,04 = 384 €.

Es ergeben sich jährliche Kosten in Höhe von 8.640 € + 384 € = 9.024 €. Um die monatliche Nettokaltmiete zu erhalten, wird dieser Betrag durch die Zahl 12 geteilt, was wiederum 752 € ergibt. Durch die Division mit der Quadratmeteranzahl der Wohnung ergibt sich die Miete pro Quadratmeter. Johanna M. hat eine 92 m² große Wohnung gekauft. Also liegt der Mietpreis pro Quadratmeter bei 752 € : 92 m² = 8,17 €/m².

Beispielrechnung Nr. 2: Immobilienkauf ohne Finanzierung
Um den Einfluss der Zahlungen der Schuldzinsen an die Bank zu demonstrieren und den Lesern gerecht zu werden, die einen Immobilienkauf ohne Finanzierung durchführen, wird nun dasselbe Beispiel mit denselben Beträgen, nur ohne eine Finanzierung durchgerechnet.

Es ergeben sich beim Kauf der Immobilie für 120.000 € durch Johanna M. keine Bankkosten. An deren Stelle ist das Eigenkapital, welches sich bisher auf 9.600 € Kaufnebenkosten bezifferte, um den Kaufbetrag von 120.000 € zu erweitern, da die komplette Summe durch Eigenkapital gezahlt wurde. Somit ergibt sich durch Addition der beiden Werte ein zu verzinsendes Eigenkapital in Höhe von 129.600 €. Dieses wird mit der Rendite von 4 % pro Jahr als Kostenfaktor in die Berechnung der kostendeckenden Nettokaltmiete einbezogen: 129.600 € x 4 % = 129.600 € x 0,04 = 5.184 €. Dies um die Verwaltungskosten sowie Instandhaltungskosten erweitert, ergibt 5.184 € + 220 € + 1.700 € = 7.104 €. Durch 12 Monate dividiert, liegt die monatliche Nettokaltmiete bei 592 €. Pro Quadratmeter handelt es sich somit in der 92 m² großen Wohnung um einen Mietpreis von 6,43 €.

Vergleich der Werte aus beiden Rechnungen:

Rechnung	Mit Finanzierung und ohne Eigenkapital	Ohne Finanzierung
Laufende mtl. Kosten	752 €	592 €
Mietzins pro m²	8,17 €	6,43 €

Als Konsequenz des Vergleichs ergibt sich, dass eine Finanzierung die eigenen Kosten und somit die Miete für den Mieter erhöht. Da eine Miete nicht beliebig weit angehoben werden darf, sondern begrenzt ist (dazu in den Folgeabschnitten mehr) ist bei Finanzierungen zumindest in den ersten zehn Jahren damit zu rechnen, dass zusätzlich zur überwiesenen Miete ein monatlicher Eigenanteil erforderlich ist, um die Finanzierung zu stemmen.

Vermieter, die dem Mieter entgegenkommen möchten, kalkulieren die Steuervorteile mit ein, die sie durch die Abschreibung für Abnutzung haben. Um dies rechnerisch zu bewerkstelligen, werden nach Ermittlung der kostendeckenden Nettokaltmiete die Beträge für die Abschreibung für Abnutzung subtrahiert. Wie die Abschreibung für Abnutzung zu ermitteln ist, haben Leser bereits im ersten Buch der Reihe erfahren. Es wird auf die Immobilie ein jährlicher prozentualer Abschreibungssatz angewandt. Dabei wird davon ausgegangen, dass sich das Gebäude mit der Zeit abnutzt:

- Bei einer gewerblichen Vermietung wird zu einem Jahressatz von 3 % über einen Zeitraum von 33 Jahren und 4 Monaten abgeschrieben.

- Bei der Vermietung eines Wohngebäudes, welches nach dem 31. Dezember 1924 errichtet wurde, wird über einen Zeitraum von 50 Jahren zu einem Jahressatz von 2 % abgeschrieben.

- Bei der Vermietung eines vor dem 1. Januar 1925 errichteten Gebäudes wird 40 Jahre lang zu einem Jahressatz von 2,5 % abgeschrieben.

Wichtig: Dies gilt nur für den Wert des Gebäudes. Ein Grundstück nutzt nach der Annahme des Gesetzes nicht ab. Somit ist der Wert des Grundstücks anhand einer Bodenrichtwerttabelle vom Kaufbetrag zu subtrahieren. Ebenso dürfen die Kaufnebenkosten in die Abschreibung nicht einkalkuliert werden. Es sei im Falle der Immobilie von Johanna M. davon ausgegangen, dass sie den Vermietern durch eine Einberechnung der Steuervorteile entgegenkommen möchte: Man nehme an, das Grundstück habe am Kaufpreis von 120.000 € einen Wert von 8.000 € gehabt. Der Wert wird niedrig angesetzt, da es sich um eine Wohnung in einem Mehrparteien-Gebäude handelt. Es verbleiben 112.000 € als Gebäudewert. Hiervon sind 2,5 %, da das Gebäude erst 30 Jahre alt ist, als Abschreibungssatz über einen Zeitraum von 40 Jahren anzuwenden: 112.000 € x 2,5 % = 112.000 € x 0,025 = 2.800 €. Diese werden von der kostendeckenden Nettokaltmiete subtrahiert, wodurch sich für beide Rechnungen folgende Werte ergeben:

Rechnung	Mit Finanzierung und ohne Eigenkapital	Ohne Finanzierung
Laufende mtl. Kosten	519 €	359 €
Mietzins pro m²	5,64 €	3,90 €

Es lassen sich also deutliche Unterschiede feststellen. Diese Tatsache illustriert allem voran eines: Werden die Steuervorteile nicht einkalkuliert und lässt sich aufgrund der ortsüblichen Vergleichsmiete nur eine Miete durchsetzen, die unterhalb der errechneten kostendeckenden Vergleichsmiete liegt, bedeutet dies keineswegs, dass die Vermietung ein Verlustgeschäft ist. Die steuerlichen Vorteile geben also die Möglichkeit, Verluste aus der Vermietung in Gewinne umzuwandeln oder aber die Miete weit nach unten zu korrigieren, wobei dennoch die Kosten effektiv gedeckt werden.

Ortsübliche Vergleichsmiete

Die ortsübliche Vergleichsmiete ist anhand des Mietspiegels im jeweiligen Stadtteil gegeben. Dabei gibt es sowohl den geschätzten als auch den empirisch erstellten Mietspiegel. Der empirisch erstellte Mietspiegel ist der einzige, der als verbindlich gilt. Es werden wissenschaftliche Methoden herangezogen, um diesen Mietspiegel zu ermitteln. Da jedoch selten empirische Daten verfügbar sind, müssen Vermieter im Regelfall auf den geschätzten Mietspiegel zurückgreifen. Dieser ist in Zusammenarbeit von Kommunen mit Mieter- und Hausbesitzervereinen ermittelt, besitzt jedoch keine Verbindlichkeit.[42]

Neben den Vergleichsmieten sind Mietgutachten und Vergleichswohnungen hilfreich, um die berechnete kostendeckende Nettokaltmiete auf eine Umsetzbarkeit hin zu überprüfen. Kann in demselben Wohngebäude oder zumindest in demselben Stadtteil bei drei kürzlich neu vermieteten Wohnungen eine Miete wie die

---

[42] Vgl. Pachowsky, R.: Profi-Handbuch Wohnungs- und Hausverwaltung, S. 32f

eigene errechnete kostendeckende Nettokaltmiete festgestellt werden, ist die Rechnung berechtigt und der Betrag darf als Nettokaltmiete angesetzt werden.

Letzten Endes dient die ortsübliche Vergleichsmiete zur Prüfung der berechneten kostendeckenden Nettokaltmiete auf Rechtmäßigkeit. Vermieter verfahren – je nach Ergebnis des Vergleichs – wie folgt:

♦ Errechnete Miete ist kleiner als ortsübliche Vergleichsmiete: Miete anheben, da Raum nach oben ist. Je höher die Miete, umso höher ist schließlich der Gewinn.

♦ Errechnete Miete gleicht der ortsüblichen Vergleichsmiete: Die Miete darf bis zur Mietpreisbremse angehoben werden, muss dies aber nicht, da bereits jetzt Gewinn gegeben ist. Alles weitere regeln die Mietpreiserhöhungen in der Zukunft.

♦ Errechnete Miete ist oberhalb der ortsüblichen Vergleichsmiete: Bis zur Mietpreisbremse von 10 % darf die Miete angehoben werden.

Hinweis!

Obwohl eine Mietpreisbremse von 10 % existiert, ist es angeraten, diese Grenze nicht bis zum Maximum auszureizen. Denn die ortsübliche Vergleichsmiete ist ein vager Begriff. Sollte der Vermieter eine andere Vergleichsmiete errechnen als sie dem Gesetz nach zu gelten hat, geht er das Risiko ein, dass er die Grenze minimal überschreitet und Strafe zahlen muss.

Ausnahme von der Mietpreisbremse sind Neubauten, die erstmalig vermietet werden. Aufgrund der in diesem Fall höheren Kosten ist eine Miete oberhalb der Mietpreisbremse rechtlich gestattet. Wie hoch sie sein darf, ist aber nicht geklärt. Es ist angeraten, die gegeben Freiheiten nicht überzustrapazieren.

Kosten auf den Mieter umlagern

Für den Schritt der Festsetzung der monatlichen Miete wird es notwendig, die umlagefähigen Kosten auf den Mieter umzulagern. Wie die Kosten auf Mieter umgelagert werden, ist Teil des nächsten Abschnitts, in dem es um die Festsetzung der monatlichen Miete geht. Hier geht es zunächst darum, sich einen Überblick darüber zu verschaffen, welche Kosten umlagefähig sind.

Ein erheblicher Anteil der Betriebskosten lässt sich auf den Mieter umlagern. Dies senkt die finanzielle Belastung für den Vermieter. Folgende Betriebskosten sind davon betroffen[43]:

♦ Grundsteuer

♦ Wasserversorgung: Kosten des Wasserverbrauchs, Miete der Komponenten zur Verbrauchsmessung, Kosten eigener Aufbereitungsanlagen und Aufbereitungsstoffe

♦ Entwässerung: Kosten des Betriebs einer Entwässerungspumpe, Gebühren für Haus- und Grundstücksentwässerung

♦ Kosten für Heizung und Warmwasseranlage nach den Regelungen der Heizkostenverordnung

♦ Sämtliche mit maschinellen Personen- und Lastenaufzügen in Verbindung stehende Kosten

♦ Kosten für Straßenreinigung und Müllabfuhr

♦ Hausreinigung und Ungezieferbekämpfung: Reinigung des Treppenhauses, der Flure, der Waschküchen etc.

♦ Gartenpflege: Erneuerung und Pflege des Pflanzenbestandes, Erneuerung von Zuwegen und Zufahrten, die privat sind, etc.

♦ Beleuchtung: Strom für Außenbeleuchtung und gemeinschaftliche Flächen

♦ Schornsteinreinigung

♦ Sach- und Haftpflichtversicherung: Versicherung des Gebäudes oder einzelner Komponenten; auch Gebäudehaftpflichtversicherung

---

[43] Vgl. Pachowsky, R.: Profi-Handbuch Wohnungs- und Hausverwaltung, 2019: S. 36ff

- Gemeinschaftsantennenanlage: Nutzungsentgelte für nicht zur Wirtschaftseinheit gehörende Antennenanlagen, Kosten des Betriebsstroms und der Betriebsprüfung der Anlage
- Mit einem Breitbandkabelnetz verbundene private Verteileranlage: Laufende monatliche Grundgebühren für Breitbandanschlüsse
- Maschinelle Wascheinrichtung: Kosten des Betriebsstroms, Kosten der Pflege und Wartung, Kosten der Wasserversorgung
- Betriebskosten der Nebengebäude und Außenanlagen

Einen Sonderfall stellt die Umlagerung der Kosten für einen Hauswart dar. Werden von einem Hauswart Arbeiten für die Wasserversorgung, Entwässerung, Heizung und Warmwasseranlage oder andere hier bereits aufgeführte umlagefähige Betriebskostenfaktoren durchgeführt, so dürfen die Kosten für die Arbeit des Hauswartes auf den Mieter umgelagert werden, aber nicht die Kosten für die Bereiche, in denen der Hauswart Arbeit leistet. Ansonsten wäre es eine doppelte Umlagerung der Kosten.

Beispiel:
Ein Vermieter beauftragt den Hauswart damit, sich um die Gartenpflege zu kümmern. Er lagert die Kosten für die Leistung des Hauswarts UND die Kosten für die Gartenpflege auf die Mieter um. Das ist falsch! Denn hier bürdet er dem Mieter denselben Kostenfaktor doppelt auf. Korrekt ist es, wenn er die Kosten für den Hauswart auf den Mieter umlagert, aber die Bereiche, in denen der Hauswart die Arbeit erledigt, nicht ein weiteres Mal umlagert.

Wichtig ist zudem, dass die Leistungen und somit die Kosten des Hauswartes nicht die Bereiche Instandhaltung, Instandsetzung, Erneuerung, Schönheitsreparaturen und Verwaltung betreffen dürfen. Für Schönheitsreparaturen tragen die Mieter laut Vertrag die Kosten bereits selbst, die anderen Posten betreffen die Verwaltung.

Wie hoch die jeweiligen Betriebskosten sind, erfahren Vermieter zum Beispiel durch den Verwalter, sofern es einen gibt. Der Verwalter liefert in seiner Abrechnung eine transparente Auflistung der Betriebskosten. Ist kein Verwalter eingesetzt und Vermieter kommen der Aufgabe der Verwaltung selbst nach, dann müssen sie aus der eigenen Buchhaltung und anhand der eigenen Belege für jeden der genannten Posten die Betriebskosten festlegen und die Kosten auf den Mieter umlagern. Dies geschieht in Form der Nebenkosten, die zusätzlich zur festgelegten Miete einberechnet werden.

Auskunftspflichten und Energieausweis

Es bestehen für den Vermieter in vier Fällen Auskunftspflichten an den Mietinteressenten vor dem Vertragsabschluss[44]:

- ♦ Höhe der Miete ein Jahr vor Beendigung des Vormietverhältnisses

- ♦ Aufklärung über Modernisierungsmaßnahmen in den drei Jahren vor Beginn des angestrebten Mietverhältnisses mit dem Mietinteressenten

- ♦ Information, ob die Wohnung nach dem 01.10.2014 erstmals genutzt und vermietet wurde

- ♦ Information, ob das angestrebte Mietverhältnis mit dem Mietinteressenten die erste Vermietung nach umfassender Modernisierung wäre

Abgesehen von diesen Aspekten gehört der Energieausweis zur gesetzlich festgelegten Pflicht für den Vermieter. Ein Muster lässt sich unter dem folgenden Link des Bundesamts für Justiz und Verbraucherschutz einsehen: https://www.gesetze-im-internet.de/normengrafiken/bgbl1_2013/j3951-1_0010.pdf

---

[44] Vgl. Pachowsky, R.: Profi-Handbuch Wohnungs- und Hausverwaltung, 2019: S. 34f

So erhält der Mietinteressent einen Eindruck von den Heizkosten, die das Gebäude verursacht. Bei der Besichtigung muss der Energieausweis des Gebäudes ausgehändigt oder sichtbar offengelegt werden.

Zusammenfassung: Sorgfältige Auswahl der Mieter und Einhaltung der persönlichen Pflichten als Grundsteine für den Erfolg des Vermieters!

Mit Hilfe eines Maklers oder allein wird ein Pool aus Mietinteressenten zusammengestellt. Bei einer Arbeit mit dem Makler ist vertraglich klar zu definieren, welchen Umfang an Pflichten dieser hat. Dazu sollten idealerweise neben der Verpflichtung zur Wohnungsvermittlung, die er von Berufs wegen hat, ebenso die Verpflichtung zur Wahrnehmung von Besichtigungsterminen, Schaltung von Annoncen und Einholen von Schufa-Auskünften von den Mietinteressenten gehören. Ein Vertrag mit dem Makler bedarf stets der Schriftform. Bei einer alleinigen Suche nach Mietinteressenten ist das Schalten von Annoncen in Zeitungen sowie das Schalten von Online-Anzeigen möglich. Letztere geben mehr Raum für lange Texte und Ausführungen zur Immobilie. Sofern durch die Anzeigen Emotionen geweckt und die Vorteile der Wohnung attraktiv umschrieben werden, ist der wichtigste Schritt gemacht. Im weiteren Verlauf werden die Mietinteressenten empfangen. Hier ist der persönliche Eindruck bereits richtungweisend: Stimmt das Bauchgefühl nicht, ist von den jeweiligen Mietinteressenten abzuraten. Neben dem persönlichen Eindruck verleiht die Mieterselbstauskunft in Kombination mit Gehaltsabrechnungen und Schufa-Auskünften Klarheit, inwiefern die Mietinteressenten zahlungskräftig und zuverlässig sein könnten. Zu guter Letzt ist der Mietvertrag aufzusetzen. Im Zuge dessen hat der Vermieter Auskunftspflichten, deren Einhaltung Grundlagen für einen konfliktfreien Verlauf des Mietverhältnisses legt. Außerdem ist im Mietvertrag die Höhe der Mietzahlungen festgelegt. Diese werden zunächst anhand der kostendeckenden Nettokaltmiete errechnet und abschließend durch einen Vergleich mit der ortsüblichen Vergleichsmiete festgesetzt.

5. Schritt:
Mieteinnahmen steigern und Steuererklärungen gewissenhaft erledigen

Mit diesem Kapitel werden die Weichen für eine Fortsetzung der Tätigkeit als Vermieter nach dem Abschluss des ersten Mietvertrags gestellt. Während der fortlaufenden Dauer ist der Sinn einer Kapitalanlage weitestgehend erfüllt: Der Kapitalanleger vermietet und muss keinen Pflichten nachgehen, da sich die Verwaltung als Dienstleister um die Anliegen der Mieter kümmert und die Buchhaltung erledigt. Unter Umständen entscheidet sich der Vermieter gegen eine externe Verwaltung und kommt den Pflichten selbst nach; doch auch in diesem Fall erfordern die eigenen Verpflichtungen kaum Arbeitsaufwand und das angelegte Kapital arbeitet für den Vermieter. So weit, so gut... Aber an einigen Stellen treten Aufgaben auf, die es doch zu bewältigen gibt. Selbst wenn der Mieter 20 Jahre lang oder über einen noch längeren Zeitraum in der Wohnung wohnt, sind vereinzelt Pflichten zu erfüllen. Dies trifft beispielsweise auf die jährlichen Steuererklärungen zu. Diesbezüglich klärt dieses Kapitel mit umfangreichen Ausführungen auf, wie eine Steuererklärung ordnungsgemäß in verschiedenen Szenarien auszufüllen ist. Neben den Steuererklärungen hat der Vermieter das Ziel, die Miete im Laufe der Zeit zu steigern, damit auch die Rendite steigt und – je nach eigener Planung – weitere Immobilien finanziert werden können. Mechanismen und Vorschriften zur Mietsteigerung finden aus diesem Grund ebenfalls in den folgenden Abschnitten Anklang. Hinweise zur Instandhaltung runden das Portfolio an Pflichten und Perspektiven des Vermieters im Laufe der Jahre ab. Dieses Kapitel bildet das letzte Glied der Schritt-für-Schritt-Anleitung zur Vermietung von Immobilien und komplettiert den erforderlichen Wissensstand.

Mietsteigerung

Die Mietsteigerung ist das Schreckgespenst vieler Mieter. Angesichts der steigenden Mieten in den Big Cities München, Stuttgart, Berlin und weiteren ist dies wenig verwunderlich. Was jedoch nicht vergessen werden darf ist, dass dort die Mieten so stark steigen, weil sie bereits hoch sind. Zum besseren Verständnis ein Beispiel: Wird eine Miete um 10 % erhöht, die bei 400 € netto liegt, dann bewirkt dies einen Anstieg um 40 €. Sollte jedoch die typische Münchner Miete, die wir einfach mal mit 1.000 € ansetzen, um 10 % erhöht werden, würde dies einen Anstieg um 100 € bedeuten. Dieses Beispiel veranschaulicht, dass der prozentuale Anteil der Mietsteigerung in allen Städten rein theoretisch gleich sein dürfte, jedoch durch die Beträge verschieden ausfällt. Diese Tatsache soll keineswegs von der grundlegenden Problematik in München ablenken, allerdings verdeutlichen, dass in den kleineren Städten, in denen Kapitalanleger anfangen sollten, die Mietsteigerungen weniger problematisch und zu einem höchstens kleinen Schreckgespenst für die Mieter werden. Dennoch gibt es einige Regelungen bei der Mieterhöhung zu beachten.

Gesetzliche Vorschriften

§ 558 des BGB (Bürgerliches Gesetzbuch)[45] regelt die Vorschriften zur Mieterhöhung. Ausgangspunkt ist die Erlaubnis für den Vermieter, die Miete bis zur ortsüblichen Vergleichsmiete zu erhöhen. Hierfür existieren bestimmte Bedingungen. Zum einen muss die Miete seit 15 Monaten unverändert sein, zum anderen darf sich die

---

[45] Vgl. https://www.gesetze-im-internet.de/bgb/__558.html

Miete innerhalb eines Zeitraums von drei Jahren nicht um mehr als 20 % erhöhen.

Hinweis!

Im Falle der Big Cities darf sich die Miete innerhalb dreier Jahre nicht um über 15 % erhöhen. Die strengeren Vorschriften rühren daher, dass die Versorgung der Bevölkerung mit ausreichend Wohnraum sichergestellt sein soll.

Es ist nicht gestattet, von dieser Regelung abweichende Regelungen mit dem Mieter zu treffen. Wird dies dennoch im Mietvertrag gemacht, sind die Regelungen unwirksam. Sollte der Mieter bereits gezahlt haben, hat der Vermieter die Beträge zu erstatten.

Bei alledem existieren jedoch Ausnahmen, die gesetzlich verankert sind.

Mietsteigerung bei Mieterwechsel

Ein Schlupfloch zur Mieterhöhung tut sich beim Mieterwechsel auf. Während bei einem durchgängigen Mietverhältnis die Miete in einem Jahr nicht innerhalb von 15 Monaten zweimal zur ortsüblichen Vergleichsmiete erhöht werden darf, ist dies bei einem Mieterwechsel anders. Angenommen, Mieter A hätte vor drei Monaten eine Mieterhöhung zur ortsüblichen Vergleichsmiete erhalten und sei daraufhin innerhalb der nächsten vier Monate ausgezogen. Kommt nun der Folgemieter B, dann ist trotz des Zeitraums von sieben Monaten seit der letzten Mieterhöhung eine neuerliche Mieterhöhung zur Vergleichsmiete gestattet. Grund dafür ist der Mieterwechsel, der stattgefunden hat. Von der Mieterhöhung ist nicht mehr ein und dieselbe Person betroffen, sondern eine andere.

Erhöhung durch gestiegene Betriebskosten

Sollten die Betriebskosten steigen, z. B. die Heiz- und Stromkosten oder die Kosten für die Müllabfuhr, dann handelt es sich um umlagefähige Betriebskosten, die auf den Mieter umgelagert werden sollten. Dies ist allerdings im Mietvertrag zu verankern. § 560 BGB[46] besagt, dass die Erhöhung der Betriebskostenpauschale dem Mieter in Schriftform mitgeteilt werden muss und erst für den übernächsten Monat wirksam sein darf. Andersherum ist der Vermieter ebenso dazu verpflichtet, die Betriebskostenpauschale in der Miete zu senken, falls sich auch die Betriebskosten senken. Es ist stets nur das umlagefähig, was im Mietvertrag vermerkt ist. Es handelt sich bei diesem Aspekt um keine Erhöhung des Mietertrags, sondern um eine Senkung der eigenen Betriebskosten durch die Umlage auf den Mieter.

Rolle von Modernisierungen

Sanierungen und Renovierungen sind keine Rechtfertigung, die Miete zu erhöhen. Sie sind der Instandhaltung oder Instandsetzung zuzuordnen und werden als Betriebskosten vom Vermieter getragen. So sind sie auch steuerlich geltend zu machen. Ein Teil der Instandhaltungskosten kann auf den Mieter umgelagert werden, wie bereits das vorige Kapitel erklärte.

Neben diesen Maßnahmen gibt es Modernisierungen, – § 555 b BGB[47] definiert, worum es sich bei Modernisierungen handelt – die es ermöglichen, die Miete zu erhöhen. Doch auch hier hat der Gesetzgeber strenge Regularien geschaffen. Diese wiederum sind in § 559 BGB[48] festgehalten:

♦ Die jährliche Miete darf jährlich um 8 % der für die Modernisierung aufgewendeten Kosten erhöht werden.

♦ Die monatliche Miete darf sich innerhalb von sechs Jahren nicht um mehr als 3 € pro Quadratmeter erhöhen. Sollte sie zuvor insgesamt weniger als 7 € pro Quadratmeter betragen haben, darf sie sich nicht um über 2 € pro Quadratmeter erhöhen.

---

46 Vgl. https://www.gesetze-im-internet.de/bgb/__560.html
47 Vgl. https://www.gesetze-im-internet.de/bgb/__555b.html
48 Vgl. https://www.gesetze-im-internet.de/bgb/__559.html

◆ Die Miete darf inklusive der Betriebskosten keine unange-
messene Härte aufweisen, die angesichts der Interessen des
Mieters nicht zu würdigen ist.

Hinweis!

Die Erhöhung der Miete zur ortsüblichen Vergleichsmiete und die
Erhöhung aufgrund gestiegener Betriebskosten ist von diesen Kalkulationen ausgeschlossen. Sie kommt ergänzend hinzu und lässt sich
zusätzlich zu der Erhöhung durch Modernisierungsmaßnahmen zählen.

Tatsächlich lässt also auch das Gesetz – wie der letzte Punkt zeigt
– einiges an Ermessensspielraum für Vermieter. Dementsprechend
ist bei der Mieterhöhung eine angemessene Linie zu fahren. Die
Miete sukzessive zu erhöhen, ist empfehlenswerter als die Miete
schlagartig zu erhöhen und in einen Konflikt mit Mieter und Gesetz zu geraten.

Instandhaltung

Für gewöhnlich wird die Instandhaltung von der Verwaltung übernommen. Um die Kosten für Maßnahmen zur Instandhaltung oder
Instandsetzung zu stemmen, verwendet die Verwaltung das Geld aus
der Instandhaltungsrücklage, bis diese aufgebraucht ist. Daraufhin
oder – sollte keine Instandhaltungsrücklage vorhanden sein – direkt
am Anfang der Maßnahme legt die Verwaltung die Kosten aus und
stellt dem Vermieter eine Rechnung für die Kosten aus. Alternativ ist
es möglich, dass die Verwaltung kein Geld auslegt und direkt zu Beginn vom Vermieter finanzielle Mittel für die Instandhaltung fordert.
Instandhaltung und Instandsetzung sind notwendig, damit das Gebäude bzw. die Wohnung bewohnbar ist und Ertrag abwirft.

Um zu vermeiden, dass auftretende Kosten den Vermieter finanziell treffen, ist empfohlen, Instandhaltungsrücklagen zu bilden.
Dies geschieht idealerweise jährlich und ist in einer in Relation
zum Gebäude, zur Wohnung und zur Wohnfläche gerechtfertig-
ten Höhe empfohlen. Bei einer Wohnungseigentümergemeinschaft ist die an die Verwaltung gezahlte Instandhaltungsrücklage

Eigentum der Gemeinschaft. Der Verwalter ist dazu verpflichtet, sie zinsgünstig anzulegen. In der Steuererklärung ist die Instandhaltungsrücklage nicht anzugeben. Erst wenn ein Teil des vom Vermieter eingezahlten Geldes tatsächlich für die Instandhaltung gebraucht und somit ausgegeben wird, ist die Ausgabe unter den Betriebskosten steuerlich absetzbar.

Hinweis!

Wenn der Kapitalanleger seine Wohnung frisch erwirbt, kauft er damit auch die Instandhaltungsrücklagen. Diese sind vom Kaufpreis der Immobilie zu trennen. Weist der Verkäufer Instandhaltungsrücklagen in Höhe von 8.000 € auf, so sind diese vom Kaufpreis der Immobilie zu subtrahieren, um die richtige Höhe der Grunderwerbsteuer und Grundsteuer festzusetzen. Sollte keine Instandhaltungsrücklage erworben werden, weil sich der vorige Verkäufer nicht darum gekümmert hat, dann ist kein Rechenvorgang diesbezüglich erforderlich.

In WEGs ist die Höhe der Instandhaltungsrücklage festgelegt. Sollte der Vermieter ohne eine WEG agieren, wird er die Höhe der Instandhaltungsrücklage selbst bestimmen müssen. Hierbei gibt es verschiedenste Berechnungsmethoden. Grundsätzlich ist empfohlen, sich zu Beginn den Zustand des Gebäudes sowie der eigenen Wohnung anzusehen. Die Baualtersklasse ist ebenfalls mit einzubeziehen. Nun gilt es, einen realistischen jährlichen Rücklagebetrag anzusetzen, der bei auftretenden Schäden oder Mängeln eine schnelle Behebung ermöglicht. Als Richtwert lassen sich bei einem 20 Jahre alten Gebäude beispielsweise 0,8 % des Kaufpreises pro Jahr für die Instandhaltungsrückstellung anführen. (Hebisch, 2018[49])

Steuererklärung: Wie's richtig gemacht wird!

Teil der fortwährenden Tätigkeit als Vermieter sind die jährlichen Steuererklärungen. Wird bereits aufgrund einer anderen selbstständigen Tätigkeit mit einem Steuerberater zusammengearbeitet, lohnt

---

[49] Vgl. Hebisch, B.: Immobilien richtig besichtigen, 2018. S. 56

es sich, die Steuererklärung durch den Steuerberater komplett – also Einnahmen und Ausgaben durch die Tätigkeit als Vermieter inklusive – erledigen zu lassen. Ist man aber angestellt oder arbeitet aus anderen Gründen ohne Steuerberater, dann würde die Beauftragung mit der Steuererklärung aufgrund der Vermieter-Tätigkeit einen zusätzlichen finanziellen Mehraufwand verursachen. Hier empfiehlt es sich, die Steuererklärung selbst durchzuführen. Diese ist im Grunde genommen äußerst einfach zu begehen.

Als Basis dafür dient die Anlage V der Einkommenssteuererklärung, die es unter folgendem Link zum Einsehen gibt: https://redaktion.lohnsteuer-kompakt.de/wp-content/uploads/2019/01/Anlage_V_2018.pdf

Die oberen Zeilen auszufüllen, ist recht einfach: Es werden Vor- und Nachname eingetragen. Zudem ist die persönliche Steuernummer anzugeben. Danach folgen Angaben zum bebauten Grundstück:

Einkünfte aus dem bebauten Grundstück

- ♦ Straße und Hausnummer
- ♦ Datum der Anschaffung (bei Eigenbau Datum der Fertigstellung)
- ♦ Postleitzahl und Ort
- ♦ Einheitswert-Aktenzeichen (ist in dem letzten Grundsteuer-Bescheid auffindbar; ist keines angegeben, wird die Stelle freigelassen)
- ♦ Angaben, ob das vermietete Objekt ganz oder zum Teil als Ferienwohnung genutzt wird und Angaben, ob es zu Wohnzwecken an Angehörige vermietet wird
- ♦ Gesamte Wohnfläche; findet die Vermietung nur zum Teil statt, da ein Teil eigengenutzt wird, ist der eigengenutzte Anteil ebenfalls einzutragen. Als Ferienwohnung genutzter Raum ist ebenfalls anzugeben

- Nettokaltmiete für die Wohnung (die Umlage der Betriebs-kosten bleibt außen vor); Die Wohnung ist dem richtigen Geschoss zuzuordnen, die Geschosse, in denen keine Wohnung vermietet wird, werden mit keinen Daten ausgefüllt

- Rechts werden die Gesamteinnahmen angegeben

- Sollten andere Räume zur Wohnung zusätzlich vermietet werden, wird dies gesondert in Zeile 11 erneut ohne Umlagen und auch ohne Umsatzsteuer ausgewiesen

- Einnahmen für an Angehörige vermietete Wohnungen sind in der Zeile 12 separat aufzuführen

- In Zeile 13 und 14 werden die Umlagen an die Mieter angegeben und mit eventuellen Erstattungen verrechnet. Zeile 13 betrifft den an Fremde vermieteten Wohnraum sowie die an Fremde vermieteten zusätzlichen Räume, während Zeile 14 den an Angehörige vermieteten Wohnraum betrifft

- Zeile 15: Sollten Mieteinnahmen in diesem Jahr verzeichnet worden sein, die auf frühere Jahre zurückzuführen sind, aber in diesem Jahr vereinnahmt wurden, werden sie hier angegeben. Zusätzlich werden auch verrechnete Mietkautionen angegeben, wenn beispielsweise ein Mieter die Miete nicht zahlen konnte und dafür das Geld aus seiner Mietkaution entnommen wurde. Auch Mietvorauszahlungen auf das nächste Jahr sind hier einzukalkulieren. Alle Einnahmen aus den genannten Posten werden zusammengerechnet und unter diesem Punkt angegeben.

- Zeile 16: Hier werden Einnahmen aus der Vermietung von Werbeflächen, Garagen sowie Grund und Boden für Kioske u. Ä. angegeben. Sollte beispielsweise die Außenfassade der vermieteten Immobilie mit einem Werbeplakat versehen sein, wofür Mieteinnahmen ausgezahlt werden, sind die Erträge hieraus in Zeile 16 anzugeben.

- In Zeile 17 wird die vereinnahmte Umsatzsteuer – falls diese vereinnahmt wurde – eingetragen.

- Zeile 18: Wurden vom Finanzamt die Umsatzsteuern erstattet oder verrechnet, dann sind diese hier anzugeben. So werden die vereinnahmten Umsatzsteuern aus Zeile 17 egalisiert und zum durchlaufenden Posten.

♦ Zeile 21: Hier wird die Summe sämtlicher Einnahmen eingetragen.

♦ Zeile 22: Von den Einnahmen werden nun die Werbungskosten subtrahiert. Die Werbungskosten werden aus Zeile 50 übertragen. Diese Stelle ist zunächst freizulassen und wird nachgetragen, sobald die Werbungskosten errechnet wurden.

♦ Zeile 23: Führt nach Abzug der Werbungskosten den Überschuss aus.

♦ Zeile 24: Der Überschuss wird dem sonstigen Einkommen der steuerpflichtigen Person sowie deren Ehepartner zugerechnet.

Anteile an Einkünften

Ist bei Grundstücksgemeinschaften, geschlossenen Immobilienfonds sowie Gesellschaften wichtig. Es ist selbsterklärend und wird hier nicht weiter ausgeführt.

Andere Einkünfte

Zeile 31 wird mit Einkünften aus der Untervermietung versehen, während in Zeile 32 die Erträge aus der Vermietung und Verpachtung unbebauter Grundstücke eingetragen werden. Letzteres schließt auch die Vermietung von Gegenständen ein.

Werbungskosten

Die Angabe der Werbungskosten muss das in den Zeilen 4 und 5 benannte Grundstück betreffen. Werden weitere Grundstücke bzw. Wohnungen in anderen Wohngebäuden/Grundstücken vermietet, sind diese in einer weiteren Anlage separat aufzuführen.

♦ Zeile 33: Hier wird die Gebäudeabschreibung geltend gemacht. Gemäß den auf das Gebäude anwendbaren AfA-Sätzen, die partiell in diesem Buch und ausführlich im ersten

Buch der Reihe thematisiert wurden, ist die lineare oder degressive Methode anzukreuzen. Der Prozentsatz wird ermittelt und eingetragen. Sollte der prozentuale Abschreibungssatz derselbe wie im vergangenen Jahr sein, gibt es daneben ein Feld, in dem „wie 2018" angekreuzt wird, wenn die Erklärung für das Jahr 2019 gemacht wird. Der Gesamtbetrag wird im Feld daneben angegeben. Sollte das Gebäude nicht komplett vermietet werden, ist in den Feldern daneben das Kreuz zu setzen, ob „durch direkte Zuordnung ermittelt" oder „verhältnismäßig ermittelt" wurde. Ganz rechts werden die abzugsfähigen Werbungskosten durch die AfA endgültig angegeben.

Hinweis!

Wird erstmals die Steuererklärung für ein Gebäude gemacht, sind die Kaufunterlagen einzureichen. Darüber hinaus sind die Kaufnebenkosten außen vor zu lassen und der Bodenwert anhand der Bodenrichtwerttabelle zu subtrahieren.

♦ Zeile 34: Wird ein Gebäude mit Denkmalschutz vermietet, sind hier die Sonderregelungen bei der Abschreibung zu beachten, die im nächsten Kapitel aufgeführt sind.

♦ Zeile 35: Betrifft die Wirtschaftsgüter im Gebäude, die nicht dessen Teil sind, aber zusätzlich vermietet werden. Beispiel: Innenausstattung. Diese werden nach individuellen Sätzen abgeschrieben. Da Vermieter in der Regel die Wohnung allein vermieten, wird auf diesen Aspekt nicht weiter eingegangen.

♦ Zeile 36: Hier werden die Schuldzinsen in ihrer für dieses Jahr geltenden Höhe eingetragen. Sollte ein Disagio bestehen, ist dieses sofort im Jahr der Zahlung ebenfalls abzugsfähig.

♦ Zeile 37: Beschaffungskosten für das Geld (z.B. Schätz-, Notar- und Grundbuchgebühren) sind in diesem Feld einzutragen.

- Zeile 39: Erhaltungsaufwendungen, die im Jahr für die Steuererklärung stattgefunden haben und direkt zugeordnet werden können

- Zeile 40: Kosten, die verhältnismäßig abzurechnen sind, weil
beispielsweise das Gebäude zum Teil eigengenutzt wird

- Zeile 41: Es wird der gesamte Aufwand für das Jahr 2018
angegeben. Im Feld rechts erfolgt die Angabe, welcher Betrag direkt im Jahr 2018 abgezogen wird. Sollten größere
Aufwendungen stattgefunden haben, wird ein Teilbetrag
2018 abgezogen und der Rest auf zwei bis fünf Jahre verteilt.
Erläuterungen diesbezüglich gab es bereits im ersten Werk
der Reihe.

- Zeile 42-45: Diese betreffen das eben erwähnte Szenario,
bei dem der Anteil größerer Aufwendungen für Erhaltungs-
maßnahmen auf die Jahre aufgeteilt wird und dann Jahr für
Jahr steuerlich geltend gemacht wird.

- Zeile 46: Eine Reihe an Kostenfaktoren ist hier aufgeführt,
wozu Grundsteuer, Betriebskosten und Versicherungen gehören. Die Gesamtkosten werden eingetragen. Dadurch,
dass bereits in dem obigen Abschnitt *Einkünfte aus dem bebauten Grundstück* die Umlagen auf den Mieter aufgeführt
wurden, sind die Umlagen berücksichtigt. Es erfolgt durch
Nennung unter den persönlichen Betriebskosten keine doppelte Abrechnung.

- Zeile 47: Sofern eine externe Verwaltung gegeben ist, sind
hier deren Kosten anzugeben.

- Zeile 48: Ist eine umsatzsteuerpflichtige Vermietung, z. B.
Gewerbeimmobilien, gegeben, wird die ans Finanzamt gezahlte oder verrechnete Umsatzsteuer angegeben.

- Zeile 49: Sollten sonstige Kosten (z. B. für einen Kabelan-
schluss) gegeben sein, sind diese hier einzutragen. Vorsteuerbeträge aus umsatzsteuerpflichtiger Vermietung sind ebenfalls einzutragen.

- Zeile 50: Die Summe aller Werbungskosten wird zusammengetragen und in Zeile 22 übertragen.

♦ Zeile 51: Sollten in den Werbungskosten und sonstigen Kosten abziehbare Vorsteuerbeträge (siehe Zeile 49) aufgrund umsatzsteuerpflichtiger Vermietung gegeben sein, werden diese hier gesondert aufgeführt.

♦ Zeile 52: Sofern Zuschüsse aus öffentlichen Mitteln (z. B. durch die KfW-Bank) bei den Anschaffungs- und Herstellungskosten der Immobilie gegeben sind, werden diese angegeben.

Zusammenfassung: Rechtmäßigkeit als Ziel!

Mietsteigerungen und Steuererklärungen gewissenhaft und korrekt durchzuführen, ist ein integraler Bestandteil des Lebens als Vermieter. Jeder Selbstständige kann ein Lied davon singen, wie gravierend und folgenreich Konflikte mit dem Finanzamt sein können, wenn sie erst einmal eingetreten sind. Deswegen ist nahezulegen, auf Nummer sicher zu gehen und Mietsteigerungen mit Geduld anzugehen. Steuererklärungen selbst auszufüllen, ist nicht schwer. Doch ein Steuerberater ist zweifellos zu bevorzugen. Auch bei der Hinzuziehung eines Steuerberaters sind die Erkenntnisse dieses Kapitels zum Thema Steuererklärung hilfreich, da dadurch dem Steuerberater durch Sortieren der Unterlagen und Nennung sowie Errechnungen der wichtigsten Kennzahlen eine bessere Vorarbeit zugespielt werden kann. Dies senkt die Kosten für dessen Dienstleistung möglicherweise. Zuletzt ermöglichen Instandhaltungsrücklagen die Ansammlung eines Betrags, der bei plötzlichen Schäden an der Wohnung angezapft werden kann, um deren Behebung schnellstmöglich zu gewährleisten.

Sonderformen der Vermietung

Den Sonderformen gehören die Vermietung denkmalgeschützter Immobilien sowie von Messen- und Ferienunterkünften, Sonnendächern und Drehorten an. Sie erweisen sich dahingehend als besonders, als dass die gesetzlichen Regelungen anders ausfallen als bei Wohngebäuden und Häusern. Während beispielsweise denkmalgeschützte Immobilien Steuervorteile in der Abschreibung und Förderungen bei der Instandsetzung genießen, ist bei Messen- und Ferienunterkünften eine kurzfristige Vermietung die Norm. Bei kurzfristiger Vermietung steigen die Gewinnaussichten, wenngleich der Eigenaufwand ebenso zunimmt. Die Vermietung des Dachs an Investoren, damit diese Photovoltaikanlagen montieren können, beschränkt sich rein auf das Dach und ist in Kombination mit einer zusätzlichen Vermietung als Wohngebäude möglich. Wird die eigene Immobilie als Drehort zur Verfügung gestellt, handelt es sich um ein kurzfristiges Geschäft, wenngleich ein äußerst ertragreiches.

Denkmalgeschützte Immobilien

Denkmalgeschützte Immobilien stellen eine Besonderheit in der Vermietung dar. Dies gilt zum einen aufgrund steuerlicher Regelungen, zum anderen wegen der Vorgaben bei Renovierungen, Sanierungen und Modernisierungsmaßnahmen. Es ist anhand der staatlichen Vorgaben und des Gebäudezustands zu beurteilen, ob sich eine Kapitalanlage in eine denkmalgeschützte Immobilie lohnt. Darüber hinaus spielt erneut die Lage nach den Kriterien, die im ersten Kapitel wiederholt wurden, eine Rolle.

Vorgaben des Staates zu Maßnahmen im und am Gebäude

Denkmalgeschützte Gebäude weisen eine hohe Bedeutung in kultureller sowie historischer Hinsicht auf. Es ist im Interesse des Staates, den Erhalt dieser Gebäude zu sichern. In einigen Fällen gelingt dies durch eine Umwandlung in Museen oder öffentliche Einrichtungen anderer Art. Doch es verbleiben denkmalgeschützte Immobilien, die nicht in öffentliche Einrichtungen umgewandelt werden, da ein spezieller Verwendungszweck fehlt oder der Aufwand hierfür zu groß wäre. Dementsprechend stehen sie entweder leer, werden von einzelnen Hausverwaltern betreut oder sind gar in den Händen von Hauswächtern, eines neuen Konzepts, welches von den Niederlanden ausgehend in den vergangenen Jahren vermehrt in Deutschland Einzug erhält. Hauswächter sind Personen oder Personengemeinschaften, die das Gebäude vorübergehend bewohnen und es durch die Heizung und Pflege instand halten. Im Gegenzug wohnen sie zu günstigen Preisen im Gebäude.

Da aber die Hauswächter und Verwalter nur eine Übergangslösung sind und leerstehende Gebäude nicht zur Debatte stehen, ist es vom Staat gern gesehen, wenn eine Person Interesse an einem denkmalgeschützten Gebäude zeigt – sei es zur Eigennutzung oder zur Vermietung. Bei großen Gebäuden wie Schlössern oder Jugendvillen, mag eine Trennung in mehrere Wohneinheiten mit anschließender Vermietung aus Sicht von Kapitalanlagern lukrativ erscheinen. Nichts geringeres ist dem Gut Hohehorst in Niedersachsen an der Grenze zu Bremen bei dessen Verkauf vor einigen Jahre widerfahren[50]: Es wurde und wird nach wie vor samt Nebenanlagen auf dem 21 Hektar großen Grundstück in Wohneinheiten aufgeteilt, die vermietet werden sollen. Für ein Schloss mit Nebenhäusern und 21 Hektar Land flossen mindestens eine Million Euro von der Investorengesellschaft an den Staat. Das ist ein für ein Ausmaß dieser Wohnanlage günstiger Preis. Hie-

---

[50] Vgl. https://weserreport.de/2016/08/bremen-bremen/panorama/bremen-gibt-sein-herrenhaus-niedersachsen/

rin verbirgt sich ein Vorteil denkmalgeschützter Immobilien für Kapitalanleger: Ein verhältnismäßig guter bis sehr guter Preis. Dieser hat allerdings seinen Grund, der in dem hohen Bedarf an Renovierungs- und Sanierungsmaßnahmen gegeben ist. Diese Renovierungs-, Sanierungs- und individuellen Umbaumaßnahmen dürfen allerdings nicht irgendwie erfolgen, sondern müssen von der Denkmalschutzbehörde, einem Organ der Landesregierung, genehmigt werden.

Die Vorgaben für Vermieter bei der Vermietung denkmalgeschützter Immobilien reichen so weit, dass eine Genehmigung der Denkmalschutzbehörden bei sämtlichen Sanierungs- und Renovierungsmaßnahmen erforderlich ist. Sollte eine Ablehnung erfolgen, darf eine Maßnahme nicht durchgeführt werden. Dementsprechend gestaltet es sich als äußerst schwierig in der Umsetzung, ein bestehendes Schloss oder eine Villa in einzelne Wohneinheiten aufzuteilen. Doch Fragen kostet bekanntlich nichts: Bei einer Anfrage muss ohnehin das eigene Vorhaben mit der Immobilie geschildert werden. Sollte sich im Zuge dessen herausstellen, dass die Eingrenzungen des Staates keine Basis für eine Vermietung geben, ist vom Kauf einer denkmalgeschützten Immobilie abzuraten. Zeigen sich hingegen Überschneidungen und werden zielführende Kompromisse geschlossen, ist es möglich, auf einen gemeinsamen Nenner zu kommen.

Hinweis!

Denkmalgeschützte Immobilien zur Vermietung haben einen Besonderheitswert, der auf einzelne Mieter anziehend wirkt. Es lässt sich davon ausgehen, dass bei einer guten Lage die Vermietung einer denkmalgeschützten Immobilie ein lukratives Geschäft abbilden wird. Selbst eine nachteilige Lage hat hohes Potenzial, da Mieter zugunsten einer geschichtsträchtigen und kulturell wertvollen Wohnung bereit sein können, Umwege in Kauf zu nehmen.

Der Kauf einer denkmalgeschützten Immobilie bringt hohe zu erwartende Renovierungs- und Sanierungskosten mit sich. Zu diesen kann der Staat Käufer vertraglich verpflichten. Gleiches trifft auf Modernisierungsmaßnahmen, wie beispielsweise den Umstieg auf erneuerbare Energien, zu. Grund für den hohen Bedarf ist das Alter das Gebäudes, welches Abnutzungserscheinungen bedingt. Demzufolge hat der Käufer neben dem bloßen Betrag für den Kauf der Immobilie und die Kaufnebenkosten großzügig Kosten für aufwertende Maßnahmen nach dem Kauf einzuplanen.

Steuervorteile und Förderungen bei denkmalgeschützten Immobilien

Den hohen Kosten für den Vermieter und dessen Beitrag zum Erhalt der Immobilie begegnet der Staat mit Wohlwollen, was sich in Steuererleichterungen äußert. § 7h EStG[51] sieht vor, dass im Jahr des Kaufs und in den darauffolgenden sieben Jahren jeweils 9 % der Herstellungskosten für Modernisierungs- und Instandsetzungsmaßnahmen abgeschrieben werden dürfen. In den darauffolgenden vier Jahren dürfen 7 Prozent dieser Herstellungskosten abgeschrieben werden. Führt man sich vor Augen, dass exakt diese Kosten bei denkmalgeschützten Immobilien hoch ausfallen, so ist es möglich, dass ein wesentlicher Teil der Kosten im Zusammenhang mit der Immobilie in den ersten zwölf Jahren nach Kauf und Modernisierung sowie Instandsetzung abgeschrieben ist. Was dies rechnerisch bedeutet und wie es sich in der Praxis umsetzen lässt, wird in Kürze anhand zweier Beispielrechnungen illustriert.

Zentrale Vorgabe zur Abschreibung der Herstellungskosten ist, dass es sich ausschließlich um Kosten für Maßnahmen handelt, die dem Erhalt des Gebäudes oder dessen sinnvoller Nutzung dienen. Eine Bescheinigung, ob die angedachten Maßnahmen als sinnvoll zur Nutzung angesehen werden, ist bei der Denkmalschutzbehörde einzuholen. Die Denkmalschutzbehörde ist in der Regel beim Bauamt des Kreises oder der Kommune auffindbar.

---

[51] Vgl. https://www.gesetze-im-internet.de/estg/__7h.html

Hinweis!

Im Gegensatz zum Kauf und zur steuerlichen Geltendmachung bei gewöhnlichen Wohngebäuden sind im Falle denkmalgeschützter Immobilien sogar Eigennutzer steuerlich entlastet. Diese dürfen über eine Dauer von zehn Jahren je neun Prozent pro Jahr als Kosten für die Erhaltung des Gebäudes steuerlich absetzen. Dazu zählen beispielsweise die Kosten für die Sanierung und Modernisierung hinzu. Es ist dabei irrelevant, wie hoch die Kosten ausfallen. Dieser Vorzug ist bei dem Kauf einer nicht denkmalgeschützten Immobilie nicht gegeben. Hier dürfen lediglich 20 % der Handwerkerkosten bis maximal 1.200 € im Jahr steuerlich geltend gemacht werden.

Neben den Steuervorteilen unterstützt die KfW-Bank, die bereits in diesem Buch Anklang fand, sowohl Eigennutzer als auch Vermieter bei Modernisierungsmaßnahmen. Hierzu hat die KfW-Bank zum einen mit dem KfW-Effizienzhaus-Denkmal[52] einen eigenen Standard geschaffen, zum anderen Einzelmaßnahmen definiert, die gefördert werden. Der Standard KfW-Effizienzhaus-Denkmal stellt dabei strengere Anforderungen als die Einzelmaßnahmen, bringt im Gegenzug eine höhere potenzielle Förderung mit ein: Die Förderung einer Komplettsanierung zum KfW-Effizienzhaus-Denkmal liegt pro Wohneinheit bei bis zu 100.000 €, während bei einer Teilsanierung – also den Einzelmaßnahmen – bis zu 50.000 € für jede Wohneinheit beträgt.

Neben der Förderung durch die KfW-Bank stehen Fördermittel der Länder und Kommunen zum Erhalt frei. Diese werden bei den Kommunen beantragt und sind pauschal nicht zu definieren. Hier sind Vermieter in der Pflicht.

Da im Zuge der Förderungen ein Umstieg auf alternative Energien forciert wird, soll dazu ein Wort verloren werden, da hier denkmalgeschützte Immobilien eine besondere Stellung aufweisen. Während bei nicht denkmalgeschützten Gebäuden ein Ener-

---

[52] Vgl. https://www.kfw.de/inlandsfoerderung/Privatpersonen/Bestands-immobilien/Energetische-Sanierung/KfW-Effizienzhaus-Denkmal/

gieausweis Pflicht ist und die Energieeinsparverordnung gilt, verhält es sich bei denkmalgeschützten Immobilien im folgenden Fall anders: Sollten Substanz oder Erscheinungsbild der Immobilie durch Maßnahmen zur Energieeinsparung beeinträchtigt werden oder sollte der Aufwand dafür zu hoch sein, kann von den Anforderungen der Verordnung abgewichen werden[53] (vgl. § 24 Absatz 6 EnEV). Ob dies auf die eigene Immobilie zutrifft, ist bei den landesrechtlichen Behörden zu erfragen. Ist dies der Fall, muss Mietern kein Energieausweis vorgezeigt werden. Dennoch lohnt es sich, freiwillig – sollten Aufwand und Folgen für die Immobilie nicht negativ sein – einen Energieausweis zu beantragen. Lässt sich aus diesem nämlich erschließen, dass das Gebäude Kostenersparnisse in der Wärmegewinnung ermöglicht, lässt sich dadurch der Verkaufspreis positiv beeinflussen. Ebenso sinken die Nebenkosten der Miete, was den Vorgang der Mietersuche vereinfacht.

Rechenbeispiele zur Vermietung einer denkmalgeschützten Immobilie

Die nachfolgenden zwei Rechenbeispiele veranschaulichen die steuerlichen Besonderheiten der Vermietung einer denkmalgeschützten Immobilie. Dabei zeigt sich allem voran, wie sich die beschleunigte Denkmal-Afa auf die Steuererklärung und die persönlichen Steuervorteile als Vermieter auswirkt.

Beispielrechnung Nr. 1: Wilhelm D. vermietet eine Jugendvilla aus dem 19. Jahrhundert

Wilhelm D. hat eine Jugendvilla für 750.000 € erstanden. Abzüglich des Grundstückspreises verbleibt ein Wert von 520.000 € für das Gebäude, der abgeschrieben werden darf. Er wendet für Sanierungen, Renovierungen sowie Modernisierungen 400.000 € auf, von denen 130.000 € staatlich gefördert werden. Diese Herstellungskosten von 400.000 € ohne den geförderten Anteil – also 270.000 € – darf er über die Denkmal-Afa beschleunigt abschreiben. Das Gebäude lässt sich in 20 Wohneinheiten aufteilen, bei denen die Miete zu je 400 € anzusetzen ist. Die Verwal-

---

[53] Vgl. https://enev-online.com/enev_2014_volltext/24_ausnahmen.htm

tungskosten belaufen sich auf knapp 4.000 € im Jahr. Für Versicherungen gibt Wilhelm D. weitere 6.000 € im Jahr aus. Als Vermieter darf er die Herstellungskosten in dem ersten Jahr mit 9 Prozent und den Kaufpreis für das Gebäude (Baujahr 1911) im ersten Jahr mit 2,5 % abschreiben. Zunächst eine Übersicht über die Gesamtkosten:

♦ Einnahmen: 96.000 € jährlich durch Miete

♦ Ausgaben: 520.000 € Kaufpreis für das Gebäude, 270.000 € Eigenaufwand für Sanierung, Modernisierung und Renovierung, 4.000 € für die Verwaltung und 6.000 € für Versicherungen; also insgesamt 800.000 €

Nun ist es interessant, bei der Fortsetzung der Rechnung mit einem nicht denkmalgeschützten Gebäude zu vergleichen, welches nach dem 31. Dezember 1924 errichtet wurde. Dabei werden folgende Annahmen zugrunde gelegt:

♦ Da kein denkmalgeschütztes Gebäude gekauft wird, sinkt zwar der Bedarf für aufwertende und instand setzende Maßnahmen, aber es steigt der Kaufpreis auf rund 1,8 Mio. €.

♦ Das Grundstück hat in diesem Beispiel erneut einen Wert von 230.000 €, weswegen für das Gebäude ein Kaufbetrag von 1.570.000 € verbleibt.

♦ Die Mieteinnahmen werden höher geschätzt und mit 120.000 € angegeben. Die Kosten für die Verwaltung werden bei 4.000 € belassen, während die Versicherungskosten aufgrund des geringeren Risikofaktors auf 5.000 € im Jahr sinken.

Somit ergibt sich die folgende tabellarische Übersicht für das erste Jahr:

Gebäude	Denkmal	Nicht-Denkmal
Mieteinnahmen	96.000 €	120.000 €
Kosten	10.000 €	9.000 €
Gebäudeabschreibung	13.000 € auf Gebäudewert + 24.300 € Herstellungskosten = 37.300 €	39.250 €
Zu versteuerndes Einkommen	48.700 €	71.750 €

Um dies noch klarer auf den Punkt zu bringen: Das nicht-denkmal-geschützte Gebäude verzeichnet Kosten, die fast zwei Mal so hoch sind wie die Kosten für den Kauf des denkmalgeschützten Gebäudes und Mieteinnahmen, die lediglich 0,25 Mal so hoch sind. Dennoch – auf-grund der anzuwenden Abschreibungssätze (9 % im ersten Jahr bei der Denkmal-Afa und 2,5 % bei der Afa für Wohngebäude) – ist eine we-sentlich geringere Summe von der Steuer beim nicht denkmalgeschütz-ten Gebäude absetzbar. Dies führt dazu, dass am Ende beim Gebäu-de mit einer nur 24.000 € höheren Mieteinnahme sage und schreibe schreibe 23.050 € mehr versteuert werden müssen. Im Szenario mit dem nicht denkmalgeschützten Gebäude kann der Käufer froh sein, dass er keine großen Renovierungsmaßnahmen vornehmen musste, da diese sonst ebenfalls unter die Herstellungskosten gewandert und nur über 40 Jahre zu einem Abschreibungssatz von 2,5 % jährlich abschreibbar gewesen wären.

Beispielrechnung Nr. 2: Tanja G. vermietet eine Wohneinheit in einem Herrenhaus aus dem 18. Jahrhundert

Tanja G. kauft eine Wohneinheit in einem Herrenhaus aus dem 18. Jahrhundert. Dieses ist denkmalgeschützt. Der Kaufpreis liegt bei 65.000 €. Sie muss 18.000 € in die Renovierung und Sanierung auf-wenden, wobei 7.000 € staatlich unterstützt werden. Abzüglich des Anteils des Grundstückswerts in Höhe von 8.000 € vom Kaufpreis er-gibt sich für die Wohnung ein Preis von 57.000 €. Diesem werden die 11.000 € Eigenaufwand aus Renovierung und Sanierung angerechnet, was 68.000 € an Anschaffungs- und Herstellungskosten ergibt. Der jähr-liche Aufwand für die Verwaltung beträgt 270 €, während die Versiche-rungskosten bei knapp 700 € pro Jahr liegen. Sie legt eine Miete in Höhe von 520 € monatlich fest. Das erste Jahr schlägt zunächst mit folgenden Einnahmen und Kosten zubuche:

- ◆ *Einnahmen: 6.240 € jährlich durch Miete*

- ◆ *Ausgaben: 68.000 € an Anschaffungs- und Herstellungskosten, 270 € für die Verwaltung und 700 € für Versicherungen; also insgesamt 68.970 €*

Erneut wird ein Vergleich zu einer nicht denkmalgeschützten Wohnung gezogen, die nach dem 31. Dezember 1924 errichtet wurde. Diese weist einen Kaufpreis von 75.000 € auf. Abzüglich der Kosten für das Grundstück ergeben sich – wie im Fall der denkmalgeschützten Wohnung – 68.000 € an Herstellungskosten. In diesem Fall sind keine Renovierung und Sanierung notwendig, weswegen es bei diesen Herstellungskosten bleibt. Verwaltung und Versicherungen sind mit derselben Kostenhöhe angesetzt. Auch die Miete fällt in derselben Höhe aus.

Für das erste Jahr ergibt sich im Falle beider Immobilien:

Gebäude	Denkmal	Nicht-Denkmal
Mieteinnahmen	6.240 €	6.240 €
Kosten	970 €	970 €
Gebäudeabschreibung	1.425 € auf Gebäudewert + 990 € Herstellungskosten = 2.415 €	1.700 €
Zu versteuerndes Einkommen	2.855 €	3.570 €

In diesem Vergleich erreicht also der Unterschied seinen Gipfel. Wird davon ausgegangen, dass eine Person in die denkmalgeschützte Immobilie investiert, die bereits aus anderen Tätigkeiten Einkünfte verzeichnet, so wirkt sich in diesem Fall die Investition in die Immobilie sogar über einen mehrjährigen Zeitraum direkt steuermindernd aus, da sie aufgrund der Denkmal-Afa einen Verlust verzeichnet.

Fazit: Denkmalgeschütze Immobilien nur bei ausreichend Freiheiten und ohne Finanzierung

Eine denkmalgeschützte Immobilie kann sich als Kapitalanlage durchaus lohnen. Es ist realistisch, aufgrund der vielen Förderungen sogar nach Abzug der Renovierungs-, Sanierungs- und Modernisierungskosten ein Schnäppchen zu ergattern. Die staatlichen Förderungen sowie die Steuervorteile übersteigen die der nicht denkmalgeschützten Immobilien. Doch damit das Investment lohnend ausfällt und sich eine Vermietung realisieren lässt, ist angeraten, vor dem Kauf einer denkmalgeschützten Immobilie genaueste Informationen bezüglich der möglichen Förderungen und gestatteten Umbaumaßnahmen einzuholen. Ergeben sich genug Freiheiten, um das Vorhaben in die Tat umzusetzen, so lohnt sich eine Kapitalanlage in denkmalgeschützte Immobilien zur Vermietung. Erfahrungsgemäß sind die Kosten im Nachhinein schwer vorhersehbar und die Summen zur Finanzierung derart hoch, dass sich eine Investition nur mit genügend Eigenkapital rentiert. Von einer Finanzierung zum bloßen Kauf ist abzuraten, da die hohen Renovierungskosten und die Kosten für weitere Maßnahmen vor der Vermietung die Kalkulationen deutlich sprengen können. Folglich passiert es in der Regel, dass ausschließlich Investoren mit mehreren Millionen Euro Eigenkapital die Investition in Denkmal-Immobilien wagen.

Messen- und Ferienunterkünfte

Ferienunterkünfte sind seit Zeiten der *Platform Economy* und der Etablierung von Airbnb ein weitgefasster Begriff. Neben Airbnb gibt es ebenso weitere Plattformen, bei denen sich Eigentümer von Immobilien, aber ebenso Mieter, die eine Erlaubnis zur Untervermietung der Räumlichkeiten haben, anmelden und ihre Räumlichkeiten als kurzfristige Unterkunft anbieten. Ob dies nun für Ferienzeiträume in den Alpen ist oder aber in einer Großstadt dauerhaft, wobei insbesondere in Zeiten von Messen hohe Erträge mit weit über 100 € pro Nacht möglich sind – die Vermietung über kurzfristige Zeiträume lockt mit einem hohen Ertrag pro Nacht, erfordert dafür jedoch weitaus mehr Aufwand. Im Folgenden werden die möglichen Modelle zur Vermietung, Plattformen für eine Vermarktung sowie steuerliche Besonderheiten erklärt.

Modelle der Vermietung

Es gibt bei der Methode der kurzfristigen Vermietung als Messen- und Ferienunterkünfte zwei Modelle: Zum einen eine Vermietung mit partieller Eigennutzung des Gebäudes, zum anderen die Variante ohne Eigennutzung. Bei einer partiellen Eigennutzung des Gebäudes fällt der Aufwand in der Betreuung der Mieter geringer aus, während bei der Variante ohne Eigennutzung höhere Gewinnspannen möglich sind. Im Folgenden sind die beiden Modelle näher ausgeführt und es wird deren steuerliche Behandlung erklärt.

Vermietung bei gleichzeitiger Eigennutzung

Ein Modell, welches sich zur Vermietung eignet und selbst Kontrolle über die Machenschaften der kurzfristigen Mieter verschafft, ist die Vermietung der Wohnung, während der Vermieter gleichzeitig darin wohnt. Sollte beispielsweise eine Wohnung mit vier Zimmern zur Eigennutzung gekauft und finanziert worden sein, man selbst aber nur zwei Zimmer benötigt, können die verbliebenen beiden Zimmer zur Miete freigegeben werden. Dies kann einerseits eine langfristige Miete, andererseits eine kurzfristige sein.

Beispiel: *Henrik H. wohnt in einer Vier-Zimmer-Wohnung und nutzt selbst nur ein Zimmer. Das Wohnzimmer ist ein Gemeinschaftszimmer, die anderen beiden Zimmer vermietet er an andere Personen. In Messezeiten nimmt er pro Zimmer 70 € ein, den Preis darf er sehr flexibel festlegen und muss sich nach keinen Mietpreisbremsen richten. Es steht ihm zudem frei, die Zimmer für bestimmte Zeiträume zu blocken, indem er sie einfach auf Plattformen für diese Zeiträume nicht anbietet. Er hat ebenso die Möglichkeit, die verbliebenen zwei Zimmer dauerhaft als WG-Zimmer zu vermieten. Das Problem hierbei wäre jedoch, dass die Vermietung dauerhaft ist und er ohne triftige Kündigungsgründe den Mietern den Vertrag nicht kündigen darf. Er muss sich an Fristen halten.*

Steuerlich gesehen ist eine dauerhafte Vermietung bei einer zum Teil vermieteten und zum Teil selbst genutzten Wohnung gleich zu betrachten wie die komplette Vermietung der Wohnung abzüglich der eigengenutzten Flächen.

Beispiel: *Henrik H. vermietet zwei Zimmer in seiner Wohnung dauerhaft an zwei andere Mieter. Das Wohnzimmer gilt als Gemeinschaftsfläche, ebenso wie die Küche und das Badezimmer. Möchte Hen-*

rik H. den Gebäudewert im Sinne der AfA abschreiben, dann muss er die Fläche von Wohnzimmer, Küche und Badezimmer durch drei teilen und die Fläche der beiden Zimmer hinzuzählen. Der Anteil in Eigennutzung ist steuerlich nicht abschreibbar, der Anteil der vermieteten Fläche – also 2/3 von Wohnzimmer, Küche und Badezimmer sowie die komplette Fläche der beiden gemieteten Zimmer – ist hingegen vom Gebäudewert abschreibbar. Gleiches gilt für Renovierungs-, Sanierungs- und Modernisierungsmaßnahmen.

Sollte hingegen eine kurzfristige Vermietung auf Zeit, zum Beispiel als Wohnung für Messen o. Ä., erwünscht sein, ergeben sich nur die steuerlichen Vorteile, die ein Gebäude zur Eigennutzung hat und die der Leser bereits aus dem ersten Buch der Reihe kennt. Das Gebäude darf nicht abgeschrieben werden. Die Mieteinnahmen sind als Einkommen aus Vermietung und Verpachtung anzugeben.

Hinweis!

Eine solche Vermietung ist auch ohne Wohneigentum möglich, wenn man in einer gemieteten Wohnung wohnt und die Erlaubnis zur Untervermietung hat. Mittlerweile tun sich mehrere Mieter mit Freunden zusammen und vermieten ihre Wohnungen unter. Wird die Wohnung für eine Woche vermietet, dann zieht Freund A bei Freund B ein, bis die Wohnung wieder frei ist. Beide teilen sich die Einnahmen. So ist es sogar möglich, die eigene Miete zu finanzieren oder sogar einen Überschuss zu erwirtschaften.

Vermietung ohne Eigennutzung

Bei einer Vermietung ohne Eigennutzung wird die Unterkunft auf Zeit offeriert und den Mietern allein überlassen. Dabei ist es möglich, sowohl die gesamte Unterkunft als auch Zimmer einzeln zu vermieten. Werden die Zimmer einzeln vermietet, ist die Gewinnspanne pro Nacht größer. Dafür jedoch ist es – insbesondere außerhalb des Stadtkerns – schwieriger, Mieter zu finden. Bei einer Vermietung der Wohnung als gesamte Unterkunft ist es einfacher, kurzfristige Bewohner zu finden, aber im Gegenzug sinkt die Gewinnspanne pro Nacht. Bei alledem bleibt ein Problem bestehen:

Wohnt der Vermieter nicht ebenfalls in der Wohnung, muss er bei jeder neuen Buchung die Personen einweisen und nach deren Abzug Reinigung sowie Herrichtung für die nachfolgenden Mieter erledigen. Dies sorgt für einen verstärkten Aufwand und ist mit den Grundsätzen einer Kapitalanlage nicht wirklich vereinbar.

Einige Vermieter gehen noch den denkbar einfachsten Weg, dass sie den Check-in ermöglichen, indem sie die Schlüssel im Briefkasten hinterlassen. Wird also das Appartement gebucht, dann folgt eine Nachricht an die Mieter, dass die Schlüssel im Briefkasten liegen, und bis zum Check-out mitsamt Reinigung ist es nicht notwendig, sich um die Mieter signifikant zu kümmern. Werden die Zimmer einzeln vermietet, werden die Hauptschlüssel mit je einem Zimmerschlüssel zusammen im Briefkasten oder in einer separaten Schlüsselbox hinterlassen.

Plattformen zum Angebot

Die populärste Plattform ist Airbnb[54]. Sie ist der Marktführer im Bereich der Plattformen für Unterkünfte und bietet somit eine hohe Reichweite bei Interessenten. Darüber hinaus vertrauen der Marke bereits viele Vermieter und Mieter. Der Vorteil des Vertrauens ist zugleich ein Nachteil: Die vorhandene Konkurrenz. Da allerdings erst dann Gebühren gezahlt werden, wenn eine Wohnung vermietet wurde, spricht nichts dagegen, die eigene Wohnung bzw. das eigene Haus auf mehreren Plattformen zu inserieren. Die Gebühr, die Gastgeber zahlen müssen, liegt in Deutschland – es sei denn, es werden strenge Stornierungsbedingungen auferlegt oder es wird Airbnb-Plus genutzt – bei drei Prozent. Diese drei Prozent Service-Gebühr für Airbnb werden auf den Übernachtungspreis, die Reinigungsgebühren und eventuell vom Vermieter selbst festgelegte Gebühren für zusätzliche Personen erhoben[55].

---

54 Vgl. https://www.airbnb.de/
55 Vgl. https://www.airbnb.de/help/article/1857/was-ist-die-airbnbservicegeb%C3%BChr

Neben Airbnb hat Ebay Kleinanzeigen[56] ein eher kleines Klientel. Da hier die Konkurrenz klein ist, lässt sich trotz einer geringen Anzahl an Interessenten meistens ein Abnehmer für Wohnungen in geringer Lage finden. Der Vorteil von Ebay Kleinanzeigen besteht darin, dass – sofern keine hervorgehobene und beworbene Anzeige geschaltet wird – keine Gebühren anfallen. Geht ein Mietinteressent nämlich auf den Vermieter zu, so erfolgt der Austausch über die privaten Nachrichten, den Mail-Account oder telefonisch. Angesichts des privaten Austauschs ist jedoch Vorsicht bei der Bezahlung geboten: Diese sollte aus Sicht des Vermieters vor dem Bezug der Wohnung erfolgen. Ein separater und eigens entwickelter Vertrag, der parallel zur Bezahlung unterzeichnet wird, bringt beiden Parteien Sicherheit.

Eine weitere Plattform, die neben Unterkünften auch Hotels, Hostels und weitere Wohnstätten für bestimmte Zeiträume vermietet, ist Wimdu[57]. Wimdu als ursprüngliches deutsches Unternehmen gilt als einer der größten Konkurrenten von Airbnb. Auch wenn das Unternehmen in der Vergangenheit durch Irreführung auf sich aufmerksam machte, gilt es in der Auszahlung der Mieten an Vermieter als schnell und transparent. Eine Gebühr von drei Prozent auf die Mieterträge fällt an. Nach Überweisung durch den Gast werden innerhalb von 24 Stunden die Erträge an den Vermieter überwiesen.

Als letzte Plattform wird 9flats[58] vorgestellt. Auch hier wird die Mietsumme 24 Stunden nach der Überweisung durch den Gast ausgezahlt – abzüglich der Provision für das Portal. Die Provision ist von Beginn an transparent geregelt, ist allerdings mit 15 % allein durch den Gastgeber im Vergleich mit den anderen Plattformen außerordentlich hoch. Strenge Stornierungsbedingungen sorgen dafür, dass der Gast bei einer Buchung weniger Möglichkeiten hat, seiner Verpflichtung zum Bezug der Wohnung und zur

---

[56] Vgl. https://www.ebay-kleinanzeigen.de/
[57] Vgl. https://www.wimdu.de/
[58] Vgl. https://www.9flats.com/de

Bezahlung aus dem Weg zu gehen. Alles in allem ist 9flats eine gute Ergänzung für Vermieter, die mit anderen Plattformen nicht zufrieden sind.

Hinweis!

Wird die Wohnung auf mehreren Plattformen gleichzeitig vermietet, ist Vorsicht geboten: Sollte auf der einen Plattform die Wohnung gebucht werden und auf der anderen ebenso, dann muss die Wohnung auf einer der Plattformen storniert werden, was Gebühren nach sich ziehen kann oder schlimmstenfalls nicht möglich ist. Dementsprechend muss eine Wohnung, die für einen Zeitraum gebucht wurde, für denselben Zeitraum auf anderen Plattformen aus dem Angebot genommen werden.

Steuerliche Fallstricke

Die Vermietung von Messe- und Ferienunterkünften könnte noch voller an steuerlichen Fallstricken kaum sein. Zunächst sei der einfachste Punkt angeführt: Die Umsatzsteuer.

Die Umsatzsteuer bei der Vermietung auf kurze Zeit

Wird über Plattformen die Wohnung auf kurze Zeit vermietet, fällt ab einem jährlichen Umsatz von mehr als 17.500 € im aktuellen Jahr oder einem geschätzten Umsatz von 50.000 € fürs Folgejahr eine Umsatzsteuer – auch Mehrwertsteuer genannt – an. (vgl. § 19 UStG[59]) Im Falle einer Vermietung gilt nach § 12 UStG der ermäßigte Steuersatz in Höhe von 7 %[60]. Dieser trifft ebenso auf die Zusatzleistungen zu, die mit der Vermietung oder Beherbergung in Verbindung stehen: z. B. Stromanschluss, Überlassung von Bettwäsche, Handtüchern und Bademänteln, Reinigungsservice nach der Mietdauer u. Ä.

Wichtig für Personen, die bereits als Selbstständige tätig sind, ist die Tatsache, dass die Umsätze aus allen selbstständigen Tätigkeiten zusammengetragen werden. Sollten bereits 14.000 € aus einer

---

[59] Vgl. https://www.gesetze-im-internet.de/ustg_1980/__19.html
[60] Vgl. http://www.gesetze-im-internet.de/ustg_1980/__12.html

freiberuflichen oder gewerblichen Tätigkeit eingenommen werden und die 5.000 € aus der Vermietung hinzukommen, so werden die Einkünfte zusammengerechnet und umsatzsteuerpflichtig; die Vermietung mit sieben Prozent Umsatzsteuer und die anderen Einkünfte mit dem dafür angemessenen Steuersatz. Ausnahme bilden umsatzsteuerfreie Umsätze: Sind die 14.000 € aus beispielsweise einer Lehrtätigkeit, sind sie umsatzsteuerfrei und werden nicht mit den 5.000 € aus der Vermietung zusammengerechnet.

Beispielrechnung Nr. 1: Thorsten L. arbeitet als freiberuflicher Dozent und vermietet Wohnung über Airbnb
Thorsten L. verdient als freiberuflicher Dozent 40.000 € im Jahr. Hinzu kommen Einkünfte aus der Vermietung in Höhe von 6.750 € im Jahr. Insgesamt sind es 46.750 € Jahresverdienst. Obwohl die Kleinunternehmergrenze von 17.500 € überschritten wird, muss Thorsten L. keine Mehrwertsteuer entrichten, denn die Tätigkeit als Dozent ist umsatzsteuerfrei.

Beispielrechnung Nr. 2: Lina F. betreibt ein Handwerksgewerbe und vermietet Teile Ihrer Wohnung über Airbnb
Lina F. erwirtschaftet mit ihrem Handwerksgewerbe einen jährlichen Umsatz in Höhe von 63.000 €. Zusätzlich verdient sie 9.000 € durch Vermietung über Airbnb. Insgesamt liegt sie bei jährlichen Umsätzen in Höhe von 72.000 €. Sie überschreitet die Kleinunternehmergrenze. Darüber hinaus sind beide Leistungen mehrwertsteuerpflichtig; das Handwerksgewerbe mit einem Mehrwertsteuersatz von 19 % und die Einkünfte aus der Vermietung mit sieben Prozent. Es ergibt sich für das Handwerksgewerbe eine Umsatzsteuerbelastung in Höhe von 63.000 € x 19 % = 63.000 € x 0,19 = 11.970 €. Bei der Vermietung fallen 9.000 € x 7 % = 9.000 € x 0,07 = 630 € an. Insgesamt muss Lina F. über die Mehrwertsteuer 12.600 € an den Fiskus entrichten.

Hinweis!

Die Umsatzsteuer wird auf den Netto-Umsatz hinzugerechnet. Personen, die für ihre Leistung ursprünglich einen bestimmten Beitrag nahmen, müssen nun nicht 19 % dieses Beitrags entrichten, sondern rechnen die Mehrwertsteuer zusätzlich hinzu. Sie ist also ein durchlaufender Posten und stellt keinen Verlust dar.

Beispielrechnung Nr. 3: Wilhelm Z. betreibt einen privaten Antiquitätenhandel und vermietet eine Wohnung über Airbnb

Wilhelm Z. verdient durch den Handel antiquarischer Gemälde 10.800 € im Jahr. Ergänzt werden die Einkünfte um 7.000 € pro Jahr aus der Vermietung. Insgesamt kommt er auf 17.800 €. Bereits die 300 € Überschuss verpflichten ihn zur Umsatzsteuerzahlung. Da Gemälde wie die Vermietung unter den ermäßigten Mehrwertsteuersatz von sieben Prozent fallen, ergibt der gesamte Betrag durch eine Multiplikation mit sieben Prozent die zu entrichtende Umsatzsteuer: 17.800 € x 7 % = 17.800 € x 0,07 = 1.246 €.

Welche Leistungen der Mehrwertsteuer unterliegen und welche nicht, lässt sich bei Google erfragen und anhand der Gesetzesvorschläge einsehen. Ansonsten verschafft eine Steuerberatung Aufklärung. Die Regelungen bezüglich der Mehrwertsteuer gelten nur für kurzfristig vermietete Wohnungen. Bei einer Vermietung als dauerhafter Wohnort, wie sie dieses Buch größtenteils thematisiert hat, entfällt die Mehrwertsteuer. Ausnahme bildet die Vermietung von Gewerbegebäuden.

Bei Bewirtung gewerbliche Tätigkeit?

Die enge Linie zwischen gewerblicher Tätigkeit und Vermögensverwaltung – also reiner Vermietung – kann zu großen Problemen mit dem Finanzamt führen. Sollte die Vermietung der Messe- oder Ferienunterkunft als eine gewerbliche Tätigkeit angesehen werden, ist bis zu einem Gewinn von über 24.500 € im Jahr nach § 11 Absatz 1 Satz 3 GewStG[61] der Gewinn von der Gewerbesteuer befreit. Darüber fällt ein Gewerbesteuersatz an, der sich von Bundesland zu Bundesland unterscheidet und mit einem Hebesatz um ein mehr als Vierfaches angehoben wird. Pauschal lässt sich die Gewerbesteuer zwischen neun und zehn Prozent angeben. Wichtig: Sie wird auf den Gewinn, nicht auf den Umsatz entrichtet. Wurde somit die Umsatzsteuer auf den Umsatz entrichtet und eine Gewinn- und Verlustkostenrechnung (GuV) durchgeführt, steht der Gewinn fest.

---

[61] Vgl. https://www.gesetze-im-internet.de/gewstg/__11.html

Auf diesen wird die Gewerbesteuer gezahlt. Der Rest wird der persönlichen Einkommenssteuer unterworfen.

Doch wann liegt ein Gewerbe vor? Die Wirtschaftsförderung Kleve GmbH fasst dies in einer PDF-Datei wie folgt zusammen:

„Bei der Ferienhaus- oder Ferienwohnungsvermietung ist folgende Besonderheit zu beachten: der Bundesfinanzhof hat bei der Vermietung von bis zu drei Ferienwohnungen eine hotelmäßige Organisation und damit einen Gewerbebetrieb verneint. Demgegenüber hat der Bundesfinanzhof bei der Vermietung bereits einer Ferienwohnung eine gewerbliche Tätigkeit bejaht, wenn sämtliche der folgenden Voraussetzungen vorliegen:

♦ vollständige Einrichtung der Ferienwohnung, Lage in einer reinen Wohnanlage im Verbund mit anderen Ferienwohnungen und

♦ kurzfristige Vermietung an wechselnde Mieter, Verwaltung durch eine für die einheitliche Wohnanlage bestehende Feriendienstorganisation und

♦ hotelmäßige Rezeption mit ständig anwesendem Personal, das für einen reibungslosen Ablauf des Mietverhältnisses sorgt.

Quelle: Wirtschaftsförderung Kreis Kleve GmbH[62]

Es müssen somit Strukturen vorliegen, die Unternehmensorganisationen erfordern und vom alleinigen Haushalt des Vermieters nicht in die Tat umzusetzen sind. Sind die soeben genannten drei Punkte nicht eindeutig zu bejahen, wird – insbesondere bei der Vermietung eigener Wohnungen – keine Gewerbeanmeldung erforderlich sein. Somit ist den Gerüchten, bei einer Bewirtung sei direkt ein Gewerbe anzumelden, mit Vorsicht zu begegnen. Solange eine Bewirtung im Rahmen der Unterkunft nicht gegen ein zusätzliches Entgelt zur Verfügung gestellt und separat berechnet

[62] Vgl. https://www.wfg-kreis-kleve.de/images/pdf/Ferienwohnungen/Leitfaden-Ferienwohnungsbetreiber.pdf

wird, liegt kein Gewerbe vor. Das Angebot darf sich allerdings in keinem Fall an die Öffentlichkeit, also Passanten oder nicht beherbergte Personen, wenden. Ist dies der Fall, dann ist sogar eine gaststättenrechtliche Anerkennung notwendig.

Fazit: Hoher Aufwand, aber bei guter Lage lukrativ!

Die kurzfristige Vermietung in Form von Messe- und Ferienunterkünften sieht durch die ständigen und kurzfristigen Mieter einen hohen Aufwand für den Vermieter vor. Dies allerdings bedeutet keineswegs, dass eine Vermietung nicht lukrativ wäre. Unter Umständen erweist sie sich gar als weitaus ertragreicher als die Vermietung einer Wohnung. Höhere Erträge pro Übernachtung und die Möglichkeit, mehrere Zimmer an verschiedene Personen zu vermieten, bringen hohe Gewinnaussichten. Insbesondere in Städten, in denen häufig Messen stattfinden, ist über Plattformen wie Airbnb eine große Reichweite an Kunden zu erzielen. Sofern auf die rechtlichen Regelungen geachtet und gewerbliche Tätigkeiten gemieden werden, sind die Gewinne nur der Einkommensteuer und die Umsätze bei einer Überschreitung der Kleinunternehmergrenze von 17.500 € im Jahr der ermäßigten Umsatzsteuer von 7 % zu unterwerfen. Aufgrund der häufigen Einweisung der Mieter kann hier nicht mehr von einer Kapitalanlage die Rede sein. Wer den Aufwand zugunsten eines höheren Ertrags auf sich nehmen möchte, findet in dieser Sonderform der Vermietung eine Möglichkeit, hohe Gewinne einzustreichen.

Vermietung als Sonnendach

Die Dachvermietung war insbesondere in den zurückliegenden Jahren ein einträgliches Geschäft für die Vermieter: Eigentümer, die ein Dach hatten, aber die eigene Aufrüstung um eine Photovoltaikanlagen scheuten, konnten sich durch eine Vermietung des Dachs an Investoren oder Solaranlagenbetreiber ohne eigenen finanziellen Aufwand einen finanziellen Vorteil sichern. Es gibt bis heute verschiedene Modelle, um mit der Vermietung des Sonnendachs Geld zu verdienen[63]:

♦ Mietmodell: Das Dach wird zu einem festgelegten Mietzins vermietet, wobei von drei bis fünf Euro pro Quadratmeter auszugehen ist.

♦ Gewinnbeteiligung: 5 % Beteiligung an den Erträgen durch Solarenergie sind ein realistischer Wert.

♦ Einmalzahlung: Für den vereinbarten Mietzeitraum wird ein grober Betrag ermittelt, mit dem die Vermietung direkt zu Beginn vergütet wird.

♦ Sanierung umsonst: Im Zuge der Installation einer Photovoltaikanlage wird das Dach des Eigentümers kostenlos saniert.

♦ Strombezug: Durch den Bezug des Stroms aus der Anlage werden die Stromkosten gesenkt.

Was früher noch eine einträgliche Vermietung war, hat sich im Laufe der Zeit gewandelt. So ist aufgrund des mittlerweile geringen Kosten-/Nutzenverhältnisses bei kleinen Dächern erst dann die Vermietung des Sonnendachs angeraten, wenn die Dachfläche um die 600 Quadratmeter beträgt. Dies trifft auf die meisten Vermieter und deren Gebäude nicht zu. Bei Interesse lohnt sich eine Anfrage dennoch. Unter Umständen lassen sich Kompromisse schließen. Einnahmen durch die Vermietung des eigenen Dachs als Sonnendach werden als Einkünfte aus der Pacht angegeben.

Vermietung als Drehort

Die Mieteinnahmen durch die Vermietung des Wohneigentums als Drehort werden als Entschädigung bezeichnet; Entschädigung dafür, dass die Immobilie für die Dreharbeiten genutzt wird. Potenzielle Erträge von bis zu einer Nettomonatsmiete pro Drehtag[64] lo-

---

63 Vgl. https://www.energieheld.de/solaranlage/photovoltaik/ratgeber/dachvermietung

64 Vgl. https://www.heimhelden.de/eigene-wohnung-als-filmlocation

cken für Wohnungseigentümer sowie Mietinteressenten mit hohen Einnahmen. Der Aufbau und Rückbau des Sets erfolgt durch das Produktionsunternehmen selbst. Insbesondere in Großstädten ist der Bedarf an Wohnungen groß. Es besteht die realistische Aussicht, dass die jeweilige Wohnung mehrmals gebucht wird. Dennoch ist die Vermietung als Drehort kein System, auf das für langfristige sowie konstante Einnahmen vertraut werden sollte. Mehrheitlich sind es nicht die Vermieter, die die eigene Immobilie als Drehort vermieten, sondern die Mieter selbst, die vom Vermieter eine Genehmigung hierfür erhalten. Dementsprechend entfällt das Modell der Drehortvermietung für Kapitalanleger mit langfristigem Anlagehorizont. Dennoch kann sich die Vermietung der eigenen Immobilie als Drehort in einem Punkt als sinnvoll erweisen: Ist die Wohnung zurzeit nicht vermietet und die Mietersuche dauert an, kann die Wohnung als Drehort-Location inseriert werden. Hierfür eignen sich die Plattformen LocationRobot[65], LocationHero[66] und ScoutForLocation[67], um nur einige zu nennen.

Hinweis!

Für die Vermietung als Drehort ist es vorteilhaft, wenn die Wohnung eingerichtet ist. Dies kann angehenden Mietern ebenso willkommen sein und die Suche nach einem Mieter vereinfachen.

Eine tageweise Vermietung stellt einen Sonderfall dar, der steuerlich in der Regel als Einkunft unter der Vermietung und Verpachtung anzugeben ist. Es handelt sich in keinem Fall um eine gewerbliche Tätigkeit, da keine über die Vermietung hinausgehenden Leistungen erbracht werden.

---

[65] Vgl. https://www.locationrobot.de/
[66] Vgl. https://www.locationhero.de/de/
[67] Vgl. http://www.scoutforlocation.de/html/de

Zusammenfassung: Denkmalgeschützte Immobilien als vielversprechendste Kapitalanlage!

Unter den Sonderformen der Vermietung ist die Vermietung denkmalgeschützter Immobilien als das aussichtsreichste und zugleich am wenigsten aufwendigste Investment einzustufen. Aufwendig ist es einzig und allein zu Beginn, da bei denkmalgeschützten Immobilien in der Regel ein hoher Sanierungs- und Renovierungsaufwand gegeben ist. Dieser wird seitens des Staates und der Behörden jedoch registriert und entsprechend mit Förderungen sowie Steuervorteilen honoriert. Vermieter denkmalgeschützter Immobilien profitieren insbesondere im Ablauf der ersten zwölf Jahre und haben durch die Abschreibung für Abnutzung in diesem Zeitraum deutliche Steuervorteile. Es darf zudem gemutmaßt werden, dass sich bei einer guten Lage einfacher Mieter finden lassen als bei nicht denkmalgeschützten Immobilien. Denn Immobilien unter Denkmalschutz locken des Öfteren mit einer attraktiven architektonischen Ausrichtung sowie dem besonderen kulturellen und historischen Stellenwert. Kehrseite denkmalgeschützter Immobilien ist die nahezu unmögliche Finanzierung über Banken für Kleinanleger, da die betroffenen Gebäude in der Regel hohe Kosten für Sanierung und Renovierung aufweisen und bei nicht ausreichender Eigenkapitaldeckung ein zu hohes Risiko für die Banken darstellen. Für Kleinanleger erweist sich die Vermietung von Messe- und Ferienunterkünften als lukrativeres Investment. Dieses ist mit Zustimmung des Vermieters auch als Mieter möglich. Stört man sich als Kapitalanleger nicht an dem Aufwand, den eine kurzfristige Vermietung samt Schlüsselübergabe, Reinigung und weiteren Nebenverpflichtungen mit sich bringt, bestehen bei der kurzfristigen Vermietung beste Aussichten auf einen hohen Ertrag. Denn es können höhere Preise pro Nacht verlangt werden als bei der Vermietung zu dauerhaften Wohnzwecken. Zuletzt seien die Vermietung des Dachs als Sonnendach und der Wohnung als Drehort erwähnt: Ersteres eignet sich zu heutigen Zeiten normalerweise nur bei Dächern mit einer Fläche von 600 Quadratmetern, letzteres ist keine langfristige Methode. Die Drehort-Vermietung ist – wenn überhaupt – nur für Übergangszeiten, in denen nach der Beendigung eines Mietverhältnisses kein neuer Mieter gefunden werden kann, geeignet.

Schlusswort

Eine Immobilie zu kaufen und zu vermieten, ist ein aufregender Prozess, im Zuge dessen nicht nur eine hocheffiziente Altersvorsorge betrieben oder konstant Vermögen aufgebaut wird. Die Kapitalanlage in Immobilien bringt den Anleger mit Menschen zusammen, die neue Perspektiven eröffnen: Ob es die Bankangestellten sind, die den Schlüssel zum Kapital darstellen und künftig womöglich noch weitere Finanzierungen für Sie durchsetzen werden. Ob es die Makler und Mietinteressenten sind, durch die Vermieter das erste Mal mit der Praxis der Vermietung hautnah auf Tuchfühlung gehen. Oder ob es die Mieter sind, zu denen ein mehr oder weniger enges Verhältnis aufgebaut wird, welches sogar neue Freundschaften entstehen lassen kann.

Leser dieses Werks haben auf zahlreichen Seiten gesehen, dass ein Vermieter mehr als ein Kapitalist ist, wie es teilweise aufgrund der steigenden Mieten gesellschaftlich Kritik hagelt. Ein Vermieter ist Psychologe in der Auswahl der Mieter, Jurist im Ausfüllen seiner Steuererklärung und Entwickler im Austüfteln seines eigenen Immobilien-Sparplans. Aber allem voran ist der Vermieter eine Person, die in Zeiten der geschwächten und zunehmend schwächelnden Rentenversicherung und ungewissen Kapitalanlageformen den richtigen Weg einschlägt. Denn die Vermietung von Immobilien bereitet – je nach eigener Gestaltung – verhältnismäßig wenig Aufwand und liefert auf lange Sicht viel Ertrag. Wenig Arbeit bereitet die Immobilie dann, wenn sich der Vermieter in eine Wohnungseigentümergemeinschaft einkauft und in Form von Hausordnungen, Muster-Mietverträgen und Verwaltung bereits vorhandene Strukturen nutzen kann. Alternativ steht es jedem Vermieter frei, ein Haus zu kaufen und dieses zu vermieten oder im Wohngebäude selbst die Verwaltung zu übernehmen; je nachdem, wie die eigenen Pläne sind und welche Voraussetzungen die jeweilige Immobilie mit sich bringt, besteht zahlreicher Spielraum.

Der Immobilienkauf ist sowohl mit Eigenkapital als auch durch eine Finanzierung möglich. Auch lässt sich ein attraktiver Mittelweg wählen, der beide Varianten miteinander kombiniert. Jeder Anleger entscheidet mit Bedacht, sollte dabei aber stets Rücklagen für unvorhergesehene Kostenfaktoren, wie z. B. plötzlich erforderliche Sanierungen der Immobilie, einplanen.

Das Buch hat mehrere Rechenformeln sowie Gesetze mit auf den Weg gegeben, die eine zentrale Stütze dabei sind, die Kalkulation beim Kauf der Immobilie sowie die Steuererklärungen im Nachhinein – am Ende jedes Jahres – zu bewerkstelligen. Das letzte Kapitel gab Anreize zu Sonderformen der Vermietung, die je nach Anlegertyp und Anlegerstrategie interessant sein könnten. Nun sind die Leser als angehende Vermieter selbst am Zug – vermieten und profitieren oder selbst als Mieter im Hamsterrad verbleiben?

Quellenverzeichnis

Literaturquellen:

Hammer, T.: *Meine Immobilie finanzieren*. Düsseldorf: Verbraucherzentrale NRW, 2018.

Hebisch, B.: *Immobilien richtig besichtigen*. Taunusstein: Blottner Verlag GmbH, 2018.

Mannek, W.: *Profi-Handbuch Wertermittlung von Immobilien*. Regensburg: Walhalla u. Praetoria Verlag GmbH & Co. KG, 2016.

Pachowksy, R.: *Profi-Handbuch Wohnungs- und Hausverwaltung*. Regensburg: Walhalla u. Praetoria Verlag GmbH & Co. KG, 2017.

Siepe, W.: *Immobilien verwalten und vermieten*. Berlin: Stiftung Warentest, 2018.

Online-Quellen:

https://www.wohnungsboerse.net/immobilienpreise-Muenchen/2091

https://www.wohnungsboerse.net/mietspiegel-Dresden/7351

https://www.dresden.de/de/leben/stadtportrait/statistik/bevoelkerung-gebiet/bevoelkerungsprognose.php

https://www.wohnungsboerse.net/mietspiegel-Muenchen/2091

https://www.wohnungsboerse.net/mietspiegel-Dresden/7351

https://so-lebt-dresden.de/wohnen-und-leben-im-stadtteil-dresden-strehlen/

https://www.haufe.de/steuern/steuer-office-kanzlei-edition/fischerpahlkewachter-erbstg-12-bewertung-66412-abzug-der-bodenwertverzinsung_idesk_PI5592_HI2150137.html

https://dejure.org/gesetze/BewG/185.html

https://www.immobilienscout24.de/immobilienbewertung/lexikon/bodenrichtwert.html

https://www.verbraucherzentrale.de/wissen/energie/energetische-sanierung/energieeinsparverordnung-enev-13886

https://www.immoverkauf24.de/immobilienverkauf/immobilienverkauf-a-z/grunderwerbsteuer/

https://www.immoverkauf24.de/immobilienmakler/maklerprovision/#hausverkauf-check-3

https://aktuar.de/fachartikelaktuaraktuell/AA44_berufsunfaehigkeit.pdf

https://www.juraforum.de/gesetze/pangv/6-verbraucherdarlehen

https://www.rechnungswesen-verstehen.de/lexikon/effektiver-zinssatz.php

https://www.kfw.de/kfw.de.html

https://www.kfw.de/KfW-Konzern/Kontakt/

https://www.gesetze-im-internet.de/woeigg/__21.html

https://www.financescout24.de/wissen/ratgeber/mieter-vermie-terrechtsschutz#vermieterrechtsschutz

https://www.gesetze-im-internet.de/gg/art_14.html

https://ratgeber.immowelt.de/a/mietausfallversiche-rung-kein-held-fuer-alle-faelle.html

https://www.gesetze-im-internet.de/wovermrg/__2.html

https://www.mietrecht.org/maklerprovision/vermietung-makler/

https://www.gesetze-im-internet.de/estg/__9.html

https://www.gesetze-im-internet.de/bgb/__558.html

https://www.gesetze-im-internet.de/bgb/__560.html

https://www.gesetze-im-internet.de/bgb/__555b.html

https://www.gesetze-im-internet.de/bgb/__559.html

https://weserreport.de/2016/08/bremen-bremen/panorama/bre-men-gibt-sein-herrenhaus-niedersachsen/

https://www.gesetze-im-internet.de/estg/__7h.html

https://www.kfw.de/inlandsfoerderung/Privatpersonen/Bestands-immobilien/Energetische-Sanierung/KfW-Effizienzhaus-Denk-mal/

https://enev-online.com/enev_2014_volltext/24_ausnahmen.htm

https://www.airbnb.de/

https://www.airbnb.de/help/article/1857/was-ist-die-airbnbservi-cegeb%C3%BChr

https://www.ebay-kleinanzeigen.de/

https://www.wimdu.de/

https://www.9flats.com/de

https://www.gesetze-im-internet.de/ustg_1980/__19.html

http://www.gesetze-im-internet.de/ustg_1980/__12.html

https://www.gesetze-im-internet.de/gewstg/__11.html

https://www.wfg-kreis-kleve.de/images/pdf/Ferienwohnungen/Leitfaden-Ferienwohnungsbetreiber.pdf

https://www.energieheld.de/solaranlage/photovoltaik/ratgeber/dachvermietung

https://www.heimhelden.de/eigene-wohnung-als-filmlocation

https://www.locationrobot.de/

https://www.locationhero.de/de/

http://www.scoutforlocation.de/html/de

Immobilien ankaufen und mit Gewinn verkaufen

Praxiswissen zum Immobilienhandel und der Fix&Flip-Strategie. Wie Sie die richtigen Objekte finden, bewerten, sanieren und weiterverkaufen

Bernd Ebersbach

Inhaltsverzeichnis

Einleitung

Der An- und Verkauf von Immobilien erfolgt auf verschiedenen Wegen. Die in diesem Buch beschriebenen Mittel und Wege zum Immobilienhandel sind für Personen mit jedem Budget umsetzbar, das sich von 100.000 € aufwärts bewegt. Das **Budget** kann in **bar** vorliegen oder durch eine **Finanzierung** verfügbar sein; wichtig ist nur, dass es vorhanden und einsetzbar ist. Falls Sie mit dem Gedanken spielen, mit Immobilien zu handeln und das erforderliche Budget mitbringen, ist dieses Buch das richtige für Sie. Auch bei nicht vorhandenem Budget oder Interesse an der bloßen Sache ist diese Lektüre empfehlenswert. Sie werden nämlich von der **Suche nach einer geeigneten Immobilie** über eventuell erforderliche **Maßnahmen zur Sanierung, Renovierung und Modernisierung** bis hin zum **Aufbau eines eigenen Immobiliengeschäfts** mit kostbarem Knowhow versorgt.

Zu den drei wesentlichen Wegen, unter denen der Immobilienankauf sowie -verkauf erfolgt, gehören die folgenden:

- Ankauf zum geringeren Preis als dem Verkehrswert und sofortiger Verkauf
- Kauf von Immobilien in schlechten Zustand, um durch aufwertende Maßnahmen (Sanierung, Renovierung und/oder Modernisierung) den Kaufpreis zu steigern und die Immobilie gewinnbringend wenige Wochen oder Monate nach dem Kauf zu verkaufen („Fix & Flip" genannt)

♦ Langfristiger An- und Verkauf, wobei die Haltedauer bei mindestens zehn Jahren liegt, um die Spekulationssteuer beim Verkauf zu umgehen

Andere Varianten des An- und Verkaufs sind in ihrer Kernstruktur diesen drei Typen zuzuordnen oder für den Inhalt dieses Buches nebensächlich. Jede der drei in der Aufzählung geschilderten Methoden weist eigene Besonderheiten auf, die Sie in diesem Buch kennenlernen. Ein langfristiger An- und Verkauf von Immobilien mit einer Haltedauer von mindestens zehn Jahren wird nicht als eine gewerbliche Tätigkeit eingestuft, wodurch die Anmeldung eines Gewerbes entfällt. Bürokratische und steuerliche Vorteile sind die Folge. Anders ist es bei den beiden erstgenannten Methoden des An- und Verkaufs, die zeitnah erfolgen und bei regelmäßiger Durchführung eine Gewerbeanmeldung erfordern. Diese verpflichtet zur Abgabe von Steuererklärungen und der Abführung verschiedener Steuerarten. Dafür erzielen Sie durch zeitnahe An- und Verkäufe, wenn alles nach Plan läuft, schnelle Gewinne.

Wie Sie den An- und Verkauf betreiben, hängt von Ihrem **individuellen Konzept** ab, das Sie vielleicht bereits ausgefeilt haben, spätestens aber mit den Inhalten dieses Buches festlegen werden. Mit dem Konzept variiert die Suche nach geeigneten Immobilien als Investitionsobjekten. Die **Suche nach den passenden Immobilien** erhalten Sie im **ersten Kapitel** erklärt. Zum Teil ist das Kapitel eine gekürzte Wiederholung der Inhalte aus meinen Büchern „Intelligent investieren in Immobilien" und „Immobilien kaufen, vermieten und Geld verdienen" zum Teil aber setzt es wichtige neue Akzente: Abweichende Kriterien zur Immobilienauswahl zwischen Vermietung sowie An- und Verkauf werden vertieft, um die inhaltlichen Unterschiede zu meinen anderen Immobilien-Büchern zu verdeutlichen. Zum Abschluss von Kapitel 1 werden Ihnen detaillierte Informationen zur **Besichtigung von Immobilien** erklärt. Durch das vermittelte Wissen können Sie Qualitäten und Mängel der Immobilie besser erkennen, um die Investition präzise zu kalkulieren.

Das **zweite Kapitel** setzt nahtlos am Endes des ersten Kapitels an. Hier wird es interessant für all jene Investoren, die Immobilien in einem schlechten Zustand günstig kaufen und für einen gewinnbringenden Verkauf aufwerten. Sie lernen **Maßnahmen zur Sanierung, Renovierung und Modernisierung** kennen. **Pauschale Kostenangaben** und Hinweise zu den Gewerken optimieren Ihre Aussichten, die Aufwertung der Immobilie so profitabel wie möglich durchführen zu lassen. **Förderungsoptionen** eröffnen die Chancen zu lukrativen Förderungen, die entweder überhaupt nicht, lediglich teilweise oder zu geringen Zinsen zurückgezahlt werden müssen. Ratschläge zur Beantragung von Fördergeldern sind ebenfalls Bestandteil des zweiten Kapitels.

Das **dritte Kapitel** ist dem **gewerblichen Handel** mit Immobilien und der **Tätigkeit als Investor** gewidmet. Sofern Sie Immobilien kurzfristig an- und verkaufen, sind Sie gewerblich tätig. Verbunden damit ist die Pflicht zur Anmeldung eines Gewerbes. Belege müssen gesammelt werden, um Kosten im Zusammenhang mit der Immobilie steuerlich geltend machen zu dürfen. Für die Einkünfte müssen Steuererklärungen abgegeben werden, es fallen darüber hinaus Gewerbesteuern und wahlweise Mehrwertsteuern an. Auf das persönliche Einkommen müssen Einkommenssteuern, Kirchensteuern und Solidaritätszuschläge entrichtet werden. Wenn Sie in einem langfristigeren Horizont von über zehn Jahren handeln, bleibt Ihnen die Anmeldung eines Gewerbes erspart, sodass Sie **keine Steuern zahlen** müssen. Wie Ihnen dies gelingt und wie Sie die zehn Jahre mit der Immobilie in Ihrem Besitz überbrücken, verrät Ihnen das dritte Kapitel.

Das **vierte Kapitel** nennt Ihnen **Beschaffungswege für Immobilien**. Insbesondere die **Zwangsversteigerungen** als Methode, um Immobilien teilweise deutlich unter dem Verkehrswert zu erwerben, sind unter Investoren und Händlern von Immobilien beliebt. Die spezifischen Risiken von Zwangsversteigerungen werden beleuchtet, damit Sie über die Kompetenz verfügen, für sich auszumachen, ob bei Zwangsversteigerungen die Vorteile die Risiken beim Erwerb von Immobilien überwiegen. Im vierten Kapitel werden Sie zudem in das Geschäft eingewiesen, **Immobilienbewertungen** anzubieten und dadurch einerseits einen lukrativen Nebenverdienst einzufahren, andererseits Immobilien direkt vom Eigentümer provisionsfrei möglichst günstig zu erwerben. Diese und weitere Beschaffungswege für Immobilien erwarten Sie im vierten Kapitel, das vor dem Schlusswort den Abschluss des Buches bildet. Das Schlusswort selbst weist Sie auf weiterführende Informationsquellen hin, um Ihnen die Erweiterung Ihres Wissensschatzes zu erleichtern.

Um Enttäuschungen vorzubeugen, wird an dieser frühen Stelle darüber informiert, dass Sie beim professionellen und sicheren Immobilienankauf und -verkauf **immer auf Hilfe angewiesen** sein werden. Mängel, bei denen Unklarheiten über die Auswirkungen auf den gesamten Gebäudezustand bestehen, müssen von **Fachleuten (z. B. Bodenexperten, Statikern)** besichtigt werden. Andernfalls drohen versteckte Kostenfallen, die die gesamte Investition zu einem Verlustgeschäft machen. Nicht immer wird ein Experte zur Immobilienbesichtigung notwendig sein, aber stattdessen werden Sie vielleicht beim Verkauf auf einen **Makler** angewiesen sein. Wie Sie es drehen und wenden: An diesem Geschäft sind stets mehrere Parteien beteiligt. Langfristig können Sie sich Beziehungen zu Vertrauten aufbauen, womit Sie die Kosten senken und den Ertrag maximieren. Aber am Anfang des Geschäfts werden Sie beim An- und Verkauf sehr genaue Mathematik betreiben müssen, um sich zu vergewissern, dass Sie mit der jeweiligen Immobilie Gewinn machen. Stellen Sie sich also auf ein abwechslungsreiches Gesamtprogramm ein und lesen Sie die Inhalte mehrmals, um in der Praxis alles zu bedenken. An- und Verkauf von Immobilien ist keine Kunst, aber bei den ersten paar Immobilien ein großer und vor allem ungewohnter Organisationsaufwand. Danach rollt der Rubel, wenn Sie alles richtig machen. Gehen Sie den ersten richtigen Schritt – mit diesem Buch!

Immobilien richtig bewerten

Bei der Immobilienbewertung ist die **Lage** das erste Kriterium. Sie entscheidet zuerst darüber, ob ein Preis günstig oder teuer ist. Zudem gibt sie Rahmenbedingungen dafür vor, wie die Immobilie beschrieben und vermarktet wird. Die Zukunftspotenziale zur Wertsteigerung bemessen sich ebenfalls an der Lage. Weil ein Immobilienhandel nicht wie die Vermietung auf mehrere Jahrzehnte ausgelegt ist, ist eine gute Lage beim Handel wichtiger als bei einer Kapitalanlage.

Nach der Betrachtung der Lagekriterien werden die **Kennzahlen** der Immobilie zusammengetragen, um sie mit denen anderer Immobilien zu vergleichen. Die Kennzahlen an sich sind inhaltslos, aber im Vergleich mit anderen Immobilien in der Umgebung liefern sie Aufschluss darüber, ob sich die betroffene Immobilie als Investitionsobjekt lohnt: **Leerstandsquoten**, **Quadratmeterpreise** für kürzlich verkaufte Immobilien in der Nähe sowie eine **Prognose zur Entwicklung** sind die wichtigen Stichworte.

Zuletzt in diesem Kapitel werden die **Qualitätsmerkmale** der Immobilie beleuchtet. Wie die **Bausubstanz** erhalten ist und welche **Energieeffizienzklasse** die Immobilie hat, sind zwei der relevanten Kriterien. Die Qualitätsmerkmale der Immobilie sind vor allem im Zusammenhang mit Renovierung, Sanierung sowie Modernisierung für den An- und Verkauf relevant. Nur durch eine genaue Kalkulation der Kosten, die zur Herstellung des gewünschten Zustands erforderlich sind, kann ein Vergleich mit dem möglichen Verkaufspreis unternommen und die Immobilie als Investitionsobjekt einer finalen Wertung unterzogen werden.

Lage der Immobilie

Der Lageaspekt ist Ihnen aus meinen anderen Büchern möglicherweise bereits bekannt. Weil beim An- und Verkauf die Lagekriterien leicht von denen bei der Kapitalanlage in Immobilien abweichen, ist eine Wiederholung wichtiger Inhalte sinnvoll. Lagetechnisch wird in **Mikro-, Meso- und Makro-Lage** unterschieden, wobei die Grenzziehung zwischen den Lagen nicht immer einfach ist. Deutlich einfacher ist eine **Klassifizierung der Städte in A-, B-, C- und D-Städte**, anhand derer Sie eine erste Auswahl treffen, in welchen Städten Sie nach Immobilien zu suchen wünschen. Mit der **Gentrifizierung** existiert ein interessantes Phänomen, von dem Sie insbesondere als zahlungskräftiger Investor beim An- und Verkauf von Immobilien einen hohen Nutzen schöpfen können.

Mikro-Lage

Zur Mikro-Lage gehört **alles, was die Immobilie möglichst direkt umgibt**. Zunächst einmal ist es der Blick aus der Immobilie heraus auf die Umgebung und aus der Umgebung heraus auf die Immobilie.

Den höchsten Wert haben Immobilien in der Mikro-Lage, wenn sie …

♦ beim ersten Blick des Interessenten ansprechend aussehen.

♦ sich in einer sauberen und aufgeräumten Umgebung befinden.

♦ von ihrem Inneren aus eine gute Aussicht bieten.

Problem bei dieser Aufzählung: Es sind alles *subjektive Aspekte*. Was „gute Aussichten" sind, wodurch sich eine „ansprechende" Immobilie auszeichnet und wie „aufgeräumt" denn nun aufgeräumt genug ist, liegt im Auge des Betrachters. Bei näherem Blick erweist sich dies für Sie aber als Vorteil. Denn Sie können sicher sein, dass sich Interessenten für jede Art von Mikro-Lage finden, sofern die **kla-**

ren **No-Gos vermieden** werden. Zu diesen gehören **bröckelndes Mauerwerk, eine Umgebung rein mit Plattenbauten, zerklüftete Straßen.** Eine Immobilie in einwandfreiem Zustand, mit ein bisschen Grünflächen in der Umgebung und einer intakten Straße ist in der Regel bereits ausreichend. Immobilien, die dieses Kriterium nicht erfüllen, haben im Vergleich einen geringeren Wert. Wichtig sind außerdem die Immobilien in der unmittelbaren Umgebung: Eine Immobilie, die selbst schick aussieht, aber Nachbargebäude in einem desaströsen Zustand hat, wird hinsichtlich der Mikro-Lage abgewertet.

Ein Unterschied der Mikro-Lage beim Immobilienhandel im Vergleich zur Mikro-Lage bei der Vermietung ist die *größere Toleranz gegenüber einem schlechten Zustand der Immobilie.* Während bei der Vermietung und langfristigen Haltung einer Immobilie der Zustand möglichst gut sein soll, um eine Refinanzierung der Immobilie sicherzustellen, ist **beim An- und Verkauf auch bei einer maroden Immobilie eine schnelle Refinanzierung möglich.** Den hohen Investitionskosten steht der zeitnahe Versuch zum Wiederverkauf der Immobilie gegenüber. Glückt der Versuch, so hat sich die Immobilie in wenigen Monaten Kaufs-, Renovierungs- und Verkaufsprozess refinanziert. Eine marode Immobilie in einer im Hinblick auf die Mikro-Lage zufriedenstellenden Umgebung ist demnach beim An- und Verkauf ebenfalls ein geeignetes Investitionsobjekt.

Quintessenz: Zum Kauf animieren und nicht auf den ersten Blick abschrecken – dies ist die Devise bei der Mikro-Lage von Immobilien. No-Gos werden gewissermaßen durch einen gesunden Menschenverstand vermieden. Schauen Sie sich gern die Gegenden an und lassen Sie sich durch die bewohnten Immobilien inspirieren. Recherchieren Sie nach Immobilien, die zuletzt verkauft oder vermietet wurden. Denn hier finden Sie für gewöhnlich einen Eindruck davon, was eine gute Mikro-Lage definiert. Scheitert die Mikro-Lage nur an der Qualität der Immobilie, dann ist es kein Todesurteil für ein Investment. Sanierungen, Renovierungen und Modernisierungen lösen dieses Problem.

Meso-Lage

Meso **verbindet Mikro und Makro**; einerseits im wörtlichen Sinne durch die öffentlichen Verkehrsmittel, andererseits durch Angebote, die eine Alternative zur Makro-Lage darstellen. Man nehme als Beispiel eine Wohnung, die 20 Kilometer vom Stadtkern gelegen ist: Unmittelbar in der Umgebung der Wohnung befindet sich die bereits erklärte Mikro-Lage. Der Stadtkern ist der Makro-Lage zuzuordnen. Dazwischen liegen die 20 Kilometer Meso-Lage, die der Mieter oder Eigentümer der Immobilie zurücklegen muss, um in den Stadtkern zu gelangen. Diese Distanz ist grundsätzlich unattraktiv, sofern eine schlechte Anbindung der Immobilie an den Stadtkern besteht und auf dieser Strecke keine Angebote sind, die die Fahrt in den Stadtkern ersparen. Unter diesen ungünstigen Bedingungen wird die Immobilie als abgelegen bezeichnet. Besteht wiederum eine **gute Verkehrsanbindung** – vor allem auch durch öffentliche Verkehrsmittel – und existieren in der Meso-Lage **Supermärkte, Freizeiteinrichtungen und andere attraktive Angebote**, so ist die Immobilie gut angebunden, was deren Wert steigert.

Den höchsten Wert haben Immobilien in der Meso-Lage, wenn sie…

- ♦ gut an den Stadtkern angebunden sind, wobei öffentliche Verkehrsmittel mit möglichst wenigen Umstiegen den Interessentenkreis erweitern.

- ♦ die Angebote an Supermärkten, Schulen, Freizeitangeboten u. Ä. eine adäquate Alternative zum Stadtkern darstellen.

- ♦ möglichst viel Abwechslung im Zeitvertreib und in den Anlaufstellen zur Erledigung bürokratischer Aspekte (z. B. Finanzamt, Krankenversicherung, Rentenversicherung) geboten ist.

Immobilien, die wenige Kilometer nah am Stadtkern gelegen sind, haben fürs Erste keine Meso-Lage, weil der Stadtkern diese Rolle als Meso- und Makro-Lage zugleich einnimmt. Ferner sind Immobilien direkt in der Stadt ohne Makro-Lage. Beides sind positive Aspekte. Denn je näher die Immobilie am Stadtkern ist, umso zentraler liegt sie und umso höher ist ihr Wert. Namhafte Arbeitgeber, Flughäfen, zentrale Zug- und Busbahnhöfe, Attraktionen wie die Altstadt und Shoppingmeilen sind für gewöhnlich immer im Stadtkern oder nah dran.

Knifflig ist die Bewertung der Lage bei Immobilien, die zwar im Stadtkern liegen, aber wenig attraktiv sind. Oftmals fehlen Flughäfen, die Zug- und Busverbindungen sind rar und die Verfügbarkeit gut bezahlter Arbeitsplätze bei namhaften Arbeitgebern fällt ebenso gering aus. Hier werden Meso- und Makro-Lage nicht innerhalb der Stadt, sondern über die Stadt hinaus definiert. Die Immobilie und deren Umgebung bilden die Mikro-Lage, bis zum Stadtkern und zur nächsten attraktiven Stadt verläuft die Meso-Lage und die nächste attraktive Stadt ist die Makro-Lage.

Quintessenz: Mit der Meso-Lage treten also bereits erste Komplikationen in der Bewertung der Lage auf, wenn es um Immobilien in weniger attraktiven Städten geht. Zu diesen Städten erfahren Sie im Unterkapitel 1.1.4 im Zuge der Klassifizierungen Näheres. Fürs Erste dürfen Sie sich merken, dass die Mikro-Lage immer vorhanden und die nahe Umgebung der Immobilie ist. Ist die Immobilie innerhalb eines attraktiven Stadtkerns, dann entfällt die Meso-Lage, weil die Immobilie zentral und perfekt gelegen ist. So ist sie im Hinblick auf die Meso-Lage am meisten wert. Liegt die Immobilie jedoch nicht zentral, dann wird alles zur Meso-Lage gezählt und bewertet, was zum nächsten attraktiven Stadtkern mit Flughäfen, namhaften Arbeitgebern, Attraktionen, Universitäten und ähnlichen Angeboten führt. Im Vergleich zur Bewertung der Meso-Lage bei der Vermietung weist die *Bewertung der Meso-Lage beim An- und Verkauf nur dann einen Unterschied auf, wenn Großinvestoren am Werk sind*. Dann besteht durch den Zusammenschluss mehrerer Investoren oder die Zahlkraft eines multimillionenschweren Investors die Aussicht darauf, die Meso-Lage durch hohe Investitionen in einem großen Kilometerradius aufzuwerten.

Beispiel

Was man mit ein bisschen Kleingeld in der Hinterhand erreichen kann, bewiesen der Investor Sven-Erik Hitzer und sein Sohn Moritz Hitzer an der tschechischen Grenze im Bio-Dorf Schmilka. Das sächsische Dorf war bis ins neue Jahrtausend grau und von den Hochwassern Anfang der 2000er gezeichnet. Die Immobilien waren teils in einem maroden Zustand, die Abgeschiedenheit des kleinen Dorfes bot nicht viele Perspektiven. Der Investor aber sah das Besondere in der Gegend, in der er regelmäßig Wandern ging, um sich von dem Stress des beruflichen Alltags zu erholen. Er kaufte das heutige Hotel Helvetia als ein seit Jahrzehnten leerstehendes und baulich mangelhaftes Gebäude bei einer Zwangsversteigerung und erneuerte es rundum. Ähnlich tat er es mit einer Vielzahl weiterer Immobilien. Aber was das bis heute vermarktete Alleinstellungsmerkmal des Dorfes wurde, war seine Vision: die Schaffung eines Bioenergiedorfs. So kam es auch. Bio-Bier in der Bio-Brauerei – made by Investor Hitzer. Bio-Backwaren aus der Bio-Mühlenbäckerei – made by Investor Hitzer. Erstes zertifiziertes Bio-Hotel Sachsens, das Hotel Helvetia – made by Investor Hitzer. Negative Erfahrungen mit Ämtern hatte er laut eigener Aussage nicht. Dies ist kein Wunder. Denn Investoren, die graue Dörfer ausbauen und zu Touristenattraktionen mit Live-Musik und regem Personenverkehr machen, beleben die Wirtschaft. Also „rollte ihm der Staat den roten Teppich aus", das heißt, er erhielt Förderungen aufgrund der Bioenergie und anderer nachhaltiger Konzepte.

Makro-Lage

Die Makro-Lage meint in der Regel die **größere Umgebung der Immobilie**. Bei einer Immobilie, die bis zu 20 oder 30 Kilometer vom Stadtkern entfernt ist, wird der Stadtkern als Makro-Lage bewertet. Bei Immobilien, die direkt im Stadtkern liegen, können weitere, nah gelegene Städte in die Makro-Lage einbezogen werden. Um die **verschiedenen Auslegungen der Makro-Lage** nachzuvollziehen, empfehlen sich **zwei Beispiele**:

I. Rhein-Ruhr-Metropolregion: Eine Immobilie in Dortmunds Zentrum ist ausgezeichnet gelegen. Durch die direk-

te Verfügbarkeit von Bahnen, Bussen und weiteren Verkehrsmitteln sowie die in geringer Entfernung (bis 50 Kilometer)
gelegenen weiteren Großstädte Gelsenkirchen, Essen und
Düsseldorf umfasst die Makro-Lage sogar mehrere popu-
läre Städte.

II. Hannover-Garbsen: Dieser Stadtteil Hannovers ist mehr als
zehn Kilometer vom Zentrum gelegen. Um andere große
Städte zu erreichen, sind mehr als 50 Kilometer zurückzulegen. Hier kann die Makro-Lage weder argumentativ noch
unter sonst irgendeinem Gesichtspunkt auf andere Städte
ausgedehnt werden. Die Makro-Lage ist Hannover-Zentrum, die Meso-Lage all das, was Hannover-Garbsen und
Hannover-Zentrum miteinander verbindet.

Zurzeit ist die Stadt Königstein im Taunus bei Investoren und Kapitalanlegern beliebt. Die Finanzzentrale Frankfurt am Main mit
einer hohen Zahl an attraktiven Arbeitgebern und explodierenden
Mieten liegt nah an Königstein im Taunus. Weil eine zunehmende Anzahl an Personen aus dem teureren Frankfurt ins günstigere
Königstein im Taunus zieht, steigen in Königstein die Immobilienpreise und Mieten.

Quintessenz: Die Makro-Lage bemisst sich hauptsächlich daran,
wo attraktive Angebote für Arbeit, Freizeitvertreib, Bildung, Natur
und Verkehrsmöglichkeiten gegeben sind. Sie wird in vielen Fällen
auf den Stadtkern reduziert. Bei mehreren weiteren Großstädten in
einem Umkreis von 50 Kilometern von der Immobilie aus muss die
Makro-Lage allerdings weiter gedacht werden. Solche Immobilien,
die von mehreren Großstädten umgeben sind und selbst möglichst
zentral liegen, wie sie z. B. die Rhein-Ruhr-Metropolregion bietet,
sind lagetechnisch am wertvollsten.

1.1.4 Klassifizierung von Städten

Mit der Klassifizierung von Städten in Deutschland führen Sie die
erste Eingrenzung bei der Immobilienauswahl durch. Es wird in
A-, B-, C- und D-Städte unterteilt, wobei die D-Städte die risiko-

reichsten und unattraktivsten Städte sind. Sie empfehlen sich nicht für die Investition in Immobilien.

Die **A-Städte** sind schnell erklärt. Es handelt sich um die **„Big Seven", nämlich Berlin, Hamburg, München, Stuttgart, Frankfurt am Main, Düsseldorf und Köln.** Diese Städte erreichen bei Klassifizierungen ein hohes Ranking, weil sie die wichtigsten deutschen Zentren mit teilweise internationaler Bedeutung sind, die Regierung beheimaten, hohe Umsätze erzielen und viele attraktive Arbeitgeber haben. Grundsätzlich gelten Investitionen in diesen Städten als äußerst sicher. Damit einher gehen allerdings geringere Gewinn- und Renditechancen, weil das **Preisniveau bereits ein hohes Level** hat. Zum An- und Verkauf eignen sich, wenn überhaupt, nur Immobilien in einem schlechten Zustand. Sie werden günstiger gekauft, renoviert und dann zu den üblich hohen Marktpreisen verkauft. Selbst bei den „Big Seven" muss aber auf die Lagekriterien, die in 1.1.1 bis 1.1.3 erläutert wurden, geachtet werden.

Zu den **B-Städten** zählen Großstädte, die international zwar größtenteils oder komplett unbedeutend sind, aber dafür eine **nationale Bedeutung** haben. Die Mieten und Kaufpreise für Immobilien befinden sich auf einem geringeren Niveau als in den A-Städten, die Renditen können dafür bedeutend höher ausfallen. Nachteil ist das minimal erhöhte Risiko. Es existieren in B-Städten mehr Stadtteile, die lagetechnisch unattraktiv sind, als in A-Städten. Hier muss **verstärkt auf die Lage geachtet** werden. Beispiele für B-Städte sind Bochum, Bremen, Dortmund, Dresden, Hannover, Leipzig, Nürnberg und Wiesbaden.

C-Städte haben eine eingeschränkte nationale Bedeutung. Sie sind **regional relevant**. Renditechancen liegen in C-Städten nochmals höher als in B- und A-Städten, Risiken damit einhergehend ebenfalls. Immobilien in C-Städten sind vor allem **dann ein attraktives Investment, falls sie in Metropolregionen und somit in der Nähe von A- und/oder B-Städten liegen.** Wenn die jeweilige C-Stadt zusätzlich ein Alleinstellungsmerkmal hat, wie z. B. eine renommierte Universität, sind die Konditionen zumindest in den zentralen Lagen gut. Beispiele für Städte in C-Lagen sind Augsburg, Braunschweig, Freiburg im Breisgau, Mainz, Mönchengladbach, Potsdam, Rostock und Saarbrücken.

Hinweis!

Ursprünglich wurde das Schema zur Klassifizierung der Städte für Gewerbeimmobilien entwickelt. Es wurde auf den Sektor mit Wohnimmobilien übertragen, aber bei Wohnimmobilien häufig in seiner Ausführung kritisiert. Beachten Sie, dass zur Bewertung der Städte nicht nur die starre Momentaufnahme gehört, sondern ebenso anstehende Zukunftsprojekte, die Entwicklungen der letzten Jahre für Prognosen sowie die Analyse der Bevölkerungsstruktur.

Quintessenz: Suchen Sie in erster Linie nach Investitionsobjekten zum An- und Verkauf in B- und C-Städten. Damit grenzen Sie sich auf profitable Gebiete ein. Je schlechter die Klassifizierung der Lage wird (von A nach D abwärts), umso wichtiger ist eine hochpräzise Auswertung der Mikro-, Meso- und Makro-Lage. Bei einer genauen Lage-Bewertung ist es sogar möglich, in der C-Stadt Freiburg im Breisgau genauso risikoarm wie in der A-Stadt München zu investieren und sich gleichzeitig hohe Rendite-Chancen zu sichern.

Gentrifizierung

Die anschaulichste und beeindruckendste Erklärung dafür, was Gentrifizierung ist, bietet Ihnen die Geschichte von Sven-Erik Hitzer und seinem Sohn Moritz. Bei einer Gentrifizierung werden ganze **Stadtteile, Straßen** oder – so zumindest im Falle der beiden Investoren in Schmilka – **ganze Dörfer aufgewertet**. Häufig ist die Gentrifizierung zum Leidwesen der Einwohner, weil damit steigende Mieten, Kaufpreise für Immobilien sowie eine Veränderung der vertrauten Umgebung einhergehen.

Rein **wirtschaftlich und ästhetisch betrachtet ist die Gentrifizierung ein Zugewinn**. Die Bedeutung des Begriffs führt in die Zeit des Adels in England zurück, als beobachtet wurde, dass der Adel aufgrund steigender Kosten in weniger ansprechende Gegenden umzog. Diese Gegenden wurden durch die Anwesenheit des Adels

aufgewertet, sodass sich das Wort „Gentrification" von „gentry"
(edel) ergab.

Eine Gentrifizierung bietet den **Pionieren** – also den Antreibern
unter den Investoren und Kapitalanlegern – die **größten Gewinnaussichten**. Denn in den ersten Phasen der Gentrifizierung sind
die Gegenden noch nicht weit ausgebaut, teilweise unattraktiv und
noch viele Immobilien zu geringen Preisen zu haben. Wer zu diesem
Zeitpunkt kauft, hat die Aussicht, nach mehreren Jahren des Neubaus von Geschäften, Freizeiteinrichtungen, der Sanierung von Immobilien und weiteren aufwertenden Maßnahmen seine Immobilie
mit einem beträchtlichen Gewinn zu verkaufen. Denn die Gegend
ist eine andere – was früher eine schlechte Mikro-, Meso- und eventuell Makro-Lage war, hat sich im Zuge der Gentrifizierung grundlegend gewandelt.

Die Durchführung einer Gentrifizierung wird durch äußerst finanz-
starke Investoren – es müssen für eine zügige Durchführung mit
merkbaren Effekten unterhalb eines Jahrzehnts Multimillionäre
sein – angeleitet. Entweder beginnt der Investor allein oder es star-
tet eine Gruppe an Investoren, die gemeinsam das Projekt in die
Wege leitet. Der finanzielle und zeitliche Aufwand übersteigt den
Gesamtaufwand beim An- und Verkauf von Immobilien, eröffnet
allerdings große Gewinnchancen.

Tipp!

Sollten Sie ein kleineres Budget von bis zu einer Million Euro haben,
dann können Sie eine Gentrifizierung zwar nicht in die Wege leiten,
aber Sie können sich durch Lesen der Nachrichten permanent auf
dem Laufenden halten, was aktuelle Projekte in Deutschland anbelangt. Da eine Gentrifizierung nicht von heute auf morgen kommt,
können Sie mitten in den Stadtteilen, in denen die Gentrifizierung
voranschreitet, in eine oder mehrere Immobilien investieren. Dadurch
partizipieren Sie am Profit aus der Gentrifizierung bei einem geringeren Aufwand als die Großinvestoren und Pioniere.

Kennzahlen der Immobilie

Zu den Kennzahlen einer Immobilie gehören zunächst die grundlegenden und bekannten Informationen, die sich auch bei **Inseraten** zum Verkauf der Immobilie finden:

- Größe der Wohnfläche und – bei Vorhandensein – des Grundstücks in Quadratmetern
- Zimmeranzahl
- Baujahr
- Energieeffizienzklasse
- Preis und Quadratmeterpreis

Bei den Zimmern gilt, dass **große Räume bevorzugt** sind. Eine Wohnung mit 50 Quadratmetern kann als klein eingestuft werden. Bei einer Aufteilung in zwei Zimmer anstelle von dreien liegen immerhin Vorteile vor, weil der Mieter oder Eigentümer die **Wohnung besser ausstatten** kann und innerhalb der Zimmer **mehr Bewegungsfreiraum** hat. Eine hohe Anzahl an Zimmern ist insbesondere bei geringen Wohnflächen als kritisch anzusehen. Die Aufteilung der Quadratmeterzahl auf die einzelnen Zimmer entnehmen Sie dem **Grundriss**, der im Idealfall Teil des Inserats ist oder Ihnen sofort bei der Besichtigung der Immobilie vom Makler oder Verkäufer ausgehändigt wird.

Das **Baujahr** wird alternativ als **Baualtersklasse** bezeichnet. Unterschieden wird grob in Alt-, Bestands- und Neubauten, aber für zuverlässige Rückschlüsse zur Qualität der Immobilie ist das genaue Baujahr auszukundschaften. Zu den Eigenschaften der Immobilien in den einzelnen Jahrzehnten erfahren Sie mehr Details in meinem Buch „Immobilien kaufen, vermieten und Geld verdienen". Verwiesen werden soll daher an dieser Stelle nur darauf, dass **bei Immobilien aus der Nachkriegszeit bis zum Jahre 1993** – dem Jahr des Verbots der Asbest-Nutzung – **genaue Informationen zum verwendeten Baumaterial einzuholen** sind. Denn in der Vergangenheit kamen häufig gesundheitsschädliche Materialien zum Einsatz.

Unter Laien wird der **Energieeffizienzklasse** meist nicht die Aufmerksamkeit geschenkt, die sie verdient. Insbesondere beim Ankauf älterer Bauten können erheblich schlechtere Werte als bei neueren Immobilien gegeben sein. Da die Energieeffizienzklasse angibt, wie hoch der jährliche Heizwärmebedarf einer Immobilie ist, stellt sie ein wichtiges Kriterium zur Einschätzung der Folgekosten dar. Weil ein **energieeffizientes Haus** geringere Heiz- und Energiekosten aufweist, wird es einen **höheren Preis beim Verkauf** erzielen.

Energieeffizienzklasse	Endenergiebedarf / Endenergieverbrauch in kWh/(m²a)	Ungefähre jährliche Energiekosten pro m² Wohnfläche in Euro
A+	< 30	< 2
A	30 bis < 50	2
B	50 bis < 75	3
C	75 bis < 100	4
D	100 bis < 130	6
E	130 bis < 160	7
F	160 bis < 200	9
G	200 bis < 250	11
H	> 250	13 und mehr

Quelle: effizienzhaus-online.de

Der komplette Preis der Immobilie – wichtig: Kalkulieren Sie die Nebenkosten (Notargebühren, Grunderwerbssteuer, evtl. Maklergebühren) dazu! – ist für Sie zur Planung der Gesamtkosten relevant, ansonsten weniger interessant. Stattdessen sollte der **Quadratmeterpreis** hinzugezogen werden, weil er eine **bessere Vergleichsbasis mit anderen Immobilien** schafft und zur Beurteilung dessen, ob sich die Investition lohnt, unverzichtbar ist. Mit diesem Vergleich sind wir beim nächsten Unterkapitel und der Information zu weiteren Kennzahlen angelangt …

Vergleich mit anderen Immobilien

Der Vergleich einer Immobilie, an der Sie interessiert sind, mit anderen Immobilien erfolgt immer in Bezug auf den Stadtteil bzw. die Region. Eine Immobilie aus München-Schwabing (relativ zentral gelegen) kann nicht mit einer Immobilie aus München-Solln (ganz im Süden) verglichen werden. Die **Quadratmeterpreise** variieren und ebenso die Nachfrage nach Immobilien. Diese beiden Aspekte – die Quadratmeterpreise in Bezug auf den Stadtteil sowie die **Nachfrage nach Immobilien**, die durch die **Leerstandsquoten** nachvollzogen wird – sind zum Vergleichen von Immobilien die mitunter wichtigsten.

Leerstandsquoten

Es ist auf der Suche nach geeigneten Investitionsobjekten sinnvoll, zuerst mit dem Vergleich der Leerstandsquoten in verschiedenen Stadtteilen zu beginnen. Wo hohe Leerstandsquoten herrschen, steht eine hohe Anzahl an Immobilien ungenutzt leer und kann nicht vermietet werden. Was nicht vermietet werden kann, kommt für den An- und Verkauf nicht in Frage. Bei **geringen Leerstandsquoten** lohnen sich Investitionen hingegen. Sie deuten auf eine **hohe Nachfrage nach Immobilien** hin.

In der Theorie wird die Leerstandsquote ermittelt, indem Sie die Menge der leerstehenden Wohnungen in einem Stadtteil, einer Straße oder einer Stadt nehmen und diese Zahl durch die insgesamt verfügbaren Wohnungen teilen. Dies ist auch bei einzelnen Immobilien möglich. Man nehme an, eine Wohnung hätte zehn Wohneinheiten, von denen zwei leer stünden: In diesem Fall beträgt die Leerstandsquote 20 Prozent, was durchaus als hoch einzustufen ist. Es entfällt dadurch ein Fünftel der Mieteinnahmen für Vermieter. Verkäufer müssen geringere Quadratmeterpreise der Immobilie akzeptieren. Hohe Leerstandsquoten existieren meist in maroden Gegenden, in C- und D-Städten sowie manchmal in unattraktiven Lagen in B-Städten.

Hinweis!

Es muss zwischen verschiedenen Arten des Leerstands unterschieden werden. Für die Quote unbedeutend ist der Leerstand wegen Umbaumaßnahmen. Außerdem ist mit dem spekulativen Leerstand eine besondere Art vorhanden, die sogar in allerbesten Lagen in A-Städten zu beobachten ist. Großinvestoren oder wohlhabende Personen kaufen Immobilien in Top-Lagen und lassen sie einige Jahre leer stehen, weil sie auf einen hohen Wertanstieg spekulieren. Sobald der Wertanstieg erfolgt ist, werden die Immobilien gewinnbringend verkauft. Der spekulative Leerstand ist für die Leerstandsquote ebenfalls irrelevant. Es geht rein um Immobilien, die aufgrund einer geringen Nachfrage leer stehen.

Die in der Theorie gegebene **rechnerische Vorgehensweise zur Ermittlung der Leerstandsquote** lässt sich **auf die Praxis in den seltensten Fällen übertragen**. Bei einzelnen Wohnblöcken ist die Ermittlung der Leerstandsquote zwar möglich, aber bei ganzen Stadtteilen wird es schwieriger. Sie müssten vor Ort selbst die Immobilien und die Hintergründe des Leerstands untersuchen. In seltenen Fällen existieren offizielle Reports für Stadtteile. Sie können also gern im Internet mit dem Keyword „Stadtname + Stadtteilname + Leerstandsquote" nach offiziellen Angaben suchen, werden meist aber nicht fündig. In der Praxis hat es sich daher etabliert, Nachrichten für einzelne Städte und Stadtteile zu durchsuchen oder sich vor Ort und über das Internet einen Eindruck von der Gegend zu verschaffen, um die **Leerstandsquote nach Gefühl zu beurteilen**. Zudem hilft es, die Preisentwicklungen zur Bestimmung der Leerstandsquote mit einzubeziehen.

Preisentwicklung der letzten Jahre

Zuallererst sei erklärt, wieso die Preisentwicklung **in Kombination mit der Leerstandsquote hilfreich** ist: Dort, wo die Preise nicht schwanken oder konstant sinken, sondern im Idealfall konstant steigen, ist von einer hohen Nachfrage nach Immobilien auszugehen. Die hohe Nachfrage führt zu geringen Leerstandsquoten.

Darüber hinaus ist die **Preisentwicklung bei langfristigen Investitionen als Kennzahl wichtig**. Eine langfristige Investition ist die Vermietung. Beim An- und Verkauf wird in der Regel nicht langfristig investiert; es sei denn, Sie halten die Immobilie bis zum Verstreichen der Spekulationsfrist mehr als zehn Jahre lang oder planen größere Projekte, die mehrere Jahre Nutzungszeit nach sich ziehen. Hier lohnt es sich ebenfalls, in Immobilien mit einer konstant steigenden Preisentwicklung zu investieren.

Der kurzfristige An- und Verkauf braucht keine steigenden Preisentwicklungen in Stadtteilen. Es muss lediglich eine geringe Leerstandsquote sichergestellt sein. Der Profit ergibt sich aus dem günstigen Ankauf und teureren Verkauf der Immobilie. Dies wird durch Verhandlungsgeschick erreicht oder durch den Kauf einer Immobilie in schlechtem Zustand mit anschließender Sanierung, Renovierung und/oder Modernisierung als wertsteigernden Maßnahmen.

Quadratmeterpreise im Stadtteil

Wichtiger als die Preisentwicklung im Stadtteil sind die Quadratmeterpreise im Stadtteil oder – noch besser und genauer – in der Straße, in der Sie eine Immobilie zu kaufen gedenken. **Immobilien mit verschieden großen Wohnflächen** sind **durch den Quadratmeterpreis gut vergleichbar**. Lassen wir den individuellen Zustand sowie die Kennzahlen der Immobilie als Kriterium außen vor, dann definiert der Quadratmeterpreis im Vergleich zu dem anderer Immobilien, **ob eine Immobilie teuer oder günstig ist**. Günstig ist demnach alles, was unter dem durchschnittlichen Quadratmeterpreis gekauft wird. Durch einen sofortigen Kauf und wenige Renovierungsmaßnahmen können Sie den Immobilienpreis oftmals schnell nach oben treiben und die Immobilie mit Gewinn wiederverkaufen. Immobilien mit einem Preis über dem durchschnittlichen Quadratmeterpreis sind zu teuer – hier spielt nicht mal der Zustand der Immobilie eine Rolle. Als Investitionsobjekt eignen sich diese Immobilien nicht.

Ziel ist also der **Kauf unter dem durchschnittlichen Quadratmeterpreis des Stadtteils**, wenn Sie an- und verkaufen. Dabei müssen

die Nebenkosten des Kaufs mit einkalkuliert werden, um zu berechnen, ob sich die Investition lohnt. Immobilien, die sich in einem
schlechten Zustand befinden, werden im Optimalfall deutlich unter
dem durchschnittlichen Quadratmeterpreis erworben, um nach den
Kosten und dem Aufwand für die Sanierung, Renovierung und/oder
Modernisierung eine möglichst hohe Gewinnspanne zu haben.

Qualitätsmerkmale der Immobilie

Die bisherigen Aspekte 1.1 bis 1.3 führen Sie ohne die Besichtigung
von Immobilien durch. Suchen Sie sich anhand der Beschaffungswege für Immobilien (siehe Kapitel 4) eine Vielzahl an Immobilien
heraus, die Ihren Ansprüchen entsprechen. Welche Immobilien Ihren
Ansprüchen entsprechen, hängt von Ihrem **Konzept zum An- und
Verkauf** ab – also, ob Sie gezielt Immobilien in schlechtem Zustand
ankaufen und aufwerten, sie über zehn Jahre halten oder ohne aufwertende Maßnahmen gewinnbringend verkaufen möchten.

Konzept	Eigenschaften	Anforderungen an Immobilie
sofortiger An- und Verkauf ohne Aufwertung	• Sie kaufen Immobilien in einem weitestgehend guten Zustand (kleinere kosmetische Maßnahmen wie ein neuer Boden sind irrelevant) • der Ankauf erfolgt unter dem Verkehrswert und üblichen Marktpreis • Sie verkaufen binnen kürzester Zeit wieder zu einem höheren Preis	Die Immobilie muss in gutem Zustand, nicht sanierungsbedürftig sowie maximal in geringen Maßen renovierungsbedürftig sein

An- und Verkauf mit Renovierung, Sanierung und/oder Modernisierung (auch „Fix & Flip" genannt)	• Immobilien in schlechtem Zustand werden deutlich unter dem Verkehrswert erworben • nach aufwertenden Maßnahmen muss der Verkaufspreis den Aufwand refinanzieren und einen Gewinn bringen	Die Immobilie kann in einem schlechten Zustand bzw. sanierungsbedürftig sein, aber nach Abzug der Kosten für Ankauf, Kaufnebenkosten und Aufwertung muss ein Gewinn möglich sein
An- und Verkauf mit zehnjähriger Haltedauer	• Immobilie muss nicht zwingend unter dem Verkehrswert erworben werden, weil durch die Vermietung während der Haltedauer und die natürliche Wertsteigerung im Laufe der Jahre ein Gewinn entsteht	Die Immobilie darf nicht in einem allzu schlechten Zustand sein, weil die Vermietung möglichst schnell erfolgen soll

Fakt ist, dass Sie die erste Auswahl an Immobilien ohne eine Besichtigung treffen. Nachdem Sie diese **Auswahl in ihren bevorzugten Städten mithilfe der Energieeffizienzklassen, Lage, Vergleiche mit anderen Immobilien sowie weiterer Kriterien** anhand von Informationen aus dem Internet oder aus Telefonaten eingegrenzt haben, ist es an der Zeit, sich einen **Eindruck von den Immobilien vor Ort zu verschaffen**.

Vor Ort geht es – insbesondere, wenn Sie sanierungsbedürftige Immobilien handeln – um die detaillierte Feststellung der Qualitätsmerkmale der Immobilie. Sie müssen durch die Besichtigung so genau wie möglich bestimmen können, wie hoch die Investitionskosten sind. **Zu hohe Investitionskosten** würden zu einem **Verlustgeschäft** führen. Bei entsprechenden Immobilien brechen Sie die Besichtigung ab oder verhandeln, damit der Verkäufer den Preis senkt. Bei im Vergleich zum potenziellen Ertrag überschaubaren Investitionskosten lohnt sich die Investition hingegen, sodass Sie die Immobilie entweder kaufen oder sie in Ihre engere Auswahl aufnehmen. Eine zu ungenaue Besichtigung vor Ort führt schlimmstenfalls dazu, dass nach dem Erwerb hohe Sanierungskosten auf Sie zukommen und Sie einen Verlust verzeichnen. Daher erörtern wir im Folgenden die **wichtigsten Kriterien im Zuge einer Besichtigung**.

Verwendete Baumaterialien

Die verwendeten Baumaterialien und deren Zustand sind die Basis, auf der die Bewertung der Qualität einer Immobilie erfolgt. Bestenfalls haben Sie als Interessent und auch später als Verkäufer eine **Baubeschreibung** vorliegen. Die Baubeschreibung führt auf, **welche Materialien für welchen Abschnitt des Hauses** verwendet wurden.

Hinweis!

Bei der Beauftragung einer Baufirma und bei der Kreditbewilligung durch Banken nimmt die Baubeschreibung die Rolle der Absicherung ein. Falls Sie als Bauherr eine Baubeschreibung erstellen, geben Sie der Baufirma klar vor, welche Materialien zu verwenden sind. So wird Missverständnissen vorgebeugt. Die Bank wiederum sichert sich durch die Baubeschreibung hinsichtlich der Nachhaltigkeit der Immobilie ab, indem sie sich von der Qualität der Baumaterialien überzeugt.

Für Sie ist bei Umbaumaßnahmen nach dem Kauf der Immobilie und bei Sanierungen eine Baubeschreibung vorteilhaft, denn dieser können Sie entnehmen, welche Wände stehen bleiben müssen, weil sie die Dachkonstruktion tragen. Die in der Baubeschreibung genannten Materialien lassen Rückschlüsse auf den Wert der Immobilie zu. Einige Baumaterialien zeugen von hohem Wert, andere von geringem Wert.

Bevor wir uns nun den Baumaterialien widmen, soll abschließend zur Baubeschreibung nicht unerwähnt bleiben, dass ihr Umfang der Erfahrung nach oftmals dürftig ist. Es bestehen nämlich **keiner-**

lei gesetzliche Regelungen für die Erstellung einer **Baubeschreibung**. Sollte die Baubeschreibung nicht vorliegen oder zu wenig Aufschluss geben, dann wird selbstständig oder unter Hilfestellung eines Sachverständigen am Gebäude überprüft, welche Baumaterialien im Groben vorliegen.

Eine **perfekte Baubeschreibung enthält Angaben zu den …**

♦ örtlichen Gegebenheiten beim Bau

♦ verwendeten Baumaterialien

♦ Herstellern der einzelnen Komponenten

♦ Marken und Modellen der verbauten Armaturen, Fenster- und Türgriffe, Schalter, Steckdosen etc.

♦ wichtigsten Maßen (z. B. Gesamtgröße, Raumhöhe, Fenstergröße(n), Estrichstärke, Wandstärke und -aufbau und Kennwerte wie den Wärmeleitfähigkeitswert der verwendeten Dämmung, den Energiestandard und die technische Gebäudeausstattung)

Quelle: realbest.de

Wichtige Stellen, die es an der Immobilie in Bezug auf die verwendeten Baustoffe und den Zustand zu überprüfen gilt, sind **Putz, Dämmung, Wände und die Dacheindeckung.** Der Putz ist das, was auf den Wänden für eine verbesserte Optik und zum Schutz angebracht wird. Ohne das Gemisch, das Putz genannt wird, könnten die Wände nicht glatt gestrichen und tapeziert werden. Die Schutzwirkung des Putzes greift vor allem gegen Witterungseinflüsse. Innen ist Putz immer vorhanden, außen hingegen nicht. Bei einer bröckelnden Wand ist zu überprüfen, ob Putz oder Wand bröckeln. Bei **bröckelndem Putz** sind die **Kosten für eine Aufwertung gering.** Sollte hingegen die Wand bröckeln, dann ist von tiefgreifenderen Schäden in der Bausubstanz auszugehen.

Die **Wände** werden in den vergangenen Jahren vermehrt aus **Porenbeton** gebaut. Eine Immobilie mit Wänden aus Porenbeton bringt **gute Eigenschaften in der Wärmedämmung** mit sich. Anderes gilt für Kalksandstein, das dafür günstiger ist. Ziegel sind der Klassiker im Hausbau. Sie werden seit Jahrtausenden eingesetzt. Befinden sich die **Ziegel** in einem **einwandfreien Zustand**, dann sind **Material und Substanz des Gebäudes gut**. Kalksandstein ist als ein schlechtes Baumaterial einzustufen.

Neben den Wänden und dem Putz ist die **Dämmung** relevant. Unter dem Blickpunkt der steigenden Energiekosten, des Rückgangs von Ressourcen und der angestrebten Energiewende ist ein Gebäude, das eine schlechte Dämmung hat, in der Modernisierung teurer. Eine **geringe Energieeffizienzklasse** liefert einen Hinweis darauf, dass die **Dämmstoffe eine unzureichende Qualität** haben. Das Problem bei einer Aufwertung der Immobilie und einer Verbesserung der Dämmung ist, dass sich die Dämmstoffe mit den sonstigen Baumaterialien gut ergänzen müssen.

Hinweis!

Eine Verbesserung der Dämmung nach Ankauf der Immobilie ist zwar eine Möglichkeit zur Wertsteigerung, aber die Praxis hat gezeigt, dass die vermeintliche Aufwertung oft nur einen begrenzten Nutzen abwirft, weil die Maßnahmen teuer sind. Folglich kann es bis zu 50 Jahre dauern, bis sich die Kosten für eine verbesserte Dämmung amortisiert haben.

Genaue Kalkulation und **Vorsicht** sind bei Immobilien geboten, die eine **Energieeffizienzklasse unterhalb von D** haben. Grund hierfür sind die unberechenbaren Kosten für eine Optimierung der Energieeffizienzklasse. Wenn Sie in entsprechende Immobilien investieren, sollte vorher von einem Experten überprüft worden sein, ob sich die Dämmung zu verträglichen Investitionskosten optimieren lässt.

Weiter mit dem Dach und dessen Eindeckung: Eine **Dacheindeckung**, die aus **Schiefer** besteht, ist **das Beste, was es gibt**. Schiefer weist sehr günstige Eigenschaften zum Schutz des Daches auf und wirkt ästhetisch. Falls das Dach Ihrem Ermessen nach gut aussieht und ersichtlich wird, dass der Schiefer professionell verlegt wurde, ist schon mal ein klares Kaufargument für die Immobilie gegeben; vor allem dann, wenn Sie die Immobilie unter dem Verkehrswert erhalten und sie auch sonst in einem einwandfreien Zustand ist. Alternativen zu Schiefer sind Dachziegel und Dachsteine. Dachziegel sind aus gebranntem Ton und somit leichter, Dachsteine hingegen schwerer. Falls Sie **Altbauten sanieren**, sind **Dachziegel die günstigste und beste Option**. Aufgrund des geringen Eigengewichts lassen sie sich am sichersten mit den Altbau-Dächern vereinbaren, die oftmals nur darauf ausgelegt sind, ein begrenztes Gewicht zu tragen. Die restlichen Dachmaterialien sind die Lattung, die meist durch Holz und/oder Metalle erfolgt, sowie die Dämmmaterialien. Unter den Dämmmaterialien sticht die Mineralwolle besonders hervor. Mineralwolle speichert Wärme im Winter und hält Hitze im Sommer fern.

Für alle Baumaterialien gilt, dass mit der Moderne die Qualität zunimmt. Moderne Baumaterialien sind u. a. die folgenden:

♦ Titanzink

♦ Kupfer

♦ Glas

♦ Stahl

♦ Aluminium

Neben den hochwertigen und weniger hochwertigen Baumaterialien existiert in **Bestandsimmobilien aus den Nachkriegsjahrzehnten** eine weitere Materialkategorie: die **verbotenen und gesundheitsschädlichen Baumaterialien**. Hierzu gehört Asbest.

Sollten Sie Asbest feststellen – am häufigsten in Dächern von Gebäuden aus den 60er bis 80ern oder allgemein im Boden unter PVC als schwarzer Kleber vorhanden –, so kann eine Entsorgung notwendig werden. Eine Entsorgung ist nicht erforderlich, wenn es sich um Asbestplatten zur Wärmedämmung am Dach handelt, die in einwandfreiem Zustand sind. Hier ist das Asbest gebunden. Bei der ersten Beschädigung allerdings wird eine Erneuerung der Dämmung samt Entsorgung des Asbests notwendig. Dann sind die Kosten hoch: Zwischen 5.000 und 10.000 € für die Sanierung eines Asbest-Daches bei einem durchschnittlichen Einfamilienhaus und

Entsorgungskosten in Höhe von knapp 300 Euro pro Tonne kommen auf Sie zu. Überall dort, wo Asbest vorkommt und nicht gebunden ist, wie z. B. im Fliesenkleber, ist eine sofortige Sanierung notwendig. Die Kosten richten sich nach der Arbeit und dem dafür zuständigen Gewerk. Ähnlich verhält es sich mit anderen gesundheitsschädlichen Baumaterialien, wozu mitunter Formaldehyd gehört. **Begehen Sie Immobilien aus der Nachkriegszeit bis zu den 90ern daher im Idealfall mit einem Experten.** Dessen Kosten sollten im Verhältnis zu dem Ertrag stehen, den Sie durch den An- und Verkauf der Immobilie zu erzielen gedenken.

Unabhängig von den verwendeten Baumaterialien kann es immer zu Schäden oder Mängeln kommen. Bei der Erstbesichtigung sind Sie selbst imstande, die bekanntesten und offensichtlichsten Mängel zu entdecken bzw. auszuschließen. Hierbei hilft Ihnen folgende Checkliste:

Mangel	Falls vorhanden, dann folgende Konsequenzen berücksichtigen:
Feuchtigkeit	• auf Schimmel prüfen • Lüftung und Dämmung prüfen • auf Löcher in Wänden, Böden etc. prüfen • evtl. Rohrbrüche prüfen
aufsteigende Feuchtigkeit	• tritt verstärkt bei Häusern aus der Gründerzeit auf, weil das Fundament nicht betoniert, sondern mit Ziegeln ausgelegt wurde, sodass Feuchtigkeit durchdringen kann, die das gesamte Mauerwerk gefährdet • kann gerochen und ertastet werden, außerdem erkennbar an den Wänden wenige Meter über dem Boden, wo sich Streifen bilden und der Putz abfällt

Risse	• Mauerwerk näher prüfen • kleine Risse gelten als unbedenklich, größere Risse ziehen potenzielle Gefahren für die Bausubstanz nach sich
Löcher / Lücken	• bereits bei kleinen Löchern ist die Substanz kritisch zu überprüfen • kleinere und größere Löcher können allerdings auch auf frühere Lücken zu Leitungen zurückzuführen sein • Lücken tauchen in Holzkonstruktionen hin und wieder auf, wobei Termiten oder Schwämme, die sich durch das Holz fressen, ein Risiko sind -> akuter Ernstfall!
Undichte Stellen	• treten häufig bei Fenstern, Türen und anderen Elementen auf, die zwischen dem Mauerwerk liegen, was sich negativ auf den Energieverbrauch auswirkt • müssen beseitigt werden
Setzungsrisse	• gehen von außen nach innen und/oder verlaufen treppenförmig am unteren Rand des Gebäudes und sind ein Zeichen dafür, dass das Fundament einsinkt • ungeeignete Baugründe und defekte Leitungen aufgrund der entstehenden Feuchtigkeit sind mögliche Ursachen der Fundamentsetzung, die den Bestand der gesamten Immobilie gefährden kann • sofortige Untersuchung durch eine Fachperson

Neben den Mängeln in Bezug auf Funktionalität und Zustand sind die ästhetischen Mängel ausschlaggebend. Wurde die Immobilie wenig professionell errichtet, saniert oder anderweitig verändert, so fällt dies optisch ins Gewicht. Schief und uneben verlegte Fliesen

sind ein Faktor, der den Kaufpreis mindert. Gleiches gilt für Keller-
räume ohne Putz. Zwar ist ein Keller in erster Linie funktionell,
doch bietet ein optisch ansprechender Keller wesentlich mehr Möglichkeiten beim An- und Verkauf. Es kann z. B. eine Sauna mit Ru-
heraum eingebaut werden, die den Kaufpreis steigert.

Ferner ist **nach besonderen Qualitäten Ausschau zu halten.** Eine
Vielzahl an intakten Stromanschlüssen z. B. bedeutet Flexibilität für
den künftigen Bewohner der Immobilie und somit eine Steigerung
des Kaufpreises. Auch Sie profitieren während der Sanierungs-,
Renovierungs- und/oder Modernisierungsmaßnahmen von vielen
Stromanschlüssen, weil der Betrieb von mehreren Geräten zur gleichen Zeit möglich ist.

Aktualität der austauschbaren Systeme

Die relevantesten austauschbaren Systeme sind **Stromnetz, Sanitärinstallationen und Heizungssystem.** Probleme mit dem Stromnetz treten dann auf, wenn es den aktuellen Anforderungen nicht
entspricht, was im Grunde genommen bei sämtlichen Immobilien
aus dem letzten Jahrtausend der Fall ist. Zudem sammeln sich bei
Immobilien im Laufe der Zeit durch die Besitzer laienhaft montier-
te Stromleitungen an. Diese können an den bedenklichsten Stellen
verlaufen, wie z. B. unter der Dusche.

Vor dem Immobilienkauf sollte die **Anzahl der verfügbaren Steckdosen** geprüft werden, ein Nachweis der Leistungsfähigkeit ist ebenfalls vorteilhaft. Wenige Stromleitungen und eine geringe Menge an
Sicherungsschrauben im Sicherungskasten (z. B. drei Schrauben)
sind eindeutige Signale dafür, dass Umbauten unvermeidbar sind.
Im Zweifelsfall ist es notwendig, einen **professionellen E-Check
durchführen** zu lassen, der bereits für zwischen 120 und 250 Euro
zu haben ist. Liegen Mängel in der Elektroinstallation vor, dann
müssen diese fachgerecht behoben werden. Dafür ist das Aufstem-
men der Wände zum Austausch der elektrischen Leitungen von-
nöten.

> **Tipp!**
>
> Bedenken Sie, dass je mehr an einer einzigen Immobilie gemacht werden muss, die einzelnen Maßnahmen umso günstiger ausfallen. Falls zusätzlich zum Austausch der Stromleitungen die Wand ohnehin verputzt und neu tapeziert werden muss, weil sie ein gewisses Alter aufweist, fällt die Neuverlegung der Stromleitungen nicht mehr so stark ins Gewicht. Müssen obendrein noch die Rohre ausgetauscht werden, so senken sich die Kosten für jede einzelne Maßnahme nochmals. Seien Sie also bei der Kalkulation und der Planung von Sanierung, Renovierung sowie Modernisierung aufmerksam und kreativ. Denn wenn die Behebung verschiedener Schäden Parallelen in den Arbeitsschritten aufweist, dann sind die Gesamtkosten geringer als bei der Betrachtung einzelner Maßnahmen. Ausführliche Anleitungen in Bezug auf die Reihenfolge der Gewerke bietet Ihnen das zweite Kapitel.

Neben den Elektroinstallationen sind in Altbauten auch **Sanitärinstallationen** häufig ein Problem, da sie abgenutzt und korrodiert sein können. **Kalk- und Ablaufspuren an den Rohren sowie Ventilen** sind ein Hinweis darauf, dass die Sanitärinstallationen eines Austauschs bedürfen. Ob Sie diese Anzeichen feststellen oder auch nicht – am besten gehen Sie vor, wenn Sie sich **Baujahr und Herstellernamen der Bauteile aufschreiben und sich von unabhängigen Fachleuten beraten lassen**. Diese geben Ihnen Auskunft, wie es um den Zustand der Sanitärinstallationen bestellt sein könnte. Die Kosten für Kanalsanierungen können bei 1.000 € pro Stockwerk und darüber liegen.

Aktualität ist beim **Heizungssystem** aus rechtlichen Gründen noch wichtiger als bei den anderen soeben vorgestellten Systemen. Im Zuge der Energiewende müssen laut Gesetz Vorschriften bei den Heizungssystemen eingehalten werden. Die **Energieeinsparverordnung (EnEV) gibt für Heizkessel, die bis vor 1985 eingebaut wurden, eine Pflicht zum Austausch vor.** Heizkessel mit Baujahr ab 1985 aufwärts dürfen nur bis zu 30 Jahre in Betrieb sein. Von den Regelungen ausgenommen sind Brennwert- und Niedertemperaturheizkessel. Falls der bisherige Besitzer den verpflichtenden Tausch nicht durchgeführt hat, so bleiben Sie auf der Pflicht sitzen. Dies kostet Geld, denn unter 10.000 € läuft ein Austausch des Heizungssystems in der Regel nicht ab. Oberstes Gebot zur Vermeidung unerwarteter Zusatzkosten ist der **Einblick in Prüfberichte von Kontrolleuren.** Hier lässt sich Näheres zum Baujahr des Heizkessels erfahren. Darüber hinausgehend ist der **Austausch des Heizungssystems ohnehin bei den meisten Immobilien empfehlenswert, weil er deren Wert und Energieeffizienzklasse verbessert**, gleichzeitig aber den gesetzlichen Rahmenbedingungen entspricht und staatlich gefördert wird.

Ästhetische Aspekte bei der Begehung

Die bisherigen zwei Unterkapitel wiesen in detailliertere Aspekte der Besichtigung ein. Diese sind die wichtigsten. Beginner in der Branche lassen sich bei einer Immobilienbesichtigung des Öfteren zu schnell von den offensichtlichen ästhetischen Aspekten ablenken: frisch gestrichene Wände, glatter und neuer Boden sowie weitere Dinge, die direkt ins Auge fallen … Dass sich unter einer frisch gestrichenen Wand Schimmel verbergen kann, wird im Eifer des Gefechts nicht bedacht. Zu überzeugend fällt der optische Anblick aus, um Schimmel überhaupt in Erwägung zu ziehen. Gleiches gilt für bröckelnden Putz, der überstrichen worden ist …

Ehe wir uns mit ästhetischen Aspekten und deren Gewichtung während der Immobilienbesichtigung auseinandersetzen, sei zunächst betont: **Sie führen die Besichtigung mit all Ihren Sinnen durch.** Lassen Sie sich nie von einer frisch gestrichenen Wand blenden, sondern riechen Sie. Feuchtigkeit ist durch Geruch deutlich vernehmbar. Nach einigen Besichtigungen und Erfahrungen werden Sie die verschiedenen **Gerüche sowie anderen Sinneseinflüsse kategorisieren und richtig bewerten können.** Meistens können Sie schon als Laie bei der ersten Besichtigung erahnen, dass etwas nicht stimmt, weil der Geruch untypisch und „nicht gut" ist. Obwohl „nicht gut" als Bezeichnung relativ ist, werden bestimmte Baumängel von nahezu allen Interessenten, die bei der Besichtigung einer Immobilie alle ihre Sinne einsetzen, als ein nicht guter Geruch wahrgenommen, der allgemein unangenehm ist. Fassen Sie Sinneseindrücke, die Ihnen als unangenehm erscheinen, als Alarmsignal auf und bitten Sie um eine Erklärung des Verkäufers.

Gehen Sie bei Besichtigungen also immer (!) so vor, dass Sie **als Erstes die in Unterkapitel 1.4.1 und 1.4.2 geschilderten Aspekte prüfen.** Danach dürfen Sie sich gern einen allgemeinen optischen Eindruck verschaffen, der für den Gesamtzustand der Immobilie jedoch weniger von Belang ist. Zu den weniger wichtigen Punkten gehören vor allem:

- Türen und Fenster
- Wände
- Decken
- Böden
- sonstige individuelle Elemente

Die **Türen und Fenster** werden zuallererst oberflächlich betrachtet. Ein ansprechendes Design ist Geschmackssache. Bedenken Sie, dass das Design nicht in erster Linie Ihnen, sondern den Kaufinteressenten gefallen muss. Im nächsten Schritt erfolgt ein genauer Blick auf die Hochwertigkeit und Massivität der Fenster und Türen: Hochwertige Exemplare haben **dicke Scheiben oder Materialien** und somit **günstige Dämmeigenschaften.** Jedes Produkt sollte eine **Modellnummer** haben, anhand derer Sie durch Eingabe und Suche bei Google nähere Informationen zur Qualität erfahren.

Die **Wände und Decken** sind **bestenfalls in neutral weißer Raufaser tapeziert.** Farbige Wände müssen für den Verkauf weiß tapeziert oder gestrichen werden. Mit dieser Maßnahme ist bei nahezu jedem Immobilienkauf zu kalkulieren. Demnach ist dieses Kriterium eher unwichtig.

Interessanter wird es bei den Böden: Bodenbeläge sind eine teurere Investition. Bei **aufgeplatzten Böden** muss der Estrich abgetragen und neu verteilt werden. Dies ist **teuer.** Genauere Kostenangaben folgen wie zu jedem Punkt im nächsten Kapitel. Hinzu zu den Estrichkosten kommt der neue Bodenbelag, der ebenfalls kostet. Ein **Boden in gutem Zustand ist vorteilhaft**. Ist zudem der Bodenbelag gut in Schuss, sparen Sie an potenziell immensen Kosten. **Bei Teppich ist immer ein Austausch notwendig.** Hygiene und Optik sind nach mehreren Jahren meist nicht mehr angemessen. Zudem wurden bei der Verlegung vieler älterer Teppiche aus dem letzten Jahrtausend Giftstoffe eingesetzt.

Hinweis!

Seien Sie bei Fliesen besonders vorsichtig! Die Demontage ist oft teuer, weil die Art der Befestigung am Unterboden unklar ist. Je nach Demontage kann es dazu kommen, dass der Unterboden stark beschädigt wird – Stichwort: Estrichbruch. Argumentieren und kalkulieren Sie bei Fliesen immer mit hohen Kosten; es sei denn, sie befinden sich in einem einwandfreien Zustand.

Sonstige individuelle Elemente bei einer Besichtigung der ästhetischen Aspekten sind z. B. Säulen und Balken. Balken an der Decke können Stile wie den Landhausstil malerisch unterstreichen. Säulen bringen meist edle Akzente in die Immobilie. Wichtig ist nur, dass diese Elemente nicht viel Platz beanspruchen und sich die Räumlichkeiten gut ausstatten lassen.

Balkone

Balkone haben **beim An- und Verkauf von Wohnungen in Gebäudekomplexen eine wichtige Bedeutung.** Sie steigern den Wert in einem nicht zu unterschätzenden Ausmaß, da sie in Gebäudekomplexen als Ersatz für den Garten dienen, neue Trends wie das Urban Gardening ermöglichen, zum Grillen und für private Stunden in der Sonne genutzt werden und in vielerlei weiterer Hinsicht die Nähe zur Natur in einem privaten Rahmen gewährleisten.

Alte Balkone haben meist an folgenden zwei Stellen **gravierende Schwachpunkte**, die definitiv einer Ausbesserung bedürfen:

1. Wärmeschutz
2. Wasserabführung

Bei Balkons, die bis in die 80er Jahre gebaut wurden, wurde die **Betondecke der Obergeschosse verlängert und ragte heraus**. Diese sogenannten **Auskragungen** sind Stellen, an denen es zu Wärmebrücken kommt, über die die Wärme von Innen nach Außen fließt. Weil die Dämmung bei vielen Bestandsimmobilien aus der Zeit bis in die 80er Jahre ohnehin nicht zufriedenstellend ist, ist dieses Problem nicht allzu gravierend. Problematisch wird es aber, wenn Sie die Immobilie nachträglich dämmen, jedoch die Auskragungen vergessen. Achten Sie also auf die Auskragungen an den Balkons und lassen Sie sich vom Verkäufer informieren, wie die Balkons errichtet wurden. Bei Vorhandensein von Wärmebrücken ist verstärkt **auf Schimmelpilzbildung und kondensiertes Wasser an den Wänden im Inneren der Wohnung Acht zu geben**. Schwachstellen, an denen die Schäden durch Auskragungen bei Balkons festgestellt werden können, sind zudem Rollladenkästen und Heizkörpernischen.

Hinsichtlich der **Wasserabführung** kann sich bei Balkonen von Bestandsimmobilien ein fehlender sicherer Wasserablauf bemerkbar machen. Wird das Wasser nicht von der Hauswand zielgerichtet abgeführt, so sind Feuchtigkeitsprobleme vorprogrammiert. Bei der Besichtigung einer Immobilie muss ein **Gefälle klar erkennbar sein**, sodass das Wasser nicht über die Hausfassade abfließt oder zu den Balkontürdurchgängen läuft.

Hinweis!

Neben den Regenrinnen ist der Unterboden des Balkons im Hinblick auf Wasserabführung kritisch zu inspizieren. Der Bodenbelag sollte eine Neigung vom Gebäude weg haben. So läuft Wasser, dass auf dem Balkon landet, von den Wänden und nach außen von der Immobilie weg. Um den gesamten Balkonboden herum ist eine Regenrinne wünschenswert, die die Flüssigkeit vom Balkon in die Hauptrinne ableitet.

Terrassen- und Balkonsanierungen infolge von Schwachstellen sind kostspielige Angelegenheiten mit Preisen von **im Normalfall 2.000 € bis 4.000 €** – sie tendieren eher zum höheren Ende der Preisspanne. In Anbetracht dessen, dass dem Balkon nicht die Hauptaufmerksamkeit gelten sollte, sind dies hohe Beträge, die bei Bauschäden oder Defiziten zur Ausbesserung anfallen.

Treppenhaus

Beim Kauf einer **Eigentumswohnung** haben Sie einen **Anteil am Treppenhaus**. Das Treppenhaus ist nicht zu unterschätzen, weil es mitsamt all seinen Komponenten zum **ersten Eindruck einer Wohnung** gehört. Was vermuten Sie, wie viele Interessenten – ob Käufer oder Mieter – auf dem Weg von der Briefkastenanlage mit Klingel über das Treppenhaus bis vor die Wohnungstür schon eine endgültige Entscheidung gegen den Kauf fällen? Viele. Andersrum kann ein optisch ansprechendes Treppenhaus nicht direkt zum Kauf überzeugen, aber ein Pro-Argument für den Kauf setzen, das nachhaltig Eindruck hinterlässt.

Das Problem mit dem Treppenhaus und allem, was dazugehört, ist, dass **Umbauten nur mit Zustimmung der anderen Wohnungseigentümer umsetzbar** sind. Sie werden sich an die ersten beiden Teile dieser Reihe erinnern und Bescheid wissen, dass die Umsetzung von Umbauarbeiten an die Zustimmung bei den Wohnungseigentümerversammlungen geknüpft ist. Da ist als Neuling nicht viel zu reißen; insbesondere dann nicht, wenn Sie vieles umkrempeln möchten. Achten Sie deswegen ab Kauf daran, dass die jeweilige Immobilie sich durch ein einladendes Treppenhaus charakterisiert. Andernfalls werden Sie sehr viel Geld in die Erneuerung der Wohnung stecken müssen, um den negativen Ersteindruck zu entkräften.

Zum Treppenhaus gehören die **Briekastenanlage**, die **Klingel mit Namensschild**, die **Außentür des gesamten Gebäudes**, die **Innentüren zur jeweiligen Wohnung**, die **Treppen** und das **Geländer**. Besonders willkommen sind Fahrstühle oder Treppenlifte, weil sie den Komfort steigern und zur Barrierefreiheit beitragen. Bei dem Wechsel alter Türen gegen Neuere ist zu beachten, dass die Öffnungen keine heutigen Normgrößen haben. Erst **ab Immobilien aus den 90ern wurden Größen genormt**. Dementsprechend sind beim Türenwechsel eventuell Maßanfertigungen notwendig, wobei die Kosten bis ins Dreistellige für qualitativ mittelmäßige und Vierstellige für qualitativ hochwertige Türen reichen. Dies gilt auch für den Tür- und Fensterwechsel innerhalb von Wohnungen und Häusern!

Treppenhäusern, Türen, Briefkastenanlagen und Türklingeln aus dem letzten Jahrtausend merkt man das Alter an. Sie genügen weder den heutigen Ansprüchen an Energieeffizienz noch den Ansprüchen an Ästhetik. Häufig sind gepunktete Treppen und türkise Geländer mit Gummi-Halterungen anzutreffen – ein ausladendes Erscheinungsbild! Weil Änderungen am Gemeinschaftseigentum in Fällen wie diesen fast immer notwendig sind, um die Immobilie zu einem höherem Preis zeitnah zu verkaufen, aber die anderen Eigentümer auf Versammlungen dazu meist nicht bereit sind, kaufen Investoren sowie Gewerbetreibende häufig Häuser auf und verkaufen diese oder sichern sich die **gesamten Wohnkomplexe, um ungestört Änderungen vornehmen zu dürfen.**

Zusammenfassung

Die Bestimmung eines Immobilieninvestments erfolgt in erster Linie anhand der Lage-Kriterien. Es wird in A-, B-, C- und D-Städte unterteilt. Investitionen in A-Städte und die meisten Stadtteile der B-Städte sind aussichtsreich. Auch C-Städte in renommierten Lagen sind vielversprechend, D-Städte wiederum sollten gemieden werden. Die Immobilie in jeder Stadt ist im Hinblick auf die Mikro-, Meso- und Makro-Lage kritisch zu bewerten. Damit einhergehende Aspekte sind die Freizeitangebote, die Anbindung an den öffentlichen Nah- und Fernverkehr, das Angebot an Arbeitsplätzen und Bildungseinrichtungen sowie die Ästhetik der unmittelbaren Umgebung der Immobilie.

Nachdem die Lage-Kriterien auf das potenzielle Investitionsobjekt angewandt wurden, gilt die Aufmerksamkeit dem Vergleich mit anderen Immobilien. Zu berücksichtigen sind die Leerstandsquoten in der jeweiligen Umgebung, die Preisentwicklungen der letzten Jahre und die Quadratmeterpreise im Stadtteil. Sollten vergleichbare Immobilien in derselben Gegend in Hinblick auf all diese Aspekte positiv abschneiden, so kann sich sogar ein Investment in einer D-Stadt lohnen.

Immobilien, die bis hierhin zur persönlichen Investitionsstrategie passen, werden im Anschluss besichtigt. Speziell die Immobilien, die aus kritischen Jahren (z. B. 50er bis 90er Jahre im Hinblick auf Asbest) stammen, werden am besten mit Experten beaufsichtigt. Ansonsten existiert eine Reihe von Aspekten, die bereits Laien gut unter die Lupe nehmen können: Bröckelnder Putz bedarf immer einer Renovierung, Teppiche müssen immer herausgerissen werden, bei Feuchtigkeit sollte ein Experte hinzugezogen und besonders auf Schimmel geachtet werden. Sollten Türen, Fenster oder Treppenhäuser nicht mehr modern sein, fällt dies auf den ersten Blick auf. Des Weiteren zieht ein negativer Energieausweis die Notwendigkeit einer energieeffizienten Sanierung nach sich. Grundrisse mit kleinen Räumlichkeiten kommen bei Käufern und Mietern schlecht an. Sie sind zu größeren Räumlichkeiten zu erweitern. Je mehr Besichtigungen Sie vornehmen, umso geschulter wird Ihr Auge mit der Zeit sein. Behalten Sie die Qualitätsmerkmale der Immobilie im Auge und lernen Sie, Kosten für Renovierungen, Sanierungen sowie Modernisierungen zu schätzen und zu argumentieren, um den Kaufpreis der Immobilie zu senken. Genau hier setzt das zweite Kapitel an …

Ran an die Arbeit! Alles zu Renovierung, Sanierung, Modernisierung und Ausbau

Nach der Besichtigung, wenn die Entscheidung für den Immobilienkauf gefallen ist, geht es an die Arbeit. Entweder bemühen Sie sich im Rahmen einer Vermarktung sofort um den gewinnbringenden Weiterverkauf der Immobilie oder Sie führen Arbeiten durch, um die Immobilie aufzuwerten. Eine aufgewertete Immobilie wird im Wert gesteigert. Dieses Kapitel weist sie in sämtliche Arbeiten ein, die der Aufwertung der Immobilie dienen. Die vier Arten der Arbeiten, die anfallen können, sind Renovierung, Sanierung, Modernisierung und Ausbau. Eine **Renovierung** dient der Erneuerung der Immobilie, um sie in einen **optisch ansprechenderen Zustand** zu versetzen. Die **Sanierung** dient mit ihren Maßnahmen der **Instandsetzung** der Immobilie, damit sie nutzbar wird. Bei der **Modernisierung** handelt es sich um alle Maßnahmen, die ergriffen werden, um die Immobilie in einen den **heutigen Anforderungen entsprechenden Zustand** zu versetzen; zentrales Stichwort ist die Energieeffizienz, die Ihnen attraktive Förderungen zur Finanzierung der Arbeiten und Maximierung Ihres Profits bietet. Der **Ausbau** einer Immobilie **erweitert den bestehenden Wohnraum**.

Zu Beginn des Kapitels in 2.1 werden Ihnen sämtliche Gewerke vorgestellt, die im Zuge der Arbeiten wichtig sind. Die Gewerke werden zudem in der Reihenfolge vorgestellt, in der sie ihrer Arbeit nachkommen sollten, damit es zu keinen Überschneidungen mit anderen Gewerken kommt. Die Kosten, die in Verbindung mit Renovierungen, Sanierungen, Modernisierungen und dem Ausbau anfallen, werden in Unterkapitel 2.2 ausgeführt. Hier erfahren Sie, wie Sie selbst zu den Arbeiten beitragen können, um Geld zu sparen, und welche Kosten auf Sie zukommen, wenn Sie alle Arbeitsschritte durch externe Dienstleister bewerkstelligen lassen. Unterkapitel 2.3 bietet Ihnen eine detaillierte Übersicht über die Förderungsoptionen, die bei energetischen Modernisierungen der Immobilie vergeben werden. Lernen Sie Ausschlusskriterien, Konditionen sowie sonstige Rahmenbedingungen der Förderungen kennen. Hinweis: Es werden nicht nur Förderungen der KfW vorgestellt, sondern auch die anderer Institute. Im Unterkapitel 2.4 wird ein Blick speziell auf den Ausbau geworfen, wobei der Schwerpunkt auf dem rechtlichen Aspekt, Genehmigungen einzuholen, liegt.

Alles in allem dient das Kapitel 2 nicht nur dem Einblick in die Arbeiten und der Kalkulation der Kosten für die Aufwertung der Immobilie, sondern auch einer kompetenteren Besichtigung der Immobilie. Sobald Sie dieses Kapitel gelesen haben, werden Sie durch das fachliche Knowhow imstande sein, die Besichtigung, zu der im ersten Kapitel Wissen vermittelt wurde, noch genauer durchzuführen und besser über die Investition in Immobilien zu befinden.

Die einzelnen Gewerke in der Übersicht

Die Übersicht über die einzelnen Gewerke erfolgt in den folgenden Abschnitten in genau der Reihenfolge, in der Sie die Arbeiten durchführen lassen sollten. Durch eine **korrekte Reihenfolge bei der Arbeit der Gewerke** gehen Sie kostspieligen negativen Überraschungen während der Bauarbeiten aus dem Wege. Beispielsweise macht es keinen Sinn, die Fenster einbauen zu lassen, solange der Elektriker seine Arbeiten noch nicht vollzogen hat. Der Grund hierfür ist, dass der Elektriker die Wände aufreißt, um die Leitungen zu verlegen. Für den Einbau der Fenster sollte der Wandtrockenbau bereits fertig sein, was er nicht sein kann, wenn alles aufgerissen ist und die Leitungen sowie Versorgungsschächte gerade verlegt werden.

Eine korrekte Reihenfolge ist also maßgeblich für eine plangemäße und erfolgreiche Arbeit an der Immobilie, bei der nicht alle Kostenposten doppelt oder dreifach auftreten. Sie könnten die Verantwortung für die Durchführung einer Sanierung, Renovierung oder Modernisierung, die besonders umfangreich ist, zwar an einen Architekten oder einen anderen zentralen Dienstleister abtreten, jedoch zu stark erhöhten Kosten. Meistens haben diese Dienstleister ihre festen Partner, die nicht zwingend günstig sind. Es zahlt sich daher aus, **sich selbst zu organisieren**; sozusagen der Dirigent zu sein und die Kapelle möglichst kostengünstig zusammenzustellen. Finden Sie deswegen **in jedem Gewerk einen oder bestenfalls zwei kostengünstige Partner,** die Sie aus einem Vergleich mehrerer Dienstleister heraussuchen und mit denen Sie ein langfristiges Geschäft aufbauen. Dann führen Sie die Arbeiten am besten in der nachfolgenden Reihenfolge durch. Selbstverständlich können Sie Gewerke, die Sie nicht benötigen, weglassen. Nur, wenn Sie komplett baufällige Immobilien kaufen und mit Innenausstattung (Küche, Mobiliar, Beleuchtung) verkaufen möchten, werden Sie all diese Schritte benötigen.

Vorbestellungen

Für **Küche, Fenster und Türen** sind Vorbestellungen notwendig. Wenn Sie diese Komponenten nicht bestellen möchten, können Sie **alternativ auf fertige Produkte zurückgreifen,** wodurch die Lieferzeiten entfallen und sie keine Vorbestellungen tätigen müssen. Der Zugriff auf fertige Produkte hat zwei wesentliche Nachteile: Zum einen ist es schwierig, genau das zu erhalten, was man sich wünscht. So wird die Küche meist ein Standard-Produkt und dass alle Fenster aus derselben Produktlinie stammen und somit einheitlich sind, ist ebenfalls ungewiss. Zum anderen nimmt Ihnen der Kauf fertiger Produkte das Individualisierungspotenzial. Sie müssen den Grundriss nach den Produkten ausrichten.

Am besten ist es also, den **Grundriss vorher zu planen**, falls er geändert werden soll, oder den **vorhandenen Grundriss** zu nehmen und **die Komponenten passgenau** für die Immobilie zu bestellen. Während die Bestellung einer Küche optional ist, weil Immobilien nicht zwingend mit Küchen verkauft werden müssen, verhält es sich bei Fenstern und Türen anders. Diese müssen in einer verkaufsbereiten Immobilie vorhanden sein. Sind in der von Ihnen angekauften Immobilie bereits gute Fenster und Türen vorhanden, können Sie diese optisch noch erneuern, indem Sie sie schleifen und lackieren lassen. In diesem Fall wäre ein Tischler das passende Gewerk. Bei Türen, die nicht aus Holz sind, lohnt sich ein Austausch bei einem starken Abnutzungsgrad mehr.

Beim Neueinbau von Fenstern und Türen führen Sie am besten direkt eine **energetische Modernisierung** durch. Diese ist als Beitrag zur Energiewende förderungsfähig, was die Kosten für Arbeiten an der Immobilie senkt. **Fenster mit Dreifachverglasung** sind das hochwertigste, was die Modernisierung zu bieten hat. Bei Türen ist die Auswahl ebenfalls beachtlich. Sie lassen sich mit modernen Sicherheitssystemen ausstatten und an ein Smart Home anbinden.

Wenn Küche, Fenster und Türen vorbestellt werden sollen, ist mit folgenden Lieferzeiten zu rechnen:

- ♦ Küche: 8 bis 10 Wochen
- ♦ Fenster: 3 bis 6 Wochen
- ♦ Türen: 3 bis 6 Wochen

Mit den persönlichen Anforderungen steigen die Lieferzeiten. Diesbezüglich erhalten Sie von Herstellern und Fachhändlern allerdings alle benötigten Informationen, sodass Sie akkurat planen können. Die ersten Gewerke, bei denen Sie sich bei einer Aufwertung der Immobilie erkundigen sollten, sind also aufgrund der Lieferzeit Einrichtungsläden und Küchenfachhändler sowie – für Fenster und Türen – der „Nicht-technische Ausbau", „Fensterbauer" und „Türbauer".

Entrümpelung / Räumung

Die Entrümpelung kann parallel zu Schritt 1 erfolgen oder danach. Bei einer Entrümpelung werden unerwünschte Gegenstände wie alte Möbel, Dekorationen, Müll usw. aus der Immobilie entfernt. Sie können die Entrümpelung selbst durchführen. Eventuell haben Sie die Zeit oder Geduld dafür, brauchbare Gegenstände auf dem Flohmarkt selbst zu verkaufen und nehmen dadurch Geld ein. In größerem Rahmen hält sich aber kein An- und Verkäufer mit einer eigens durchgeführten Entrümpelung auf, sondern beauftragt spezialisierte Unternehmen. Hier stehen u. a. **Entrümpelungsunternehmen** und **Gebäudereinigungsunternehmen** zur Debatte.

Hinweis!

Lesen Sie sich aufmerksam die Referenzen der Entrümpelungsunternehmen durch und versuchen Sie, sich einen Eindruck von der Arbeit des Unternehmens zu verschaffen. Ein professionelles Unternehmen ist nicht spottgünstig, sondern hat marktgerechte Preise, um die Entsorgung des Mülls zu finanzieren und Profit zu machen. Auch wenn unterbezahlte Dienstleister für Investoren verlockend klingen, ist bei der Entrümpelung sehr vorsichtig vorzugehen. Die meisten günstigen Anbieter versuchen, die Sachen auf dem Flohmarkt zu verkaufen. Die Dinge, bei denen dies nicht gelingt, werden illegal in Wäldern oder auf Feldern entsorgt. Werden sie gefunden und richtig zugeordnet, so drohen Ihnen Geldstrafen. Bei der Entrümpelung gilt also ausnahmsweise: Lieber etwas mehr als zu wenig zahlen. Dadurch ist das nötige Grundmaß an Sicherheit vorhanden.

Wenn Sie eine professionelle Gebäudereinigung beauftragen, profitieren Sie gegenüber einem bloßen Entrümpelungsunternehmen dahingehend, dass das Unternehmen nicht nur auf die Entrümpelung an sich beschränkt ist, sondern auch eine Reinigung vornimmt, falls diese notwendig ist. **Reinigungen** fallen des Öfteren bei **stark zugemüllten und vernachlässigten Immobilien** an, wofür Messie-Wohnungen sinnbildlich als Beispiel stehen. Bei solchen Immobilien sind folgende Arbeitsschritte ergänzend zur Entrümpelung notwendig:

- ♦ Ozonbehandlung
- ♦ Desinfektion nach Desinfektionsgesetz
- ♦ Schädlingsbekämpfung
- ♦ Schimmelbeseitigung

Von einer selbst durchgeführten Desinfektion ist abzuraten. Nicht jedes Desinfektionsmittel ist für den jeweiligen Raum geeignet. Einige sind brennbar, andere in Bezug auf bestimmte Materialien unverträglich. Zudem kann eine selbst durchgeführte Desinfektion nie mit der Gründlichkeit einer professionellen Desinfektion mithalten. Die Gebäudereinigung nutzt ein fachgerechtes flüssiges Desinfektionsmittel, das mittels Vernebelung in den Raum gebracht wird. Der genutzte Nebelgenerator erzeugt dabei kleine Tröpfchen, die Aerosole genannt werden, und verteilt diese durch die Luft im gesamten Raum. Diese Vorgehensweise trägt dazu bei, dass sogar in den Ecken gereinigt wird, zu denen Sie bei einer Wischdesinfektion nicht durchdringen würden.

Asbestsanierung

Eine Asbestsanierung hat die Besonderheit, dass sie im Gegensatz zu anderen Sanierungsmethoden **eine Woche Vorlaufzeit** braucht. Die Sanierung an sich dauert zwar nur einige wenige Tage, aber die Unternehmen benötigen Vorbereitungszeit, die sich je nach Individualfall über die Dauer einer Woche erstreckt. Grund hierfür ist, dass die Unternehmen mit speziellen Materialien und spezieller Ausrüstung zugange sind:

- ◆ Atemschutzmasken
- ◆ Schutzanzüge
- ◆ Unterdruckgeräte
- ◆ Schleusenanlagen
- ◆ Vakuumsauganlagen
- ◆ Filteranlagen
- ◆ u. v. m.

Eine Asbestsanierung ist hochkompliziert in der Durchführung und erfordert eine genaue Praxis. **Mehrere spezielle Abfallcontainer** dienen der Entsorgung der Asbestprodukte sowie der Arbeitermaterialien, die im Verlaufe der Sanierung kontaminieren. Bei der Durchführung der Sanierung muss den **Arbeitern eine Dusche zur Verfügung stehen.** Die Arbeiten müssen rechtzeitig beim Gewerbeaufsichtsamt und der

Berufsgenossenschaft angemeldet werden. Nach der ein- oder mehrtägigen Durchführung der Arbeiten finden Erfolgskontrollmessungen statt. Sind diese fertig, so wird eine mindestens 12-stündige Ruhe in den Arbeitsbereichen angeordnet. Daraufhin kommt eine Feinreinigung, auf die eine letzte Erfolgskontrollmessung folgt. Angesichts dieses gesamten Prozesses leuchtet ein, dass die Asbestsanierung ausschließlich durch Fachleute durchgeführt wird. Entsprechende hohe Preise sind in Kauf zu nehmen und einzukalkulieren (siehe 2.2 Errechnung der Investitionskosten). Eine eigens durchgeführte Asbestsanierung ist akut gesundheitsschädlich und krebserregend. Zudem wird die Umwelt geschädigt und es kann sogar strafbar sein.

Eine Asbestsanierung ist dann **nicht erforderlich, wenn das Asbest gebunden** ist, wie es z. B. beim Dach oder im Zement der Fall ist. Auch Asbest in den Wänden, sofern fest gebunden, ist nicht gesundheitsschädlich, wenn auch kritischer als in dem Dach. Es wird in Dringlichkeitsstufen unterteilt. Die **Dringlichkeitsstufe I** ist die einzige, bei der eine **Asbestsanierung verpflichtend** ist. Empfehlung: Schließen Sie bei einer Sanierung der Dringlichkeitsstufe I auch die Asbestprodukte der anderen Dringlichkeitsstufen ein, um auf Nummer sicher zu gehen.

Problematisch ist meist die Asbestsanierung im Boden, wo das Asbest im Kleber unter PVC-Platten verwendet wurde; hier ist es deutlich schwarz erkennbar. Die Asbestsanierung ist bei den meisten betroffenen Immobilien notwendig, weil hier das Asbest nicht ausreichend gebunden ist, sodass mit Dringlichkeitsstufe I saniert werden muss. Da der Boden, weil er von sämtlichen Gewerken begangen wird, vor den anderen Arbeiten fertig sein muss, findet diese Asbestsanierung als eine der ersten Maßnahmen statt. Wenn sämtliche PVC-Platten, Kleberrückstände und anderen Dinge vom Boden entfernt wurden und der Boden glatt abgeschliffen wurde, ist die Asbestsanierung abgeschlossen und es kann neuer Boden verlegt werden.

Grundrissänderungen

Nach der Asbestsanierung und der damit verbundenen anschließenden Ruhezeit können Arbeiten am Grundriss durchgeführt werden.

Hierfür werden **Wände herausgeschlagen oder hinzugefügt**. Weil die nachfolgenden Gewerke – Elektro, Sanitär, Trockenbau etc. – fertige Wände für ihre Arbeit benötigen, müssen Grundrissänderungen an dieser Stelle erfolgen und sich somit in die strikte Hierarchie einer Sanierung einreihen.

Grundrissänderungen sind nur bei älteren Gebäuden notwendig. Bei neueren Gebäuden werden sie lediglich dann erforderlich, wenn die Immobilie erweitert werden soll. Dann muss eine Baugenehmigung beantragt werden und es handelt sich um nicht mehr um eine Grundrissänderung, sondern eine Erweiterung bzw. einen Ausbau (siehe Unterkapitel 2.4). Bei älteren Gebäuden ist der **Beweggrund** zu einer Grundrissänderung häufig der **veraltete Standard, kleine und enge Räumlichkeiten** zu bauen. Dies entspricht den heutigen Vorstellungen an große, lichtdurchflutete Zimmer nicht. Also werden bei Grundrissänderungen meist Maßnahmen durchgeführt, die zwei kleinere Zimmer zu einem größeren verbinden, oder es wird aus Wohnzimmer und Küche eine Wohnküche kreiert.

Tipp!

Die Wohnküche ist heutzutage im Trend. Entsprechende Immobilien stoßen auf viel Zuspruch vonseiten der Interessenten. Hier lohnt es sich auch, eine Küche mit Mittelinsel vorzubestellen. Es wirkt bei Besichtigungen imposant, wenn Personen in eine Wohnküche geleitet werden, die eine große Mittelinsel und Komfort beim Kochen bietet. Bei Wohnungen ist es weniger gefragt, aber bei Lofts, Penthouses und Häusern für gut betuchte Klientel ist die Grundrissänderung hin zu einer Wohnküche nur empfehlenswert. Ebenfalls trendy sind Änderungen des Wohnraums von einem größeren Schlafzimmer und kleinerem Bad hin zu einem kleineren Schlafzimmer und größeren Bad.

Ehe Grundrisse geändert werden, ist zu klären, ob dies gestattet ist. Ältere Gebäude, die unter **Denkmalschutz** stehen, **dürfen im Grundriss nur bei Genehmigung, die es meist nicht gibt, geändert**

werden. Vor dem Rausschlagen einzelner Wände müssen Sie zudem die **Statik des Gebäudes** klären. Bei mehrgeschossigen Gebäuden ist davon auszugehen, dass Wände, die geschossweise übereinander liegen, tragend sind. Sie leiten die Kräfte nach unten ab. Befinden sich in jedem Geschoss einzelne Wände an anderer Stelle, ist bei den betroffenen Wänden von einer nicht tragenden Wand auszugehen. Bei eingeschossigen Gebäuden ist die Bestimmung der tragenden und nicht tragenden Wände schwieriger. Ab einer **Wandstärke von 17,5 Zentimetern** dürfen Sie davon ausgehen, dass eine **tragende Wand** vorliegt. Andere stützende Konstruktionen, wie z. B. Holzbalken und Säulen zur Decke hin, sind ebenfalls zu berücksichtigen. Die Entscheidung über die Entfernung einer Wand sollte stets ein Experte treffen. Dieser kann auch Lösungen vorschlagen, wie tragende Wände entfernt werden können, ohne dass es im Nachhinein zu Beeinträchtigungen der Statik kommt. Als Experten stehen **Statiker** und **Architekten** zur Verfügung.

Eine Grundrissänderung ist gründlich zu planen. Eine Zeichnung des neuen Grundrisses und der alte Grundriss sind **bereits vor der gesamten Sanierung den Experten vorzulegen.** So wird geprüft, ob die geplanten Fenster, Türen sowie die Küche passen und das OK für eine Vorbestellung gegeben. Die Grundrissänderung an sich erfolgt aber erst an vierter Stelle nach einer eventuellen Asbestsanierung.

Elektroinstallation

Der Elektroinstallateur als Gewerk benötigt den fertigen Grundriss samt Wänden, um **in den offenen Wänden die Leitungen zu verlegen.** Wurde an dem Grundriss nichts geändert und sind die Wände auch sonst unangetastet geblieben, dann reißt spätestens der Elektriker die Wände an den erforderlichen Stellen auf. Er übernimmt eine komplette Entkernung und Umgestaltung, bei der die neuen Anschlüsse angebracht werden. Besondere Acht gibt der Elektriker auf die Eigenschaften von Badezimmer und Küche. Speziell im Badezimmer liegen Elektrizität und Wasser nah beieinander. Das **Regelwerk DIN VDE 0100-701** gibt vor, **wo im Badezimmer Anschlüsse verlegt sein dürfen.** Der Elektriker berücksichtigt dies.

Beispiel

Es gab bereits reichlich Fälle, in denen die Leitungen im Badezimmer selbstgemacht oder nicht von professionellen Elektrikern verlegt waren. Dann befanden sich plötzlich die Leitungen unter der Badewanne oder der Dusche, was der absolute Worst-Case ist und im Laufe der Jahre lebensgefährlich werden kann.

In den **Aufgabenbereich des Elektrikers** fällt, das Stromnetz zu legen, die Schalter und Kabelschlitze zu platzieren, den Sicherungskasten zu montieren und eventuell moderne Anwendungen zu installieren. Wer das **Zuhause smart** gestalten möchte, sollte spätestens an dieser Stelle zum Elektriker einen **IT-Dienstleister hinzuziehen**, der Smart Homes einrichtet. Sie haben die Wahl, auch ohne einen Elektriker und ohne Kernsanierung ein Smart Home einzurichten. Dies ist günstiger, aber weniger umfassend. Durch **kabelgebundene KNX-Lösungen im Zuge einer Kernsanierung** schaffen Sie ein Smart Home, das wesentlich mehr Funktionen bietet als ein modulares Smart Home. Um es mit den Worten des Anbieters KNX zu sagen:

„Beispiele hierfür sind die automatische Steuerung von komplexen Lichtszenen, Anwesenheitssimulation, Heizung, Klimaanlage, Lüftung, Rollladen und Jalousien, Markisen, Beschattung, wetterbedingten Ereignissen, Gartenbewässerung, Pool, Multiroom Audio, als auch die Überwachung von Fenster, Türen und Toren, Rauch- und Brandmeldung, sowie die Integration von Türkommunikation und Videoüberwachung bis hin zur komplexen Alarmanlage mit Aufschaltung zur Polizei und Wachdienst.“

Ein Altbau als Smart Home ist also auch im Rahmen der Möglichkeiten. Zeitgleich mit dem Elektriker oder nach dessen Arbeit rücken die IT-Arbeiter an und programmieren das Smart Home, das für die Immobilie wertsteigernd wirkt und vor allem die jüngeren Generationen überzeugt.

Anlagenmechaniker für Sanitär-, Heizungs- und Klimatechnik

Dieses Gewerke gibt es auch getrennt; damit ist gemeint, dass sich Personen auf Sanitärinstallation spezialisieren und die anderen beiden Dienstleistungen, nämlich die Heizungs- und Klimatechnik, nicht durchführen. Kostensenkend wirkt es sich aus, wenn man einen **Anlagenmechaniker für sämtliche drei Bereiche** ausfindig macht. Folgende Arbeiten werden von einem Anlagenmechaniker für alle drei Fachbereiche übernommen:

♦ Installation von Wasser- und Luftversorgungssystemen

♦ Einbau und Anschluss von Waschbecken, Duschkabinen, Toiletten

♦ Installation von Anlagen zur Regen- und Brauchwassernutzung

♦ Montage von Heizungssystemen

♦ Aufstellen und Inbetriebnahme von Heizkesseln

♦ Einbau und Montage energieeffizienter und umweltschonender Systeme wie Solaranlagen, Wärmepumpen und Holzpelletsanlagen

♦ Installation von Gebäudemanagementsystemen oder Smart-Home-Systemen

♦ Einrichtung der benötigten Software

♦ Kundenberatung- und Einweisung

♦ Prüfung und Inbetriebnahme sämtlicher Anlagen und Systeme

Quelle: karrieresprung.de

Bei den anfallenden Arbeiten sind die **Umweltschutzbestimmungen** einzuhalten. Der Sanitätsinstallateur gewährleistet die Ableitung von Schmutz- und Regenabwasser gemäß den Vorschriften.

Gleichwohl sei darauf hingewiesen, dass nicht jeder Anlagenmechaniker über das komplette Leistungsportfolio verfügt. Speziell der

Einbau energieeffizienter und umweltschonender Systeme ist bei den Dienstleistern keine Selbstverständlichkeit. Einige haben vor 30 Jahren ihre Ausbildung gemacht oder ihr Gewerbe eröffnet und sind nicht mit der Zeit gegangen. Unter dem Blickwinkel, Fördermittel (siehe 2.3) beantragen und die Immobilie innovativ rüsten zu können – was definitiv die beste Investition ist –, erweist es sich am klügsten, von vornherein einen **Dienstleister** zur Zusammenarbeit zu suchen, der **innovativ aufgestellt** ist und ein **möglichst breites Leistungsportfolio** hat. So bauen Sie sich eine **für die Zukunft beständige Geschäftsbeziehung** auf. Dies ist weitaus besser als Rabatte bei einem Anlagenmechaniker, der seine Arbeit nicht auf der Höhe der Zeit verrichtet, woraufhin Sie bei einer anderen Immobilie einen neuen Mechaniker suchen müssen, der den Anforderungen der Arbeit gerecht wird.

Einbau von Zargen, Türen und Fenstern

Nach dem Trockenbau, bei dem die Versorgungsschächte fertiggestellt und die Arbeiten in den Wänden beendet werden, lassen Sie die **Zargen von Türen und Fenstern montieren.** Den Trockenbau beherrschen viele Gewerke, so z. B. die Elektriker und die Anlagenmechaniker. Hier gilt es zu ergründen, ob der jeweilige Dienstleister diese Aufgabe mit übernimmt. Ansonsten muss ein separater Trockenbauer engagiert werden, der die Wände, Decken und Fußböden mit Bauplatten verkleidet oder verdichtet. Elemente aus Holz, Gips, Metall oder anderen festen Materialien werden an die Wände geschraubt. Auf diesen Bauplatten lassen sich Fliesen, Laminate oder Tapeten verlegen. Der Trockenbauer **verputzt die Wände im Zuge seiner Arbeiten und begradigt sie.**

Nach dieser Arbeit werden die Zargen eingebaut, die der feste Teil der Fenster und Türen sind. Am einfachsten ist es, wenn das Unternehmen, bei dem Sie Fenster und Türen bestellt haben, die Montage übernimmt. Falls dies nicht möglich ist oder Sie durch eigene Arbeit sparen möchten, können Sie die Zargen selbst montieren.

Hinweis!

Die Größen für Tür- und Wandöffnungen sind heutzutage genormt. Wenn Sie bei einer bestehenden Immobilie die Türen oder Fenster austauschen möchten, besteht die Chance, dass Sie keine Spezialanfertigungen benötigen, sondern im Handel erhältliche genormte Türen und Fenster einbauen können. Falls die Öffnungen keine Normgrößen haben, müssen Sie Spezialanfertigungen bestellen. Im Umkehrschluss bedeutet dies für Sie, dass Sie bei einer kompletten Neugestaltung der Wände die Öffnungen immer in Normgrößen bauen sollten, wenn Sie keine Spezialanfertigungen bestellen wollen. Quintessenz: *In Normgrößen bauen* oder *Immobilie mit Normgrößen kaufen*, erspart die Kosten für Spezialanfertigungen.

Sollte die **Öffnung** zu groß sein, können Sie diese **mittels Porenbetonstreifen verkleinern**. Ein Erweitern der Öffnung erfordert Veränderungen an der Wand. Diese sollten, falls Sie notwendig sind, bereits durch den Fachmann vom Trockenbau durchgeführt worden sein. Anleitungen zur Eigenmontage finden Sie im Internet; besser ist die Recherche in Fachbüchern, die es im Internet zu kaufen gibt. Die Montage der Fenster und Türen in den Zargen ist selbsterklärend, weil sie meist nur eingehängt oder angeschraubt werden müssen.

Tapezieren, Anstreichen, Boden begradigen

Nachdem die Fenster montiert, die Wände, Decken sowie Böden geschliffen sind und allgemein alles glatt und sauber ist, können die **kosmetischen Arbeiten** beginnen, die das **Gebäude bezugsfertig machen**. Hierzu gehört an Wänden und Decken meist das Tapezieren. Klassische Auswahl ist eine neutrale weiße Raufasertapete. Raufaser ist robust und leicht zu tapezieren. Mit etwas Vorkenntnissen gelingt Ihnen dies problemlos. Vliestapeten sind empfindlicher, auch wenn sie hochwertiger aussehen. Sollten Sie mit dem Gedanken spielen, die Immobilie komplett einzurichten und sie eingerichtet zu verkaufen, so spricht nichts gegen Tapeten mit Mustern und in verschiedenen Farben.

> ## Tipp!
>
> Sie können von der Tapete abweichen und die Wände mit Baum-
> wollputz als Alternative zur Tapete streichen. Baumwollputz ist ein
> Material, das höchst atmungsaktiv und resistent ist. Flecken lassen
> sich einfach wegwischen, Entstehung von Schimmel wird vorgebeugt,
> umweltfreundlich ist es zudem auch. Informieren Sie sich über die
> einzelnen Materialien, die es als Alternative zur Tapete gibt, und brin-
> gen Sie Abwechslung in die Wand- sowie Deckengestaltung der Im-
> mobilie.

Falls Sie die Immobilie ohne Einrichtung zu verkaufen gedenken,
ist eine neutrale weiße Raufasertapete die beste Wahl. So geben Sie
den Interessenten den gewünschten Freiraum in der Gestaltung der
Räumlichkeiten. Schränken Sie die Interessenten hingegen durch
die Tapetenfarbe auf ein Design ein, dann dürfen Sie mit einem er-
schwerten Verkauf der Immobilie rechnen.

Was definitiv verlegt werden muss, ist der Boden. In Altbauten sind
vor allem in Bädern fragwürdige Fliesengestaltungen anzutreffen.
Die dunkelgrünen Designs mit Blumenmustern oder ähnliche Gestaltungen sind kein Verkaufsargument. Notfalls müssen diese Fliesen entfernt und sämtliche Kleberrückstände beseitigt werden. Dies
sollte als allererstes nach dem Ankauf der Immobilie geschehen, um
eventuell bislang unentdeckte Asbestprodukte zu finden und eine
Asbestsanierung frühzeitig in die Wege zu leiten.

Sofern im Anschluss an eine möglicherweise erforderliche Asbestsanierung noch nicht geschehen, muss der **Boden begradigt** werden. Vor allem bei Parkettboden ist es wichtig, damit er durch die
Höhenunterschiede und Druckpunkte beim Begehen nicht zusam-
menbricht. Bei der Begradigung wird der **Boden geschliffen und
meistens mit Estrich bestrichen**. Anschließend wird er grundiert,
ehe der gewünschte Bodenbelag verlegt wird.

Als Bodenbeläge kommen folgende in Frage:

- Fliesen
- Holz
- Laminat
- Teppich
- PVC, Vinyl und Linoleum

Bei **Fliesen** ist zu beachten, dass die Kosten durch Nischen und komplizierte Grundrisse beträchtlich ansteigen. In Räumlichkeiten mit einem komplizierten Grundriss ist von Fliesen abzuraten, obgleich in Bädern und Küchen kaum Alternativen für den Bodenbelag gegeben sind. Wenn Sie die Möglichkeit haben, sollten Sie den Grundriss so ändern, dass Bodenbeläge möglichst einfach und geradlinig angebracht werden können. Dies senkt die Kosten. Bei Fliesen ist auf ein **zeitloses elegantes Design** Wert zu legen. Als Alternative zum standardisierten Weiß bieten sich die Farben Grau und Dunkelblau im Badezimmer an.

Regelrecht interessant wird es bei Bodenbelägen aus **Holz**. Bodenbeläge aus Holz können bis zu 150 Jahre lang in einem guten Zustand verbleiben. Abgenutzte Böden lassen sich unter Umständen **durch Abschleifen und Versiegeln erneuern**, sodass ein kostspieliges erneutes Verlegen zzgl. Materialkosten erspart bleibt. Ob der Boden hochwertig ist oder nicht, ist für Anfänger schwierig zu erkennen. Ein erster Anhaltspunkt ist die Frage nach der Dicke. Holzdielen, die dick aussehen, sind meist hochwertig. Sollte beim Begehen der Boden jedoch Quietschen oder Knarzen, dann ist von Beschädigungen auszugehen.

Beispiel

Es gab Fälle, bei denen während der Besichtigung der Boden knarzte. Der Käufer ignorierte dies. Wenige Wochen nach dem Kauf begann der Boden im Zuge der Renovierungsarbeiten an einigen Stellen, sich zu senken. Die Dielen wurden herausgerissen und es wurde festgestellt, dass darunter zur Dämmung Watte verwendet worden war. Zudem war das Haus von den Seiten nicht ausreichend abgedichtet, sodass von außen Feuchtigkeit ins Gebäudeinnere dringen konnte. Die Watte unter dem Dielenboden saugte die Feuchtigkeit auf, worunter die Struktur des Holzes litt. Mit der Zeit wurde das Holz porös, bis es schließlich unter der Last nachgab. Es begann mit einem einfachen Knarzen und endete in mehreren Mängeln: Das Haus musste von außen abgedichtet werden, damit das Fundament gegen das Eindringen von Feuchtigkeit geschützt war. Der Unterboden war glücklicherweise noch unbeschädigt und gerade. Es musste lediglich ein neuer Oberboden verlegt werden.

Der Einsatz von Holz als Bodenbelag ist mit weitaus geringeren Kosten als bei Fliesen verbunden. Auch die Langlebigkeit des Bodenbelags fällt höher aus. Nichtsdestotrotz ist der Einsatz von Holz nicht überall gern gesehen. Während es in Küche und Bad aufgrund der Eigenschaften dieser Räumlichkeiten nicht empfehlenswert ist, hängt der Einsatz in anderen Räumlichkeiten von der Immobilie an sich ab. Parkett in heller Farbe ist bei lichtdurchfluteten Großstadtwohnungen kein Problem. Dunkles Holz und ein robuster Dielenboden erzeugen aber eine Wirkung, die eher in Landhäusern gewünscht ist.

Laminat ist einer der **günstigsten Bodenbeläge**. Es ist dann eine ideale Lösung, wenn Sie eine komplett sanierungsbedürftige Immobilie erwerben, die Sie möglichst schnell und kostengünstig in einen bezugsfertigen Zustand versetzen möchten. Bei Landhäusern, modernen Wohnungen und großen Immobilien wie Villen oder Landsitzen ist Laminat kein angemessener Bodenbelag. Er ist in einer Vielfalt an Designs erhältlich und pflegeleicht, aber eine Renovierung ist bei größeren Schäden nicht möglich. Außerdem wird **keine Wärme gespeichert** und die **Empfindlichkeit gegenüber Feuchtigkeit ist groß**.

Wie schon im ersten Kapitel gelernt, ist beim Kauf einer Immobilie der **verlegte Teppich immer zu entfernen**. Unabhängig davon, ob seit wenigen Jahren oder seit mehreren Jahrzehnten in der Immobilie, ist dies aus hygienischen Gründen unumgänglich. Darüber hinaus wurden in den früheren Jahrzehnten Giftstoffe in Teppich-

und Parkettklebern verwendet, womit wir wieder beim Thema Asbest wären. Grundsätzlich ist von einem neuerlichen Verlegen eines Teppichs abzusehen. Das Material kommt heute kaum noch zum Einsatz. Es ist **nicht zeitgemäß und höchst pflegebedürftig**. Zudem reagieren einige Personen allergisch auf die Stoffe. Wenn Sie einen Bodenbelag günstig verlegen möchten, entscheiden Sie sich lieber für das Laminat.

PVC und Vinyl als Bodenbeläge sind in heutigen Zeiten unbedenklich, aber in früheren Jahrzehnten oft mit gesundheitsschädlichen Inhaltsstoffen produziert und verlegt worden. Es ist wahrscheinlich, dass Platten, die PVC oder Vinyl ähneln, in Altbauten Asbest enthalten. Die **Probe** muss **von einem Fachmann entnommen** werden und kostet Geld. Alle weiteren wichtigen Hinweise wurden im Abschnitt über Asbest geschildert. **Heute** erhältliches PVC und Vinyl sind **pflegeleicht, rutschfest, in einer enormen Design-Vielfalt erhältlich und leicht zu verlegen.** Für Linoleum gilt ähnliches, nur dass diese Böden schwieriger zu verlegen sind. Dafür sind **Linoleum-Böden** in Puncto **Nachhaltigkeit** und **Umweltfreundlichkeit** kaum zu überbieten. Sie sind auch kombinierbar mit Fußbodenheizungen, zudem flammenhemmend und pilztötend. Optisch ähneln sich PVC, Vinyl und Linoleum. Die Preise fürs Verlegen und für das Material an sich fallen beim Linoleum wesentlich höher aus.

Einbau & Staging

Nach dem Bodenbelag und der Aufbereitung von Decken sowie Wänden, kommt der optionale Schritt des Einbaus und Stagings. Unter Einbau ist beispielsweise die Montage der Küche und der Wohnbeleuchtung zu verstehen. **Kleine Möbel und Einrichtungsgegenstände** werden als **Einbau** bezeichnet. Sollten Sie die gesamte **Immobilie voll einrichten**, so ist nicht mehr die Rede vom Einbau, sondern vom **Staging**.

Beim Staging werden Immobilien durch die Inneneinrichtung so aufgewertet, dass Interessenten ein höherer Wert vermittelt wird. **Maßnahmen**, die bei der Einrichtung **im Rahmen des Stagings wichtig** sind, sind die folgenden:

♦ Kauf von Möbeln

♦ gezielter Einsatz von Farbe und Beleuchtung

♦ Akzentuierung durch Dekorationselemente

♦ Wand- und Fußbodengestaltung

In den USA und in Skandinavien ist das Home-Staging unter Investoren weit verbreitet. Umfragen haben ergeben, dass es das Potenzial hat, die Verkaufszeit um bis zu ein Drittel zu verkürzen und den Verkaufspreis um 10 bis 15 % zu erhöhen. Ausschlaggebend für diese Umfrage ist, dass es sich um einen Verkauf der Immobilie an Interessenten zur Nutzung und nicht einen Verkauf an Investoren handelt. Der Effekt lässt sich so erklären, dass **Privatpersonen mit Emotionen kaufen.** Bei der Besichtigung einer kahlen Immobilie ohne Einrichtung kommen die Emotionen nicht so zur Entfaltung, wie sie es könnten. Das Potenzial der Immobilie bleibt verborgen. Anders verhält es sich bei dem Kauf einer **eingerichteten Immobilie,** die ein vollendetes Werk ist und die Interessenten bereits wie ein neues Zuhause empfängt.

Tipp!

Auch ohne ein durchgeführtes Staging sollte zumindest eine Beleuchtung bei der Besichtigung sichergestellt sein. Bei einer angemessenen Beleuchtung können die Interessenten einen besseren Blick auf die Qualität der verwendeten Materialien werfen und fühlen sich besser aufgeklärt. Denn bei einer Besichtigung ohne günstige Beleuchtungsmaßnahmen ist der Gedanke naheliegend, dass Mängel vertuscht werden sollen. Die Beleuchtung für Besichtigungen kann durch E24-Mehrfachadapter oder Baustellenlampen umgesetzt werden.

Das Home-Staging sollten Sie nur in zwei Situationen einsetzen: Erstens, wenn Sie die Immobilie günstig renovieren und das Budget für einen Experten zur Verfügung haben, ohne den Profit beim Verkauf des Hauses zu gefährden. Zweitens, falls Sie sich selbst das Staging zutrauen, weil Sie sich für Design interessieren und imstande sind, individuelle, ansprechende Gestaltungen umzusetzen. Es ist nicht ausreichend, einen IKEA-Katalog zu kopieren. Dies fällt den Interessenten spätestens im Unterbewusstsein auf und lässt den Besonderheitswert vermissen.

Lassen Sie das Home-Staging komplett von Experten durchführen, dann richten sich die Kosten in der Regel nach dem Verkaufspreis der Immobilie und betragen rund 3 Prozent. Hinzu kommt, dass Sie die Kosten für das verwendete Material und gekaufte Mobiliar zu tragen haben. Bei einer Durchführung durch Experten sind die Exposee-Fotos im Preis inbegriffen, was bedeutet, dass Sie für die Vermarktung der Immobilie professionelle Bilder erhalten.

Abschließende Tipps

Setzen wir direkt bei den **Exposee-Fotos** an, die wir im letzten Abschnitt zum Abschluss erwähnt hatten: Sofern nicht bereits durch eines der Gewerke angefertigt, müssen Sie diese selbst machen. Hierbei ist auf einen **stimmigen Einsatz von Beleuchtung und Kamera-Effekten** zu achten. Falls Sie im Umgang mit der Kamera und deren Funktionen nicht versiert sind, suchen Sie in Ihrem Bekanntenkreis nach einer Person, die Ihnen das kleine 1x1 des Fotografierens beibringt. Ins Exposee kommen immer nur die Fotos, die das **Verkaufspotenzial der Immobilie fördern**. Beachten Sie, dass Sie die Fotos behalten sollten. Legen Sie Ordner für jedes Projekt an, weil Sie diese später als Inspiration oder Referenz gegenüber Kunden gebrauchen könnten. Bei einer zwischenzeitlichen Vermietung der Immobilie vor deren Verkauf können Sie die Fotos wiederverwenden, sobald Sie nach neuen Mietern suchen oder die Immobilie schließlich verkaufen.

> **Tipp!**
>
> Arbeiten Sie bei der Investition in Immobilien mit einer Bank zusammen? Zeigen Sie auch der Bank die Fotos, um zu belegen, welche Arbeiten Sie an der Immobilie durchgeführt haben. Die Bank rechnet Ihnen die wertsteigernden Maßnahmen unter Umständen positiv an, was nicht die Zinsen oder die Tilgung für die aktuelle Finanzierung senkt, sich aber günstig auf Ihr Ansehen bei der Bank auswirkt.

Weitere Tipps für die Sanierungs-, Renovierungs- und Modernisierungsmaßnahmen sind:

♦ Während der Handwerker-Arbeiten Fotos machen, um die Arbeiten zu dokumentieren und Reklamationen einfacher durchzusetzen

♦ Sich von Handwerkern vertraglich eine Gewährleistungszeit zusichern lassen; niemals beim An- und Verkauf von Immobilien einzelne Gewerke in Schwarzarbeit beschäftigen!

♦ Vor der Durchführung alle Möglichkeiten auf Förderungen ausloten

♦ Buch über die verwendeten Materialien und die durchgeführten Arbeiten führen, weil es für Interessenten ihre Transparenz als Verkäufer steigert

Errechnen der Investitionskosten

Die Investitionskosten setzen sich aus Abriss-, Entsorgungs-, Material- und Arbeitskosten zusammen. Abriss- und Entsorgungskosten fallen dann an, wenn Sie bei einer bestehenden Immobilie Bodenbeläge, Tapeten, Einrichtungsgegenstände oder anderes Material entfernen. Weil Sie in der Regel mit Bestandsimmobilien handeln werden, die einer Aufwertung bedürfen, bleiben Ihnen die Kosten für Abriss und Entsorgung nicht erspart. Sie fallen nur dann nicht an, wenn für die jeweilige Arbeit kein Abriss notwendig ist; z. B. sofern der Boden bereits beim Kauf ohne Belag ist und direkt neuer Belag verlegt werden kann. Material- und Arbeitskosten hingegen fallen immer an, weil Sie im Zuge der Immobilienaufwertung Maßnahmen durchführen müssen, die den Einsatz von Materialien erfordern. Wir haben also vier Kostenfaktoren, die sich im Rahmen von Renovierung, Sanierung, Modernisierung und Ausbau der Immobilie ergeben:

♦ Abriss

♦ Entsorgung

♦ Materialkosten

♦ Arbeitskosten

Im Folgenden wird Ihnen jeder dieser Kostenfaktoren vorgestellt, sodass Sie anschließend die Kenntnis haben, wie Sie die Arbeiten anleiten, Dienstleister finden und die Kosten kalkulieren. **Bedenken Sie bei alledem**, dass **a)** die Marktpreise für Handwerksarbeiten von Bundesland zu Bundesland verschieden ausfallen, **b)** die Lage der Immobilie Einfluss auf Anfahrtswege und Transport von Materialien und dadurch auf den endgültigen Preis hat, **c)** individuelle Eigenschaften der Räumlichkeiten die Kosten anzuheben vermögen und **d)** persönliche Kontakte Gold wert sind. Wenn Sie unter Ihren persönlichen Kontakten Gewerke haben, die Ihnen bei der Immobilie helfen können, sind Sonderkonditionen bei einer guten Beziehung nicht unwahrscheinlich. Noch besser wird es für Sie bei einer regelmäßigen Beauftragung der Gewerke: Sind Sie imstande, aufgrund von Arbeiten an mehreren Immobilien oder einer großen Immobilie einen Handwerker oder ein Handwerksunternehmen langfristig zu beschäftigen, so ist **aufgrund des Auftragsvolumens ein Preisnachlass selbstverständlich**. Falls Ihnen bei einem hohen Auftragsvolumen ein Unternehmen keinen Preisnachlass gewährt, ist es für Ihre Zwecke nicht das richtige Unternehmen.

In unseren folgenden Ausführungen gehen wir für die Preisermittlung davon aus, dass Ihre Immobilie zentral bzw. in einem Stadtteil liegt, in dem die Gewerke kurze Anfahrtswege haben, und Sie zwischen mehreren Unternehmen die Preise vergleichen und auswählen können.

Abriss und Entsorgung

Gehen wir in derselben Reihenfolge wie auch bei der Sanierung, Renovierung und Modernisierung (siehe 2.1) vor, indem wir die Kosten für eine Entrümpelung bzw. Räumung der Immobilie betrachten. Während Fenster und Türen bestellt werden, wird die **Räumung** in Auftrag gegeben. Diese schlägt **bei Gebäuden mit 150 Quadratmetern mit 3.000 bis 5.000 €** zubuche. Bei kleinerer Wohnfläche ist anteilig herunterzurechnen mit 20 bis 35 € pro Quadratmeter. Dementsprechend würde ein Gebäude mit 100 Quadratmetern 2.000 bis 3.500 € kosten. Dabei ist **ausschlaggebend, wie viel der Fläche belegt ist**. Sind einige Zimmer auffällig leer oder auffällig voll, senkt bzw. erhöht dies den genannten Pauschalpreis. Je höher das Stockwerk, in dem die Wohnung gelegen ist, umso höher wird der Pauschalpreis angesetzt. Dementsprechend ist die Entrümpelung eines Dachbodens kostspieliger. Die **Entsorgung der Einrichtung ist in dem Preis einkalkuliert.**

Nehmen wir an, dass nach der Entrümpelung festgestellt wird, dass eine **Asbestsanierung** des Bodens erfolgen muss. **Für die Entfernung sind Kosten von 30 bis 50 € pro Quadratmeter marktüblich.** Hinzu kommen pauschale Aufpreise, die das Unternehmen für Anfahrtswege berechnet. Des Weiteren müssen beim Abriss Materialien zur Verfügung gestellt werden. Hierzu gehören u. a. spezielle Säcke zur Verpackung des abgerissenen Asbests, für die bis zu 15 € pro Stück zu rechnen ist. Sollte eine Asbestsanierung nicht im Boden, sondern am **Dach** erfolgen, liegen die **durchschnittlichen Quadratmeterpreise bei um die 25 €.** Die Gerüstmiete steigert den Preis. Zudem muss die Noteindeckung des Daches finanziert werden. Die **Entsorgung des Asbests kostet bis zu 300 € pro Tonne.** Bei Dächern sorgen die schwergewichtigen Asbestplatten dafür, dass die Gebühren meist hoch ausfallen. Die Entsorgung des Asbestklebers bei Bodenbelägen ist aufgrund des geringeren Gesamtgewichts hingegen günstiger.

Hinweis!

Neben Asbest existiert eine Vielzahl anderer Giftstoffe, die in Baumaterialien von Immobilien vorliegen können und die Notwendigkeit eines Abrisses nach sich ziehen. Weil kaum ein Schadstoff derart teure Kosten zur Folge hat wie Asbest, wird an dieser Stelle nicht weiter vertieft. Besichtigen Sie die Immobilie zusammen mit einem Fachmann, so wird Ihnen dieser auch die Kosten für den Abriss und die Entsorgung der jeweiligen Bauelemente, die mit Schafstoffen belastet sind, schätzen. Für eine alleinige Besichtigung gibt es mehrere kleine Helfer, die Ihnen die Feststellung von Schadstoffbelastungen ermöglichen. Ein Beispiel für einen solchen Helfer ist der in der Apotheke erhältliche „Bio Check F" der Firma Dräger, mit dem Formaldehydbelastungen nachgewiesen werden können.

Kommen wir zu einem Fall, an dem Sie einiges an Geld sparen können: Das **Entfernen von Bodenbelägen und Tapeten**. Wenn Sie einen Betrieb mit dem Entfernen beauftragen, dürfen Sie mit **5 €** **pro Quadratmeter** für die Beseitigung alter **Tapete** rechnen. Hierbei spielt es keine Rolle, ob es sich um eine Raufaser-, Vlies-, Vinyltapete oder eine andere Art handelt. Das Entfernen von Bodenbelägen richtet sich nach der Art des Bodenbelags, wobei deutliche Unterschiede auftreten:

- ◆ Parkett: bis zu 10 € / m²
- ◆ Fliesen: bis zu 20 € / m²
- ◆ Holzdielen: meist ab 50 € / m²
- ◆ Teppich: meist 5 € / m²
- ◆ Laminat: bis zu 2 € / m²

Sie können die Kosten umgehen, indem Sie die **Arbeiten selbst erledigen**. Abrissarbeiten wie diese bedürfen keiner besonderen Qualifikation. Zur Sicherheit sind Handschuhe und Brillen als minimale Schutzausrüstung empfohlen. Insbesondere, wenn sich die Beläge leicht entfernen lassen, **sparen Sie mehrere Hunderte oder – bei mehreren Räumlichkeiten – mehrere Tausende Euro**. Vliestapeten beispielsweise zeichnen sich dadurch aus, dass sie sich einfach von der Wand runterziehen lassen.

Im Prinzip können Sie dasselbe bei einer Entrümpelung machen, aber bei der Entrümpelung mit zahlreichen Einrichtungsgegenständen ist der Aufwand häufig derart groß, dass sich dies in Eigenregie kaum rentiert: Der Transport die Treppen hinauf/hinab erfordert Ausstattung und mehrere Personen, was sich über Entrümpelungsunternehmen deutlich einfacher bewerkstelligen lässt. Die **Entfernung von Bodenbelägen sowie Tapeten und deren Transport sind für Sie selbst einfach machbar**.

Tipp!

Ihre Zeit ist zu wertvoll, um selbst Bodenbeläge oder Tapeten herunterzureißen? Sie ist so wertvoll, dass es einem Verlust gegenüber der Beauftragung eines Unternehmens entspräche, falls Sie die Arbeiten selbst machten? Dann stellen Sie Ihre eigenen Helfer ein! Für Abrissarbeiten, die keine Qualifikationen erfordern, existieren reichlich körperlich fitte Schüler und Studenten, die sich einem Minijob gegenüber nicht abgeneigt zeigen. Aufgrund der geringen Risiken in Verbindung mit diesen Arbeiten ist hier auch die Schwarzarbeit ein Thema, das in Erwägung gezogen werden darf. Gehen wir aber von der rechtlich sicheren Anstellung eines Helfers auf Minijob-Basis aus, so können Sie bereits für 12 € pro Stunde die Tapete heruntergerissen bekommen, während ein professionelles Unternehmen 30 bis 40 € die Stunde fordert. Natürlich sollten Sie den Helfer, der vielleicht keinerlei Vorerfahrung hat, darin einweisen, dass die Tapete zuerst feucht gemacht oder der Teppich in kleine Stücke geschnitten werden muss, um einen Abriss zu erleichtern.

Die **Kosten für die Entsorgung von Tapete und Bodenbelägen** erfahren Sie bei dem **zuständigen Recycling- bzw. Werkstoffhof**. Gleiches gilt für die Entsorgung von Einrichtungsgegenständen, falls Sie die Entrümpelung selbst durchführen. Um ein Beispiel für die Gebührenstruktur zu bieten, werden im Folgenden die Preise der Stadtreinigung Hamburg für einzelne relevante Werkstoffe und Gebührenklassen aufgeführt:

Abfallart	Menge	Preis
mineralischer Bauschutt (z. B. Backsteine, Beton, Fliesen, Keramik, Ziegel)	pro angefangene 100 Liter und bis maximal 5 m³	12,00 €
Mineralfaserabfälle (z. B. Glaswolle, Steinwolle)	pro angefangene 100 Liter und bis maximal 1 m³	14,60 €

Restmüll (z. B. Teppichreste, Tapetenreste und weitere Baumaterialien)	pro angefangene 120 Liter	3,00 €
Fenster- und Türrahmen	-	kostenlos; sofern der Glasanteil rückstandslos entfernt wurde
imprägniertes Holz	-	kostenlos
Dachpappe	bis maximal 20 m²	kostenlos

Anhand dieser Übersicht lassen sich die verschiedensten Baumaterialien unterteilen. Nicht aufgeführte Baustoffe, wie z. B. Holzdielen, müssen separat mit der Stadtreinigung erörtert werden. Bei Holz spielt es eine große Rolle, inwieweit es behandelt ist. Unbehandeltes Holz wird am günstigsten entsorgt, während für behandeltes Holz aufgrund des Schadstoffgehalts mindestens 75 € pro Tonne an Kosten anfallen.

Was kann noch in einer Immobilie abgerissen werden? Bis zum kompletten Gebäude alles. Die bis hierhin vorgestellten Abrissarbeiten sind die im Schnitt häufigsten. Was noch erforderlich werden kann – allerdings speziell bei maroden Immobilien in stark baufälligen Zustand – sind die Entfernung von Putz und Estrich. Ist der **Putz** an den Wänden nicht mehr tragend oder blüht er aus, so muss er entfernt werden. Die Kosten hierfür liegen bei **15 bis 25 € pro Quadratmeter**. Es ist empfehlenswert, diese Arbeit von Profis durchführen zu lassen, weil diese am besten beurteilen können, ob der alte Putz noch taugt. Während Sie als Laie über die Entfernung des Bodenbelags oder der Tapeten selbst entscheiden können, ist die Entscheidung über die Eignung des vorhandenen Putzes manchmal komplizierter und erfordert ein fachmännisches Auge. Darüber hinaus ist für die Entfernung des Putzes Ausstattung notwendig, die idealerweise über Hammer und Mörtel hinausgeht. Bei Dekorputz z. B. muss mit einer Schleifmaschine gearbeitet werden, was einen hohen Zeitaufwand bedeutet. Ein professionelles Unternehmen wird alle Anforderungen am besten erfüllen. Die 15 bis 25 € Quadratmeterpreis **enthalten auch die Entsorgungsgebühren**.

Neben dem Abschlagen des Putzes wird in maroden Immobilien das **Abtragen des Estrichs möglicherweise notwendig** sein. Das massive und hoch belastbare Material, das auf den Boden gegossen und dort gleichmäßig verstrichen wird, ist in nahezu allen Bestandsimmobilien noch so weit in Ordnung, dass es höchstens ausgebessert werden muss. Anders bei komplett sanierungsbedürftigen Immobilien, bei denen die gesamte Struktur des Estrichs geschädigt ist: Mit Bohrhämmern und individuell ausgewählten Meißel-Aufsätzen gehen Unternehmen ans Werk, wobei der Kostenpunkt bei rund **270 bis 350 € pro m²** liegt.

Weitere Abrisspreise:

- Fenster und Türen ca. 55 bis 90 € pro Stück (können weitestgehend selbst entfernt und kostenlos entsorgt werden)
- Dächer (inklusive Entsorgung) 55 bis 95 € pro m²
- Wände und Mauern (bis zu einer Dicke von 15 cm) 35 bis 60 € pro m²

Materialkosten

Die Materialkosten sind der für Sie **einfachste und zuverlässigste Posten**. Grund hierfür ist, dass Sie die Geschäfte abfahren oder Websites durchstreifen können und so konkrete Angaben zu den Materialkosten erhalten. Es gibt keinen Werkstoff, den Sie nicht im Internet für einen schnellen Preisvergleich vorfänden. Unter Umständen lohnt es sich, die **Betreiber der Verkaufsseiten zu kontaktieren und über Preise bei größeren Abnahmemengen zu verhandeln**. Der ein oder andere Rabatt dürfte drin sein.

Problematisch wird die Kalkulation der Materialkosten für Sie nur in zwei Situationen: Entweder wenn Sie die Kontrolle über die Materialauswahl delegieren oder wenn Sie nicht wissen, welche Materialien für die jeweilige Renovierungs-, Sanierungs- oder Modernisierungsmaßnahme gebraucht werden.

Beispiel für die erste Situation: Sie haben die Möglichkeit, die komplette Aufwertung einer Immobilie durch einen Architekten durchführen zu lassen. Wenn Sie ihm freie Wahl über die Verwendung des Budgets geben oder das Budget nur bedingt einschränken, könnte es dazu kommen, dass beispielsweise für das Dach teure Materialien verwendet werden, während für den Boden die günstigsten Belege ausgesucht werden. Wenn Sie es anders wünschen, müssen Sie den **Architekten über Ihre gewünschte Prioritätensetzung in Kenntnis setzen.**

Beispiel für das zweite Szenario: Sie wissen nicht, welche Materialien gebraucht werden. Gehen wir zur Veranschaulichung dieses Szenarios davon aus, dass Sie gerade eine Immobilie besichtigen und für sich im Kopf kalkulieren, was der Abriss des Bodenbelags und das Verlegen neuer Fliesen kosten würden. Beim Verlegen von Fliesen rechnen Sie mit den Fliesen an sich und dem Fliesenkleber, vergessen aber die Fugenmasse. Dies macht bei einem Raum von 24 m^2 250 € Unterschied im Materialpreis. Bei der gesamten Immobilie können es demnach um die 1.000 € sein, falls überall Fliesen verlegt werden und die Immobilie rund 100 m^2 Wohnfläche aufweist. Dieses Beispiel zeigt, **wie sich bei mangelnder Kenntnis über die benötigten Materialien die einzelnen Posten zu hohen Gesamtkosten summieren.**

Material	Preis pro m^2
Bodenbelag Estrich	ca. 30,00 €
Fliesen	ca. 25,00 €
Parkett	ca. 50,00 €
Laminat	ca. 6,00 €
Teppich	ca. 20,00 €
Linoleum	ca. 35,00 €
Tapete Raufaser	ca. 1,50 €
Vlies	ca. 2,50 €
Vinyl	ca. 3,00 €

Elektrik	
FI-Schutzschalter	ca. 120,00 € (Gesamtpreis; nicht m²)
Sicherung mit PE-Leitern	
Raumthermostat	ca. 60,00 €
Rollläden	ca. 50,00 € (pro Stück)
Leitungen, Steckdosen & Schalter	ca. 140,00 € (pro Stück)
	ca. 4.000,00 € (Gesamtpreis; nicht m²)
Sanitär	
Entlüftungsanlage	ca. 3.000,00 € (Gesamtpreis; nicht m²)
Kalt- und Warmwasserleitungen	
Schmutzwasserkanal	ca. 1,00 € (pro lauf. Meter)
	ca. 300,00 € (pro lauf. Meter)

Die Preise sind **mittlere Pauschalangaben.** Weil Materialien in verschiedener Qualität erhältlich sind, variieren die Preise zum Teil stark. Bestes Beispiel für diesen Sachverhalt sind Kalt- und Warmwasserleitungen, die als Kunststoffrohre in dem in der Tabelle genannten Preissegment liegen. Stahl- und Kupferrohre sind in Bezug auf das Material vermeintlich hochwertiger, weswegen sie rund 7,00 € pro laufendem Meter kosten – 6,00 € Unterschied! Aufgrund der ans Wasser abgegebenen Metallionen und technischen Nachteilen wird aber meist zu den günstigeren Kunststoffrohren gegriffen. Bei Heizungsrohren gelten übrigens ähnliche Preisverhältnisse, wobei ebenfalls bevorzugt auf Kunststoffrohre zurückgegriffen wird.

Zum Preis für Heizungen sind die Schätzungen generell schwierig, weil es viele verschiedene Heizmethoden mit unterschiedlichen Leitungen gibt. Hier müssen Sie selbst auf Preissuche gehen. Gleiches gilt für die **Preise der sichtbaren Materialien:** Sanitäre Einrichtungen sind in den verschiedensten Preisklassen erhältlich. Hier gilt dieselbe Regel, wie bei Artikelkäufen allgemein: Ein Preisvergleich auf speziellen Websites schafft Abhilfe. Amazon, idealo. de und Besuche in lokalen Baumärkten bringen Sie schnell auf die kostengünstigste Spur. Es gibt Badewannen für eine Montage nahe der Wand, die unter 200 € kosten. Ebenso existieren wiederum freistehende Wannen zu Kosten von über 1.000 €. Die Differenzen sind deutlich, was sich auch bei den kleinen Wasserhähnen bemerkbar macht: Ganz schlicht für 7 Euro oder mit einem goldfarbigen Vogel als Zierde für 32 €? Sie haben die Wahl!

Haben Sie Verständnis, dass Ihnen dieses Buch in Hinblick auf die Materialkosten nicht die komplette Arbeit ersparen kann. Es wurde ein Großteil der Materialien aufgeführt, die kostentechnisch am meisten zum Tragen kommen sowie in Preisvergleichen im Internet schwer auffindbar sind. Greifen Sie beim An- und Verkauf, sofern es sich um keine Luxus- oder Statusimmobilien handelt, bei den **sichtbaren Materialien** zu **Produkten mittlerer Qualität** und bei den **nicht sichtbar verbauten Materialien** zu **Produkten niedriger bis mittlerer Qualität**.

Arbeitskosten

In diesem Unterkapitel werden nur die Arbeitskosten erwähnt, die für das **Verlegen bzw. die konstruktive Arbeit durch ein Gewerk** anfallen. Nachdem in 2.2.1 die Abrisskosten durch die Gewerke separat beleuchtet wurden, 2.2.2 den Kosten der benötigten Materialien gewidmet war und nun die konstruktiven Arbeiten (z. B. Verlegen von Bodenbelägen, Tapezieren, Verlegen von Wasserleitungen) anstehen, setzen wir uns in diesem Abschnitt damit auseinander, was einzelne Gewerke für bestimmte Arbeiten im konstruktiven Bereich verlangen. Sollten Sie eine der im Nachfolgenden geschilderten Arbeiten selbst beherrschen und Zeit zur Durchführung haben, ist die Eigendurchführung im Sinne der Kostensenkung selbstverständlich angeraten. Für alles andere gibt es die Gewerke!

Verlegen / Installieren	Preis pro m^2
Bodenbelag	
Dielenboden	ca. 40,00 €
Dielenboden-Renovierung	ca. 25,00 €
(Abschleifen und Versiegeln)	
Parkett	ca. 75,00 €
Laminat	ca. 20,00 €
Teppich	ca. 60,00 €
PVC / Vinyl	ca. 20,00 €
Linoleum (Rollboden)	ca. 30,00 €
Linoleum (Klickboden)	ca. 45,00 €

Tapete	
Raufaser	ca. 10,00 €
Vlies	ca. 15,00 €
Vinyl	ca. 15,00 €
Dach	
Dachstuhl	ca. 70,00 €
Steildach	ca. 80,00 €
Steildach (mit Dämmung)	ca. 200,00 €
Steildach (komplett)	ca. 350,00 €
Flachdach (komplett; selten notwendig bei Flachdächern)	ca. 180,00 €
Elektrik	
Licht und Steckdosen	ca. 6.000 € (Gesamt bei 120 m² Wohnfläche)
Rollläden, Thermostate und programmierbare Schalter	ca. 7.000 € (Gesamt bei 120 m² Wohnfläche)
Sanitär	
Komplett neue Sanitärinstallation	ca. 10.000 € (Gesamt bei 120 m² Wohnfläche)
Ausbesserung bestehender Sanitärinstallation	ca. 70,00 €

Hier verstehen sich die Preise noch mehr als bei den Abriss- und Materialkosten als **pauschale Angaben**. Der hohe Individualisierungsgrad sticht vor allem im Sanitärbereich heraus. Um Ihnen das Verständnis zu erleichtern, soll **anhand der Sanitäreinrichtung ein Beispiel** durchgeführt werden: Die komplett neue Sanitärinstallation – wie Sie bei Neubauten immer und bei maroden Immobilien manchmal anfällt – ist die eine Sache. Die andere Sache sind die individuellen Wünsche bezüglich der Sanitäreinrichtung. Tatsächlich beeinflusst die gewünschte Sanitäreinrichtung die Materialkosten am meisten (Standard- oder Luxus-Badezimmer), aber zum Teil auch die Arbeit der Handwerker. Muss zusätzlich zur Badewanne eine Dusche angeschlossen werden oder soll die Immobilie über zwei Badezimmer verfügen, so steigen dadurch die Kosten für die gesamte Installation, weil der **Zeitaufwand zur Bewerkstelligung für die Gewerke steigt**. Die Kosten in der Tabelle verraten Ihnen den Gesamtpreis einer komplett neuen Sanitärinstallation in Bezug auf 120 m², wobei von einem Badezimmer und einer Küche mit Grundausstattung ausgegangen wird. Für jede darüber hinausgehende Ausstattung oder kleinere Arbeiten dürfen Sie mit 70 € Quadratmeterkosten kalkulieren. Um neben der Sanitäreinrichtung ein weiteres Beispiel zu geben: Sogar beim Teppich kann es ziemlich „bunt" zugehen. Die 60 € Quadratmeterpreis als pauschales Mittel können durch günstige Verlegeverfahren mittels Klebeband auf 10 € Quadratmeterpreis heruntergeschraubt werden – beachtlich! Die teuersten Marktpreise liegen bei rund 80 € für einen Quadratmeter Verlegearbeit. Beachten Sie bei alledem: Die Preise weichen zwischen Unternehmen aus Städten mit hoher Nachfrage und Unternehmen vom Land deutlich ab.

Schlussendlich haben die **Handwerkerkosten** immer einen **spekulativen Charakter**. Schauen Sie sich gern Fernsehshows oder anderweitige Informationsquellen an, um einen Eindruck zu gewinnen, wie die Profis bei Handwerkerkosten kalkulieren: Nahezu jeder Immobilieninvestor wirft pauschale Zahlen in den Raum, wobei er die **Kosten hoch kalkuliert**. Denn lieber positiv von geringeren Kosten überraschen lassen als negativ von unerwartet hohen Kosten.

Sofern Sie Ihre geschäftlichen Aktivitäten auf ein Bundesland oder eine Stadt konzentrieren und obendrein im Idealfall mit festen Partnern zusammenarbeiten, werden Sie die Preise relativ präzise einschätzen können. Aber bis dahin gilt: Mehr als pauschale Angaben können Ihnen nicht vermittelt werden, weil sich der Markt innerhalb Deutschlands stark unterscheidet und permanent in Bewegung ist. Was in diesem Jahr an Preisen noch aktuell ist, wird es nächstes Jahr vielleicht nicht mehr sein. Auch deswegen ist es wichtig, dass Sie sich **feste Partnerschaften** erarbeiten: Damit sind Sie **von Preisschwankungen weniger betroffen** und können sich **langfristig gute Preise** sichern.

Förderungsoptionen

Entgegen einiger Behauptungen werden nicht nur Personen staatlich gefördert, die ihr privates Eigenheim energieeffizient sanieren oder modernisieren. Die staatlichen Förderungen kommen auch Investoren zugute, die Immobilien an- und verkaufen, vermieten oder anderweitig damit arbeiten. Oberstes Ziel ist die Energiewende hin zu erneuerbaren Energien. Im Zuge der Wende ist es belanglos, ob Privatpersonen oder Unternehmen Immobilien energieeffizient machen. Denn sobald eine energieeffiziente Immobilie steht, ist es ein Beitrag zur Energiewende. Früher oder später wird sie von Käufern, Mietern oder bei Gewerbeimmobilien von Unternehmen bezogen. Sämtliche Förderungen, die Privatpersonen zustehen, erhalten auch Unternehmen, sofern die **Kriterien zur Förderung erfüllt** sind und keine sonstigen Ausschlussbedingungen bestehen.

Die **bekannteste Quelle für Fördergelder** ist die **Kreditanstalt für Wiederaufbau; kurz KfW**. Sie vergibt nicht nur Förderungen für die Immobilienmodernisierung, sondern ebenso für Unternehmen, Privatpersonen, öffentliche Einrichtungen und weitere Akteure, die in das Rahmenprogramm der KfW-Förderungen hineinpassen. Auf ihrer Website kfw.de informiert die Förderbank, die dem Bundesministerium für Finanzen untersteht, über die verschiedenen Förderoptionen. Um Ihnen das Auffinden der einzelnen Förderungsmöglichkeiten für Ihre Tätigkeit als Immobilienunternehmer zu erleichtern, erhalten Sie im Folgenden die **Förderoptionen in einzelnen Unterkapiteln mit den passenden Links zur KfW** vorgestellt.

Wir wollen aber nicht die weiteren Förderungsoptionen vernachlässigen, die es abgesehen von den KfW-Krediten sowie -Zuschüssen gibt! Hierzu gehören beispielsweise die **Förderungen des Bundesamts für Wirtschaft und Ausfuhrkontrolle**. Des Weiteren haben die einzelnen Bundesländer Förderprogramme mit gewissen Schwerpunkten gestartet, die weniger bekannt sind und daher seltener in Anspruch genommen werden. Hier sind die Chancen umso größer, Zuschläge in kürzester Zeit zu erhalten.

Energieeffizient sanieren – Kredit 151, 152

Das Wichtigste – kompakt!

- Link zur Infoseite: https://www.kfw.de/inlandsfoerde-rung/Unternehmen/Wohnwirtschaft/Finanzierungs-angebote/Energieeffizient-Sanieren-Kredit-(151-152)/

- Kriterien:
  - Wohngebäude mit Bauantrag oder Bauanzeige vor dem 01.02.2002
  - Förderung folgender Einzelmaßnahmen: Wär-medämmung von Wänden, Dachflächen, Keller- und Geschossdecken / Erneuerung der Fenster und Außentüren / Erstanschluss an Nah- oder Fernwärme / Optimierung der Heizungsanlage / Erneuerung oder Einbau einer Lüftungsanlage
  - Einzelmaßnahmen müssen technische Min-destanforderungen erfüllen; mehr dazu unter: https://www.kfw.de/PDF/Dow-nload-Center/F%C3%B6rderprogramme-(In-landsf%C3%B6rderung)/PDF-Dokumen-te/6000003612_M_151_152_430_Anlage_TMA_2018_04.pdf

- Förderungsbeträge:
  - bei Einzelmaßnahmen bis zu 50.000 € und bei Sanierung zum KfW-Effizienzhaus bis zu 120.000 € zu 0,75 % Sollzins pro Jahr
  - Tilgungszuschuss von bis zu 48.000 €, der sich nach der Qualität der Sanierung richtet
  - zusätzliche Begleitung durch Energieexperten kann mit weiteren 4.000 € gefördert werden

Photovoltaik-Anlagen sind nicht in der Förderung inbegriffen. Hierfür stellt die KfW einen anderen Kredit bereit, den Sie in den kommenden Unterkapiteln kennenlernen werden. Es ist erlaubt, **mehrere Förderungen der KfW miteinander zu kombinieren,** wodurch Sie die Vorteile steigern. Interessant für Sie dürfte sein, dass nicht nur Sie gefördert werden, sondern auch die Käufer Ihrer Immobilie. Voraussetzung hierfür ist, dass Sie die Bedingungen sowie Beträge der energieeffizienten Sanierung genau dokumentieren und im Kaufvertrag festhalten. Wenn die Käufer einen Antrag stellen, wird der Kauf der Immobilie staatlich gefördert – ja, richtig: Obwohl *Sie* bereits eine Förderung für die Sanierung erhielten, erhalten auch die Käufer die Förderung auf dieselbe Immobilie nochmals.

Der Haken an sämtlichen **Krediten der KfW** ist, dass sie **über einen längeren Zeitraum zurückgezahlt** werden müssen. Es besteht die Option zu einer vorzeitigen Rückzahlung der gesamten Kreditsumme, aber dann fällt eine Vorfälligkeitsentschädigung an. Der Kredit kann sich trotzdem lohnen, sofern Sie nach Abzug der Zinskosten und der Vorfälligkeitsentschädigung nach Verkauf der Immobilie einen Gewinn verzeichnen. Alternativ können Sie den Kredit über den kürzesten Zeitraum von vier Jahren zurückzahlen, was Sie schneller von den Schulden befreit. Hinzu kommt der **Tilgungszuschuss**, der einen wesentlich höheren Gewinn bei Verkauf der Immobilie zur Folge hat. Es muss sich rechnen. Bei den KfW-Krediten tut es dies meistens.

Energieeffizient sanieren Ergänzungskredit – Kredit 167

Das Wichtigste – kompakt!

- ♦ Link zur Infoseite: kfw.de/inlandsfoerderung/Unternehmen/Wohnwirtschaft/Förderprodukte/Energieeffizient-Sanieren-Ergänzungskredit-(167)/
- ♦ Kriterien:
    - ○ zur Umstellung der Heizungsanlage auf erneuerbare Energien
    - ○ nur bei Wohngebäuden anwendbar
- ♦ Förderungsbeträge:
    - ○ bis zu 50.000 € Kreditbetrag
    - ○ Zinssatz bei 0,78 % effektivem Jahreszins

Dieser Ergänzungskredit ist **mit dem Kredit 151, 152 kombinierbar,** ebenso aber mit dem nicht von der KfW angebotenen **BAFA-Zuschuss „Heizen mit erneuerbaren Energien".** Wie beim Kredit 151, 152 können die Käufer die Kosten für den Kauf Ihrer Immobilie zum Teil fördern lassen, wenn Sie die Kosten für die energieeffiziente Sanierung der Heizungsanlage gesondert ausweisen. Dies vereinfacht den Kauf. Erneut ist die **Hinzuziehung eines Experten förderfähig mit bis zu 4.000 €.** Der „Zuschuss Baubegleitung" mit der Nummer Zuschuss 431 ist unter dem Link „https://www.kfw. de/inlandsfoerderung/Unternehmen/Wohnwirtschaft/Finanzierungsangebote/Energieeffizient-Sanieren-Baubegleitung-(431)/" abrufbar. Bei diesem Zuschuss werden bis zu 50 % der Kosten für einen Experten übernommen.

Erneuerbare Energien Standard – Kredit 270

Das Wichtigste – kompakt!

- ◆ Link zur Infoseite: https://www.kfw.de/inlandsfoerderung/Unternehmen/Wohnwirtschaft/F%C3%B6rderprodukte/Erneuerbare-Energien-Standard-(270)/

- ◆ Kriterien:
  - ○ Errichtung, Erweiterung und Erwerb von Erneuerbare-Energien-Anlagen (zzgl. Planungs-, Projektierungs- und Installationskosten), wie z. B. Photovoltaik-Anlagen, Wasserkraft-Anlagen, Windkraft-Anlagen, KWK-Anlagen, Biogas-Anlagen sowie -Leitungen und Batteriespeicher
  - ○ gebrauchte Anlagen sind in der Regel von den Förderungen ausgeschlossen
  - ○ gesetzliche Anforderungen für den Ausbau erneuerbarer Energien müssen abgedeckt sein

- ◆ Förderungsbeträge:
  - ○ bis zu 50 Mio. Euro pro Kredit mit teilweiser oder sofortiger Auszahlung des Betrages
  - ○ volle Höhe der Investitionskosten kann gedeckt werden

> ○ effektiver Jahreszins ab 1,03 % pro Jahr
> ○ Außerplanmäßige Sofort- oder Teiltilgung möglich

Der Kredit 270 der KfW richtet sich an **Kleinunternehmen sowie Big Player**. Dies macht sich nicht nur anhand der Kreditsumme, sondern auch an der **Förderung bis ins Ausland** bemerkbar. Für die **Installation von Photovoltaik-Anlagen** bei Immobilien ist der Kredit bereits in fünf- bis sechsstelliger Höhe ausreichend. Die bis zu 50 Mio. Euro richten sich an Investoren, die ganze Parks mit Windkraftanlagen bauen.

Aufgrund der **Kombinationsmöglichkeiten mit anderen Förderungen** vermag dieser Kredit es, eine immense Bereicherung bei der Sanierung der Immobilie darzustellen. Es ist ein Verkaufsargument für die Immobilie, weil der selbst erzeugte Strom auf lange Sicht nicht nur Ersparnisse, sondern auch **Perspektiven zur Erzielung von Einkünften** bietet. Hat das Dach eine ausreichend große Fläche, so kann damit Strom über den eigenen Bedarf hinaus erzeugt werden. Bei Einspeisung des überschüssigen Stroms in das öffentliche Netz verdient der Immobilieneigentümer.

Dieser Kredit kann **mit einer Dachsanierung kombiniert** werden.

Altersgerecht umbauen – Kredit 159

Das Wichtigste – kompakt!
- ◆ Link zur Infoseite: https://www.kfw.de/inlandsfoerderung/Unternehmen/Wohnwirtschaft/Finanzierungsangebote/Altersgerecht-umbauen-(159)/
- ◆ Kriterien:
  - ○ Vergabe unabhängig vom Alter
  - ○ zur Reduzierung von Barrieren im Wohngebäude und Schutz vor Einbruch

> ♦ Förderungsbeträge:
>   ○ bis zu 50.000 € Kreditbetrag
>   ○ ab 0,78 % effektivem Jahreszins

Neue Fenster und Fenstertüren werden durch diesen Kredit **nicht gefördert.** Hierfür ist der bereits vorgestellte Kredit 151, 152 hilfreich. Unter Maßnahmen zur Reduzierung von Barrieren im Wohngebäude werden beispielsweise der Einbau von Liftsystemen zur Überwindung von Treppen, Erschließung und Schaffung von Balkonen sowie Smart-Home-Anwendungen zur Unterstützung im Haushaltsalltag geführt. Maßnahmen im Sinne des Einbruchschutzes sind z. B. **einbruchhemmende Haus- und Wohnungseingangstüren, einbruchhemmende Rollladensysteme** sowie **moderne Gefahrenwarnanlagen.**

Während Privatpersonen als Alternative Zuschüsse zur Barrierereduzierung und zum Einbruchschutz beantragen können, steht Unternehmen lediglich dieser Kredit offen. Der Kredit ist **kombinierbar mit anderen Krediten der KfW.** Er ist allerdings **nicht bei gewerblich genutzten Immobilien anwendbar.** Wenn Sie mit Gewerbeimmobilien handeln, müssen Sie demnach auf diesen Kredit verzichten. Die kürzeste Laufzeit des Kredits, die beim An- und Verkauf empfohlen ist, erstreckt sich über vier Jahre. Eine vorzeitige komplette Rückzahlung des Kredits ist gestattet, wobei die Vorfälligkeitsentschädigung anfällt.

BAFA: Heizung effizient optimieren – Zuschuss

> *Das Wichtigste – kompakt!*
> ♦ Link zur Infoseite: https://www.bafa.de/DE/Energie/
>   Energieeffizienz/Heizungsoptimierung/heizungsopti-
>   mierung_node.html

- Kriterien:
  - Ersatz ineffizienter Pumpen
  - Ausrüstung mit hocheffizienten Pumpen
  - hydraulischer Abgleich am Heizsystem
- Förderungsbeträge:
  - Zuschuss in Höhe von 30 % der Nettoinvestitionskosten
  - Zuschuss bis zu 25.000 € pro Standort

In der Förderung inbegriffen ist die Umrüstung der Heizung mit u. a. **voreinstellbaren Thermostatventilen, Einzelraumtemperaturreglern, separater Mess-, Steuerungs- und Regelungstechnik und Pufferspeichern.** Es werden neben den Kosten für die Systeme auch die Kosten für den fachgerechten Einbau durch einen Dienstleister sowie die Materialkosten übernommen, die in Verbindung mit der Umrüstung stehen. Da es sich um einen Zuschuss bzw. eine Förderung handelt, muss die **Fördersumme nicht zurückgezahlt** werden. Weil sie sich auf maximal 30 % der Maximalkosten und 25.000 € pro Standort beläuft, müssen Sie als Investor den Großteil des Betrags aus eigenen Finanzen einbringen. Sie können diesen Zuschuss **mit einem Kredit der KfW kombinieren**, wie z. B. dem Kredit 167.

Aus der Förderung entfallen alle veralteten Heizsysteme, die in naher Zukunft nicht mehr genutzt werden sollen. Beispiele hierfür sind Gas- und Ölbrennwertkessel. Einige andere erneuerbare Energien, wie Wärmepumpen und Solarthermieanlagen, sind nicht förderfähig. Hierzu gibt es ersatzweise die Förderungen der KfW-Bank sowie der Landesregierungen.

Das BAFA hat eine geringere Auswahl an Förderprogrammen als die KfW. Über den Nutzen weiterer Programme, die z. B. die **Installation energieeffizienter Kälte- und Klimatechnik** fördern, erfahren Sie auf der Website des BAFA unter dem Link „https://www.bafa.de/DE/Home/home_node.html" Näheres.

Sonstige Förderungen

Unter die sonstigen Förderungen fallen regionale Angebote, die Sie über Ämter oder das Internet in Erfahrung bringen. Eine Person, die sich über die einschlägigen Quellen für Immobilieninvestoren (z. B. „IM immobilien magazin" als eine physische Zeitung und „deal-magazin.com" als eine Online-Zeitung; mehr zu Quellen im Schlusswort) regional sowie national auf dem Laufenden hält, wird kein gutes Angebot verpassen. Eine **gute Übersicht** im Internet mit einer **Vielzahl nationaler und regionaler Förderprojekte** findet sich auf der Website **baufoerderer.de** unter dem Link „https://www.baufoerderer.de/finanzieren-foerdermittel/foerdermittel/sanierung". Nachdem Sie sich auf dieser Seite im oberen Bereich durch die vielen KfW-Förderungen gescrollt haben, gelangen Sie im mittleren bis unteren Bereich der Auflistung zu einer Menge anderweitiger Förderprogramme. Achten Sie bei näheren Recherchen immer darauf, dass die Kredite nicht nur auf Privatpersonen, sondern auch auf Unternehmen und Investoren ausgelegt sind. Ansonsten beantragen Sie eine Förderung, die Ihnen nicht zusteht. Wenn Sie diese erhalten, droht im Nachhinein ein bürokratisches Desaster.

Die regionalen Förderprogramme sind derzeit breit gestreut und haben verschiedene Voraussetzungen. Sowohl von Ämtern als auch Banken initiiert, handelt es sich um Darlehen, die zu günstigen Konditionen zurückgezahlt werden können, oder Zuschüsse, bei denen nur eine teilweise Rückzahlung verlangt wird. Drei Beispiele für aktuell laufende Förderprogramme:

♦ **Sanierung von Mietwohnungen in Bremen (durch die „NBank")**

Ausbau, Umbau und Erweiterung von Mietwohnungen werden gefördert. Ziel ist eine Sicherstellung der Versorgung mit angemessenem Wohnraum. Bei gut begründeten Ausnahmen werden auch Neubaumaßnahmen als Ersatz für die Arbeit an Bestandswohnungen gefördert. Bis zu 15 % Tilgungsnachlass machen das Darlehen lukrativ. Es ist — je nach Umbaumaßnahmen – ein Eigenkapital in höherem fünf- oder sechsstelligen Bereich notwendig. Besonderheit: Es muss keine Modernisierung der Immobilien erfolgen.

♦ **Energetische Modernisierung bei WEG in Hessen (durch die WiBank als eine Wirtschafts- und Infrastrukturbank)**

Wie der KfW-Kredit 151, 152, abgesehen davon, dass die gesamte Wohnungseigentümergemeinschaft diesen Kredit finanziert. Dadurch kann die erforderliche Bonität einfacher nachgewiesen werden. Aufgrund der Finanzierung über eine WEG ist dieses Förderprogramm lediglich für Personen geeignet, die die Immobilie über die Dauer des Darlehens – in diesem Fall 10 Jahre – halten und vermieten wollen. Bei einem An- und Verkauf der Immobilie binnen eines kürzeren Zeitrahmens bestünde das Problem, dass der eigene Anteil des KfW-Darlehens auf den Käufer übertragen werden müsste.

♦ **Hamburger Gründachförderung (durch die Investitions- und Förderbank Hamburg)**

Ein Investitionszuschuss, der nicht zurückgezahlt werden muss, und maximal 50.000 € pro Gebäude beträgt. Er ist auch auf Gewerbeimmobilien anwendbar. Es werden Dachbegrünungen ab einer Mindestgröße von 20m² Nettovegetationsfläche gefördert. Wenn Sie eine Qualifikation als Gärtner nachweisen können, dann können Sie auch die eigene Arbeitsleistung fördern lassen. Zuschläge werden z. B. bei Maßnahmen, die mit der Installation solarer Anlagen auf dem Dach verknüpft sind, vergeben. So wird die Investition lukrativer. Die Kombination mit KfW- und BAFA-Förderungen ist möglich.

Wir stellen fest, dass die Förderungen unterschiedlich aufgebaut sind. Die einen sind Kredite mit Tilgungsnachlass, die anderen Zuschüsse. Darüber hinaus werden die KfW-Programme bei bestimmten Förderungen dank der Möglichkeit, sie über eine WEG zu finanzieren, zugänglicher. Eigene Förderprogramme mit sehr spezieller Ausrichtung, wie das zuletzt vorgestellte Projekt mit dem Namen „Hamburger Gründachförderung", erweitern die Bandbreite an Angeboten. Es lohnt sich, wenn Sie sich auf dem Laufenden halten und **in jede noch so spezielle Richtung nach Förderungen suchen.** Zum Teil eignen sich die Förderungen sogar als eine Inspirationsquelle. Wären Sie vorher auf die Idee gekommen, das Dach einer Immobilie mitten in der Stadt zu begrünen? Wohl eher nicht. Nun haben Sie die Förderung als einen Ideengeber und können die Idee weiterentwickeln, indem Sie beispielsweise eine Terrasse oder einen Wintergarten auf dem Dach hinzufügen, um den Kaufpreis der Immobilie zu steigern.

Förderungen für das Unternehmen

Förderungen für die Immobilie sind das eine, Förderungen für das Unternehmen das andere. Für den Fall, dass Sie **gewerblich mit Immobilien handeln,** ergeben sich andere Voraussetzungen als bei dem einmaligen An- und Verkauf einer Immobilie oder dem An- und Verkauf mit Haltedauern von über zehn Jahren. Mehr dazu in Kapitel 3. Fakt ist, dass den **Unternehmen staatliche Förderungen ebenfalls offenstehen.** Wie bei den Förderungen für Immobilien ist die KfW nicht die einzige Quelle für Fördergelder. Weil der Fokus dieses Kapitels allerdings nicht auf Förderungen für Unternehmen liegt, werden in diesem Kapitel als Beispiel nur die Förderoptionen durch die KfW-Bank erläutert. Die vielfältigen Spielräume sollten Ihnen als Anreiz dienen, sich darüber hinausgehend über die Fördermöglichkeiten für Unternehmen zu informieren.

Hinweis!

Beachten Sie, dass Förderungen fürs Unternehmen nur dann in Anspruch genommen werden sollten, wenn Sie es mit Ihrer Tätigkeit im Immobilienankauf und -verkauf ernst meinen!

Gehen wir den Worst-Case bei der Förderung von *Immobilienmodernisierungen* durch: Wenn Sie die Immobilie nicht verkaufen oder danach keine Lust haben, Ihre Tätigkeit im Immobilienhandel fortzusetzen, dann haben Sie immerhin noch die Immobilie oder den Gewinn aus dem Verkauf der Immobilie, der die Kredite der KfW refinanziert.

Betrachten wir nun den Worst-Case bei der Förderung Ihres *Unternehmens*: Sie haben Ihr Unternehmen, aber nicht die Immobilie gefördert, was bedeutet, dass die Risiken der Kreditaufnahme sich an Ihrer Unternehmung bemessen. Bei einer nicht sachgemäßen Verwendung der Gelder kann die Förderung eingestellt werden. Sie haben den Kredit nicht über einen Sachwert wie die Immobilie abgesichert, sondern ihn auf das Unternehmen laufen, das durch die eingestellten Fördergelder finanziell in die Bredouille kommt.

Es zeigt sich, dass die mit der Förderung eines Unternehmens verbundenen Risiken höher sind als die Risiken bei einer Förderung von Änderungen an einer Immobilie.

Am Anfang der Beantragung einer Förderung für Ihr Unternehmen steht die **Entschlossenheit**. Es ist empfehlenswert, mindestens einen An- und Verkauf einer Immobilie abgeschlossen zu haben und sich davon zu überzeugen, dass Sie wirklich ein Unternehmen gründen wollen. Dieses Unternehmen muss realistisch profitabel sein. Danach müssen Sie die passende Förderung für Ihr Unternehmen wählen. Die **KfW stellt mehrere Förderungen zur Verfügung**:

♦ ERP-Gründerkredit mit bis zu 150.000 € für Existenzgründer, junge und kleine Unternehmen

♦ ERP-Kapital für Gründung mit bis zu 500.000 €

♦ universeller ERP-Gründerkredit für Unternehmen, die weniger als fünf Jahre auf dem Markt sind

♦ weitere Kredite für etabliertere Unternehmen mit höheren Kreditvolumina

♦ ERP-Regionalförderprogramm mit bis zu 3 Mio. € Kreditvolumen für kleine und mittlere Unternehmen, die mindestens fünf Jahre auf dem Markt sind

Für den Anfang ist die Wahl eines der ersten beiden Kreditprogramme wahrscheinlicher, wobei nachgewiesen werden muss, wofür die Gelder ausgegeben werden. Die Ausgaben müssen strikt im Zusammenhang mit der geschäftlichen Tätigkeiten erfolgen und mit Belegen dokumentiert werden. Wenn Sie vor der Beantragung eines der Förderkredite bereits eine oder zwei Immobilien angekauft und verkauft haben, haben Sie weitaus bessere Chancen, den jeweiligen Kredit zu erhalten. Weil Sie durch die Schaffung hochwertigen und eventuell sogar energieeffizienten Wohnraums einen Beitrag zur Lösung regionaler sowie nationaler Probleme bzw. zum Erreichen der regionalen und nationalen Ziele leisten, dürfen Sie davon ausgehen, ohne nennenswerte Barrieren zu der von Ihnen gewünschten Förderung zu gelangen.

Der **ERP-Gründerkredit mit bis zu 150.000 €** ist mit den **geringsten Anforderungen** verbunden. Wenn Sie ihn einmalig beantragt, aber nicht die volle Summe in Anspruch genommen haben, dürfen Sie den Kredit bis zur Gesamtsumme von 150.000 € mehrmals beantragen. Ein Einsatz eigener Mittel ist nicht notwendig. Beim **ERP-Kapital** müssen Sie **eigene Mittel einbringen und einsetzen**. Eine Finanzierung des Geschäfts komplett aus dem Kreditbetrag ist nicht gestattet.

Ausbau und Umbau

Der Ausbau von Immobilien – wozu auch Umbaumaßnahmen zählen, die die Wohnung über den Grundriss hinaus nach außen verändern – wird gesetzlich regelmäßig durch neue Vorschriften verkompliziert. Was in diesem Jahr noch galt, kann im nächsten Jahr schon wieder anders sein. Nicht nur, wenn Sie als Investor eine Immobilie ausbauen möchten, sondern auch, wenn Sie eine ausgebaute Immobilie erwerben möchten, müssen Sie vorsichtig sein. Der Worst-Case wäre der Kauf einer Immobilie, die **ohne Genehmigung ausgebaut** wurde. Je nachdem, wie weitreichend der Umfang der Ausbauten wäre, müssten Sie entweder einen **Teil der Immobilie abreißen oder sogar die gesamte Immobilie**. Aus diesem Grund erhalten Sie im Folgenden die wichtigsten Ratschläge rund um den Ausbau, die Ihnen früher oder später womöglich den ein oder anderen Euro ersparen werden.

Gesetzliche Vorschriften zum Ausbau/Umbau der Immobilie

Von Gesetzes wegen gilt, dass **alle Arbeiten, die am Erscheinungsbild einer Immobilie von außen nichts verändern, keiner Genehmigungspflicht bedürfen.** Ausnahmen bestehen bei denkmalgeschützten Immobilien. Diese Grundregel dürfen Sie sich merken, weil davon keinerlei Abweichungen gegeben sind. Dies erscheint insofern plausibel, als die Bauaufsichtsbehörden ansonsten jeden Tag Anfragen zum Austausch der Fenster oder zum Verlegen neuer Böden zu bearbeiten hätten.

Das Erscheinungsbild von außen wird beispielsweise nicht dadurch verändert, dass Sie das Dachbodenfenster austauschen. Aber Vorsicht: Das Fenster muss genauso groß wie das vorige sein! Andernfalls führen Sie eine Änderung durch, die von außen deutlich erkennbar ist. Dies ist genehmigungspflichtig. Wenn Sie den Dachboden um ein Panoramafenster bereichern und durch das Home-Staging als eine Art „Kuschel-Ecke mit Panorama-Aussicht" zur Aufwertung der Immobilie vermarkten, bedarf es erst recht einer Genehmigungspflicht. Glücklicherweise ist die Lage in einigen Bundesländern entspannter. **Je nach Bundesland** kann es sein, dass diese Maßnahmen – trotz sichtbarer Veränderungen – keine Genehmigungspflicht nach sich ziehen. Informieren Sie sich bei der **zuständigen Bauaufsichtsbehörde.** Diese finden Sie, indem Sie bei Google die jeweilige Stadt, in der Sie die Immobilie haben, eingeben und das Stichwort „Bauaufsichtsbehörde" anfügen. Je häufiger Sie in Immobilien investiert und sich über die Genehmigungspflicht von Ausbauten informiert haben, umso mehr sind Sie über die Lage im jeweiligen Bundesland aufgeklärt und müssen sich beim nächsten Mal nicht mehr aufs Neue informieren.

Das Wichtigste – kompakt!

♦ Zu Beginn müssen Sie davon ausgehen, dass jede von außen deutlich sichtbare Veränderung des Dachbodens oder der Immobilie einer Genehmigungspflicht unterliegt. Dies gilt ebenso für Verkleinerungen der Immobilie.

♦ Sollten Sie über die zuständige Bauaufsichtsbehörde (Google-Suche „Stadt" + „Bauaufsichtsbehörde") erfahren, dass Sie keine Genehmigung für Umbauten wie die genannten benötigen, dann dürfen Sie direkt ans Werk gehen.

♦ Bei einer Genehmigungspflicht müssen Sie Ihr Anliegen vorstellen und sich die Genehmigung dafür einholen.

Bundesländer, in denen keine Genehmigungspflicht besteht, lassen die Zügel sehr locker. Hier ist es sogar erlaubt, ohne Genehmigungspflicht einen Balkon anzubauen. Doch in Bezug auf die Erweiterung der Immobilie um neuen Wohnraum sind sämtliche Bundesländer streng. Sie müssen **immer eine Genehmigung einholen, wenn Sie neuen Wohnraum schaffen.** Im Erdgeschoss zusätzlich angebaute Zimmer gehören automatisch zur Wohnfläche und sind in allen Bundesländern genehmigungspflichtig. Der Ausbau des Dachbodens ist in einigen Bundesländern nicht genehmigungspflichtig, wie Sie lernen durften, aber wird es genau dann, wenn Sie die ausgebaute Fläche zur Wohnfläche zählen und als solche verkaufen oder die neu geschaffene Wohnfläche im Dachboden vermieten. Neben der **Genehmigung zum Ausbau** müssen Sie bei der Bauaufsichtsbehörde **ebenso die Genehmigung zur Nutzungsänderung** für den Dachboden einholen.

Der Ausbau des Dachbodens zu zusätzlichem Wohnraum geht obendrein mit weiteren Vorschriften einher. Diese erfahren Sie von der zuständigen Behörde. Sie dürfen sich diesbezüglich darauf einstellen, dass die neuen Räumlichkeiten eine gewisse Wandhöhe vorzuweisen haben. Bei **Dachschrägen** beispielsweise dürfen die von der Schräge erfassten Quadratmeter nicht vollwertig der Wohnfläche zugerechnet werden. Überdies existiert eine **Geschossflächenzahl**, die die zulässige Maximalanzahl der Wohngeschosse in einem Gebäude von der Größe der Grundstücksfläche abhängig macht.

Das Wichtigste – kompakt!

♦ Wenn Sie den Wohnraum ausbauen, müssen Sie immer (!) eine Genehmigung einholen. In Erdgeschossen reicht die Genehmigung zum Ausbau/Umbau, bei Dachgeschossen – weil diese früher nicht zur Wohnfläche gehörten – muss überdies eine Genehmigung zur Nutzungsänderung gegeben sein.

♦ Ob der Dachboden zu Wohnraum ausgebaut werden darf, hängt u. a. von der zulässigen Geschossflächenzahl ab. Weitere Kriterien bringen Sie bei der Baubehörde in Erfahrung.

♦ Je nachdem, wie hoch die Wände sind (Dachschrägen begrenzen die Höhe), wird die Quadratmeterzahl entweder vollwertig oder zu einem bestimmten Anteil als Wohnfläche angegeben.

Diese Regelungen gelten sowohl **für Mehr- als auch Einfamilienhäuser**. Eine Besonderheit ergibt sich bei Mehrfamilienhäusern jedoch. Wenn sich zwei Familien den Dachboden teilen, darf der Dachboden nur dann zum Wohnraum ausgebaut oder allgemein umgebaut werden, sofern die durchführende Person das alleinige Nutzungsrecht für den Dachboden besitzt. Bei einem alleinigen Nutzungsrecht für den Dachboden haben die Miteigentümer des Hauses keinen Anspruch auf eine Unterlassung des Ausbaus.

Für den **Ausbau von Kellern zu Wohnräumen**, was aufgrund knapper werdenden Wohnraums zunehmend beliebter wird, gelten im Grunde genommen **dieselben gesetzlichen Regularien sowie Ratschläge**: Die Erweiterung zum Wohnraum ist genehmigungspflichtig und in jedem Bundesland variieren die gesetzlichen Bestimmungen. Die Bauaufsichtsbehörde gibt Ihnen nähere Informationen.

Als Alternative zur Bauaufsichtsbehörde können Sie sich selbst schlau machen, indem Sie die **Landesbauordnung für das jeweilige Bundesland** direkt lesen. Dort sind alle wichtigen Vorschriften aufgeführt, die Sie bei dem Ausbau/Umbau abdecken müssen. Das Lesen erspart Ihnen nicht das Einholen der behördlichen Genehmigung, aber beschleunigt die Vorbereitungen und dient als erster Gradmesser, ob ein Ausbau/Umbau überhaupt sinnvoll ist.

Bauliche Konsequenzen

Nachdem die erforderlichen Genehmigungen allesamt in schriftlicher Form bei Ihnen liegen, können die Bauarbeiten beginnen. Die folgenden Einblicke sind rudimentär, aber veranschaulichen Ihnen den Aufwand hinter einem Ausbau/Umbau und sollten bereits vor der Beantragung der Genehmigungen kalkuliert werden. Sofern sich die Arbeiten nicht rentieren oder zu aufwendig erscheinen, sollten Sie auf die Beantragung der Genehmigungen verzichten und Ihre Zeit anderweitig sinnvoll für Arbeiten an der Immobilie investieren.

Tipp!

Sie benötigen die Genehmigungen definitiv schriftlich für Ihre Unterlagen. Die Bundesrepublik Deutschland ist dermaßen wenig digitalisiert, dass Akten teilweise in physischer Form vorliegen und mit Fahrzeugen zwischen den Ämtern transportiert werden. Merken Sie sich dies insbesondere für Ihre Steuererklärungen. Liegt ein Schreiben beim Finanzamt nicht vor und Sie haben es ebenfalls nicht zur Hand, so hat es nie existiert; auch wenn Sie es schon in der Hand hielten. Alles muss schriftlich vorliegen und in Ordnern abgeheftet sein. Korrektheit und Ordnung sind bei Unternehmen in diesem Land unerlässlich.

Die baulichen Anforderungen beim Dachausbau sind noch relativ übersichtlich. Sie fallen nahezu genauso aus wie in den sonstigen Wohnräumen. Abgesehen davon, dass die **Leitungen und Rohre erweitert und von den zuständigen Gewerken neu verlegt** werden müssen, ist meist nur das Verlegen eines neuen Bodens und das

Verputzen der Wände erforderlich. Schon steht der Dachboden. Anspruchsvoller wird es, wenn das Dach zu tief liegt und das Dach nach oben geschoben sowie die Wände verlängert werden müssten. Die Kosten hierfür sind so hoch, dass sich ein Ausbau nicht lohnt. Eine Alternative wäre das **Abhängen der Decke im Geschoss unterhalb des Dachbodens**. Das Abhängen hätte einen erheblichen Vorteil: Weil der Raum kleiner würde, würde sich der Wärmeverlust in den unteren Räumlichkeiten verringern. Dies würde die Heizkosten senken.

Somit gilt für den Ausbau des Dachbodens: Entweder ist der Dachboden ohne Erhöhung der Wände und Verlegung des Daches umsetzbar *oder* das Abhängen der Decke im Geschoss darunter macht den Dachboden groß genug, um neuen Wohnraum zu schaffen.

Die Empfehlung ist, einen Dachbodenausbau nur dann auszuführen, wenn der Dachboden bereits zu Beginn reichlich Platz bietet. So wird der Ausbau kostengünstig und lukrativ. Sollte der Dachboden zu klein sein, bietet sich die bereits erwähnte Einrichtung eines Kuschel- oder Erholungsortes im Rahmen des Home-Stagings an. Mit Panoramafenster und einer gemütlichen Einrichtung wird auch durch einen Dachboden, der nicht als Wohnfläche verkauft wird, der Preis der Immobilie gesteigert. Bei einem Ausbau zum Wohnraum und bestenfalls auch beim Home-Staging ist auf eine **verstärkte Dämmung des Dachbodens** zu achten. Diese Eigenheit macht den Dachbodenausbau etwas komplexer als vergleichbare Arbeiten in den Wohnräumen. Abgesehen davon können Sie aber mit den Kostenangaben aus Unterkapitel 2.1 kalkulieren.

Der **Kellerausbau** ist eine Besonderheit. Den Ausbau von Kellern sollten Sie sogar bei bereits vorhandener Erfahrung in der Sanierung, Renovierung, Modernisierung und Erweiterung von Immobilien **nicht ohne Experten durchführen**. Die Abgabe der Feuchtigkeit muss genau und individuell für jeden Keller bestimmt werden. Folglich variieren die Maßnahmen zu Abdichtungen an den Wänden. Weitere Besonderheit des Kellerausbaus ist der problematische Ersatz der kleinen Kellerfenster durch größere

Fenster. Die Außenmauern sind nämlich tragende Wände. Diese Wände durch die Vergrößerung der Fenster zu schwächen, hätte schon bei kleinsten Umbaumaßnahmen eventuell gravierende Auswirkungen auf die Statik. Als Gegenmaßnahme ist es meistens notwendig, was wiederum kostspielig ist, die Deckenwände abzustützen. Konsultieren Sie vor der Entscheidung über einen Kellerausbau immer den Statiker. Ziehen Sie zudem einen Maurer oder anderweitigen Experten hinzu, um die Maßnahmen zur Abdichtung der Wände zu besprechen.

Ansonsten sind die anfallenden Arbeiten dieselben, wie bei sonstigen Arbeiten der Gewerke – Leitungen, Rohre und Boden verlegen etc. Allerdings hat **jedes Gewerk beim Kellerausbau** an einem **Extraproblem** zu knabbern. Der Sanitätsinstallateur wird beispielsweise eine Abwasserhebeanlage installieren müssen, damit das Wasser von unten nach oben in die Kanalisation geleitet wird. Dieses Problem ist oberhalb des Kellers, wo das Wasser hinunter- statt hinauffließt, nicht gegeben.

Der Kellerausbau ist eine Besonderheit, die vermieden werden sollte. Er **lohnt sich, falls überhaupt, nur bei äußerst günstigen Konditionen der Gewerke** *oder* **in A-Städten und B-Städten in zentraler Lage**. In Städten der besagten Kategorien sind die Preise für den Wohnraum so hoch, dass über den Verkauf des Kellers als zusätzlichen Wohnraum eine zusätzliche Quadratmeterfläche generiert wird, die den Kaufpreis der Immobilie signifikant steigert.

Zusammenfassung

Alles, was bei der Immobilienaufwertung maßgefertigt wird, muss vorbestellt werden. Die Vorlaufzeiten für Küchen, Fenster sowie Türen sind einzuplanen. Bereits vor der Räumung oder Entrümpelung der Immobilie sollte die Bestellung maßgefertigter Elemente erfolgen. Falls Sie eine günstige und schnelle Lösung suchen, können Sie auf eine Küche verzichten. Sind die Größen der Fenster und Türen in der Immobilie genormt, dann werden Sie fertige passende Exemplare sofort im Laden erhalten.

Nach den Vorbestellungen oder parallel dazu finden Räumung der Immobilie und die Beseitigung von Giftstoffen, sofern welche vorhanden sind, statt. Bei Bestandsimmobilien der 50er bis 80er Jahre wird womöglich eine Asbestsanierung notwendig sein. Die Firmen brauchen eine Woche Vorlaufzeit. Erst nach der Asbestsanierung, die von einem zertifizierten Unternehmen durchgeführt werden muss, dürfen andere Gewerke oder Sie selbst ans Werk.

Bei den Abrissarbeiten sparen Sie Geld, wenn Sie anspruchslose Abrissarbeiten (z. B. Bodenbeläge und Tapeten entfernen) selbst erledigen. Die Entsorgung erfolgt auf Recycling- und Werkstoffhöfen. Professionelle Unternehmen sind bei der Entfernung von Putz, Estrich sowie dem Abriss von Wänden zur Grundrissänderung zu beauftragen.

Anschließend erfolgen das Verlegen von Elektrik, Sanitär, Heizung und Klima, der Trockenbau sowie das Tapezieren und Verlegen der Bodenbeläge ausschließlich durch professionelle Unternehmen. Schwarzarbeit ist nicht zu empfehlen, denn ein erhöhtes Risiko für Baupfusch und die fehlende Gewährleistungszeit sind entscheidende Nachteile. Abschließend wird auf Wunsch das Home-Staging durchgeführt.

Sie können Förderungen beim Staat, bei staatlichen Banken sowie regionalen Förderprojekten beantragen. Halten Sie sich immer auf dem Laufenden, denn die Förderungen senken die Höhe der Investitionen und das Risiko beträchtlich, während sie den Gewinn in die Höhe schrauben.

Handel mit Immobilien – Investor oder Gewerbe?

B eim Handel mit Immobilien haben Sie die Wahl zwischen einer Tätigkeit als Investor oder einem Gewerbe. Grundsätzlich gilt, dass Sie bei einem An- und Verkauf von **maximal drei Objekten innerhalb von fünf Jahren** als **Privatinvestor** durchgehen. Halten Sie die Immobilien sogar über einen Zeitraum von mehr als zehn Jahren (Spekulationsfrist), ehe Sie diese wiederverkaufen, so ist der Gewinn steuerfrei. Es gibt allerdings Ausnahmen von der beschriebenen 3-Objekt-Grenze. Falls in Ihrem Einzelfall auf Gewerbetätigkeit entschieden wird oder Sie **mehrere Objekte im Verlaufe weniger Jahre an- und verkaufen** möchten, um Immobilienhandel im großen Rahmen zu betreiben, führt kein Weg an der **Anmeldung eines Gewerbes** vorbei. Sobald dies eintritt, sind Sie nicht mehr nur Immobilieninvestor, sondern Unternehmer. Sie müssen Ihr Unternehmen mit allem, was dazugehört, führen: Bestimmung der Unternehmensform, Entrichtung der Steuern und Einreichen der Steuererklärungen, korrekte Buchführung etc. Welche **bürokratischen und organisatorischen Aspekte** Sie beim Handel mit Immobilien zu bewältigen haben, bringt Ihnen dieses Kapitel bei. Zuallererst werden Sie in Kürze in einen anderen relevanten Punkt des Handels an sich eingewiesen: Wie entscheiden Sie, welches Investment profitabel ist bzw. sein könnte, und wie treffen Sie die richtige Investitionsentscheidung? Wir müssen einen **genaueren Blick auf die Kaufnebenkosten** werfen, die bisher in diesem Buch nur eine Randnotiz waren.

Preisliches: Ankaufspreis, Nebenkosten, Verkaufspreis

Am Anfang eines Geschäfts steht dessen Mehrwert. Kein Investor oder Gewerbetreibender geht ein Geschäft ein, ohne darin eine Profitabilität zu erkennen. Während beim An- und Verkauf einer Gebrauchtware die Profitabilität auf einen oder zwei Blicke einschätzbar ist, sind bei einer Immobilie umfassende Kalkulationen notwendig. Gehen wir bei den Kostenfaktoren schrittweise vor …

An erster Stelle steht der Ankaufspreis der Immobilie. Der **Ankaufspreis der Immobilie** wird vom Verkäufer festgelegt. Sie können mit dem Verkäufer oder dessen Makler verhandeln. Hierfür ist eine **Beurteilung des Preises** notwendig, die Sie anhand folgender Aspekte durchführen:

♦ Bodenrichtwerte zur Bestimmung des Grundstückspreises

Eine hilfreiche Anlaufstelle ist die Website „immobilienwertanalyse.de", die für jedes Bundesland Links zu weiterführenden Informationsseiten bereithält. Hier erfahren Sie, wie viel ein Grundstück wert sein könnte. Wertmindernde Faktoren für das Grundstück sind Ansprüche von Nachbarn auf die Nutzung, angedachte Baumaßnahmen in der näheren Umgebung, die den Wohnkomfort beeinträchtigen, und vor allem Altlasten auf dem Grundstück. Bei Stadtteilen und Gebieten, in denen Böden oftmals schadstoffbelastet sind, sollten Sie vor der Bewertung des Grundstücks eine Bodenbewertung durch einen Experten vornehmen lassen. Der Grundstückswert wird um die Kosten für die Beseitigung von Schadstoffen sowie einen pauschalen Wert für den Aufwand reduziert. Auch nicht gepflegte und verwilderte Grundstücke dürfen im Preis reduziert werden. Argumentieren Sie gegenüber dem Verkäufer, dass Kosten und Aufwand für Aufwertungsmaßnahmen anfallen, um eine Preissenkung zu erwirken.

♦ Immobilienwert

Die Immobilie, die auf dem Grundstück steht, macht neben dem Grundstück den Rest des Preises aus. Versichern Sie sich immer, dass es sich um eine legal erbaute Immobilie mit Genehmigung handelt. Auch Aus- und Umbauten sollten bekannt und genehmigt sein. Ansonsten wird nicht gekauft, weil eine Abrissverfügung durch die Behörden nur eine Frage der Zeit wäre. Der Immobilienpreis wird mit dem anderer Immobilien in einem vergleichbaren Zustand in derselben Gegend verglichen. Sind keine Immobilien in der Umgebung in vergleichbarem Zustand vorhanden, so können Immobilien zum Vergleich herangezogen werden, die in anderen Gebieten Deutschlands mit denselben Bodenrichtwerten liegen. Gibt es keinerlei Vergleichsmöglichkeit mit anderen Immobilien in vergleichbarem Zustand, weil die Immobilie z. B. komplett sanierungsbedürftig ist, so wählen Sie eine Immobilie in besserem Zustand und kalkulieren die Kosten, die es nach sich zieht, die Immobilie in den gleichen Zustand zu bringen. Damit sind wir beim nächsten Aspekt angekommen, nämlich den …

♦ Kosten der Aufwertungsmaßnahmen

Detailliert wurde Ihnen in diesem Buch erklärt, wie Sie Immobilien besichtigen, Kosten für Aufwertungen kalkulieren und sich für besondere Fälle wappnen, wie beispielsweise Asbestsanierungen oder den Ausbau der Immobilie. Kalkulieren Sie die Kosten ein, die Sie für die jeweiligen Maßnahmen erwarten, und prüfen Sie im Vergleich zu Immobilien in der Umgebung, ob der Kaufpreis der Immobilie zzgl. der zu erwartenden Aufwertungskosten gerechtfertigt ist.

Unterm Strich sollte für Sie eine Investition stehen, bei der Sie trotz des eventuellen Aufwands für die Aufwertung beim Ankauf und den neuerlichen Verkauf einen Gewinn machen. Bedenken Sie, dass der Ankaufspreis nicht nur dahingehend lohnend sein muss, dass sich die Immobilie zu einem höheren Preis wiederverkaufen lässt. Der Ankaufspreis sollte Ihnen **in Relation zum Verkaufspreis**

einen ordentlichen Gewinn bescheren! Ein Nullgeschäft, bei dem der Überschuss zwischen Ver- und Ankauf für die Arbeiten an der Immobilie „draufgeht", ist sinnlos.

Mit den in der Aufzählung genannten Aspekten handeln Sie den Ankaufspreis herunter und legen den gewünschten Verkaufspreis fest. Wenn Sie über den Verkaufspreis für die Immobilie nachdenken, sollten Sie im Kopf behalten, dass Sie **bei Verkauf den Ankauf, die Aufwertungsmaßnahmen und Ihren Aufwand refinanzieren und einen Gewinn erzielen** möchten. Ein Verkaufspreis, der diese Voraussetzungen erfüllt, ist korrekt. So machen Sie Gewinn.

Eine letzte Komponente, die mit der Immobilie an sich nichts zu tun hat, sondern mit deren Erwerb, sind die **Nebenkosten**. Diese müssen in die Rechnung ebenfalls einkalkuliert werden. Die Nebenkosten setzen sich zusammen aus:

- Grunderwerbssteuer
- Notarkosten
- evtl. Maklerprovision

Bei einer Tätigkeit als Investor oder im Falle eines Gewerbes dürfen Sie all diese Kosten von der Steuer absetzen. **Gewerbetreibende** geben die Kosten als **Betriebsausgaben** an, **Investoren** in ihrer privaten Steuererklärung als **Werbungskosten**. Achtung: Nutzen Sie die Immobilie zwischendurch als Eigenheim, dürfen Sie die Kaufnebenkosten nicht steuerlich absetzen! Mehr dazu erklärt Ihnen Ihr Steuerberater.

Sie dürfen als Händler von Immobilien also die Nebenkosten steuerlich absetzen, aber nichtsdestotrotz fallen die Kosten an. Die Tatsache, dass sie steuerlich absetzbar sind, mindert die Steuerlast, aber jede Ausgabe schmälert trotzdem den Gewinn. Also werden diese Kosten in die Überlegung über einen Ankauf der Immobilie einbezogen, um über die Lukrativität des Geschäfts zu entscheiden. Der **Verkaufspreis muss also zudem die Nebenkosten decken.**

Die **Grunderwerbssteuer** richtet sich nach dem Verkaufspreis der Immobilie und wird prozentual bemessen. Sie ist in jedem Bundesland anders:

Bundesländer	Grunderwerbssteuer in Bezug auf Verkaufspreis
Bayern, Sachsen	3,5 %
Hamburg	4,5 %
Baden-Württemberg, Bremen, Niedersachen, Rheinland-Pfalz, Sachsen-Anhalt	5,0 %
Berlin, Hessen, Mecklenburg-Vorpommern	6,0 %
Brandenburg, Nordrhein-Westfalen, Saarland, Schleswig-Holstein, Thüringen	6,5 %

Quelle: buhl.de

Auf genauere Angaben bezüglich der **Maklerprovision** in den einzelnen Bundesländern wird verzichtet, weil **ab Dezember 2020 in Deutschland ein neues Gesetz in Kraft** tritt. Dieses Gesetz entlastet in den meisten Bundesländern die Käufer, die dann nur noch 50 % der Maklerprovision tragen müssen. Den restlichen Anteil trägt der Verkäufer. Diese Regelung birgt für Sie als Käufer Vorteile. Als Verkäufer profitieren Sie nicht unbedingt, aber es steht Ihnen immerhin frei, beim Verkauf auf die Dienste eines Maklers zu verzichten. Informieren Sie sich ab Ende dieses Jahres für den Standort Ihrer Immobilie über den Anteil an Maklergebühren, den Sie tragen müssen, und rechnen Sie dementsprechend bei der Investition damit.

Zuletzt kommen noch die **Notarkosten**, die pauschal mit **2 % des Kaufpreises** einbezogen werden. Manchmal fallen die Kosten geringer aus und gehen gen 1 % Kaufpreisanteil. Kalkulieren Sie aber am besten mit dem Wort-Case von 2 %. Denn wieder gilt, wie immer: Lieber positiv von geringeren Kosten überrascht werden als negativ von höheren Kosten.

Am Ende lautet die **Zauberformel** – die Zauberformel, mit der Sie bestimmen, ob die Investition lukrativ ist, der An- und Verkauf Ihnen Gewinn bescheren wird und der Ankauf preiswert ist – wie folgt:

Voraussichtl. Verkaufspreis – Ankaufspreis – Nebenkosten – Kosten für Sanierung, Renovierung, Modernisierung, Umbau, Ausbau = Überschuss bzw. Gewinn, der für Sie zufriedenstellend ist

Gewerblicher Handel mit Immobilien

Wesentliches Merkmal zur Klärung der Frage, ob Immobilien gewerblich gehandelt werden, ist die 3-Objekte-Grenze. In einem **Zeitraum von fünf Jahren** dürfen **maximal drei Objekte, die der Gruppe der Immobilien angehören**, angekauft und verkauft werden. Zur Gruppe der Immobilien gehören nicht nur Gebäude, sondern ebenso Grundstücke ohne Gebäude. Den Gebäuden wiederum gehören sogar Garagen an. Eigenlandparzellen sind ebenfalls mit inbegriffen. Gepachtete Parzellen wiederum fallen aus der Wertung raus.

Hinweis!

Selbst, wenn Sie sich an einer Gesellschaft beteiligen, die Immobilienankauf und -verkauf nebenbei betreibt, kann im Rahmen der 3-Objekt-Grenze ein Objekt zugerechnet werden. Dann wird die Gesellschaft als gewerblicher Handel für Immobilienankauf und -verkauf betrachtet.

Für die 3-Objekt-Grenze existieren diverse Sonderregelungen und Abweichungen. Zudem ist sie kein explizit formuliertes, eingeständiges Gesetz. Bei der 3-Objekt-Grenze handelt es sich um eine **Bemessungsgrundlage**, die der Gesetzgeber nutzt, um über einen gewerblichen Handel mit Gewinnerzielungsabsicht zu entscheiden. Falls Sie einen regelmäßigen Immobilienankauf und -verkauf planen, ohne zwischendurch eine **längere Haltedauer von am besten zehn Jahren** (siehe 3.3) durch Selbstnutzung oder Vermietung zu erzielen, müssen Sie ein Gewerbe anmelden und die damit verbundenen Pflichten annehmen, die in diesem Unterkapitel 3.2 erläutert werden.

Möchten Sie langfristig Immobilien ankaufen und verkaufen und die 3-Objekt-Grenze umgehen, so lassen Sie sich bestenfalls von einem Fachanwalt oder Steuerberater diesbezüglich beraten.

Hinweis: Grundsätzlich ist für alle folgenden Ausführungen zu beachten, dass die Betreuung durch einen Steuerberater oder Fachanwalt unentbehrlich ist. Sie werden lediglich in Grundzügen in den gewerblichen Grundstückshandel eingewiesen.

Unternehmensform

Als Unternehmensformen für den gewerblichen Immobilienhandel kommen ein Einzelunternehmen/Einzelgewerbe und eine Gesellschaft, die in mehreren Sub-Formen vorliegen kann, in Frage. Ein **Einzelunternehmen** lässt sich aufgrund der Berufs- und Gewerbefreiheit im deutschen Gesetz **ohne Barrieren gründen**:

♦ Gründung durch einzelne Person und Führung unter deren Namen

♦ kein erforderliches Mindestkapital

♦ Anmeldung des Gewerbes über das Ordnungsamt in Verbindung mit einer kleinen Gebühr von knapp 30 € (das Ordnungsamt informiert das Finanzamt über die Anmeldung)

♦ in der Immobilienbranche bestehen keine weiteren Zulassungs- und Meldepflichten

♦ eine Eintragung im Handelsregister ist nicht verpflichtend, aber als eingetragener Kaufmann „e. K." möglich

Eine **Pflichteintragung in ein Handelsregister** kann ab einer **bestimmten Höhe des jährlichen Umsatzes** und einer **bestimmten Menge an Mitarbeitern** sowie bei einigen weiteren Kriterien verlangt werden. Dann muss unter Umständen auch die Unternehmensform geändert werden. Was im entsprechenden Fall Sache ist, wird sich in Ihrem individuellen Fall zeigen, sobald es soweit ist.

Die **Gründung einer Gesellschaft** ist bei Verpflichtung durch das Amt erforderlich oder kann freiwillig direkt zu Beginn oder jedem anderen Zeitpunkt erfolgen. Gesellschaften sind **bei Zusammenschlüssen mehrerer Unternehmer immer verpflichtend,** wobei die Anteile an der Gesellschaft vermerkt werden müssen. Bei einer Gesellschaft können sich die Unternehmer/Anteilseigner selbst anstellen und sich Gewinne in Form eines Gehalts auszahlen. Auch ist eine Auszahlung in Form von Beteiligungen am Gewinn möglich, wobei sich die Beteiligungen am jeweiligen Anteil jedes Unternehmers an der Gesellschaft richten. Es steht den Anteilseignern ebenso frei, sich nicht anzustellen und für die Geschäftsführung sowie weitere Posten externe Personen zu einem festen Gehalt anzustellen.

Die **Vorteile einer Gesellschaft** liegen in der **Haftungsbeschränkung.** Es wird nicht wie beim Einzelunternehmer mit dem privaten Vermögen gehaftet, sondern mit dem des Unternehmens. Unterscheiden tun sich die einzelnen Gesellschaften am deutlichsten hinsichtlich ihrer Barrieren bei der Gründung und den Möglichkeiten, die sie in der Folgezeit mit sich bringen.

Die Barrieren bei der Gründung einer Aktiengesellschaft sind die höchsten, was sich u. a. in dem Startkapital in Höhe von 50.000 Euro äußert. Zudem existieren hohe Auflagen. Vorteile einer AG sind die einfachere Kapitalbeschaffung über den Kapitalmarkt durch die Herausgabe (Emission) von Aktien.

Die Gründung einer **GmbH** kostet 25.000 € und hat den Vorteil, das Ansehen des Unternehmen zu erhöhen. GmbHs werden **von Kunden als professionell aufgefasst.** Die UG kostet 1 Euro pro Anteilseigner am Startkapital und ist das Pendant zur Limited aus Großbritannien. Die formalen Hürden sind die geringsten, die Vorteile allerdings ebenso.

Empfehlung für den Immobilienhandel: Für den Anfang empfehlen sich von den gesellschaftlichen Unternehmensformen die UG oder GmbH. Einzelunternehmer hingegen, die über ein begrenztes Kapital verfügen und sich die Möglichkeit offenhalten möchten, nicht als gewerblicher Händler eingestuft zu werden, tun gut daran, sich für ein Einzelunternehmen zu entscheiden.

Weil die GmbH unter den Gesellschaften ein beliebter Mittelweg ist, werden einige tiefergehende Informationen zur GmbH vermittelt, um Ihnen einen besseren Eindruck zu gewähren. Wie schon erwähnt, ist die **Haftung bei einer GmbH rein auf die Gesellschaft beschränkt.** Bei der Besteuerung ergeben sich häufig Vorteile, weil anstelle der Einkommensteuer wie bei einem Einzelgewerbe die Körperschaftssteuer anfällt. Unter der Annahme, dass Personen, die über das Budget für die Gründung einer GmbH verfügen, hohe fünf- oder bereits sechsstellige Gewinne im Jahr generieren, ist der **feste Steuersatz der Körperschaftssteuer von 15 %** vorteilhaft. Bei der Gründung bietet die GmbH viel Gestaltungsspielraum:

♦ Das erforderliche Mindestkapital von 25.000 € kann in Form von Sachvermögen eingebracht werden.

♦ Für den Gesellschaftervertrag bestehen lockerere Vorschriften als bei anderen Gesellschaftsformen.

♦ Es ist eine Ein-Mann-GmbH möglich, die nur einen Inhaber hat, der zugleich Geschäftsführer ist.

Die Gesellschafter selbst genießen ebenfalls umfassende Vorteile. Sie können ohne Umstände gewechselt werden, was sich bei einer AG wesentlich komplizierter gestaltet. Ferner können sich die Gesellschafter selbst anstellen; auch nur temporär, wenn es aus steuerlichen Gründen in einem bestimmten Jahr Sinn ergibt. Der Verkauf des Unternehmens zum Teil oder komplett ist ebenfalls einfacher umzusetzen als bei anderen Unternehmensformen.

Kommen wir von den beschriebenen vorteilhaften Eigenschaften zu den Nachteilen, die bei dem erforderlichen Kapital anfangen. Es sind **25.000 € Mindestkapital** in der Gesellschaft notwendig, wobei die Hälfte des Kapitals eingezahlt werden muss. Eine **strikte Trennung des Vermögens der GmbH von dem des Gesellschafters / der Gesellschafter** muss vorhanden sein, was Komplikationen in der Buchführung mit sich bringt. Ein separates Geschäftskonto ist erforderlich, zudem kann mit pauschal mindestens 2.000 € jährlichen Kosten für die Buchführung und den Steuerberater gerechnet werden. Bei der **Gründung** fallen **Kosten für den Notar** an. Mit der notariellen Bekundung beginnt eine Reihe an Formalitäten, die

für die GmbH und höhere Gesellschaftsformen gelten: Gewinnausschüttungen müssen akkurat dokumentiert werden, Veröffent-
lichungen der Bilanzen und Buchführungen sind verpflichtend
und weitere Regularien fallen an. Geschäftsführer und andere hohe
Funktionäre müssen bei Verstößen gegen diese Pflichten mit einer
strafrechtlichen Verfolgung rechnen.

Hinweis!

Wo das Gesetz Freiheiten verschafft, nehmen die Banken diese gelegentlich wieder weg: Einige Banken verlangen bei der Gründung
einer GmbH selbstschuldnerische Bürgschaften von den Gesellschaf-
tern. Dadurch entfällt der Vorzug der GmbH, der besagt, dass nicht
mit dem privaten Vermögen gehaftet wird. Suchen Sie daher eine
Bank, bei der Sie nicht zu Bürgschaften verpflichtet werden.

Die **Nachteile sind weitestgehend umgangen**, wenn Sie die **Pflichten mit Verantwortungsbewusstsein wahrnehmen**. Durch eine
Vorgehensweise im Sinne des Gesetzes bei der Buchführung und
Rechnungslegung sorgen Sie dafür, dass der Großteil der Risiken
entfällt. Wenn Sie sich allerdings über das Gesetz stellen, bekommen Sie die Nachteile einer GmbH deutlich zu spüren. Handeln
Sie verantwortungsbewusst und spannen Sie einen Steuerberater
ein! Dadurch machen Sie die GmbH unterm Strich zu einem Vorteil. Wagen Sie trotzdem erst den Schritt zu einer GmbH, sobald
Sie von der erfolgreichen Ausübung Ihrer Tätigkeit im Immobilienhandel überzeugt sind.

Steuern

Bei einem Einzelgewerbe, also keiner Gesellschaft, sind in
Deutschland die möglichen Steuern die Einkommensteuer,
Umsatzsteuer und Gewerbesteuer. Die Gewerbesteuer fällt aufgrund
der Tatsache an, dass der An- und Verkauf – egal, um welche
Objekte es sich handelt – immer als eine gewerbliche Aktivität
betrachtet wird. Ein Gegenteil zur gewerblichen Handlung
wäre die freiberufliche Tätigkeit. Freiberufler sind Personen wie
Architekten und Künstler. An- und Verkauf wird vom Finanzamt

immer als Gewerbe bewertet, woran sich unter keinen Umständen etwas ändern lässt. Die **Gewerbesteuer** beträgt **3,5 %** und wird als Gemeindesteuer **für jedes Bundesland zusätzlich mit einem individuellen Hebesatz versehen, der die Steuer schlimmstenfalls auf 15 % der Gewinne anhebt.**

Neben der Gewerbesteuer, die definitiv Pflicht ist, existiert die Umsatzsteuer, die optional ist. Laut § 4 Nr. 9a sind sämtliche Umsätze, die unter das Grunderwerbssteuergesetz fallen, umsatzsteuerfrei. Sie haben die Option, die **Umsatzsteuer freiwillig zu beantragen.** Dann müssen Sie **19 % der Umsätze an das Finanzamt entrichten.** Diese Umsätze gehen nicht von Ihrem Verkaufswert verloren, sondern werden zusätzlich auf den Verkaufspreis aufgeschlagen. Bei einem Verkauf von Gewerbeimmobilien ist die Umsatzsteuer vorteilhaft, weil Sie einerseits die Vorsteuer von Handwerksleistungen und sonstigen Investitionskosten geltend machen, andererseits die Käufer den Immobilienkauf von ihrer Vorsteuer abziehen. Der **Verkauf an Privatpersonen ist mit Umsatzsteuer jedoch erschwert.** Denn Privatpersonen haben keine Möglichkeit, die Umsatzsteuer steuerlich abzuziehen und müssen 19 % auf den eigentlichen Verkaufspreis draufzahlen. Somit gilt: An Privatpersonen lieber umsatzsteuerfrei verkaufen, an gewerbliche Käufer am besten mit Umsatzsteuer.

Beispiel

Mit der Vorsteuer und dem Nutzen einer eventuellen Umsatzsteuer verhält es sich wie folgt: Ein Handwerker stellt Ihnen für seine Dienstleistung eine Rechnung über 3.000 € Netto aus. Weil er umsatzsteuerpflichtig ist, schlägt er zusätzlich auf diesen Preis 19 % drauf, sodass Sie 3.570 € Brutto zahlen müssen. Sind Sie umsatzsteuerfrei, dann können Sie die zusätzlichen 19 %, also die 570 €, steuerlich nicht absetzen. Sie können später in Ihrer Einkommenssteuererklärung nur die 3.000 € Netto-Betrag geltend machen. Beantragen Sie die Umsatzsteuerpflicht, können Sie die anfallenden Vorsteuern geltend machen. Dies ist dann sinnvoll, wenn Sie selbst mit Umsatzsteuer verkaufen oder nicht mit Umsatzsteuer verkaufen, aber zu Beginn mehrere Monate lang hohe Investitionen und Verluste haben, wie es bei einer Geschäftsaufnahme üblich ist. Sie erhalten mit jeder eingereichten Umsatzsteuererklärung oder Umsatzsteuervoranmeldung die Verluste aus der Umsatzsteuerzahlung erstattet. Gewinne müssen Sie an das Finanzamt abführen. Bei der Entscheidung für oder gegen die Umsatzsteuer ist zu berücksichtigen, dass die Pflicht zur Umsatzsteuer – einmal angenommen – nicht mehr annulliert werden kann.

Es verbleibt noch die **Einkommenssteuer beim Einzelgewerbe**. Wenn das Gewerbe zu 100 % Ihnen gehört, was bei einem Einzelgewerbe der Fall ist, müssen Sie auf die volle Höhe der Gewinne nach Zahlung der eventuellen Umsatzsteuer und Abzug der Gewerbesteuer die Einkommenssteuer zahlen. Die Einkommenssteuer dient der **Besteuerung Ihres Einkommens als Privatperson**. Sie können die Kosten für die Krankenversicherung, gesetzliche Rentenversicherung sowie andere abzugsfähige Kosten im Privatleben geltend machen, müssen anschließend auf Ihren privaten Gewinn aber die Einkommenssteuer zahlen. Diese ist jedes Jahr anders, richtet sich nach der Höhe Ihres Verdienstes, der Frage, ob Sie verheiratet sind oder nicht, und Ihrer Steuerklasse. Sie **umfasst Einkommenssteuer, Kirchensteuer (bei Kirchenzugehörigkeit) sowie den Solidaritätszuschlag**. Näheres entnehmen Sie Ihrem Jahresgewinn als Privatperson, den Ihr Steuerberater errechnet, und den Einkommenssteuertabellen für jedes Jahr, die Sie im Internet finden.

Eine Besonderheit bei der Besteuerung des gewerblichen Handels mit Immobilien bildet die Wahl einer **Gesellschaft als Unternehmensform**. Gesellschaften unterliegen der **Gewerbesteuer** und **bei Wahl der Umsatzsteuer**, aber nicht der Einkommenssteuer. Weil es sich um kein Einzelgewerbe handelt, sondern eine juristische eigenständige Person, werden ersatzweise **15 % Körperschaftssteuer** auf den zu versteuernden Gewinn fällig.

Belege und Steuererklärungen

Es kann nur das steuerlich abgesetzt werden, wofür auch Belege existieren. Dies ist neben der Gewährleistung und Sicherheit übrigens ein weiterer Grund dafür, auf Schwarzarbeiten an der Immobilie zu verzichten. **Belege werden gesammelt und abgeheftet.** Je nachdem, wann sie in Zusammenhang mit den Steuererklärungen fällig werden, werden sie eingereicht. Hierum kümmert sich normalerweise der Steuerberater; es sei denn, Sie reichen die Steuererklärungen selbst ein. In diesem Fall ist zu beachten, dass die Umsatzsteuererklärungen verschiedenen Fristen unterliegen. Während die Einkommensteuererklärungen und die EÜRs (Einnahmen-Überschuss-Rechnungen) einmal jährlich fällig werden, können die Umsatzsteuererklärungen ebenfalls einmal jährlich, aber auch vierteljährlich oder monatlich anfallen. Die **Häufigkeit der Umsatzsteuererklärungen richtet sich nach der Höhe der Zahllast** im vergangenen Geschäftsjahr – also wie hoch die zu entrichtenden Umsatzsteuern waren:

Zahllast aus dem vergangenen Geschäftsjahr	Häufigkeit der Umsatzsteuererklärung im laufenden Geschäftsjahr
bis 1.000 €	Jährliche Erklärung; eingereicht bis Ende des ersten Quartals des darauffolgenden Jahres
1.000 bis 7.500 €	Vierteljährliche Erklärung; man spricht von Voranmeldung
> 7.500 €	Monatliche Erklärung; auch hier eine Voranmeldung

Mit den Umsatzsteuerunterlagen werden die Belege eingereicht, wobei die eigenen Einnahmen und Ausgaben aufgeführt werden, für die eine Umsatzsteuer zu zahlen war. Wenn Sie in einem Monat keine Immobilie verkauft haben, haben Sie auch keine Umsatzsteuer eingenommen. Hatten Sie stattdessen Investitionskosten für Handwerker zu tragen, so machen Sie die Kosten steuerlich geltend, indem sie diese aufführen. Sie erhalten den Verlust vom Finanzamt erstattet. Bei Überschüssen müssen Sie diese ans Finanzamt überweisen.

Für die Einkommensteuererklärung gilt ein umfassenderes Verfahren, weil sie hier zusätzlich die Belege aus Ihren privaten Kosten

(z. B. Arbeitszimmer, Krankenversicherung, staatlich geförderte Altersvorsorge) absetzen dürfen. Zudem müssen Sie, falls vorhanden, andere Einkunftsquellen angeben. Zur Einkommenssteuererklärung existieren Anlagen, die Ihnen das Ausfüllen näher erklären. Anderweitig sollten Sie sich im Internet auf renommierten Seiten von Fachanwälten und Steuergesellschaften sowie auf Internetseiten des Staates darüber informieren, wie Sie die Steuererklärung sachgemäß ausfüllen.

Die **Belege**, die ausgestellt und eingereicht werden, müssen **sachgemäß ausgefüllt** sein. Prüfen Sie die Rechnungen der Gewerke und Dienstleister auf **Vorhandensein der Steuernummer oder Umsatzsteuer-ID**. Zudem muss ein korrekter Ausweis der Kostenposten gegeben sein. Materialkosten müssen klar von den handwerklichen Dienstleistungen getrennt aufgeführt sein. Stellen Sie selbst Rechnungen aus, dann achten Sie auf die Angabe Ihrer Umsatzsteuer-ID oder, falls umsatzsteuerfrei, der persönlichen Steuernummer.

Spekulationssteuern umgehen – zehn Jahre Haltedauer?

Bei **Immobilienverkäufen** gilt ein **zehnjähriger Zeitraum, in dem die Gewinne aus dem An- und Verkauf versteuert werden müssen.** Dies betrifft auch private Investoren, die nur eine Immobilie im Verlaufe von bis zu zehn Jahren an- und verkaufen. Der Zeitraum wird als Spekulationsfrist bezeichnet. Wer eine Immobilie oder Sache kauft und wertsteigernd in unter zehn Jahren wiederverkauft, könnte darauf spekuliert haben, dass die Immobilie an Wert gewinnt. In diesem Sinne werden darauf Steuern erhoben, wobei von Spekulationssteuern die Rede ist.

Wenn Sie **gewerblich** handeln, dann fällt für Sie **keine Spekulationssteuer** an. Sie zahlen entweder Einkommens- und Gewerbesteuer (bei Einzelgewerben) oder Körperschafts- und Gewerbesteuer (bei Gesellschaften). Sie müssen alles, was Sie an- und verkaufen, versteuern.

Private Investoren sind per se keiner Steuerpflicht für den An- und Verkauf unterworfen. Ob Steuern anfallen, hängt zum einen von der Haltedauer der Immobilie ab. Wenn Sie eine Immobilie ankaufen und diese **nach zehn Jahren Haltedauer** wiederverkaufen, müssen Sie **keine Steuern auf die Gewinne** zahlen. Sie haben die Spekulationssteuer umgangen. Ein Verkauf der Immobilie innerhalb der Spekulationsfrist zieht die Zahlung von Spekulationssteuern nach sich. Wie hoch die Spekulationssteuer ist, errechnet sich aus dem persönlichen Steuersatz, der auf das sonstige Einkommen draufgerechnet wird. Wenn Sie im Jahr, in dem Sie die Immobilie verkaufen, 45.000 € verdienen und zusätzlich durch den Immobilienverkauf einen Gewinn von 30.000 € machen, wird dies zu 75.000 € persönlichem Einkommen zusammengerechnet. In diesem Falle würden Sie unter die Spitzensteuer fallen und beträchtliche Abgaben an den Staat entrichten müssen. Die **Spekulationssteuer** hat **aufgrund der potenziell hohen Gewinne beim Immobilienhandel oftmals radikale Auswirkungen auf den persönlichen Steuersatz.** Sie sollte, wenn möglich, immer umgangen werden.

Hinweis!

Selbst wenn geplant ist, die Immobilie nach zehn Jahren Haltedauer steuerfrei zu verkaufen, kann es durch persönliche finanzielle Nöte oder aus anderen triftigen Gründen notwendig werden, die Immobilie früher zu verkaufen. Für diesen Fall sollten Sie sich rüsten, indem Sie alle Belege für Kosten sammeln, die Sie in Zusammenhang mit der Immobilie zu tragen hatten. Denn falls Sie steuerpflichtig werden, können Sie als Privatinvestor alle Kosten absetzen, die Sie im Zusammenhang mit der Immobilie zu tragen hatten: Renovierungs-, Sanierungs- und Modernisierungskosten, Maklergebühren u. v. m. So gelingt es Ihnen unter Umständen, den Gewinn aus dem Geschäft so zu senken, dass die Steuern gering ausfallen.

Wenn Sie innerhalb von zehn Jahren mehrere Immobilien an- und verkaufen und Sie dies von vornherein wissen, lohnt sich die Anmeldung eines Gewerbes. Falls Sie als Privatinvestor tätig sind und erst nach zehn Jahren die Immobilie verkaufen, müssen Sie die Zeit bis dahin überbrücken. Weil Leerstand für die Immobilie schädlich und für Ihren Geldbeutel nicht profitabel ist, tun sich zwei Optionen auf. Bei einer einzigen Immobilie können Sie diese selbst beziehen, was aber bei den meisten Investoren keine Option sein wird. Unabhängig davon, wie viele Immobilien Sie halten, ist die **zwischenzeitliche Vermietung** vorteilhaft. Sie generieren durch die Mieteinnahmen passives Einkommen. Die Mieter halten die Immobilie instand. Im Verlaufe der Jahre können Sie die Miete mehrmals erhöhen. Zudem können Sie als Vermieter mehrere steuerliche Vorteile geltend machen. Falls Sie die Immobilie vermieten, lohnt es sich zudem, die Förderungen über längere Zeiträume zu erstrecken. Wie Sie aus Kapitel 2.3 über die Förderungsoptionen wissen dürften, sind vor allem die Kredite der KfW über einen Zeitraum von bis zu zehn Jahren erstreckbar. Während sich diese langen Zeiträume beim An- und Verkauf mit kurzfristigen Haltedauern nicht lohnen und eine vorzeitige Sondertilgung des gesamten Kredits fällig wird, profitieren Sie bei einer langfristigen Haltedauer der Immobilie von einer schrittweisen Rückzahlung der Kreditsumme, wie es vom Kreditgeber vorgesehen ist.

Wie verkaufen?

Beim Handel mit Immobilien verbleiben an dieser Stelle **nur noch zwei Fragen zur Klärung**:

1. Wie finden Sie Immobilien, die für eine Investition in Frage kommen?
2. Wie verkaufen Sie die Immobilien, in die Sie investiert haben?

Die Antworten auf die zweite der Fragen erörtern wir in diesem Kapitel, weil Sie kürzer zu klären ist. Der ersten Frage widmen wir das gesamte Kapitel 4 im Anschluss. Zum Verkauf gehört nicht viel – aber das, was dazugehört, muss richtig gemacht werden! Nachdem die Immobilie gefunden, angekauft und aufgewertet wurde, beginnt der **gesamte Verkaufsvorgang** mit der Fotografie der Immobilie. Wichtige Unterlagen und die Eckdaten der Immobilie (u. a. Wohnfläche, Grundstücksfläche, Zimmeranzahl, Baujahr,

Energieausweis) sollten bereits aus den Renovierungs-, Sanierungs- und Modernisierungsmaßnahmen vorliegen. All diese Dinge werden zu einem Exposee zusammengestellt, das den Verkaufspreis enthält, und anschließend vermarktet. Entweder Sie lassen all das über einen professionellen Makler durchführen oder Sie nehmen die Geschicke selbst in die Hand.

Über Makler

Die Vorteile eines Immobilienverkaufs über den **Makler** sind zunächst in dessen **Erfahrungswerten** gegeben. Aus Erfahrungswerten ergibt sich zunächst Sicherheit im Verkauf. Sie werden durch den Makler über rechtliche Pflichten eines Verkäufers (siehe 3.4.2) informiert. Dies beugt Konsequenzen im Nachhinein vor, die bis zur Rückabwicklung des Kaufvertrags reichen können.

Weitere Vorteile eines Maklers liegen in dessen **Professionalität**. Sein Job ist es, Immobilien zu verkaufen. Diesen Job erfüllt er aufgrund seiner Ausbildung und Berufserfahrung besser als ein Laie. Er ist versiert darin, **Exposees professionell zu gestalten**. Er rückt mit einer teuren Kamera an, verfügt über kostspielige Grafikprogramme zur Gestaltung der Grundrisse und hat eigene Datenbanken. Durch die Nutzung seiner im Laufe der Jahre aufgebauten Vertriebswege kann der Verkauf der Immobilie meistens beschleunigt werden. Sollten Sie die **Immobilie zwischenzeitlich vermieten** wollen, dann **hilft der Makler bei elementaren Fragen zur Zahlkräftigkeit des Mieters**; Bonitätsprüfungen und SCHUFA-Abfragen inklusive. Außerdem erstellt er Mietverträge in Absprache mit Ihnen.

Alles in allem senkt ein Makler Ihren Aufwand bei dem eigenständigen Verkauf einer Immobilie erheblich. Außerdem sind Kunden in Konversationen mit einem Makler häufig gesprächsbereiter, was Ihnen wichtige Aufschlüsse über die Meinungen der Kunden über Ihre Immobilie liefert.

Beispiel

Der Erfahrung nach nehmen die Kunden den Makler als einen Mitt-
ler zwischen sich und dem Verkäufer war. Sie sind eher bereit, über
Mängel und Vorzüge einer Immobilie zu sprechen, als im direkten
Kontakt mit dem Verkäufer. Dadurch erhalten Sie als Verkäufer von
Ihrem Makler hilfreiche Hinweise über die Immobilie, woraus sich
dann Maßnahmen zur besseren Vermarktung ableiten lassen.

In Relation zu seinem Nutzen ist der Makler günstig; vor allem in
Anbetracht der Tatsache, dass er **provisionsbasiert vergütet** wird
und eine **Provision nur im Falle eines Verkaufs** anfällt. Je nach
Bundesland teilen Sie sich die Provision für den Makler, müssen
diese komplett übernehmen oder der Käufer übernimmt die Provision komplett. Mehr dazu erfuhren Sie in Unterkapitel 3.1.

Eigenständiger Weg mit Vermarktung

Beim eigenständigen Weg müssen Sie all das übernehmen, wofür
ansonsten der Makler vorhanden wäre. Im Gegenzug **ersparen Sie
sich und/oder den Kunden die Zahlung der Maklerprovision**.
Ihre Aufgaben beginnen beim **Erstellen eines Verkaufsexposees**.
Dieses müssen Sie mit Fotos anreichern, die Sie mit einer Weitwin-
kel-Kamera erstellen. Seien Sie selbstkritisch bei der Fotografie und
variieren Sie verschiedene Lichtkonzepte, um die Immobilie ideal
zu inszenieren. Erstellen Sie den **Grundriss entweder händisch
oder mittels Programm**. Spezielle Programme wirken professionell,
kosten aber Geld. Eine händische Zeichnung reicht meist aus, sofern Sie sorgfältig und gut lesbar angefertigt wird. Wichtige Angaben zur Immobilie sind im Exposee stichpunktartig zu notieren.
Es besteht eine **Energieausweispflicht**, wobei Sie die Wahl zwischen einem Bedarfs- und Verbrauchsausweis haben; außer in den
seltenen Fällen, dass der Bedarfsausweis vorgeschrieben ist. Falls Sie
die Immobilie energetisch saniert haben, ist der Bedarfsausweis notwendig, weil nach der Sanierung der Verbrauchsausweis ungültig ist.
Die größte Herausforderung kommt auf Sie bei der **Verfassung eines verkaufsstarken Textes im Exposee** zu. Sie sollten die Kunden

zum Träumen anregen, damit sich die Immobilie leichter verkauft. Falls Sie keine Person der starken Worte sind, sollten Sie einen Autor mit der Verfassung eines Verkaufsexposees beauftragen; hierfür kommen auf Sie vergleichsweise geringe Kosten zu.

Die Erstellung eines Exposees dient der Vermarktung einer Immobilie, für die Sie ohne Makler nicht dessen **Vermarktungswege** nutzen. Sie haben am Anfang Ihrer Tätigkeit als Investor definitiv weniger Möglichkeiten als der Makler. Neben **Aushängen**, wo welche erlaubt sind, verbleiben Ihnen **kostenpflichtige Inserate in Zeitungen und im Internet**. Bestimmte Plattformen, wie z. B. Ebay Kleinanzeigen, sind kostenfrei. Es spricht nichts dagegen, diese Plattformen als Vermarktungsweg zu nutzen. Definitiv sollten Sie kostenpflichtige und spezialisierte Immobilienplattformen im Internet ebenfalls gebrauchen: Immonet, Immobilienscout, Immoverkauf24 und weitere, die auf dem Markt populär sind.

Legen Sie den **Ausgangspreis 5 bis 8 % über dem tatsächlichen und bestenfalls von einem Experten geschätzten Verkaufswert** fest. Angebote darüber verzeichnen meist eine stark verringerte Nachfrage, bei Angeboten darunter besteht für Sie wenig Verhandlungsspielraum. Verschaffen Sie sich und den Kaufinteressenten mit einem Preis von bis zu 8 % oberhalb des tatsächlichen Verkaufswertes den Komfort, zu feilschen. So erscheinen Sie den Kunden gegenüber als entgegenkommend und die Kunden bekommen das Gefühl, ein gutes Geschäft gelandet zu haben.

Tipp!

Wenn Sie gewerblich mit Immobilien handeln, sollten Sie sich nicht den Vertriebsweg über ein eigenes Büro entgehen lassen. Durch Förderungen für Unternehmen, wie im Kapitel 2.3.7 kennengelernt, lässt sich die Miete und Ausstattung des Büros über mehrere Jahre lang finanzieren. Im Gegenzug haben Sie einen Standort, wodurch Ihr Unternehmen professioneller wirkt. Zudem gewinnen Sie Laufkundschaft. Exposees können hier ausgehangen werden – so, wie es Maklerbüros und Bankfilialen machen.

Weitere Aspekte müssen Sie bei der Besichtigung einer Immobilie abdecken: Hierzu gehört u. a. die Kenntnis über den Bodenrichtwert für Ihre Umgebung. Den Bodenrichtwert erfahren Sie im Internet, indem Sie „Stadtname + Stadtteilname + Bodenrichtwert" bei Google suchen. Die Kunden könnten mit dem Bodenrichtwert argumentieren, um den Kaufpreis zumindest im Hinblick auf den Grundstückswert zu drücken. Es ist außerdem hilfreich, wenn Sie den Kunden Informationen zu Bebauungsplänen geben. Liegen bereits Genehmigungen für den Ausbau des Dachgeschosses vor, so ist dies ein Pro-Argument für den Kauf der Immobilie.

Zusammenfassung

Es gibt drei Wege, um eine Tätigkeit im Immobilienhandel aufzunehmen.

Weg 1: Wenn Sie im Rahmen der 3-Objekte-Grenze verbleiben, sind Sie als Privatinvestor tätig. Behalten Sie eine Immobilie länger als 10 Jahre, wobei Sie diese zwischendurch selbst bewohnen oder vermieten können, ist der Gewinn aus der Veräußerung steuerfrei. Weil man nie weiß, was im Leben passiert, sollten Sie trotzdem die Belege von allen in Verbindung mit der Immobilie entstehenden Kosten sammeln, um bei einer Steuerpflicht die Kosten absetzen zu können und die Steuerlast zu reduzieren.

Weg 2: Sie entschließen sich von vornherein für einen gewerblichen Immobilienhandel, weil Sie mehrere Immobilien in kürzeren Zeiträumen (unter fünf Jahren) an- und verkaufen möchten. Durch ein angemeldetes Gewerbe sind Sie der Steuerpflicht unterworfen, können aber auf Anhieb die Kosten absetzen. Zudem ist es möglich, dass Sie eine Gesellschaft gründen und sich selbst anstellen. In diesem Falle haften Sie nicht mit Ihrem Privatvermögen, sofern das Unternehmen insolvent wird. Sie müssen in jedem Fall die Gewerbesteuer zahlen, optional die Umsatzsteuer und bei Gesellschaften die Körperschaftssteuer oder bei einem Einzelgewerbe die Einkommenssteuer. Die Zusammenarbeit mit einem Steuerberater ist unerlässlich.

Weg 3: Sie legen sich auf keinen der beiden Wege fest, sondern probieren zunächst an ein oder zwei Immobilien aus, wie das Geschäft funktioniert. Anschließend entscheiden Sie sich für ein Modell. Sie vermarkten die Immobilien entweder über einen Makler oder selbst. Beim Handel in größerem Rahmen oder wenig verfügbarer Zeit ist stets empfohlen, mit einem Makler zusammenzuarbeiten. Dieser ist professionell, wird nur im Verkaufsfall vergütet und verfügt über Erfahrung auf seinem Gebiet.

Wo finden sich geeignete Immobilien?

Nachdem eingehend betrachtet wurde, wann eine Immobilie für die Fix-and-Flip-Strategie bei schlechtem Zustand sowie den An- und Verkauf bei gutem Zustand geeignet ist, haben Sie die Kompetenzen, geeignete Immobilien zu suchen. Für einen leichten Suchvorgang ist die Kenntnis über gewisse Anlaufstellen vorteilhaft. **Fünf wichtige Anlaufstellen** werden in diesem Kapitel vorgestellt. Auf diesem Wege wird Ihnen der Einstieg in das Immobiliengeschäft vereinfacht. Sie **senken nämlich das Risiko, Energie in wenig effektive Beschaffungsversuche zu stecken**. Stattdessen werden Sie dank der Informationen in diesem Kapitel imstande sein, sich Ihre präferierten Beschaffungswege für Immobilien herauszusuchen. Es ist Ihnen überlassen, sämtliche Quellen für die Immobiliensuche anzuzapfen, um Ihren Aktionsradius zu vergrößern. Denn je mehr Beschaffungswege Sie gebrauchen, umso größer wird die Auswahl an verfügbaren Immobilien sein, die Sie zu Ihren Zwecken nutzen können.

An erster Stelle: Investitionsstrategie entwickeln

Bevor Sie sich für Anlaufstellen entscheiden, ist es empfehlenswert, wenn Sie ein **individuelles Konzept für Ihre Tätigkeit entwickeln**. Das individuelle Konzept sollten Sie so für sich festlegen, dass sich Ihre Maßnahmen zur Immobiliensuche und der Immobilienerwerb stimmig eingliedern. Vor allem sollte das Konzept **mit Ihren finanziellen Möglichkeiten zu stemmen** sein. Wenn Sie mit einer Kreditaufnahme bis zu 300.000 € Budget verfügbar haben, ist es am besten, sich auf eine Immobilie oder höchstens zwei Mietwohnungen zu fokussieren. Sind diese gewinnbringend wiederverkauft, so ergeben sich neue Möglichkeiten. Personen mit größeren Budgets haben mehr Möglichkeiten. Hier ist sogar die Chance gegeben, ganze Dörfer oder Stadtteile aufzuwerten. Man nehme beispielsweise eine aufstrebende Stadt, in der mehrere Stadtteile beträchtlich aufgewertet wurden, aber ein angrenzender Stadtteil noch relativ heruntergekommen ist: Wenn Sie diesen Stadtteil frühzeitig besetzen und investieren, haben Sie die Chance darauf, über Investitionen und die Aufwertung des Stadtteils weitere Investoren hinzuzuziehen. In diesem Falle würden Sie eine Pionierrolle übernehmen und eine Gentrifizierung einleiten. Als Pionier einer Gentrifizierung profitieren Sie von den größten Wertsteigerungen und Gewinnen.

Der Fall von Sven-Erik Hitzer aus dem Beispiel im ersten Kapitel war kein Immobilienankauf und -verkauf. Er verwirklichte mit seinem Sohn zusammen eine Vision, die mehrere Gaststätten, Hotels und Unternehmen entstehen ließ. Aber die Ausgangsbasis waren Immobilien, die günstig und in einer grauen Gegend erstanden wurden. Zwangsversteigerungen und bloßes Interesse ermöglichten Hitzer den Erwerb. Sein Vorgehen zog auch andere Kapitalanleger an, die Immobilienankauf und -verkauf durchführten. Sie kauften die weiter oben in den Bergen gelegenen Häuser des Dorfes an, warteten einige Jahre und verkauften sie zum vielfachen Wert des ursprünglichen Kaufpreises, weil die durch Investor Hitzer in die Wege geleitete Gentrifizierung den gewinnbringenden Verkauf ermöglichte.

Das von Ihnen entwickelte Konzept, mit dem Sie den An- und Verkauf von Immobilien betreiben, muss Ihr Budget berücksichtigen und immer umsetzbar sein. Zudem müssen Sie den **Zeitraum festlegen, in dem Sie wieder Gewinne verzeichnen möchten.** Während Großinvestoren bei Großprojekten den Luxus haben, sich teilweise zehn bis 20 Jahre Wartezeit auf die Veräußerung der Immobilien zu erlauben, ist bei **kleineren Budgets** in Immobilien zu investieren, die die **Aussicht auf zeitnahe Erträge** bringen. Bei einem Budget von z. B. 120.000 € können Sie maximal an einer Immobilie zeitgleich arbeiten, was bedeutet, dass es eine schnell veräußerbare Immobilie sein muss.

Zwangsversteigerungen

Zu Zwangsversteigerungen kommt es, wenn Kreditnehmer das Darlehen für die Immobilie nicht abbezahlen. Das Kreditinstitut versucht zunächst, die Immobilie zum Verkehrswert oder knapp darunter zu verkaufen. Ziel ist es, trotz der ausbleibenden Raten durch den Kreditnehmer, die Immobilie zu einem Preis zu verkaufen, der in Kombination mit dem Kreditgeschäft der Bank einen Gewinn verschafft. Lässt sich die Immobilie nicht verkaufen, so wandert sie „unter den Hammer", wie es bei Zwangsversteigerungen heißt. Dort sind **Schnäppchen nicht unüblich**, die Auktion ist **jeder Person zugänglich** und eine transparente Durchführung mit Offenlegung aller evtl. vorhandenen sowie bekannten Lasten auf der Immobilie ist gegeben. Neben diesen Vorteilen existieren Risiken im Falle eines Kaufs, wie z. B. das nicht vorhandene Rücktrittsrecht vom Kaufvertrag.

Auskunft über Zwangsversteigerungen

Informationen über anstehende Zwangsversteigerungen finden sich in erster Linie im **Amtsgericht**. Das Amtsgericht trägt die Verantwortung zur Durchführung der Versteigerungen. Vor Ort sind immer Aushänge vorhanden. Sind Sie auf der Suche nach geeigneten Immobilien nicht lokal gebunden, so lohnt sich ein Blick ins Internet, wobei das zvg-portal.de hilfreich ist. Wegen der Aushänge von Amtsgericht zu Amtsgericht zu fahren, macht nur dann Sinn, wenn Sie dies in Ihrem Umkreis tun. Weitere hilfreiche **Web-Portale** für die Suche nach bevorstehenden Zwangsversteigerungen:

- ◆ zvg24.net
- ◆ versteigerungspool.de
- ◆ ivd24immobilien.de (Unterseite für Zwangsversteigerungen)
- ◆ zwangsversteigerung.de

Neben der Auskunft im Amtsgericht und auf Portalen ist ein **Blick in die Tageszeitungen** aufschlussreich. Dort sind im Immobilienteil in für gewöhnlich schwarz umrandeten Kästchen die Termine samt weiterer Informationen zu anstehenden Zwangsversteigerungen aufgeführt.

Hinweis!

Termine für Zwangsversteigerungen können kurzfristig abgesagt werden. Vor dem Besuch einer Zwangsversteigerung sollten Sie überprüfen, ob die jeweilige Zwangsversteigerung tatsächlich durchgeführt wird oder nicht.

Bei sämtlichen Auskünften im Zusammenhang mit Zwangsversteigerungen sollten neben den Terminen auch Beschreibungen zur Lage der Immobilie sowie zum Verkehrswert aufgeführt sein. Hiermit sind wir bei einem wesentlichen Vorteil der Zwangsversteigerungen angelangt: Das **Amtsgericht beauftragt Sachverständige**, die vor der Zwangsvollstreckung den Wert der Immobilie ermitteln und die Immobilie im Hinblick auf Mängel sowie Lasten inspizieren. Diese Arbeit bleibt Ihnen erspart. Aber die Besichtigung durch Sachverständige hat so manch einen Haken …

Vorzüge von Zwangsversteigerungen

Zwangsversteigert werden alle Arten von Immobilien, sobald die Voraussetzungen gegeben sind. Sie können somit jede Art von Strategie verfolgen – ob es sich um den An- und Verkauf von Gewerbeimmobilien, Wohngebäuden, Einfamilienhäusern oder Grundstücken handelt. Die Verfügbarkeit von zwangsversteigerten Immobilien ist im Vergleich zu den anderweitig käuflichen Immobilien geringer. Zudem bestehen **weniger Wahlfreiheiten, was Schnitt und andere individuelle Kriterien der Immobilie anbelangt**. Weil bei einer An- und Verkaufsstrategie ebenso wie bei einer Vermietung diese Kriterien nicht relevant sind, sondern ein guter Zustand in guter Lage, ist die Auswahl an Immobilien auf Zwangsversteigerungen fürs Erste als positiv zu bewerten.

Ein weiterer und bereits genannter Vorteil ist die Erstellung eines Gutachtens durch einen Sachbeauftragten. Dieser errechnet den Verkehrswert der Immobilie, wobei er die relevanten Aspekte wie Lage, Zustand und Lasten mit einbezieht. Die Unabhängigkeit des Sachverständigen ist ebenfalls sichergestellt. Einziger Haken an der Sache: Der **Sachverständige hat häufig nur die Chance, die Immobilie von außen zu betrachten.** Damit geht einher, dass Mängel innerhalb der Immobilie meistens ungewiss sind. Dennoch: Das Gutachten ist gegeben, Recherchearbeit wird Ihnen dadurch abgenommen.

Tipp!

Vergleichen Sie den Verkehrswert der Immobilie mit dem anderer Immobilien in der Lage. Im Falle eines geringen Verkehrswerts ist die Annahme naheliegend, dass die Immobilie in einem schlechteren Zustand ist als andere Immobilien in derselben Lage. Von einer Ersteigerung sollte abgesehen werden, bis nähere sichere Erkenntnisse über Mängel oder Lasten der Immobilie vorliegen.

Auf der Seite der Vorteile steht ferner der **faire und transparente Vorgang bei einer Auktion.** Für jede bietende Person gelten dieselben Bedingungen. Zwar sind die Bedingungen für einzelne Personen schwieriger zu erfüllen als für andere. Dies gilt vor allem im Hinblick auf die Zahlkraft: Bieter, die mit höheren finanziellen Mitteln in die Auktion gehen, haben mehr Perspektiven. Aber die Regeln sind für alle Teilnehmer trotzdem dieselben. Der Informationsstand, der durch die Mitteilungen des Amtsgerichts hergestellt wird, ist ebenfalls für alle Bieter derselbe.

Nachteile bei Zwangsversteigerungen

Neben dem erwähnten Nachteil, dass das Gutachten des Sachverständigen eventuell ohne Besichtigung des Inneren der Immobilie erfolgt, ist eine gewisse **Unberechenbarkeit des Ablaufs nach dem Kauf** gegeben. Zwar besitzt die Person, die den Zuschlag erhält, die Immobilie, aber mögliche Mängel innerhalb der Immobilie, die

Probleme, eventuelle Mieter aus der Immobilie zu bekommen, oder ein Vorbesitzer, der sich weigert, die Räumung durchzuführen, sind vorhanden. Weil der Vorbesitzer nicht in der Lage ist, für die **Räumung** zu zahlen, **bleiben die Kosten häufig beim Käufer der Immobilie hängen.**

Die Stimmung im Auktionssaal kann zudem dazu verleiten, über die eigenen finanziellen Ressourcen hinaus zu bieten oder zumindest teurer zu bieten, als es zuvor beabsichtigt war. So wird aus einem vermeintlichen Schnäppchen ein potenzielles finanzielles Desaster. Für eine vernünftige Verhaltensweise beim Bieten und für ein professionelles persönliches Geschäft ist es unerlässlich, sich beim Bieten nach oben hin klare Grenzen zu setzen und diese einzuhalten.

Tipp!

Die richtige Bieterstrategie trägt zum Erfolg bei. Personen mit einem begrenzten Budget sollten bei vielen Bietern im Raum nicht zwingend mit dem geringsten Gebot einsteigen, sondern mit einem Gebot knapp unterhalb der persönlichen Grenze. So wird ein nervenaufreibender und zu riskanten Geboten animierender Wettstreit vermieden. Zudem setzt ein zu Beginn hohes Angebot ein Ausrufezeichen, das die anderen Bieter eventuell einschüchtert. Nur die Personen, die aus einem umfassenden finanziellen Rahmen schöpfen und notfalls den gesamten Verkehrswert der Immobilie zahlen können, sollten in kleinen finanziellen Sprüngen bieten.

Oftmals sind bei einer Auktion große Bieter als Konkurrenten vorhanden, womit wir beim letzten Nachteil angekommen wären. Dass es bei Zwangsversteigerungen Immobilien vergleichsweise günstig zum Kauf gibt, wissen auch Investoren und andere Personen mit umfassenden finanziellen Mitteln, weswegen sie bei den Auktionen immer präsent sind. Dies mindert die Chance auf Schnäppchen.

Vorgehensweise bei einer Zwangsversteigerung

Vor Beginn der Auktion muss die **Verfügbarkeit finanzieller Mittel sichergestellt** sein. 10 % Sicherheitsleistung auf den Verkehrswert der zum Kauf anvisierten Immobilie sind zu hinterlegen. Weil es nach dem Zuschlag **keine Rücktrittsmöglichkeit vom Kauf** gibt, ist das Vorhandensein der gesamten Kaufsumme erforderlich. In Verbindung mit dem Immobilienkauf stehende Kaufnebenkosten müssen gedeckt werden. Bei Finanzierungen sollte das präferierte Objekt bereits eingehend betrachtet und die Beschaffung der notwendigen finanziellen Mittel mit der Bank besprochen worden sein.

Am **Tag der Auktion** findet zunächst eine **Identifizierung der Bieters anhand dessen Personalausweis** statt. Zudem ist die 10-prozentige Sicherheitsleistung in Form eines Verrechnungsschecks oder einer Bürgschaft einer Bank vorzulegen. Auch eine Überweisung auf das Konto des Amtsgerichts ist möglich. Sicherheitszahlungen per Bargeld sind nicht erlaubt.

Nachdem im Auktionssaal Platz genommen wurde, stellt der Rechtspfleger die Immobilie vor. Danach verließt er das **Mindestgebot**, woraufhin sich jeder Bieter durch die **mündliche Abgabe eines Gebots** an der Bieterstunde beteiligen kann. Die Bieterstunde muss mindestens 30 Minuten dauern, nach oben hin bestehen keine Grenzen. Den Zuschlag bekommt die meistbietende Person. Möglich ist eine **Aufhebung dieses Zuschlags, wenn folgende Bedingungen erfüllt sind**:

- 7/10-Grenze: Der Gläubiger – beispielsweise das Kreditinstitut, das aufgrund ausbleibender Kredittilgung sowie Ratenzahlungen die Zwangsvollstreckung beantragt – hat nach §74a ZVG das Recht, bei einem Zuschlag von weniger als 70 Prozent des Verkehrswertes der Immobilie die Ablehnung des Zuschlags zu beantragen.

- 5/10-Grenze: Das Amt muss den Zuschlag nach §85a ZVG verwehren, falls der Zuschlag nicht die Hälfte des Verkehrswertes erreicht.

♦ Ab der zweiten Versteigerung gelten beide Grenzen nicht mehr, sodass sogar Schnäppchen für rund 30 Prozent des Verkehrswertes denkbar sind.

Es sollte nicht auf die zweite Versteigerungsrunde spekuliert werden. Sie tritt nur bei maroden Immobilien ein. Zwar besteht hier die Möglichkeit zur Sanierung und zum gewinnbringenden Wiederverkauf, aber um marode Immobilien günstig zu erhalten, müssen Sie nicht an einer Auktion teilnehmen. Diese gibt es reichhaltig auf anderen Wegen zum Kauf.

Zwangsversteigerungen sind aufgrund der ohnehin vorhandenen Risiken nur dann ratsam, wenn Sie einen Kauf bei 70 % des Verkehrswertes als einen Erfolg empfinden. Zudem müssen bei der ersteigerten Immobilie möglichst positive Informationen und viele positive Details zu dem Zustand vorliegen, um die Risiken gering zu halten. Dann bieten Zwangsversteigerungen eine Chance, Immobilienankauf und -verkauf zu betreiben, ohne umfassende Sanierungs-, Renovierungs- und/oder Modernisierungsarbeiten durchführen zu müssen.

Kontakte zu Gläubigern aufbauen

Dieser Punkt steht in Verbindung mit Zwangsversteigerungen. Die **Gläubiger** machen bei einer Zwangsversteigerung ihr Recht geltend, wenn Personen einen Kredit nicht zahlen. Ihnen gehört von nun an die Immobilie. Sie **leiten über die Amtsgerichte und dortige Verwalter das Verfahren in die Wege**, falls die Immobilie nicht verkauft werden kann. Durch direkte Kontakte zu Gläubigern finden sich Möglichkeiten, die Zwangsversteigerung zu umgehen, indem vor dem Termin oder noch vor der Beauftragung des Amtsgerichts ein Kaufbetrag ausgehandelt wird. Neben Kontakten zum Gläubiger ist es auch möglich, solch einen **Deal über den Insolvenzverwalter abzuwickeln**, der vor dem Zwangsversteigerungsverfahren erreichbar ist.

Kontakte zu Gläubigern können **aus dem eigenen Bekanntenkreis** stammen. Kennen Sie selbst eine Person, die als Gläubiger tätig ist, oder kennen Bekannte von Ihnen entsprechende Personen, dann verhilft ein einfaches Gespräch in der Regel zum Aufbau des Kontakts. Der Gläubiger dürfte dem Kontakt nicht abgeneigt sein, weil er bzw. sein Arbeitgeber von dem Deal mit Ihnen profitiert. Es besteht schließlich die Aussicht, schwer verkäufliche Immobilien ohne ein Zwangsversteigerungsverfahren zu verkaufen. Suchen Sie in Ihrem Bekanntenkreis in alle Richtungen nach eventuellen Kontakten. Über Bekannte von Bekannten lässt sich eine Kette aus Bekanntschaften entspannen. Es ist sehr wahrscheinlich, dass irgendeine Person Kontakte zur Bank hat, womit meistens schon der Schritt in die Gläubigerkreise geschafft ist.

Hinweis!

Über Bekanntenkreise sind auch direkte Immobilienangebote denkbar. Es kommt hin und wieder vor, dass ein Familienmitglied, ein Freund oder ein Arbeitskollege eine Person kennt, die ihre Immobilie verkaufen möchte. Ob diese Immobilie sich für eine Investition sowie den An- und Verkauf lohnt, ist nicht gewiss. Aber sollte es der Zufall hergeben, dass sich die Immobilie in einem schlechten Zustand befindet oder die Person Geldnöte hat, dann sind Sie Ihrem Schnäppchen nahe. Weil das Geschäft über einen Bekannten eingeleitet wird, ist ein vertrauter Rahmen gegeben, in dem sich wahrscheinlich entspannt verhandeln lässt.

Bei einem Bekanntenkreis ohne Gläubigerkontakte sind **Zwangsversteigerungen ein Weg, um erste Kontakte zu gewinnen und eine feines Netz aus Kontakten zu spinnen**. Den ersten Kontakt zu einem Gläubiger können Sie hier knüpfen. Bei dem Zuschlag für eine Immobilie ist Ihnen die Herstellung eines Kontakts gewiss. Es ist wie in vielen Bereichen: Je mehr Sie in einer Branche oder einem Branchenzweig aktiv sind, umso mehr Kontakte werden Sie gewinnen. Mit der Zeit lassen sich die Kontakte nicht vermeiden.

Der Vorteil der Kontakte besteht darin, dass Ihr Aufwand reduziert wird. Sie selbst müssen weniger Arbeit verrichten, weil Ihnen die Gläubiger die Angebote zu guten Konditionen zuschicken.

Bewertungen durchführen und Kaufangebote unterbreiten

Eine Strategie zur Immobiliensuche, die **mit einem zusätzlichen Nebenerwerb verbunden** ist, ergibt sich bei der Immobilienbewertung. Sie bewerten Immobilien von Personen, die verkaufen möchten. Durch die Durchführung einer Bewertung beraten Sie die Personen einerseits fachmännisch, erfahren von Immobilien auf dem Markt andererseits früher, als es Ihre Konkurrenten tun. **Im Zuge der Bewertung** können Sie **den Kunden direkt ein Angebot unterbreiten**. Eventuell wird das Angebot angenommen und Sie erhalten die begehrte Immobilie zum gewünschten Preis.

Hinweis!

Selbst, wenn der Kauf einer Immobilie nicht gelingt, gehen sie aus dem Termin und der Immobilienbewertung als Gewinner hervor. Denn für eine Immobilienbewertung erhalten Sie ein Honorar, das für Immobilien bis zu einem Wert von 150.000 € in der Regel zwischen 1.000 und 1.500 € liegt. Die Immobilienbewertung ist als eine Option, um geeignete Immobilien für die eigene Investitionstätigkeit zu entdecken, und als ein lohnender zusätzlicher Geschäftszweig für Sie zu verstehen.

Wer darf Immobilien bewerten?

Jede Person darf Immobilienbewertungen anbieten sowie durchführen. Eine Vielzahl an Online-Portalen, auf denen Verkäufer eine Immobilienbewertung oberflächlich durchführen lassen können, steht sinnbildlich für die geringen Barrieren bei der Aufnahme eines solchen Geschäftszweiges. **Vorteilhaft** ist es, wenn Sie **Erfahrungen und Referenzen** vorzuweisen haben. So akquirieren Sie die ersten Kunden einfacher. Wenn Sie bei einer Nachfrage nach Referenzen darauf verweisen können, dass Sie mehrere Immobilien angekauft und verkauft haben, genügt dies vielen Kunden ebenfalls als Qualitätsnachweis.

Falls Sie Immobilienbewertungen selbst anbieten, ist sicherzustellen, dass die **qualitative Kompetenz** den Ansprüchen der **Immobilienwertvermittlungsverordnung (ImmowertV)** genügt. Diese Verordnung schreibt genau vor, welche Bestandteile eine Immobilienbewertung enthalten sollte und wie sie aufgebaut zu sein hat. Personen, die bei der Bewertung die Kriterien der ImmowertV nicht erfüllen, laufen Gefahr, fehlerhafte Bewertungen abzugeben. Negative Bewertungen durch Kunden und ein schlechtes Fundament für das eigene Geschäft sind die Folge. Gleiches gilt übrigens für Bewertungen, die bewusst zu tief angesetzt werden, um selbst günstig kaufen zu können: Diese Masche spricht sich herum, sodass man in Kundenbewertungen schlimmstenfalls als Betrüger bezeichnet wird – ein schlechteres Marketing kann es kaum geben. Wer auch immer wie auch immer die Bewertungen durchführt – Fachkenntnisse, Qualität, Genauigkeit und Objektivität sind essenziell bei der Immobilienbewertung.

Deal im Zuge der Immobilienbewertung?

Ein Deal im Zuge der Immobilienbewertung kommt nur dann zustande, wenn er beide Seiten zufriedenstellt. Tatsächlich gestaltet sich dies als schwer. Denn während der Verkäufer noch am Anfang des Verkaufs steht und nicht die Erfahrung machen konnte, wie viel Interessenten für die Immobilie bieten, möchten Sie die Immobilie zu einem geringeren Preis als dem Verkehrswert erhalten. Dies wird dem Verkäufer noch zu Beginn seiner Verkaufsaktivitäten als zu früh erscheinen. Wie lassen sich diese verschiedenen Ansprüche miteinander vereinbaren?

Es existieren **drei Wege zur Argumentation**, von denen sich Gebrauch machen lässt, um die **Wahrscheinlichkeit eines Deals zu steigern**:

I. Auf reduzierten Aufwand verweisen! *Wenn der Verkäufer nicht an Sie verkauft, dann hat er einen erhöhten Aufwand im Verkaufsprozess. Ein Kauf im Zuge der Immobilienbewertung ist der einfachste und schnellste Weg.*

II. In profitablen Lagen den Verkehrswert zahlen! *Sofern der Verkehrswert in den nächsten Jahren Luft nach oben hat und die Immobilie sich für einen An- und Verkauf mit langer Haltedauer lohnt, ist eine Zahlung des Verkehrswerts lohnend.*

III. Auf Gebäude in sanierungsbedürftigem Zustand fokussieren! *Bewerten Sie Immobilien in einem schlechten Zustand, dann wird Ihnen der Verkäufer beim Verhandeln des Kaufpreises eher entgegenkommen. Sogar bei einem Kaufpreis deutlich unter dem Verkehrswert könnte er zufrieden sein, weil Sie ihm eine Menge Aufwand im Verkaufsprozess ersparen.*

Es ist alles eine Frage der Argumentation und der Strategie. Es muss nur eine Übereinkunft gefunden werden, die beide Seiten, Käufer und Verkäufer, als Gewinner dastehen lässt. Hier sind Ihre Softskills in Verhandlungen gefragt. Wenn es anfangs noch nicht wie geplant funktioniert, dann wird es mit fortschreitender Zeit besser klappen.

Inserate

Inserate finden sich auf spezialisierten sowie allgemeinen Portalen. **Spezialisierte Portale** sind die weitläufig bekannten Websites von Immobilien-Anbietern, wozu u. a. immowelt.de und immobilienscout24.de gehören. Beispiele für **allgemeine Portale** sind ebaykleinanzeigen.de und das „Schwarze Brett". Letzteres ist kein Portal, sondern bezeichnet Websites für die Sammlung von Inseraten. Für jede Stadt existieren im Internet andere Schwarze Bretter. Es ist nicht unwahrscheinlich, im Schwarzen Brett Schnäppchen zu entdecken, da es sich immer wieder zeigt, dass das Schwarze Brett vereinzelt von Personen genutzt wird, die wenige Kenntnisse über die Schaltung von Anzeigen im Internet haben und nicht das volle Potenzial der Vermarktung über das Internet ausschöpfen. Daher kommt es meist zu wenig Konkurrenz bei Angeboten auf dem Schwarzen Brett und einer besseren Verhandlungsposition mit den Verkäufern – so die allgemeinen Beobachtungen.

Hinweis!

Im Internet sind Betrüger aktiv. Sie veröffentlichen Immobilien, die gar nicht existieren, um über einen anschließenden Kontakt mit Interessenten Daten oder Geld zu stehlen. Dieser Betrug taucht meistens bei Mietinteressenten auf, findet gelegentlich aber auch Anwendung bei Kaufinteressenten. Schicken Sie deswegen nie Fotos Ihres Personalausweises, Ihre Sozialversicherungsnummer oder Geld per Vorauskasse an Verkäufer. Der Personalausweis wird erst beim Notartermin notwendig, die Überweisung des Geldes noch später.

Bei Inseraten auf Portalen profitieren Sie von **mehreren Filterfunktionen**:

- ♦ Art der Immobilie wählen (u. a. Gewerbeimmobilie, Haus, Wohnung)
- ♦ Details zum Gebäude (u. a. Wohnfläche, Zimmeranzahl, Baujahr, Preis)
- ♦ Haustyp (u. a. freistehend, Reihenhaus, Doppelhaushälfte)
- ♦ Hausausstattung (u. a. Dachboden, Keller, Einbauküche)

Tatsächlich bietet das Portal „eBay Kleinanzeigen" im Vergleich die meisten Filteroptionen, wobei sogar provisionsfreie Immobilien filterbar sind. Weil die Inserierung der Immobilien hier kostenlos ist, fällt das **Angebot an Immobilien oft größer** aus. Es empfiehlt sich, bei der Suche nach geeigneten Immobilien über Inserate im Internet zuerst das Angebot bei „eBay Kleinanzeigen" zu begutachten. Daraufhin können andere Portale ausgekundschaftet werden.

Außerhalb vom Internet werden **Inserate in Zeitungen** und in Form von **Aushängen in Supermärkten** oder an anderen Stellen veröffentlicht. Auch wenn diese Wege zur Immobiliensuche altmodisch erscheinen mögen, so lässt sich ein positives Merkmal nicht leugnen. Nämlich nutzen vereinzelt Personen, die vom Internet wenig Ahnung haben, die Zeitung zur Inserierung ihrer Immobilie. Dort fallen die **Preise aufgrund der wenigen Bieter und der oftmals in Bezug auf Immobilienpreise mangelnden Kenntnisse der**

inserierenden Personen geringer aus. Diese Annahme lässt sich meistens nur auf eine geringe Menge an Inseraten in der Zeitung übertragen, aber sie ist berechtigt. Die Profis haben dies begriffen und ergänzen die Suche nach Inseraten im Internet um die Suche nach Inseraten in Zeitungen. In Aushängen sollte nicht gezielt nach Immobilien gesucht werden, weil hier der Aufwand immens ist, der Ertrag aber selten in Relation dazu steht. Wenn Sie ohnehin bereits in einem Supermarkt sind, dürfen Sie gern auf die Aushangtafeln blicken. Aber speziell zu Aushangtafeln in Supermärkten zu fahren, um eventuelle Immobilienangebote zu finden, lohnt sich nicht. Die Fahrt zu den Amtsgerichten, um dortige Aushänge mit Informationen zu Zwangsversteigerungen zu studieren, erweist sich vergleichsweise als nützlicher.

Gegenden abfahren

Eine letzte Option zur Suche nach geeigneten Immobilien besteht darin, Gegenden abzufahren. Dies können Sie gezielt machen, indem Sie **an hoch frequentierten Bereichen bzw. Stadtteilen vorbeifahren**. Oder Sie nutzen die „Inspiration des Zufalls", wenn Sie.

- ♦ … eine bekannte Person besuchen oder zu einem Termin fahren und Ihnen ein Gebäude in guter Lage und in einem nicht besonders guten Zustand auffällt, das zum Verkauf steht.
- ♦ … im Urlaub sind und dort ein Gebäude vorfinden, das verkauft wird und ein hohes Potenzial hat.
- ♦ … bei der Wahrnehmung beruflicher Pflichten viel herumkommen und Ihnen auf Ihren Wegen zum Verkauf stehende Immobilien auffallen.

Diese Strategie zur Suche geeigneter Immobilien **lohnt sich nur bei maroden Gebäuden in guter Lage**. Es ist einleuchtend, dass Sie nicht bei jeder Immobilie, die zum Verkauf steht, aussteigen und telefonieren können. In guten Lagen wird der Preis für Immobilien in gutem Zustand ohnehin hoch sein, sodass sich ein An- und Verkauf in unter zehn Jahren Haltedauer mit zwischenzeitlicher

Vermietung nicht rentiert. Die Strategie kommt dann zum Einsatz, wenn Sie Immobilien in vielversprechenden Lagen sehen, die in einem schlechten Zustand sind. Hier ist denkbar, dass der Preis gering sein wird und sich ein Zwischenstopp lohnt.

Unterm Strich steht, dass Gegenden abzufahren eher das letzte Mittel der Wahl ist, um an geeignete Immobilien zu gelangen. Es ist **zeit- und kostenaufwendig**. Das Verfahren lebt vom Zufall. Sollten Sie irgendwann bei einer Vorbeifahrt das Gefühl haben, dass die jeweilige Immobilie gut genutzt werden kann, dann halten Sie an. Ansonsten widmen Sie sich den nachhaltigeren und ertragreicheren ersten vier in diesem Kapitel beschriebenen Strategien.

Zusammenfassung

Es existieren die Methoden Zwangsversteigerungen, Kontaktaufnahme zu Gläubigern, Durchführung von Immobilienbewertungen, Inserate und das „Entlangfahren", um geeignete Immobilien zu finden. Aus den genannten Methoden zum Immobilienerwerb ist ein individuelles Konzept zusammenzustellen, mit Hilfe dessen Sie den Handel mit Immobilien erfolgreich aufziehen.

Bei dem An- und Verkauf von Immobilien ohne umfassende Sanierungsarbeiten lohnt es sich, Zwangsversteigerungen zu besuchen und Kontakte zu Gläubigern zu pflegen. Auch Inserate im Internet und in Zeitungen können zielführend sein. Das Ziel muss es sein, Immobilien knapp unter dem Verkehrswert zu kaufen, eine gute Lage ist ebenfalls ein Muss.

Bei dem An- und Verkauf von maroden Immobilien ist im Prinzip jeder der in diesem Kapitel geschilderten Beschaffungswege für Immobilien geeignet. Bei Zwangsversteigerungen sind marode Immobilien jedoch umso unberechenbarer, als es sämtliche Arten von Immobilien auf den Auktionen ohnehin schon sind.

Kalkulieren Sie bei Sanierungen nicht zu knapp und fokussieren Sie sich bei geringen Budgets lieber auf eine Immobilie. Je länger Sie aktiv sind, umso mehr Geld sammelt sich an und umso größer werden Ihre Projekte. Bei hohen Budgets über mehrere Millionen Euro kommt für Sie sogar die Rolle eines Pioniers bei Gentrifizierungen in Frage, was allerdings mit längeren Haltedauern bis zur Veräußerung der Immobilien verbunden ist.

Schlusswort

Der An- und Verkauf von Immobilien wird gemäß transparenter Parameter profitabel gestaltet. Diese Parameter sind beim Ankauf die Lagekriterien sowie die Kennzahlen und Qualitätsmerkmale der Immobilie. Im Gegensatz zur Vermietung muss beim An- und Verkauf im kurzfristigeren Zeitrahmen gedacht werden; es sei denn, die Immobilie soll über eine längere Zeit von in der Regel mindestens zehn Jahren gehalten und vermietet werden, ehe Sie verkauft wird. Ist dies nicht angedacht, so weichen die Kaufkriterien leicht von denen bei der Tätigkeit als Vermieter ab. Es ist nicht wichtig, die Immobilie in einem möglichst guten Zustand zu erwerben. Durch eine Renovierung, Sanierung und/oder Modernisierung werden marode Immobilien in einen guten Zustand gebracht und mit Profit wiederverkauft. Was dafür beim An- und Verkauf von Immobilien umso mehr zählt, sind die Lagekriterien: Ein langfristiger Anstieg der Mieten und eine prognostizierte blendende Entwicklung der Mikro-, Meso- und Makro-Lage im Umfeld der Immobilie spielen kaum eine Rolle, weil die Immobilie zeitnah wiederverkauft wird. Falls Sie diese Unterschiede beim Immobilienhandel gegenüber der Vermietung von Immobilien beherzigen, sind Sie bereits auf einem sehr guten Weg, um die richtigen Immobilien anzukaufen. Passende Immobilien finden Sie, indem Sie auf Zwangsversteigerungen mitbieten, Kontakte zu Gläubigern pflegen, Inserate suchen, Gegenden nach passenden Objekten abfahren, Immobilien besichtigen und bewerten und selbst neue Anlaufstellen zum Immobilienerwerb erschließen.

Der Rest beim Immobilienhandel ist für Sie meist reine Rechenarbeit. Kalkulieren Sie im ersten Schritt den Kaufpreis für die Immobilie und die Nebenkosten des Kaufs. Rechnen Sie daraufhin die Kosten für eine Aufwertung der Immobilie hinzu. Hier trennt sich die Spreu vom Weizen: Entweder Sie kaufen marode Immobilien an und erzielen den Großteil des Profits durch die Aufwertung und den gesteigerten Immobilienwert *oder* Sie kaufen weitestgehend gute Immobilien auf, wobei Sie den Gewinn dadurch erzielen, dass Sie Immobilien unter dem Marktwert kaufen. Eines dieser Konzepte wird in der Regel gewählt. Sie dürfen davon ausgehen, dass Sie mit dem ersten Modell – dem Kaufen maroder Immobilien und deren Aufwertung – am meisten geeignete Immobilien finden werden. Der Kauf einer guten Immobilie unter Marktwert ist hingegen unwahrscheinlicher. Je nachdem, welches Geschäftskonzept Sie auswählen, addieren Sie die Kosten für die Arbeit an der Immobilie hinzu. Je umfassender Renovierung, Sanierung und/oder Modernisierung ausfallen, umso geringer wird der Immobilienpreis, aber umso höher werden die Ausgaben für die Aufwertung der Immobilie. Untersuchen Sie die Immobilie in diesen Fällen immer bis aufs Detail, denn böse Überraschungen im Zuge der Arbeiten wiegen finanziell schwer und können aus dem angestrebten Gewinngeschäft ein Verlustgeschäft machen. Am Ende der Kalkulationen sollte folgende Formel aufgehen:

Voraussichtl. Verkaufspreis – Ankaufspreis – Nebenkosten – Kosten für Sanierung, Renovierung, Modernisierung, Umbau, Ausbau = Überschuss bzw. Gewinn, der für Sie zufriedenstellend ist

Ihr Konzept können Sie gewerblich oder als Investor umsetzen. Für die Frage, ob Sie gewerblich oder als Investor tätig werden, sind die Drei-Objekte-Grenze und die Haltedauer der Immobilie ausschlaggebend. Als Anfänger ist es am besten, zunächst ohne eine Gewerbeanmeldung ein oder zwei Testankäufe und -verkäufe durchzuführen, um festzustellen, ob der Immobilienhandel Ihnen liegt. Anschließend können Sie über die Anmeldung eines Gewerbes entscheiden, die Ihnen einerseits Pflichten wie Buchführung und Steuerzahlungen auferlegt, mit Unternehmensförderungen und der Gründung einer Gesellschaft andererseits interessante sowie lu-

krative Perspektiven offeriert. Stichwort „Förderungen": Diese können Sie für bestimmte Arbeiten an der Immobilie beantragen, was
Ihnen auf einfachem Wege günstiges Kapital verschafft.

Mit all diesen Dingen und dem gesammelten Wissen dürfen Sie
mit dem Immobilienhandel beginnen. Sie haben jetzt tatsächlich
durch das Lesen eines Buches den Wissensstand erreicht, der Sie
befähigt, Immobilien anzukaufen, gewinnbringend zu verändern
und schließlich zu verkaufen. Vieles werden Sie durch die Praxis
lernen. Gehen Sie auf keinen Fall davon aus, dass Ihnen negative
Erfahrungen erspart bleiben. Kein Buch ist in der Lage, Sie vor allen
möglichen Mängeln einer Immobilie zu warnen. Sie müssten hierfür
eine Ausbildung in Dutzenden verschiedenen Berufen durchlaufen.
Diese Tatsache sollte Sie dafür sensibilisieren, besonders vorsichtig zu kalkulieren, Investitionen in Experten bei einem bestimmten
Anlass (z. B. Feuchtigkeit in der Immobilie, 50er- bis 90er-Bau mit
eventuellen Schadstoffen) nicht zu scheuen und ein Reservebudget
für Notfälle einzuplanen. Sie werden zwar mit Jahren der Aktivität
im Immobilienhandel dazulernen, aber komplett gefeit vor Fehlern
ist kein Investor. Ein lebhaftes und zahlenmäßig präzise untermaltes
Beispiel hierfür sind die vielen Immobilienshows im Fernsehen, wie
z. B. „Fixer Upper", bei denen die erfahrenen Profis hin und wieder
von beim Ankauf unerkannten Mängeln überrascht werden, woraufhin sie mit unerwarteten Kosten klarkommen müssen.

Abgesehen von den Besichtigungen und Arbeiten an der Immobilie
zählt es zu Ihren Aufgaben, Ihren Wissensfundus und Kontakte zu
Personen zu erweitern. Einschlägige Magazine, die für Immobilieninvestoren interessant sind, weil entweder mit Fokus auf Immobilien
oder mit wichtigen wirtschaftlichen Hintergründen, sind regelmäßig zu lesen. Neben den allgemeinen Wirtschaftsmagazinen „mana-
ger magazin", „Capital" und „WirtschaftsWoche" sind u. a. folgende
spezialisierte Fachmagazine für Immobilieninvestoren relevant:

- **HAUFE Immobilien Wirtschaft**

   Es gibt Informationen zu zahlreichen Kategorien, die mit
   Immobilien in Verbindung stehen. Die Informationen gehen von der Politik über die Finanzierung und Investitionen

bis hin zu Vermarktung und Management. Immer im Fokus ist dabei die Immobilie. Das Fachmagazin ist das größte Immobilien-Fachmagazin Deutschlands. Es schildert in den einzelnen Ausgaben des Öfteren detaillierte Kennzahlen zu einzelnen Regionen und Parametern, die im Zusammenhang mit der Investition in Immobilien informativ sind.

♦ **ivv Immobilien vermieten & verwalten**

Dieses Magazin ist vor allem für Vermieter ein Zugewinn. Investoren, die sich kurz- oder langfristig in WEGs einkaufen, profitieren ebenfalls auf ganzer Linie. Der Fokus auf Vermietung und Verwaltung gewährt eine inhaltliche Tiefe, die Einblicke in neue Trends der Immobilienwirtschaft bietet. Auch Themen wie die Modernisierung und Sanierung, die nicht nur für Vermieter und Verwalter interessant sind, kommen in den Inhalten des Fachmagazins reichhaltig vor.

♦ **DW Die Wohnungswirtschaft**

Einzelne Themenkomplexe sorgen für eine gute Struktur. Bereits die Übersicht über die Themenkomplexe verdeutlicht den Mehrwert der Zeitschrift: Neben bereits in anderen Fachmagazinen vorhandenen Themen werden rechtliche Aspekte und demografische Prognosen vorgestellt. Rechtlich auf dem aktuellen Stand zu sein, ist einer der wichtigsten Bestandteile für ein sorgenfreies und funktionierendes Immobiliengeschäft.

♦ **Immobilienwirtschaft**

Als eine Zeitschrift für Entscheider und Experten aus dem Immobilienbereich zählt dieses Magazin zu den wichtigsten auf dem deutschen Immobilienmarkt. Es fördert die Kompetenzen der Leser, indem es sie auf die wichtigsten Themen aufmerksam macht und differenziert über einzelne Sachverhalte berichtet. Das Spektrum an Themen weist mitunter in neueste Methoden der Immobilienbewertung ein, was ein enormer Mehrwert für Investoren ist. Inwiefern die IT-Innovationen bei Immobilieninvestments hilfreich sind, wird ebenfalls vorgestellt und mit Anwendungsbeispielen untermalt.

♦ **Immobilien & Finanzierung**

> Schon seit 1950 gibt es dieses Fachmagazin. Die jahrzehn-
> telange Existenz des Magazins hat dazu geführt, dass der
> Herausgeber Alleinstellungsmerkmale erarbeiten konnte,
> die sich u. a. darin äußern, dass renommierte Fachleute aus
> Ministerien, dem Kapitalmarkt und weiteren Segmenten
> publizieren. Die Zielgruppe sind weniger private Investoren
> als Gesellschaften. Dafür ist das Niveau der Informationen
> in diesem Fachmagazin für Gesellschaften außerordentlich
> hoch.

Kontakte erweitern Sie, indem Sie Messen besuchen, regional sowie
national auf Veranstaltungen gehen und andere Angebote wahrnehmen, von denen anzunehmen ist, dass Sie dort auf Personen treffen,
die in der Immobilienbranche tätig sind. Legen Sie sich außerdem
Profile in den Sozialen Medien an, die Sie regelmäßig pflegen. Speziell fürs Business nützlich sind „LinkedIn" und „Xing". Ebenfalls
fürs Business geeignet, aber vor allem zum Generieren von Reichweite unter privaten interessierten Personen, eignen sich die Netzwerke „Facebook" und „Instagram". Wenn Sie netzwerken, gewinnen
Sie neue Anlaufstellen, um regelmäßig gute Immobilienangebote zu
erhalten und preiswerte Gewerke für Arbeiten an der Immobilie zu
finden, und generieren weitere Mehrwerte.

Wie Sie sehen, beginnt der Immobilienhandel nicht nur bei der Immobilie und hört auch nicht dort auf. Es ist ein lebhaftes Geschäft,
das Kontakte zu Menschen und Unternehmen sowie das Feingefühl
für die Vermarktung der eigenen Person verlangt. Erst wenn Sie sich
weitreichend weiterbilden und all diese Punkte erfassen, noch dazu
Ihre zwischenmenschlichen Kompetenzen vergrößern, werden Sie
den Immobilienhandel mit maximalem Erfolg betreiben können.

In diesem Sinne: Wenden Sie das in diesem Buch Gelernte an, legen Sie mit ausreichend Kapital für Ihr gewünschtes Konzept optimistisch los und arbeiten Sie beständig daran, Wissen, Kontakte,
Kapital, Netzwerke sowie weitere Ressourcen zu erweitern. Frohes
Schaffen!

Quellenverzeichnis

Literatur-Quellen:

Hebisch, B.: *Immobilien richtig besichtigen*. Taunusstein: Blottner Verlag GmbH, 2018.

Lange, D.: *Immobilien Fix und Flip – kaufen sanieren und mit Gewinn weiterverkaufen*. Braunschweig: Dirk Lange, 2020.

Mannek, W.: *Profi-Handbuch Wertermittlung von Immobilien*. Regensburg: Walhalla u. Praetoria Verlag GmbH & Co. KG, 2016.

Ostmann, F.: *Recht und Verträge beim Hausbau*. Düsseldorf: Verbraucherzentrale NRW, 2013. 1. Auflage.

Online-Quellen:

https://www.riwis.de/online_test/info.php3?cityid=&info_topic=allg

https://avw-ag.de/kategorisierung-in-abcd-staedte-ist-nicht-mehr-zeitgemaess/

https://www.effizienzhaus-online.de/energieeffizienzklasse/

https://www.realbest.de/de/unterlagen/baubeschreibung

https://ratgeber.immowelt.de/a/haus-renovieren-renovierungskos-ten-im-blick-behalten.html#c19509

https://www.karrieresprung.de/jobprofil/Anlagenmechaniker-fu-er-Sanitaer-Heizungs-und-Klimatechnik#:~:text=Zu%20ihren%20 Aufgaben%20geh%C3%B6ren%3A,Anlagen%20zur%20Re-gen%2D%20und%20Brauchwassernutzung

https://www.my-hammer.de/

https://asbestsachverstaendiger.de/asbestsanierung/

https://www.knx-smart-home.de/

https://www.kfw.de/kfw.de.html

https://www.advocard.de/streitlotse/mieten-und-wohnen/dachbo-den-ausbauen-genehmigung-und-wichtige-vorschriften/

https://www.welt.de/finanzen/immobilien/article134155059/Das-ist-beim-Keller-Ausbau-zur-Wohnung-zu-beachten.html

https://www.test.de/Immobilien-Versteckte-Ge-fahren-1177798-2177798/#:~:text=Gift%20 in%20B%C3%B6den%20und%20W%C3%A4n-den,PVC%2DFu%C3%9Fb%C3%B6den%20k%C3%B6nnen%20 asbestverseucht%20sein.

https://www.stadtreinigung.hamburg/privatkunden/gebuehren. html

https://www.immobilienwertanalyse.de/bodenrichtwerte/

https://www.buhl.de/steuernsparen/grunderwerbsteuer-absetzen/

https://www.invoiz.de/lexikon/einzelunterneh-men/#:~:text=%C3%9Cbt%20eine%20einzelne%20

nat%C3%BCrliche%20Person,aus%2C%20f%C3%BChrt%20
sie%20ein%20Einzelunternehmen.&text=Sie%20-
k%C3%B6nnen%20aber%20auch%20als,des%20Unterneh-
mens%20ist%20der%20Einzelunternehmer

https://www.starting-up.de/gruenden/rechtsformen/gmbh-gesell-
schaft-mit-beschraenkter-haftung/gmbh-vor-und-nachteile.html

https://www.gesetze-im-internet.de/ustg_1980/__4.html

http://www.zvg-portal.de/

https://www.zvg24.net/

https://versteigerungspool.de/

https://www.ivd24immobilien.de/zwangsversteigerungen/

https://www.zwangsversteigerung.de/

https://dejure.org/gesetze/ZVG/74a.html

https://dejure.org/gesetze/ZVG/85a.html

https://www.gesetze-im-internet.de/immowertv/

https://www.immowelt.de/

https://www.immobilienscout24.de/

https://www.ebay-kleinanzeigen.de/

https://www.verbraucherzentrale.de/wissen/vertraege-reklamation/
abzocke/fakewohnungen-im-internet-gefaelschte-immobilienan-
zeigen-erkennen-27576

Gratis-Bonusheft

Vielen Dank noch einmal für den Erwerb dieses Buches. Als zusätzliches Dankeschön erhalten Sie von mir ein E-Book, als Bonus und völlig gratis.

Sichern Sie sich jetzt den **Immobilien Schnellreport!**

Dieser Report beinhaltet eine Übersicht über Top-Städte in Deutschland zur Kapitalanlage. Insgesamt werden zehn Städte vorgestellt, in denen Immobilien aktuell zu fairen Preisen erhältlich sind und eine potenziell große Entwicklung vor sich haben.

Sie können das Bonusheft folgendermaßen erhalten:

Um die geheime Download-Seite aufzurufen, öffnen Sie ein Browserfenster auf Ihrem Computer oder Smartphone und geben Sie Folgendes ein: *www.berndebersbach.com/bonus*

Sie werden dann automatisch auf die Download-Seite geleitet.

Bitte beachten Sie, dass dieses Bonusheft nur für eine begrenzte Zeit zum Download verfügbar ist.

www.ingramcontent.com/pod-product-compliance
Lightning Source LLC
Chambersburg PA
CBHW071537210326

41597CB00019B/3026